丛书主编／张树华　赖海榕

《国外社会科学》精粹

赖海榕　高媛　主编

· 国外中国学卷
（1978-2018）

中国社会科学出版社

图书在版编目（CIP）数据

《国外社会科学》精粹：1978－2018. 国外中国学卷／赖海榕，高媛主编．
—北京：中国社会科学出版社，2020.2

ISBN 978－7－5203－6071－5

Ⅰ.①国…　Ⅱ.①赖…②高…　Ⅲ.①社会科学—研究—国外—文集
Ⅳ.①C11－53

中国版本图书馆 CIP 数据核字（2020）第 036839 号

出 版 人	赵剑英	
责任编辑	喻　苗	
责任校对	胡新芳	
责任印制	王　超	

出　　版	中国社会科学出版社	
社　　址	北京鼓楼西大街甲 158 号	
邮　　编	100720	
网　　址	http://www.csspw.cn	
发 行 部	010－84083685	
门 市 部	010－84029450	
经　　销	新华书店及其他书店	

印　　刷	北京明恒达印务有限公司	
装　　订	廊坊市广阳区广增装订厂	
版　　次	2020 年 2 月第 1 版	
印　　次	2020 年 2 月第 1 次印刷	

开　　本	710×1000　1/16	
印　　张	32	
字　　数	524 千字	
定　　价	179.00 元	

凡购买中国社会科学出版社图书，如有质量问题请与本社营销中心联系调换
电话:010－84083683

引领新时代哲学社会科学的创新和发展

李培林*

中国特色社会主义进入新时代，我国改革开放度过了 40 个春秋，《国外社会科学》也迎来创刊 40 岁的生日。面对国际形势和世界经济政治格局的深刻变化，《国外社会科学》也需要认真总结 40 年来的办刊经验，在新形势下为加快构建中国特色哲学社会科学，加强中国特色新型智库建设，发展面向现代化、面向世界、面向未来的中国特色哲学社会科学做出新的贡献。作为这个刊物的编委会主任，我谈一点体会。

一 40 个春秋的基本经验

《国外社会科学》创刊于 1978 年改革开放初期，那时我国的哲学社会科学还比较封闭，国内多数学者的外文水平较低，获得国外信息的渠道有限。在这种情况下，《国外社会科学》的主旨就是介绍国外哲学社会科学最新的学术理论、学术议题、学科进展、研究方法和发展趋势等。反映的信息非常强调一个"新"字，即新理论、新思潮、新流派、新方法、新成果等。这适应了当时我国哲学社会科学发展之急需，受到学界极大的欢迎，甚至一时"洛阳纸贵"。创刊 40 年来，可以说《国外社会科学》不忘本来、借鉴外来、面向未来，在推动我国哲学社会

---

* 中国社会科学院原副院长、《国外社会科学》编委会主任。

科学发展繁荣方面取得了学界公认的骄人成绩，也积累了一些基本的办刊经验。

1. 坚持马克思主义的立场、观点、方法。随着时代的发展，国外哲学社会科学各种新的资料和信息爆炸式的扩展，各种学术流派、学术思潮、学术议题层出不穷，各类学术成果数量呈几何式增长，其中也鱼龙混杂、泥沙俱下、真伪难辨，甚至有的是在学术旗号下进行意识形态侵蚀和维护霸权。正是由于坚持马克思主义的立场、观点、方法，《国外社会科学》始终能够坚持正确的政治方向和学术导向，结合我国国情和发展需要，引领我国国际学术前沿信息的传播和借鉴。

2. 紧密联系我国发展的重大理论和现实问题。《国外社会科学》始终紧扣时代发展的脉搏，在介绍和借鉴国外学术成果的过程中，紧密联系聚焦我国发展的重大理论和现实问题，为推进中国特色社会主义发展和哲学社会科学繁荣服务。比如在建立确立中国特色社会主义市场经济体制的理论基础过程中，《国外社会科学》刊发了相关的系列文章，包括《不平等的市场经济》《走向可调节的市场经济之路》《向市场经济过渡的远期与近期后果》《世界市场经济的发展趋势》《苏联市场经济发展前景》《法国学者认为应把市场经济和资本主义区分开来》等，受到国内理论界的普遍关注。近年来《国外社会科学》围绕 21 世纪马克思主义、新型城镇化、依法治国、收入分配、老龄化等重大议题问题，组织了一些关于国外相关研究的专题文章，这些文章对我们思考这些重大问题，具有重要的启发作用，产生了广泛的影响。

3. 把握国际学术发展的前沿问题和发展趋势。40 年来，《国外社会科学》刊发了 13000 多篇文章，内容涵盖经济、政治、文化、社会、生态各个发展领域，广泛介绍和评析哲学社会科学各学科的前沿问题和发展趋势，让国内学者通过这个窗口，可以准确把握世界学术发展潮流，全面了解学术发展最新成果，及时洞察学科发展最新动向。

40 年辛勤耕耘，40 年春华秋实，40 年砥砺前行。《国外社会科学》的成绩得到了国内学术界的公认，多年来一直位居人文社会科学核心期刊、全国中文核心期刊、中文社会科学引文索引来源期刊的前列，也是国家社科基金首批重点资助期刊。与此同时，在新的起点上，《国外社会科学》的未来发展也面临一些新的挑战。

二　国际新格局下面临的挑战

当今世界正处于大发展大变革大调整时期，世界多极化、经济全球化、社会信息化、文化多样化深入发展，全球治理体系和国际秩序变革加速推进。和平和发展仍是时代主题，打造人类命运共同体，弘扬共商共建共享的全球治理理念，促进国际经济秩序朝着平等公正、合作共赢的方向发展，共同应对全球性挑战，日益成为人类社会追求的共同目标。但是，世界经济增长仍然乏力，国际贸易保护主义抬头；全球治理体系深刻变革，大国博弈日趋激烈，冷战后形成的单极体系的结构平衡正在打破；地区冲突热点此起彼伏，占领运动、恐怖袭击、生态危机、网络攻击、难民潮、核扩展等传统安全与非传统安全威胁复杂交织。在这种国际新形势下，我国对国际社会科学介绍、借鉴、评析、吸收、融入也面临一些新的挑战。

一是如何在国际社会科学研究不断细分的情况下把握发展大势。随着现实的发展，一些传统的学科发生嬗变，一些新兴的学科则异军突起，社会科学的研究日益专门化，研究领域细分的趋势非常明显，"宏大叙事"的研究往往会被贴上"非科学"的标签，"小圈子学问"盛行。在这种情况下，如何在纷杂多样的学科进展中把握发展大势，并把这些规律性的大势介绍给国内学界，是需要认真面对的。

二是如何在引进国外社会科学优秀成果过程中坚定文化自信。我国已经走过了改革开放初期在社会科学领域大量地、单向地引进的阶段，国内学者在国际上发文量大幅度地增长，"中国研究"成为了热门话题。在这种情况下，怎样在借鉴外来的同时不忘本来、面向未来，怎样在引进中形成学术对话，怎样参与构建社会科学的国际话语体系，都是我们要认真思考的。

三是如何在海量国外社会科学信息中突出重点。互联网的迅速普及、信息存储能力无限增强，使学术信息的总量爆炸式扩展。在这种情况下，怎样筛选有效、有益、有用的学术信息，如何抓住重点，怎样突出重点，突出什么样的重点，都成为需要面对的关键选择。

类似的挑战还有许多，要把《国外社会科学》的办刊质量推上一个新的台阶，就要认真研究这些挑战的应对举措。

三　面向未来的办刊选择

习近平总书记在哲学社会科学工作座谈会上的讲话中指出，"国外哲学社会科学的资源，包括世界所有国家哲学社会科学取得的积极成果，这可以成为中国特色哲学社会科学的有益滋养"。他同时强调，"对人类创造的有益的理论观点和学术成果，我们应该吸收借鉴，但不能把一种理论观点和学术成果当成'唯一准则'，不能企图用一种模式来改造整个世界，否则就容易滑入机械论的泥坑"。这些论述，应当成为《国外社会科学》办刊的基本遵循。

要认真总结40年来办刊的基本经验，坚持这些基本经验，在未来的发展中发扬优势，积极应对新挑战，再创新的辉煌。要特别注意加强对以下几个方面的关注。

一是聚焦国际社会科学重大议题、前沿问题和我国现代化建设的重大问题。要筛选出一批国际社会科学的重大议题，有系统有步骤的讨论；要跟踪重要学科的学术前沿问题，把握这些前沿问题的新进展；要结合我国现代化建设的重大问题，主动设定学术议题；要加强对国际智库成果的关注，组织有深度的评析文章。刊物不能被动地跟着热点走，要通过揭示学术发展的规律性趋势起到引领作用。

二是把"引进来"和"走出去"紧密结合起来。正如习近平总书记所说，"当代中国的伟大社会变革，不是简单延续我国历史文化的母版，不是简单套用马克思主义经典作家设想的模板，不是其他国家社会主义实践的再版，也不是国外现代化发展的翻版"。在引进国外社会科学成果的过程中，要结合我国发展的需要，在比较、对照、评析、批判基础上吸收和升华，形成真正的学术对话，形成有国际影响力的学术议题，为中国学术的走出去建设一个重要平台和窗口。

三是注重探索网络时代的办刊规律。随着互联网技术在学术出版领域的应用和发展，学术期刊的编辑和出版业态发生了深刻变化，学术成果的电子版、数字化和通过新媒体快速传播已经成为未来的发展趋势，传统的纸质学术期刊的发行量不断下滑。要顺应信息化时代的这种变化，积极探索新的传播方式，特别是注重研究如何利用新媒体扩大学术成果的知晓度和影响力，提高引领学术发展和服务学术发展的能力。

历史表明，社会大变革的时代，一定是哲学社会科学大发展的时代。《国外社会科学》要在认真总结过去 40 年办刊经验的基础上，把握发展大势，发挥独有优势，找准定位，办出特色，在新时代续写刊物新辉煌，为实现中华民族伟大复兴的中国梦贡献力量。

以国际学术交流促进人类文明互鉴
（代总序）

张树华[*]

2019 年是新中国成立 70 周年。70 年风雨彩虹，70 年春播秋种。

欣逢盛世，看九州方圆，普天同庆；揽四海苍穹，共襄盛举。

40 年前，伴随着中国改革开放的脚步，《国外社会科学》顺利创刊了。在科学的春天里，当时的中国社会科学院情报研究所在短短两年的时间里先后创办了《国外社会科学》《国外社会科学著作提要》《国外社会科学快报》《国外社会科学论文索引》等刊物，加上原有的《国外社会科学动态》，一共形成了 5 种信息情报系列刊物。这些刊物相互补充，又各具特色，在当时的学术界产生了良好的影响。

创刊初期，《国外社会科学》特别关注和介绍了当时国际上一些前沿学科或研究方向，如未来学、科学学、生态学、情报学、社会心理学、交叉和跨学科研究、全球化问题、控制论、国外中国学研究等新兴学科和专业，推动了我国相关学科的创建，填补了一些学术领域的空白，并促进了相关研究的深入和专业领域的拓展。

1978 年至 2018 年，《国外社会科学》杂志走过了 40 个春秋。40 年间，《国外社会科学》杂志共出版 330 期，发表文章 1 万余篇，数千万字。作为中文社会科学引文索引来源期刊、全国中文核心期刊、中国人文社会科学核心期刊、国家社科基金首批资助期刊，《国外社会科学》在

* 张树华，中国社会科学院政治学研究所所长、研究员。

坚持正确的办刊方向和学术导向的基础上，积极借鉴和吸收世界上有益的学术成果，为推动中国哲学社会科学学科创新和学科发展做出了应有的贡献。

40 年砥砺奋进，40 年春华秋实。伴随着改革开放和中国特色社会主义的伟大实践，《国外社会科学》参与并见证了中国哲学社会科学事业的繁荣与发展。可以说，在国内外专家学者的支持和浇灌下，在一代又一代编辑人员的辛勤努力下，《国外社会科学》这一大家共有的园地里花团锦簇、硕果累累。

立足中国，打开世界。

2016 年 5 月 17 日，习近平总书记在全国哲学社会科学工作座谈会上的讲话中指出："国外哲学社会科学的资源，包括世界所有国家哲学社会科学取得的积极成果，可以成为中国特色哲学社会科学的有益滋养。" 40 年来，我们始终坚持自己的办刊理念，秉持中国立场，拓展国际视野，洞察全球语境，贴近学术界的关心与思考，跟踪国外学术和理论动态，积极吸收或借鉴先进、适用的人类文明的优秀成果。知己知彼，洋为中用。

打开心灵之窗，世界会进来。打开学术之窗，智慧会进来。

2017 年 5 月 14 日，习近平总书记在首届"一带一路"国际合作高峰论坛开幕式上的演讲中指出，我们"要以文明交流超越文明隔阂、文明互鉴超越文明冲突、文明共存超越文明优越，推动各国相互理解、相互尊重、相互信任"。这一论述深刻地阐释了人类文明繁荣进步的真谛，勾画了构建人类命运共同体的宏伟蓝图。

我们相信，伴随着信息化、全球化和人工智能技术的发展，孤立主义、种族主义、排外思潮等雾霭终将散去，人类文明多元化和国际关系民主化的步伐定将加快。各国文化将变得更加丰富多元，人类文明花园定会绽放得五彩缤纷、多姿多彩。

在迎接新中国 70 周年华诞之际，我们精选 40 年来不同学科和领域的优秀论文，汲取精华，分类结集。我们希望通过编辑出版这套"《国外社会科学》精粹（1978—2018）"丛书，回望国际学术发展历程，把握国际理论创新脉搏，梳理全球学术热点和态势，推动国内外学术沟通和对话，拓宽海内外学术交流的平台和渠道。这是40年来《国外社会科学》广大作者、译者、读者和编者齐心合力、携手并进的答卷，未来我们愿与学界同仁一起砥砺前行，为将《国外社会科学》杂志构筑为连接国内外学术界的桥梁和窗口而共同努力。

谨为序。

于 2019 年 3 月 4 日
第十三届全国政协第二次会议上

目　　录

专题三　外交与国际地位

专题四　文史哲

专题一

政治发展与治理

西方关于中国民族主义的研究：
范式与主题

崔玉军*

西方（主要是美国）学术界对中国民族主义的研究经历了三个明显不同的阶段。少数几位学者在 20 世纪初期就注意到当时中国出现了一种可称为民族主义的思潮，但并没有做进一步的深入研究。美国学者是在 50 年代之后才开始研究民族主义的，这一时期最具代表性的就是列文森的研究，他提出的"文化主义"概念及其向民族主义的转变，为学术界观察中国近代史提供了一个重要的研究框架，民族主义因而成为美国学者解释中国近代社会发展的重要关键词。

20 世纪 80 年代之后，中国和世界都发生了重大变化，民族主义再度受到包括美国在内的国际学术界的关注，迄今已经出版了大量的相关研究，成为最近 30 年来国外国学界最突出的现象之一。这一时期国外学术界除了继续讨论中国民族主义的起源及其历史作用之外，更多地集中于对当代中国民族主义的各种特征的研究。本文所讨论的重点是第二阶段。

20 世纪 90 年代之前国外对中国民族主义的研究：学术史简述。

20 世纪 50 年代之前国外对中国民族主义的研究，从数量上看并不多，这种情况是与学术史发展的内在规律相一致的。从传统上看，国外的中国研究主要集中在欧洲（美国是在第二次世界大战之后才后来居上

* 崔玉军，男，1966 年生，博士，中国社会科学院文献信息中心副研究员。

的），在清末民初之前曾经非常发达。但其研究大都集中于中国古代的文化、历史和语言方面，这种传统一般被称为"国外汉学"，对中国的现实政治问题兴趣不大。两次世界大战使欧洲饱受战乱之苦，也严重地影响了欧洲学者正常的科研活动。另外，中国的文化传统中缺少民族主义意识，它在中国的发展历史较短，也难以引起足够的注意。此为本阶段的著述相对较少的两个主要原因。

真正开始严肃关注中国民族主义实践的著作应该是费正清的《美国与中国》。这是费氏最有影响的作品之一，首次出版于 1948 年，其后分别在 1958 年、1971 年、1972 年和 1983 年 4 次重版，一直是美国朝野上下了解中国的重要参考书。尽管民族主义话题不是该书的主要内容，但费正清关于中国民族主义的论述却成为后来这一领域的研究基础。费正清注意到，在 19 世纪之前，中国人的主要素质即民族主义精神方面显得特别落后。费正清指出，中国人的政治生活的基础就是儒家思想——这是一种无所不包的、普遍适应的治国之道。只要统治者治国有方，只要其实施"仁政"，那么由谁来统治都没关系。费正清将这种政治与文化的关系称为"文化民族主义"，这是一种"非民族主义"的传统。[①] 此外，费正清还提及，民族主义是中国面对西方列强的入侵而出现的被动回应。19 世纪以来，清政府积弱积贫，不能同现代世界保持一致，已经不能适应当时的国际环境，也不能适当地和及时地作出反应。在这一衰落过程中，中国传统社会吸收了新的现代能动因素，这些因素开始发挥它们的改造作用。其中的一个因素就是西方式的民族主义——对政府和国家的忠诚，费正清将之称为"新民族主义"，以便区别于此前的文化民族主义。[②] 这就是 80 年代之前美国中国学界著名的"冲击—回应"模式的例证之一。

从 1950 年起，中国民族主义逐渐开始引起更多学者的关注。1950 年，弗朗西斯（John de Francis, 1911—?）撰写的《中国的民族主义与

---

① John K. Fairbank, *The United States and China* (4th edition)，Cambridge, Mass：Harvard University Press, 1983, pp. 98 – 100.

② John K. Fairbank, *The United States and China* (4th edition)，Cambridge, Mass：Harvard University Press, 1983, p. 467.

语言改革》一书在纽约出版。① 弗朗西斯是美国约翰·霍普金斯大学教授，主攻亚洲语言学，他在该书中主要讨论了汉字能否拼音化，是否应该拼音化，以及中国的现实政治与文字改革之间的关系。他认为，如果要培养中国人的民族主义意识、避免民族分裂，那么中国文字就应该字母化，统一书写系统。该书出版之后曾经引起不小的争论，有的学者（其中就包括我国著名旅美学者杨联升先生）表示赞同，但也遭到了很多学者的反对，如宾州大学中国文化教授卜德（Derk Bodde，1909—2003）就担心，如果真的采用罗马字母取代象形文字，那么中国 3000 年的文字典籍将不复存在，因为用以书写这些典籍的文字媒介是不可能被成功地字母化的。卜德还指出，如果没有政府的积极支持和知识界的积极参与，任何罗马化系统都不可能成功。②

这一时期最重要的著作当属列文森（Joseph Levenson，1920—1969）撰写的《梁启超与近代中国思想》一书。列文森是费正清的学生，也是"冲击—回应"模式的主要实践者。《梁启超与近代中国思想》并不是专门研究中国民族主义的著作，但列文森在该书中提出了民族主义的近代起源说，将费氏的理论进一步明晰化和理论化，并且首次区分了中国传统的文化主义（天下主义）向现代民族主义的认同转化，对此后的研究产生了极为深远的影响。这是中国民族主义研究领域的经典之作，至今仍受到学术界的重视。

50 年代之后，美国对中国的研究进入"发展的十年"（decade of development）。第二次世界大战期间，因为中国的盟国身份，美国朝野上下了解中国的诉求日趋高涨。新中国成立之后，尤其在冷战时期，中美对峙局面形成，中国因素在国际政治和地缘政治方面的重要性日渐突出。1958 年美国"国防教育法案"获得国会通过，该法案的主要内容之一就是要求美国高校加强对中国语言的教学和训练，促进美国年青一代对中

---

① John de Francis, *Nationalism and Language Reform in China*, Princeton：Princeton University Press，1950.

② 卜德对该书的评论参见 *Journal of American Oriental Society*，71（4），1951，pp. 280 – 281。另外当时在美国的胡适和李方佳也都表示了类似的观点，见 *The American Historical Review*，56（4），Jul.，1951，pp. 897 – 899；*International Journal of American Linguistics*，17（4），1951，pp. 255 – 257。

国的了解。而各高校相关院系和中国研究机构也从政府和各大基金会那里获得了大量研究资助，中国学取得了前所未有的发展。60年代之后，美国的中国研究得到迅速的发展，并很快取代欧洲成为世界研究中国的重镇。

中国民族主义话题也在这种背景下进入更多学者的研究范围内。据不完全统计，在1960年之后的30年间，国外研究中国民族主义的专著超过20部，规模超前。

一   从"文化主义"到"民族主义"

20世纪60年代之后，在美国政府和基金会的大力支持下，美国对中国的研究进入了前所未有的快速发展阶段。在这种背景下，美国学术界对中国的社会、文化、思想、外交、政治等各方面进行了大规模的、深入的研究。民族主义是这种新兴学术领域的重要话题之一，不过它是从属于后来备受争议的"冲击—回应"范式下的子课题。

长期以来，国际学术界对中国社会的主流看法是，中华帝国是一个停滞不前的社会，中国社会如果有变化，那么也是"传统范围内的变化"，它不能依靠自身内在的动力走上与欧美一样的现代化道路，而必须在外部（异质）文明的冲击、洗礼之下，才能完成自身的现代化转变。[1] 上文中费正清所说的"新民族主义"，就是中国社会在西方文明的冲击之下而做出的选择。但在这个问题上，费正清并没有深入研究，倒是他的学生——著名中国学家列文森做出了影响深远的分析。

列文森的重要贡献就是他提出了中国文化主义向民族主义的转变学说。许多学者都指出，中国传统上并无民族主义观念，"中华帝国不是一个民族国家"。[2] 列文森认为，中国传统中并无民族、国家等现代观念，其认同核心是华夏文化。但中国在近代的一系列失败使中国知识分子对

---

① 详见仇华飞：《从"冲击—回应"到"中国中心观"看美国汉学研究模式的嬗变》，《上海师范大学学报》（社会科学版）2002年第1期。

② Immanuel C. Y. Hsu（徐中约），*China's Entrance into the Family of Nations: The Diplomatic Phrase, 1858 – 1880*, Cambridge, MA: Harvard University Press, 1960, p. 3.

传统文化根深蒂固的优越感开始瓦解，以梁启超为代表的中国知识分子引进了民族概念，希望通过培养民族主义意识反对西方列强和救亡图存。因为这样一来，所谓的中西问题就从文化优劣之争转向了国家/民族之争，中西关系不在于"中国与西方文明程度如何，而在于中国与西方国家的地位如何"。①

列文森在其另一本名作《儒教中国及其现代命运》中进一步指出，民族主义使梁启超解决了中国的国际地位问题，他用"非文化主义的中国民族主义"（non-culturalistic Chinese nationalism）来表述当时中国知识分子对中西关系的解释方法：放弃"文化主义"而提倡"民族主义"这种新的文化价值，就能"从作为'天下'的中国的失败中取得作为'国'的中国的胜利"。②他还用一章的篇幅重新论证了上述看法，并重申，"当文化至上论绝望地退出历史舞台的时候，民族主义就占据了中国人的心灵"。③1968年列文森重申他的上述观点，认为"20世纪（在中国）随处可见的民族情绪，是从19世纪来的，而不能回溯到18世纪"。④简而言之，中国民族主义是在近代产生的，是在中国知识分子放弃天下主义（文化主义）而代之以民族主义的过程中产生的。

列文森的从文化主义到民族主义的分析框架，得到了当时和此后多数学者的支持。哈里逊（James P. Harrison，生卒年不详）更明确地指出，民族主义是中国的一个近代观念。⑤按照他的说法，文化主义又称为天下主义（universalism），它含有两个基本要素：一是文化原则。中国文化是天下唯一的、真正的文明，其完美的内在结构使其具有无与伦比的优越性和自足性，其价值系统具有无可争议的"普适性"和不可挑战性。哈里逊认为，中国人的这种自我意识始于秦汉，虽然历经两千多年，尽管

---

①　J. R. Levenson, *Liang Ch'I-chao and the Mind of Modern China*, Harvard University Press, 1959, p. 2.

②　［美］列文森:《儒教中国及其现代命运》，郑大华、任菁译，中国社会科学出版社2000年版，第84页。

③　同上书，第88页。

④　J. R. Levenson, *The Past and Future of Nationalism in China*, Survey, 67, April, 1968, pp. 28－40.

⑤　James P. Harrison, *Modern Chinese Nationalism*, New York: Research Institute on Modern A-sia, Hunter College of the City of New York, 1969, p. 2.

也有一些爱国主义、仇外主义以及对帝制和皇室的忠心耿耿，但占据中国人认同第一位的却是文化，不存在脱离了文化遗产的中国（Chinese State）或民族这样的概念。[①] 二是政治原则。文化主义确认中国是"天下"的主体，其他国家或民族与中国的关系就是"华"（文明）与"夷"（野蛮）的关系。政治精英所忠诚的是儒家（也是中国）的统治方式和原则，而不是某一个特定的政权或民族，也即"华""夷"的边界不是固定的，而是动态的，一旦"夷"人接受了儒家文化，他们也就成了中国人，甚至可以合法地入主中国（"进于中国则中国之"），反之亦然。因此，这种文化主义的基础"是对共同的历史遗产和信仰的接受，而不是基于现代民族国家概念的民族主义"。[②] 惠特尼（Joseph B. R. Whitney）则将之表述为是中国"自文化实体到政治实体"的转化，儒家传统的天下观转而为外来的民族主义所代替。[③] 这就是文化主义向民族主义的转化，或曰民族主义在中国的近代起源。

二 中国民族主义在近代的历史作用

列文森的近代起源说的逻辑终点就是民族主义在中国近代史中的重要作用，即"近代中国思想史的大部分时期，是一个使'天下'成为'国家'的过程"。[④] 19 世纪以来在长达一个半多世纪的时间内，中国社会始终处在古今中西各种思想激烈冲突和激荡之中，面对西方列强的步步紧逼与中国的处处受辱，在"优胜劣汰"的社会达尔文主义的心态之下，中国经历着前所未有的历史大变动，社会变迁剧烈，内忧外患不断，作为一种社会情感、政治运动或社会意识形态，民族主义被视为中国人民在民族生存危机下反抗外侮、争取民族独立的主要动力和社会力量的动员手段。的确，如果从民族主义的角度来看，中国政治中的每一个新的起点都闪动着民族主义的影子。换言之，在整个中国现代史中，建设

[①] James P. Harrison, *Modern Chinese Nationalism*, 1969, pp. 3 – 14.

[②] Ibid., pp. 2 – 14.

[③] J. B. R. Whitney, *China, Area, Administration and Nation Building*, Chicago: University of Chicago Press, 1970, pp. 160 – 162.

[④] ［美］列文森：《儒教中国及其现代命运》，2000 年，第 87 页。

一个强大的国家是中华民族的一个持续的主题,而且一波又一波的民族主义运动浪潮在社会和政治团体那里导致了"强国情结"的形成。

60 年代之后,民族主义在中国近代史的作用得到进一步的分析和论证。美国加州大学伯克利分校的政治学教授约翰逊(Chalmes A. Johnson, 1931—)指出,民族主义作为一种动力,或者一种主线,贯穿了中国一个多世纪以来的所有历史。

1968 年,著名学者芮玛丽(M. C. Wright, 1917—1970)将民族主义的作用进一步拓展到中国近代革命,认为民族主义是中国革命的动力(moving force)。[①] 根据这种观点,民族主义假以各种社会群体(学生、媒体、知识分子、农民等),在中国追求民族独立及现代化建设的过程中扮演了重要角色,被理解成中国近代革命和社会变迁的重要线索,以至于有的学者指出,民族主义对中国共产党革命的重要性人尽皆知。[②]

民族主义成了理解中国近代社会发展的重要线索。约翰逊从民族主义的角度解释了共产党的成功和国民党的失败,他在该书中比较了国共两党的民族主义策略,认为日本的入侵打破了中国农民传统的乡土观念,农民相信只有反抗才有出路,但是却不能产生本阶级的领导人物,共产党则及时满足了这种需要,于是地方军事组织因此产生,而共产党不但担任起了已经被动员起来的人口众多的农民阶级的领导,帮助他们进行组织建设,并提供了意识形态工具,这种成功的民族主义动员,使共产党获得了领导中国的权力和合法性,并取得了军事上的成功。[③] 上述意见也得到其他多数学者的肯定,认为"中共在思想上对国民党的胜利,部分来自他们抓住了民族主义的思想情绪"。[④]

另外有学者从青年学生运动那里看到了民族主义的力量。一是弗吉尼亚大学的历史系教授易社强(John Israel, 1935—)撰写的《1927 至

---

① Mary C. Wright, Introduction: the Rising Tide of Change, in Mary C. Wright (ed.), *China in Revolution: The First Phase, 1900 - 1913*, New Haven: Yale University Press, 1968, p. 3.

② Lucien Bianco, *Origins of the Chinese Revolution, 1915 - 1949*, trans. by Muriel Bell, Stanford, Calif: Stanford University Press, 1971, p. 140.

③ Chalmes Johnson, *Peasant Nationalism and Communist Power*, Stanford University Press, 1962, *p*. 3.

④ [美] 费正清:《费正清集》,陶文钊选编,林海等译,天津人民出版社 1992 年版,第335 页。

1937 年中国的学生民族主义》，主要研究了 1927 年国共分裂后到 1937 年抗战之前这 10 年间的学生与国民党政府之间的复杂关系。二是美国马里兰大学历史系教授叶嘉炽（Ka-che Yip, 1944—　）撰写的《宗教、民族主义和中国学生：1922—1927 年的反基督教运动》，叶嘉炽利用已有的中文资料，分析了学生民族主义的由来和局限性，认为 20 世纪 20 年代中期中国学生的反基督教运动源于此时青年学生富国图强和反帝的民族主义情感，但因为学生运动在其天性上讲是软弱的，必须与其他政治组织联合起来。作为这种联合中弱小的一方，他们一般会失去对他们发动起来的运动的控制权，反而容易成为随后的镇压行动的目标。①

三　20 世纪 90 年代之后的新进展：研究范式的转变

90 年代之后，国外对中国的民族主义研究进入第二次范式转化。这一时期的研究有两个不同，一是列文森的近代起源说受到一些学者的挑战（例如，有的学者将中国的民族主义追溯到宋元甚至更早时期），但最主要的转变是他们对中国当代民族主义（所谓的"新民族主义"）进行了持续的、群体性的探索，已经从 90 年代之前的史学领域扩展到社会学、国际政治等多个方面。据不完全统计，最近 20 年来国外学术界仅是用英语撰写的中国民族主义研究文献中，专著超过 15 种，期刊论文则有 120 多篇，还召开过数次学术会议。传统上国外研究中国民族主义的学者主要以美国学者为主，另外还有一些华裔或华人学者，但这一时期欧洲（如英国）和亚太地区（如澳大利亚、新加坡、印度和日本）有很多学者也加入进来。另外不少港台地区的学者，以及少数大陆学者的论著也在海外发表，这也是前一时期不曾有的。

如果说前期（80 年代之前）国外学者关注的是中国近代（鸦片战争以来）到清末民初，以至于抗日战争时期，民族主义如何成为中国政治力量、民众动员和国家建设的源泉的话，那么后来（90 年代之后）的研

---

①　Yip Ka-che, *Religion*, *Nationalism*, *and Chinese Student*: *the Anti-Christian Movement of 1922 – 1927*, Bellingham: Center for East Asian Studies, Western Washington University, 1980, p. 3.

究则将视野扩展到整个近现代中国，从研究方法和范围上都显示出学科范式的转化。

第一，中国民族主义得到了更为全面的研究。中国民族主义的各个发展阶段都进入国外学者的研究视域。这些研究既包括对中国民族主义的一般论述，也包括对这一现象的全面的、历史的考察，可以说中国最近一个半世纪以来的现代化进程、国家建构及意识形态运动都被纳入了民族主义的视域中。民族主义似乎成为贯穿中国百年历史的核心线索；尤其值得注意的是，中国当代（自90年代以来）的民族主义（"新民族主义"）受到特别关注，这一时期民族主义的类别、性质、功能、特点及其对中国内政外交的影响等，都成为国外学者主要的研究内容，民族主义再度成为解读中国当代社会发展的关键词。

第二，研究方法的整合和多样化。此前，国外学者对中国民族主义的研究主要是在史学领域进行的。90年代之后的研究还引入了诸如地缘政治学、国际政治学、社会心理学、文化（比较）研究等方法，从多个视角来审视、观察和研究中国民族主义，研究视角更为广阔和深刻。

第三，研究方法的实地（field）化。因为特殊的历史原因，从50年代开始直至80年代早期，国外的中国学家在掌握中国文献方面遇到很多困难，他们的资料仅限于从港台地区获取的有限的中文出版物和无法证实的一些传闻。80年代之后，这种情况大为改观。除了文献可以不受限制地获取之外，许多国外学者甚至可以亲身到中国来进行实地研究。因此，这一时期的研究都大量地利用了第一手资料，包括大陆公开出版的政府公告、各种书刊杂志以及互联网上的聊天帖子、博文等。这与第一阶段颇为相似，但范围更广。

第四，意识形态色彩较为浓厚。中国民族主义研究从原来的"学院派"课题逐渐社会化和国际化，有的甚至带有明显的敌意和政治意图。除了大学和研究机构的学者之外，一些政府官员和新闻记者也时有论作问世。我们当然承认民族主义本身就与意识形态联系密切，但也不能否认这是在"中国威胁论"背景下的自然产物。与90年代之前相比，国外学者眼中的中国民族主义研究无疑是与国际地缘政治话语密切相连的。

　　为什么90年代之后国外学术界会突然对中国的民族主义感兴趣呢？国外学术界的一般解释是，90年代以后在中国涌现出的新一轮的民族主义浪潮既与当前世界范围内民族主义兴起的一般原因有关（如苏联解体及随后该地区民族国家的出现、巴尔干半岛持续的民族冲突、欧美一些地区出现的极端民族主义情绪等），也与中国的特殊情况有关。就后者而言，归纳起来则有意识形态、国际政治和社会心理三个方面的诱因。三方面中的任何一个都易于引发一种民族主义情绪。当然一些重大国际事件如中国使馆被炸、战机撞毁等也激发了中国人民的民族情绪。90年代以来的民族主义是国内外环境变化的结果。

　　1. 意识形态的信仰危机与对西方价值观的反思

　　90年代之后中国民族主义的崛起起因于政府寻求政权合法性的需要，以及普通民众对信仰和价值的诉求。这是多数西方学者的一致看法。

　　90年代前后苏联社会主义的失败和苏联的解体引起了原共产主义地区对传统意识形态的普遍质疑。面临价值观上的迷惘和多元，以爱国教育为主题的民族主义盛行。中华民族的凝聚力。[①] 由政府提倡（或引导）的国情教育是这一时期民族主义盛行的重要原因。

　　在政府积极推动大规模的民族主义爱国教育运动的同时，中国知识界和普通民众则经历了从80年代初对西方文化的崇拜到90年代对西方意图的怀疑的转化。一部分激进的知识分子越来越怀疑西方不愿意中国变得富强起来，因此一种反感西方大国（主要是美国）霸权、凸显中国国家利益的民族主义话语逐渐表现出来。[②] 中国人越来越认为，西方不想中国成为和西方国家那样的国际社会的平等成员，也不想承认中国的经济发展成就。[③] 这些人于是便从西方价值观的拥护者变成中国民族主义的代言人。《中国可以说不》等系列著作的出版是这种情绪的表现。

---

① Suisheng Zhao, A State-Led Nationalism: The Patriotic Education Campaign in Post-Tiananmen China, *Communist and Post-Communist Studies*, 31（3），1998，pp. 291–299.

② Allan S. Whiting, Chinese Nationalism and Foreign Policy after Deng, *China Quarterly*, 142, 1995, pp. 297–315.

③ Zheng Yongnian, *Discovering Chinese Nationalism in China*, Cambridge University Press, 1999, p. 18.

对西方价值的批评也意味着对本民族传统的重新反思，在冷战期间被压制的民族主义则成为最好的选择。① 这是自 90 年代以来以"新左派"和反西方面目出现的民族主义的社会心理来源。②

2. 强国情结、百年耻辱与挫折感的交织

自 90 年代以来，中国经济得到了迅速的发展，逐渐融入全球化运动当中。经济发展和全球化运动为民族主义在中国的兴起提供了多种途径和机会，这是国外学者理解"新"民族主义的中国背景。他们认为，90 年代民族主义在中国的兴起，是多重因素合力的结果，与中国经济改革成功之后中国民众心态的变化有着密切的联系。

从国内来说，经济的增长在提升了中国人的自信心的同时，也激发了他们的民族情绪和民族主义热情，中国普通民众希望中国能在国际政治舞台上表达自己的声音，这是中国 90 年代以来产生民族主义情绪的土壤。从国际上来说，一方面，中国外交中的某些挫折和西方国家对中国的一系列错误举动诱发了中国人的历史记忆，勾起了他们原本被暂时压制下的耻辱感。民族耻辱感是中国民族主义叙事中的一个明显因素，而现在西方大国的阻挠让中国人再次回忆起了长达百年的世纪耻辱。③

一些西方学者还特别注意到了 90 年代大陆的一些出版物，认为它们为这一时期民族主义情绪的宣泄、蔓延和扩张提供了有利的条件。在这方面，几乎所有的西方学者都提到了 1996 年中国出版的一些政论性的畅销书和影视作品，如《中国可以说不》《北京人在纽约》等，认为这是中国"新民族主义"情绪高涨的表现。这些作品在国外知识界的影响可能超出一般中国人的想象。"如果要讨论当今中国的民族主义却不提到这本

---

① Jonathan Unger, Introduction, in Jonathan Unger (ed.), *Chinese Nationalism*, 1996, p. vi; Ian Seckington, Nationalism, Ideology and China's "Fourth Generation" Leadership, Journal of Contemporary China, 14 (42), 2005, pp. 23 – 33.

② Suisheng Zhao, *A Nation-State by Construction*, Standford University Press, 2004, pp. 210 – 212.

③ Andrew Nathan and Robert Ross, *The Great Wall and the Empty Fortress*; *China's Search for Security*, New York: W. W. Norton, 1997, p. 34; William A. Callahan, National Insecurities: Humiliation, Salvation, and Chinese Nationalism, *Alternatives*, 29, 2004, pp. 201 – 204.

声名远扬的《中国可以说不》，那几乎是不可能的"。① 这些作品为"新"民族主义的兴起起到了推动的作用。

3. 西方大国对中国的不尊重与不信任

西方学者认为，中国民族主义的兴起，与以美国为首的西方大国对中国的不尊重与不信任有着密切的联系。换言之，如果西方国家能够尊重中国，中国民族主义的情绪就可能获得满足并随之消失。②

90 年代之后，中国颇受一些外交事务的困扰。一方面，中国融入国际社会和国际事务的步伐越来越快，但另一方面，中国的对外交往却屡受挫折（如西方对中国的封锁，加入世界贸易组织的谈判迟迟不能取得成果，一些西方国家不顾中国政府的严正立场屡屡向中国台湾出售先进武器，鼓动西藏独立，以及欧美等国还经常以人权的名义干涉中国内政，等等）。西方学者认为，一些外交摩擦和意外事件刺激了中国普通民众的历史耻辱感情和强国情结，使他们从对西方国家的理想化、幼稚的和狂热的迷恋中醒悟过来。③

实际上，西方学者已经习惯于从民族主义角度来解释中国对国际事务的反应。备受非议的"中国威胁论"和"文明冲突论"既是这种思维方式的表现，也是让中国学术界和普通民众非常愤慨的一个论调。这种观点认为，中国经济和军事力量的发展必将导致民族主义情绪的膨胀，也会引起中国人重建历史上的帝国的冲动，因此要在中国强大起来之前采取"围堵中国"的政策。④

---

① Zhang Xudong, Nationalism, Mass Culture, and Intellectual Strategies in Post-Tiananmen China, *Social Text*, 16 (2), Summer, 1998, p. 131；Xu Guangqiu, Anti-Western Nationalism in China, 1989 – 1999, *World Affairs*, 163 (4), Spring, 2001, p. 151；Ian Seckington, Nationalism, Ideology and China's "Fourth Generation" Leadership, *Journal of Contemporary China*, 14 (42), Feb., 2005, p. 27.

② Zheng Yongnian, 1999, pp. 156 – 159.

③ Zhang Xudong, Nationalism, Mass Culture, and Intellectual Strategies in Post-Tiananmen China, *Social Text*, 16 (2), Summer, 1998, pp. 111 – 112；Xu Guangqiu, Anti-Western Nationalism in China, 1989 – 1999, *World Affairs*, 163 (4), Spring, 2001, p. 151.

④ T. A. Metzger and R. H. Myers, Chinese Nationalism and American Policy, *Orbis*, 42 (1), Winter, 1998, pp. 21 – 36；Richard Bernstein and Ross H. Munro, The Coming Conflict with America, *Foreign Affairs*, 76, 1997, pp. 18 – 33。另外可参见 Richard Bernstein and Rose Munro, *The Coming Conflict with China*, New York：Knopf, 1997。

因此，在西方学者看来，90 年代中国民族主义的兴起不是由某个特定的因素造成的，而是国内外多种因素共同塑造的结果。在这种国内和国际环境下，90 年代以来国外对中国民族主义的研究规模不但是空前的，而且对中国民族主义特征的描述和理解也是众说纷纭，它被赋予了各种各样的标签，如自信的、强硬的、乐观的、武断的、进攻性的、好斗的、反传统的、务实的、防御性的、包容的、动态的、虚无的、"面子的"等，呈现出多种多样的品格和特征，有学者甚至将中国当代的民族主义比作《圣经》中约瑟的那件"色彩斑斓的外套"，[①] 说明国外学者对中国民族主义的认识仍处于充满争议的情况。

较之欧洲，民族和民族主义在中国是一个更复杂的话题，不仅因为这是我们悠久的历史和传统思想中很少出现的意识，而且还因为这种意识是伴随着近代史而进入中国的。一方面，我们在很多重大事件上看到了民族凝聚力的巨大力量，但另一方面我们也看到一些相反的、奇怪的现象。这倒是提出了一个更核心的问题，作为一种自我认识，我们应该如何以及培养一种什么样的民族主义意识？希望国内学术界更多的学者关注这一话题。

(选自《国外社会科学》2009 年第 5 期)

---

① Jonathan Unger, Introduction, in Jonathan Unger（ed.）, *Chinese Nationalism*, New York: M. E. Sharpe, 1996, p. xvii.

美国学者眼中的中国法制化

——哈佛大学安守廉教授访谈[*]

张冠梓[**]

2008 年 12 月 30 日，哈佛大学法学院副院长、东亚法律研究中心主任、著名中国法研究专家安守廉（William P. Alford）教授应邀接受了中国社会科学院研究员、哈佛大学肯尼迪政府学院访问学者张冠梓的采访。以下是访谈记录。

张冠梓：我们谈一谈您对中国法学的研究。您最初对中国法律的兴趣是在什么地方？就是说，最初从事中国法律问题研究的时候，您的兴趣点在哪里？当时是出于什么样的研究初衷？

安守廉：我最初对中国法律的兴趣点应该说是中国法制史。我认为，中国的法律传统与西方是很不一样的，在很多方面都有区别。我觉得这个问题很有趣，因为不管美国的学者还是英国的学者都认为自己国家的制度非常好，譬如条理分明、合乎理性、富有逻辑性、带有普遍性和通用性等。可大家一接触中国法制史，觉得与我们自己国家的法制史很不一样。中国的传统法律不管在制度上还是在观念上都有很多特点，诚然也存在很多问题，可也有很多好处。我觉得非常有意思，就开始从事这

　　* 哈佛大学法学院博士候选人王钢桥、中央民族大学法学院研究生石培培、孟庆沛、赵云梅、王斌为本文从事了部分文稿的翻译和资料整理工作。——作者
　　** 张冠梓，男，1966 年生，中国社会科学院研究员。

方面的研究。我发现，西方法律注重个人诉求、个人权利，而中国法律却不是这样。有人一看中西方之间的法律有这些区别，就说中国的法律很落后，一味批评其不关注人权、民主等，可是我认为，中国法律也有好处。比方说，儒家思想就比较复杂、精细、有趣。你知道，孔子德治和仁政不只是对中国人有意义，对所有国家都有借鉴意义。孔子认为，最好的办法是约束人的思想、道德和行为，而不是诉诸法律。也就是说，用道德对一个人、一个社会进行约束是最根本、也是更有效的，所以孔子比较注意道德感化和约束。中国的处世哲学是乐观主义的，讲求人性善，注重用道德处理人与人之间的关系，用道德来管理社会。反观西方人则不这么乐观，比较强调外在的管理与约束。这两方面比较一下就不难发现，中国和西方的法律观念和法律制度都比较有特点，各有长处，是可以互相借鉴和学习的。具体到中国的近代法律制度，我也曾有过专门的研究。清朝末年的一些著名法学家，像沈家本、伍廷芳等，可以说兼通中外，精通中国传统的法律，也了解西方法律。他们要借鉴西方法律的长处来帮助中国进行法制变革，进行了很多有开拓性的探索。我本人很钦佩他们的这种探索，既有研究这些法学家和官员的浓厚兴趣，也有兴趣将中国的法律传统与西方法律进行比较，进而把不同制度中最好的部分都结合在一起。

张冠梓：当时您开始研究中国法律问题的时候，美国学界的相关研究是什么样的状况？当时有哪些具体的方面是您印象比较深刻的？

安守廉：自第二次世界大战以来，美国研究中国法的学者很多，已历经了好几代。第一代中国法学者人数虽然不多，但影响很大。其中最著名的除了我前面提到的柯恩教授外，还有李浩（Victor H. li）、拉伯曼（Stanley Lubman）、爱德华（R. Randle Edwards）、琼斯（William C. Jones）等。柯恩教授是我的老师，他从1960年开始便从事中国法的研究，1964年在哈佛大学法学院创立了东亚法研究中心（East Asian Legal Studies Program）并开设了当代中国法和中国法制史等课程和专题讲座，培养出了一大批中国法学家和法律工作者。可以说，现在活跃于美国的中国法学专家大多出自哈佛大学。例如，现任美中法律教育交流委员会（CLEEC）主席法伊纳曼（James V. Feinerman）以及从事律师事务并兼做研究的毛瑟（Michael Moser）、图伯特（Preston Torbert）等人都是。李浩教授是美籍华裔学者，也是研究中国法的学者中非常突出的一位。他早在 20 世纪 60 年代在哈佛大学攻读研究生时就开始从事中国法的研究。他先后执教于密歇根大学、哥伦比亚大学及斯坦福大学，现任夏威夷大学东西方中心主任、亚太咨询委员会主席，一直讲授中国法课程。应该说，这些教授都是中国法律史研究领域的真正的、勇敢的先锋。他们不仅自己的学问做得好，还热心帮助下一代，鼓励年轻人研究中国，给我留下了极其深刻而美好的印象。遗憾的是，第一代学者开始从事中国法研究的时候，美国在越南打仗，妨碍了他们与中国的交流，这是一件非常可惜的事情。不过这件事情也促使我进行若干思考。我认为，美国在越南打仗可能有很多复杂的原因，但不可否认的一个因素是，美国的决策者完全不了解越南的历史和文化。他们想当然地认为，越南和中国有着很密切的关系，美国若在越南成功地推行自己的制度，也必将在中国、泰国等国家同样如此。他们不仅对越南的历史和文化不了解，对越南与中国错综复杂的关系更知之甚少。所以，我更加认为，美国的学者、美国的领导人应当更多了解其他国家及其真实的历史。在这方面，柯恩等教授是有远见的，他对我们年轻人非常好，鼓励我们积极地了解中国。诚然，第一代学者在看待中国、研究中国等方面有局限性，不可避免地带有一些西方人的思维定式，这是因为他们不是历史学家，他们没有研究历史。譬如，哈佛大学法学院昂格尔（Roberto Mangabeira Unger）教授因为没有专门研究中国历史，所以他关于中国法律的看法难免失之于偏颇，对此我曾经写过文章和他商榷。我认为这很可惜，如果他们多注意一点中国的历史文化，得出的结论可能会更稳妥一些。说实话，我早期的学术论文有些是批评我的老师的。我认为，他们多了解清代法制史，就会发现清代的法律制度是非常复杂、非常有趣的，同时也有其自身的逻辑性和规律性，不能一味地斥之为落后。

张冠梓：和您上一辈、下一代的专家相比，您在研究中国法律方面有什么特点？

安守廉：这个问题很难回答，因为不同年代的学者面临的情况、条件和所处的环境很不一样。20 世纪 50—70 年代，中国处于封闭状态，那时国外的专家没有机会去中国。但是，他们非常勇敢，具有前瞻性，开创了中国法律与法学研究这一领域。在这一点上我很佩服他们。你知道，那时的美国各大学法学院都没有研究、讲授中国法律的教授，我上一代的那些教授可以说是白手起家，几乎是在做拓荒的工作。相比之下，和我年纪相仿的学者开始有越来越多的机会去中国，可以与中国政府、中国司法界和中国的学者进行交流，观察老百姓的实际生活，这和上一代的情况显然是很不一样的。当然，比我年轻的学者的情况就比我更好一些。如果要以年代来划分的话，那么柯恩教授可以说是第一代，我属于第二代，再往下，第三代和第四代就是现在开始崭露头角的年轻人。这几代学人的情况是很不一样的。现在的情况又和我那时候大不一样了，最主要的是，中国与美国交流的空间和学习的环境大不一样了。我经常告诉我的学生，要努力学习中文。为什么呢？因为现在的竞争更加激烈，有越来越多的中国大陆学生来这里学习。一方面，他们了解中国，懂中文，会说普通话；另一方面，他们的英语水平很高、法学知识也不错。他们非常聪明，非常用功，基本素质和专业水平自然比我们这一代要高，所以美国学生面临的竞争是十分激烈的。此外，中国大陆现有的法律制度比30年前其内容要丰富得多也复杂得多。现在的学生必须努力学习才能了解。不像我们那时候，中国的法律还比较简单。记得30年前昂格尔教授说过，学中国的法律比较一般化，很容易，因为中国没有多少法律。现在中国每年都有大量的新的法律和法规出台。30年以前，中国有12个法学院，现在中国的法学院比美国的法学院要多得多。中国学生的基础知识和专业素养也比过去要好，竞争也比较激烈。所以，我经常告诉美国学生需要努力学习。在西方，很多政治家都具有法律从业或学业背景，单说美国历届总统，就有一半的人做过律师。这自然是对法学最好的"宣传"，同时也说明了法律人才的可塑性和精英化的程度。

张冠梓：在您的研究中，让大家印象非常深刻的是您对中国历史和文化的深刻认识。其中有些著作在中国影响很大。在《偷书不算偷》这本书里，您以知识产权制度在中国文明发展中的表现和作用为例来探讨外来制度与本土文化相互融合的问题，其选题和视角无疑是颇为精确和独到的。您能否简单地介绍一下这本书的写作情况？

安守廉：《偷书不算偷：中华文明中的知识产权法》（*To Steal A Book Is An Elegant Offense：Intellectual Property Law in Chinese Civilization*）一书，

是我十多年前的著作了，最初由美国斯坦福大学出版社于1995年出版。
这本书共分6章，其中第一章为概论，第二章追寻古代中国知识产权的
脉络，第三章回顾了19世纪末和20世纪初西方知识产权概念的引进，第
四章描绘社会主义商品经济下的具有中国特色的知识产权法，第五章介
绍知识产权在台湾地区的发展状况，第六章评述美国对华知识产权政策。
通过这本书，我试图从历史到现实、从学术到政策对中国的知识产权法
律制度进行一次深入的思考。一方面，介绍知识产权法律制度本身在中
国的发展历史；另一方面，我也试着提出了一些与法律文化的移植相关
联的观点，譬如知识产权法在中国并没有随着造纸术和印刷术的出现而
出现，而是在19世纪末和20世纪初由西方引入了一个全新的制度；这一
移植后来遭受失败，主要是因为移植者没有考虑到当时中国的特殊环境；
而当前中国知识产权制度的各种缺陷，也源于移植者未能很好地解决如
何将在西方形成的法律文化和制度与中国的传统和现实相互融合的问题。
这些观点的提出并不是为了强调中国知识产权制度如何落后于西方，而
是为了讨论一些颇为令人困惑而又长期受到忽视的疑难现象。比如，其
中一个问题是，为什么作为一个曾在科技和文化上领先于世界的文明古
国，中国却没有形成一套保护发明创造的法律制度？另一个需要回答的
更大的问题是，如何才能将西方有用的法律制度移植到中国的土地上，
移植过来后又如何才能使其在新的泥土中扎根成长？我认为，古代中国
虽以发明创造领先于世界，却没有形成保护这些发明创造的法律制度。
这一奇怪现象加之19世纪和20世纪之交中国引进知识产权法的失败，以
及现行中国知识产权法中存在的种种问题，都说明法律必须与当地文化
环境和现实状况相适应。当然，外来制度的移植也可以在一定程度上影
响本土文化的变化，本土文化的变化又反过来为外来制度提供适宜生长
的土壤。近些年，从中国知识分子"偷书不算偷"的高傲到对版权版税
的斤斤计较，可以看出，中国士大夫的传统文化已经有了相当大的改变，
现在的中国文化环境也许比历史上任何一个时期都更适合于西方知识产
权制度的生长。

张冠梓：在您看来，中国改革开放30年来的法制建设有哪些成就？
存在哪些挑战和问题？如何应对这些挑战和问题？

安守廉：这同样是一个非常复杂的问题。概括地说，改革开放30年

来的法制建设取得了很大成就，但也面临很多挑战。我父亲是一位历史学家，他经常告诉我要用历史的眼光看问题。从历史的角度来说，不管是在中国还是在美国，30 年是很短的时间。回顾改革开放之初的 1978年，中国只有 12 个学校有法律系，但没有法学院。那时候或在那之前，中国的律师多半是在苏联学习过的，专业储备和素养不是很好。这样的话，他们就不能胜任改革开放形势下的任务，要担当与迅速涌入的西方国家的政府和企业进行谈判的任务，就显得捉襟见肘，经验不足。而且，那时中国的立法工作也比较简单。比如，关于合作企业的法律虽然在1979 年就颁布了，但内容还是很简单。对照过去，再看看今天，你就会觉得改革开放 30 年来中国法制建设的成就很了不起。现在，中国的大学里成立了很多法学院，出现了很多法学教授，立法的成果也很丰富，还涌现了很多律师，不少律师的水平可以同美国的或是欧洲的律师相媲美，所有这些都是很大的成就。但另一方面，我觉得还有很多挑战。举一个例子，就是中国缺少民间机构。我认为，不应当对这些民间的或非政府的机构有什么误解。换句话说，这些机构的目的不一定是反对政府，而应是存在于政府外部、帮助政府分担社会任务的。尽管每个国家的社会与文化特点都不一样，和西方相比，中国的文化就有很多不一样的地方、不一样的方面，对同样一件事情会有不一样的认识，但我还是认为，不管是中国，还是美国、欧洲、印度等国家和地区，任何一个社会都需要民间组织。大家都知道美国的法律制度比较成功，为什么呢？因为美国的法律制度有着自己的特点，比方说美国允许并鼓励民间组织，而这些组织确实也发挥了非常重要的社会作用。民间组织的存在是社会正常运转最起码的条件、最基本的需求。它存在的目的就是分担一部分社会职责，不让政府做所有的事情，也不会让个人或家庭做所有的事情。可是在中国的法律框架里，对于民间机构的法律定位还是有问题的，起码不够清楚。老百姓要成立一个民间组织，开设一个民间机构是很不容易的。其实，这对中国的法制建设和社会正常运转有着很大的不利影响。允许成立并鼓励民间组织和非政府组织，为它们建构一个清晰的制度框架，不管是对于文化发展、人权，还是别的事情都很有好处。我这么说，意思是立法和政策制定怎样才能更加符合或贴近老百姓的实际需要，为老百姓用得着、用得上，成为属于老百姓的法律。我认为，在立法方面、在法律执行方面、在司法体制的建设方面，中国取得了很多成就，但还有不少挑战，有不少发展的余地和空间。

（选自《国外社会科学》2010 年第 3 期）

中国智库:政策建议及全球治理[*]

[美] 詹姆斯·G. 麦克甘　唐磊　蒋岩桦^{**}译

一　引言

　　笔者将在本文中考察作为中国政府重要的政策建议者和参与制定者的中国智库在国内外舞台上的出现,并结合金砖国家的状况探讨中国智库的崛起。最后,笔者将探讨独立智库和政府麾下智库各自所受的限制,以及它们对中国的政策咨询和公共政策的意义。

　　在这个电脑芯片运行速率最多每18个月就实现倍增、年轻人要为尚未成型的职业未雨绸缪而接受培训、搭乘飞机环绕半球不需一天的时代,由奔涌而至的信息所提出的问题远比其带来的答案多。在这个日益复杂、相互依赖和资讯丰盈的世界,政府和个人都面临利用专业知识承担政府决策的问题。于是,在过去几十年里,公共政策研究机构或智库数量激增。除数量增长外,这些组织的视野和影响也令人瞩目地在区域、国家乃至全球范围内得到扩展。20年前,当在西班牙巴塞罗那举办第一次全

　　* 本文是 [美] 詹姆斯·G. 麦克甘 (James G. McGann) 博士2012年3月在美国印第安纳大学发表的一份工作报告,经作者授权,翻译发表,译文有所删节。

　　** 美国宾州大学"智库与公民社会"研究项目主持人,组织发布《全球智库发展指数报告》(Global Go-To Think Tank Index)。长期跟踪研究世界各国智库的发展趋势和面临的挑战,并为它们提供各种建议;曾任多个国际组织的咨询专家和顾问,包括世界银行、联合国、卡内基国际和平基金会等。唐磊,男,1977年生,中国社会科学院信息情报研究院副研究员。蒋岩桦,男,1982年生,中国社会科学院信息情报研究院。

球智库会议时，笔者的很多同事提出"智库"一词还没很好地跨越国界，今天，该词已被视为跨国概念。

2003 年，高盛投资银行认定巴西、俄罗斯、印度和中国（金砖四国）在今后 50 年里具备高速经济增长的潜力。① 它预计，到 2050 年，金砖四国的经济规模将超过西方六国集团（G6），货币会升值 300%，以美元计算的总支出额将四倍于 G6。高盛的该报告所作出的预测假定了理想的国内形势即政策和制度产生的经济政治环境将培育出长期稳定的增长和发展。

本文希望揭示中国和国际的公共政策研究机构（也称为智库）在提供本国和国际问题的研判时所扮演的角色。这些机构一般独立于政府，是公民社会的有机组成部分。智库是公民社会组织（CSO）或者非政府组织（NGO）的一种形式，它们正致力于中国和其他金砖国家的持续增长与发展。如果智库能够提供有关这些国家增长和发展重大问题的高质量信息、分析和建议，则它们对决策者和公众来说都将是不可或缺的。必须认识到，在国内层面建立和保持良好的政策，是金砖国家经济持续增长的先决条件。这些机构所拥有的独立的专业知识、促进时下亟须的跨部门参与的能力和监督政府行动的作用，使它们对国家发展进程至关重要。本文试图考察中国当前的发展问题，并评估哪些中国智库有能力协助政府面对这些挑战。包括南非在内的金砖国家也在考察之列。

二　金砖国家智库概述

从任何角度看，打造以后 50 年里能够保持增长的国内环境都极其不易。这些挑战不应仅仅由国内决策者和政府官员来肩负，国内智库也应有所担当。凭借从事独立分析的身份、促进跨部门参与的能力和监督政府行动的作用，智库是金砖国家制定有效的国家经济增长战略的重要资源。表 1 显示了金砖国家和西方七国集团（G7）在智库普及上总体存在的差距（按照智库总数和人均拥有智库数）。来自独立政策研究机构的指

---

① 高盛后来也认可了南非，因此，现在常将巴西、俄罗斯、印度、中国和南非五国称为金砖国家（即金砖五国，BRICS）。——译者注

导与知情信息的相对缺乏,将最终阻碍金砖国家制定并实施其持续发展所必需的经济和社会政策。

表1　　　　　　　　金砖国家和西方七国集团国家智库数量

金砖国家（BRICS）			西方七国集团（G7）		
	智库总数	人均拥有智库数	·	智库总数	人均拥有智库数
巴西	82	0.43	加拿大	97	3.07
俄罗斯	112	0.77	法国	176	2.87
印度	292	0.24	德国	194	2.35
中国	425	0.34	意大利	90	1.58
南非	85	1.89	日本	103	0.81
			英国	286	4.86
			美国	1815	5.88
总数	996		总数	2761	

注:1. 智库平均数单位是6—10。

2. 用以计算智库平均数的人口数据来源:联合国统计司最新可用的估算,《人口和生命统计报告》。

巴　西

未来50年,巴西的年平均国内生产总值增长率预计为3.6%,经济规模将在2025年超过意大利,2031年超过法国,2036年超过英国和德国。尽管卢拉政府通过大规模公共支出项目在减轻通胀和填平国债上取得了显著成绩,但巴西的增长潜能在对其贸易和财政政策进行实质性的改革前不会释放。恰当的政策研究和实施新政的可能正在变得更加渺茫,因为公共部门紧缩、外国援助减少,同时私人捐款又受到限制。巴西还在承受长期军事独裁（1964—1985）的持久影响,独裁极大地破坏了独立的政策研究团体的发展和自我整顿。不过,经济发展的相对稳定和近来明显改观的政治团结度,为智库和政府之间合作制定维持增长和发展的宏观经济政策创造了条件。由于国家回归民主,社会和政治自由已经恢复,巴西智库已能享受到知识生产和传播输出的高度自由。

俄罗斯

到 2050 年，俄罗斯经济预计将超过其他金砖国家，而且其人均国内生产总值将媲美西方六国集团水平。这一预期只有在俄罗斯的政治和司法机构为（营利的和非营利的）国内私营部门创造更好的环境、技工匮乏情况得到改善的条件下方能实现。由于中央集权的增加，智库处于越来越多的政府官员审查之下，资源也受到盘剥。俄罗斯的非政府组织被排除在决策过程之外，迂回的税收结构抑制了国内捐款。2006 年生效的一项新法案，通过设置复杂不堪的注册要求而进一步影响了本土智库特别是接受外国捐赠的智库的生长空间。非政治化的和持客观立场的智库其实有利于公私部门间的合作，从而克服前述阻碍。俄罗斯智库的发展应当集中于那些鼓励决策者提出并实行促进持续经济增长的政策和改革的进程与项目，并告知公众一个充满活力、稳定的公民社会在持续经济增长中的必要性。此外，通过吸引公众参与讲座和活动，俄罗斯智库和其他非政府组织能够改进公众对公民社会的认知，促进民主话语。此外，应发展智库和项目型非政府组织（program-focused NGOs）的合作，为俄罗斯政府提供关键政策领域（如农业、教育、住房、公共健康等）国家级计划的分析与实施。

印　度

印度经济将在 2050 年前接近每年 5% 的增长水平，这将使其成为金砖国家中增长最快且保持持续增长的经济体。印度面临的最大挑战是保持如此高增长水平的同时确保增长的财富能够得到合理分配。为支持包容性增长，印度政府必须着力加强基础设施建设、振兴农业和创造就业机会。印度智库和非政府组织有能力制定缓解这些问题的政策，但是它们首先必须学习独立于政府来运作，并学习如何同政府之外的商业组织和社会团体合作。印度的非政府组织也面临着领导能力、职员素质和预算方面的不足。它们开始通过转向咨询业务来筹措资金，但这是有风险的，因为过多地牵扯进图利的活动可能会危害最初设定的独立性。如果印度非政府组织致力于能够消除不平等的政策，例如高产的农业实践和分散式医疗体系，它们将是最有效的。总理曼莫汉·辛格也曾强调有必要研究外国经济问题，培养研究印度与其他国家关系的本国专家。

南　非

尽管南非没有像其他金砖国家一样被寄予同等经济增长的厚望，但它代表了发展中世界一种重要的增长源，其面临的经济挑战要求政府和本土智库之间展开合作。像印度一样，南非经济政策应致力于收入平等。从 1994 年民主化转型起，南非每一年都在正增长，但是仍然未能克服高失业率、低水平投资、教育体系落后、基础设施匮乏和艾滋病等因素对经济的负面影响。非政府组织在应对这些问题时可能会有作为，但它们首先必须建立与政府互动的可靠路径。在种族隔离制度下，很多公民社会组织被压制，因此政府—非政府组织合作是南非的一个新发展趋势。虽然最近来自外国的援助减少，但南非的公共政策研究组织还在不断地吸引总量巨大的外国捐赠，以资助它们的项目。为穷人发展医疗体系和在全国开展更多的初级教育是非政府组织最能对政府决策产生影响的方面。非政府组织应当进一步与政府合作，用贸易自由化的需求来平衡失业问题，而贸易自由化必须吸引更多的外国投资。

中　国

近年来，中国生机勃勃的经济获得了国际关注：可观的增长率、贸易顺差、作为国际舞台上的重要一员频频亮相。然而，中国在各类事务领域面临着多种挑战，包括环境、能源资源、住房需求、放开对人民币升值限制而带来的压力。这些挑战需要大量全面的研究和分析，超出了中国政府内部研究—信息收集机构的能力范围。本土经济智库的参与可以对之进行补充。然而，政府审查的加强对本土智库的自主性造成影响。另外，由于保持着苏联模式，缺乏平行沟通与合作，中国智库的研究能力和效率受到抑制。不过，即使在政府干预的情况下，智库（特别是经济类智库）仍然展现出未来发挥更大作用的希望。

三　智库：持续增长与发展的催化剂

尽管金砖国家及其智库的环境在许多方面是独特的，但它们也呈现出显著的共性：出色增长的潜能因为政治和文化上的限制而受到一定压抑。持续增长和发展的先决条件是政府与智库的合作，智库能够考虑更有效的经济社会政策的制定与实施。高盛报告确认了四个重要的政策挑战：经济政策、贸易政策、教育政策和好的管理。其他没有在报告中确认但是值得关注的是环境、能源、就业和劳动力问题。我们的评价是，目前金砖国家的政策研究能力还不足以应对这些挑战。这一评价是以文献为基础的，来源有国际组织、营利机构、非营利机构和非政府组织、学术期刊文章、本土智库的信息、外交政策研究所的调查结果和智库数据库。

当前，智库与其他公民社会组织面临影响其运行的诸多限制。例如，由于国内支持资源受限和最近几年国外援助的缩减，所有金砖国家的非政府组织都面临资金短缺。金砖国家非政府组织的其他障碍包括限制接触决策者、严格的登记规则、不能与其他公民社会组织形成有效的合作，以及不能对政府机构保持独立。这些障碍损害了智库提供独立的专家意见、协助跨部门参与和审查政府行为的能力，而这些能力是构建完善的经济增长政策所必需的。在实现高盛报告预测之前，金砖国家政府必须认同智库的实际价值，积极扫除阻碍有效稳定公民社会的构建的政治和文化障碍。

四　中国智库和政策咨询的增长与演变

智库对中国来说是新事物。有人认为数百年以前就有相当于智库的机构在中国政策决策中发挥重要的作用。然而，以前的智库数量有限，也没有制度化。最近数十年，中国智库在数量、影响和制度化上已有所发展。

中国智库在 20 世纪后半叶得以迅猛发展。起初，它们的存在是为官方政策服务，而非开展独立研究。苏联式意识形态主导的等级结构和存在于政府部门的官僚体系充斥其中。不过，考虑到中国经济对世界各地影响的增长，智库开始特别关注经济问题，为中国快速发展和融入全球经济提供助力。进入 20 世纪 90 年代，智库特别是民间和附属于大学的研究组织逐渐出现，并且具有更多的自主性和决策影响力。

中国智库数量和影响力的增长应归因于国家经济的显著增长。与国际体系沟通的扩大和经济持续快速发展,使中国面临着复杂的国内外政策挑战。对创新政策需求的加强提升了中国智库的重要性。更明确地说,有专业知识的智库型学者的介入变得越发重要,特别是在外国投资与国际金融领域。

五 中国的三代智库

中国的智库发展史同其政治史息息相关。中国智库总体上可分为第一代、第二代和第三代智库。

第一代智库是在毛泽东时代按照苏联模式的规则建立的。它们基本承袭了苏联科研建制,研究方法也基本上仿效苏联科研机构的研究方法。

20世纪80年代,在邓小平的开放政策引导下,第二代智库开始出现。政府对这些智库的审查较少,并鼓励它们创新。它们放弃了苏联模式的研究方法。其基本定位是协助政府开展政策研究,特别是在政府认为传统政策研究不足的领域。

20世纪90年代以来的智库可被称为第三代智库。中国经济面貌的变化改变了智库发挥功能的环境。智库也适机地谋求私人资助。智库学者开始在媒体上而不是在机构中发表观点。

六 中国智库正在扩大其功能与影响

中国的政治舞台正在变得日益开放,公共政策决策过程也为更多的参与者提供了空间。这一变化不仅影响了中国智库的内部活动,而且对其在国际舞台上发挥作用产生了深远的影响。

中国智库发挥影响的主要形式是根据政府指示上报相关问题的研究报告;不过,在过去的几十年里,这些机构找到了使其研究产生政策效应的替代方式。多数智库通过加强沟通或者教育交流同各国智库和学术机构建立起联系。机构学者之间的交流对信息和观点的分享起到重要作用,大型机构间的定期会议也加强了相互合作。另外,全球化的深化使不少智库更倾向于使用大众传媒作为发挥影响的平台。

七　中国的全球化、经济增长和智库

在中国，每一个智库对公共政策产生确切影响的能力取决于它的上级主管部门。在欧美国家，独立智库在数量和质量上均占主导，而中国政府属下的智库比完全自主的智库拥有更强的作用力。中国智库大多数是由政府拨款支持或者直接隶属于政府部门，后者如国务院发展研究中心和现代国际关系研究院。

政府认识到决策过程中体察民意的必要性，因此吸收智库参与决策（实际上是更广泛的集体决策）。有些智库相当程度地保留了非官方身份，足以更自由地提出建议、探讨思想。

独立智库在中国为数很少。在可见的未来，政府智库将依然是中国政策研究领域最具实力和影响力的参与者。此外，相关组织通过主办由全世界代表参加的会议和对话向国际共同体开放，这是一个积极的信号。最近的发展表明，其他智库特别是附属于大学的智库和私营的智库，正在通过对中国政策发展提出更具批判性的意见发挥其对中国决策过程的影响。

八　中国智库对决策的影响与全球治理

在中国进一步参与国际事务和国家间交流不断加强的背景下，决策者意识到需要扩充处理全球事务所需的相关知识。越来越多的省部级官员从智库学者处寻求建议，这为提升智库对国家公共政策的影响力注入了新动力。

要准确分析中国智库对国内决策过程和全球治理的影响，必须首先意识到它们的独特性。沈大伟（David Shambaugh）在其文章中曾写道，中国不存在"独立的"国际关系智库。除了中国战略与管理研究会外，所有的智库都隶属于国务院部委或党中央、中国人民解放军的直辖部门。

过去大多数国际关系方面的智库由于上述隶属关系而很难独立发挥影响，20世纪90年代以后，智库的组织机构和研究方法都经历了变革。特别是在方法上，它们从意识形态主导转向更具实践性、实证性和描述性的分析方法。同时，它们也更加关注国内和国际系统变量的互动及其对国际关系的影响，因而显示出对国际组织（如世界银行和世贸组织）和世界政治的现实问题（如环境、军备控制等）更为通盘的考虑。

中国智库对中央政策产生有效影响的途径因智库隶属关系的不同而不同。朱旭峰认为他所说的"半官方智库"是除政府以外在政策研究和政策咨询方面的关键构件。最好的例子是中国社会科学院（CASS）和国务院发展研究中心（DRC）。尽管这些机构由中央政府资助并由政府官员担任其领导，但它们享有较高的自主性，因为它们可以从其他政府部门有时甚至从国际组织那里获取资助。如今随着政府预算的缩减，半官方智库已经变得越来越以市场为导向，并因此更加主动地为政府施政提供建议。

此外，邦妮·格拉泽（Bonnie Glaser）和菲利普·桑德斯（Phillip Saunders）认为，分析中国民间外交研究机构的特征同样有意义。这些研究中心不仅为领导层提供决策咨询，还开展学术研究、提供国内教育，并影响中国的外交政策制定。（借助各种会议和沙龙）不断扩大横向联系、延聘海归知识分子、开拓对外交流、扩展研究主题，成为提升民间智库在外交政策上影响力的策略选择。

而且，中国研究机构增强对外交流、进一步参与跨国事务的持续努力，表明它们希望在全球治理中扮演更重要的角色。中美智库之间的互动也已间接影响到中国的对美外交政策和对台政策。这些都是智库通过加强交流对全球治理和国际关系发挥更大影响的例子。

再者，中国分析家们通过参与双边和多边会议表明他们对美国单极倾向的反对立场。

今天中国智库的存在可以协助中国决策部门按照科学客观的标准制定政策，同时有助于加深人们对中国如何制定外交政策的理解，或许还能在对外开放和交流的过程中影响政治进程。

结　论

中国国际经济交流中心 2011 年在北京成立，这是一家规格很高的智库。中国各官方媒体公布了此消息并将这家新机构定位为"中国顶级智库"及"超级智库"。

中国国际经济交流中心的初期研究议题广泛,包括持续蔓延的金融危机、中国崛起及国际金融新秩序、中美战略合作、外国政府及国际机构(包括世界银行、国际货币基金组织和世界贸易组织等)的决策体系,以及智库在政府经济政策制定中所扮演的角色。

其他包括中国社会科学院、上海社会科学院及中国现代国际关系研究院在内的一批中国智库在国际会议中的知名度日益提高,对全球范围同行机构的影响力亦与日俱增。这些努力也许旨在:加强经济、外交和国防政策领域主要智库的机构联系,增强中国的影响力;调查组织模式和研究项目,根据中国国情做出选择性的调整;在涉及国家利益的问题上增加中国在全球和区域性国际组织中的影响力;进行传统的情报收集。

尽管中国智库能够影响公共政策的空间可能不像西方主要国家那样开阔,但其研究领域正在得以扩展,这意味着中国智库对全球治理的影响力在提升。在可预见的未来,政府智库在政策共同体中将继续产生最大的影响力。不过,独立智库在数量、水平和影响上也将逐渐成长,这会进一步加强中国同世界的沟通与融合。最近,很多中国智库在探讨当代跨国问题,如南北经济关系、全球化、恐怖主义、区域经济和安全合作等。这表明,随着这些机构知识积累的增长,它们在国内和国际公共政策问题上的研究信心和专业水平也将提高。

(选自《国外社会科学》2013 年第 3 期)

专题二

经济发展与社会变迁

中国与变化中的世界经济[*]

［英］I. G. 佩特尔

世界经济本身在不断变化，特别是在最近几年里这种变化的速度快，复杂程度加深，从而使世界经济一体化的进程越见复杂，且发展的前途难以预料。在许多方面，我们似乎处在一个国际上的重要十字路口。如果对变化中的世界经济缺乏某些了解，便无法就如何更好地处理相互间的经济关系作出决定。

本文首先对世界经济结构、经济趋势及经济观点的变化进行一番审视，接着探讨一下这些变化给中国带来的影响。

一　世界经济结构

世界经济是在两条甚至三条轨道上运行：一些富裕国家和一些发展中国家处在一条高速轨道上；一些富裕国家、发展中国家以及社会主义国家则处在一条轻快而又不十分高速的轨道上；而大多数贫困国家却处在一条十分缓慢的轨道之上。

即便是在同一类别的国家里，也普遍存在着经济两极分化和收入差别不断扩大的现象。这些差别在富裕国家里因为失业的增加和下层阶级扩大而愈演愈烈。在社会主义国家，随着经济自由化和市场调节作用的

　＊　本文由中国社会科学院外事局研究室供稿。

增强，也出现了一些地区间的差异。而在大多数发展中国家，由于绝大多数人并未能从经济增长中获益，对经济平等或公平的收入分配的关注（不论是在国内或国际）已成为一个更为迫切的问题。如何最佳地去协调增长与平等之间的关系仍然是个有待解决的问题。因此，从根本上说，人们还不能说世界经济现在已经稳定安全了。在世界大部分地区，仍有可能发生突发的、难以预料的社会和政治动乱，从而给世界经济造成不利影响。为此，有必要尽快建立起国内和国际的经济秩序，争取尽可能大的公平。展望增长的前景，依然存在着一些阴云。

近几年来，南北合作问题已经退居次要地位。曾经在70年代出现的要求建立新的国际经济秩序、改变不平等的国际关系的呼声也显得不尖锐了。当时曾谈论过，南北之间进行一些全球性交易——南方保证提供诸如石油这样的短缺资源，以换取先进的技术和更大程度地参与国际经济组织的管理。现在，我们不大听到全球交易了。但我们不能断定不久以后不会再出现另一种形式的交易议论，比如先进技术的交流、用资金换取处理核废料的设施或限制某种消费和工序。

问题的复杂性现已在许多方面表现了出来：这不仅仅表现在能源、环境和资金的流动上，还表现在知识产权、接受高等教育的机会以及人才和劳动力的流动——这是一种自由的跨国界的交流，它不仅限于商品，还包括劳务。在这些新领域的合作（或冲突）能走多远，这也是目前一个尚待解决的问题。

我们记得，迅速的技术变化是近年来对世界产生影响的最重要因素。对发展中国家来说，当务之急是技术转让或缩小技术差距。增长和竞争力都越来越需要依靠技术的引导。新技术也极容易为半文盲的人所接受。而且它们无须费劲去掌握，常常只要消耗有限的资金和自然资源。但是它们的困难是如何采用新技术——技术在不断地更新换代，没有必要总是让所有的国家都从头做起。这个问题如何能通过国际组织的生产来最好地解决？这种由多国公司组织的生产正在飞速地发生变化。但目前尚不清楚发展中国家如何最佳地适应这个新形势，从而使它们也能在新技术中合理地分享利益。发达国家却已经感受到了其在国外受到多国公司的竞争以及来自他们国内外的多国公司的竞争。因此，我们需要在学术上密切注意这一跨国间的世界性生产组织。最适合于从事这方面工作的是那些在任何国家集团中不享有任何既得利益的独立学者和国际机构。

二　一些主要的经济趋势

当前，美国能否在不把世界拖入衰退或不触发严重世界性通货膨胀的前提下减少其预算赤字和经常项目逆差？我对这个问题持审慎的乐观态度。现在，布什在预算问题上取得一些进展是有可能的。他竞选时许诺的不增加新的税收并不排除对诸如进口石油的直接税以及堵塞一些漏洞。国防开支，包括支持其盟国防务的开支可在今后两三年里切实有所削减。若从地方政府的角度出发，预算赤字尚未达到通常人们所估测的那么庞大。一些赤字还可能持续存在，尤其是如果私人储蓄率能有所回升，那么美国还能保持其经济发展势头。

目前的经常项目逆差呈现出一幅模糊不清的画面，尤其是在高利率的情况下，日益沉重的债务负担，使经济状况更加捉摸不定了。美元的进一步贬值已成必要，也不应受到美国自身或他的主要贸易伙伴包括新兴的工业化国家的抵触，与通常的意见相反的是，美国如果保持适当的汇率，它在许多商品方面仍然具有竞争力；日本也在竭力扩大其内需方面做出了努力，而且该国灵活管理的记录也给未来带来鼓舞。欧洲出现的是一幅较为混乱的画面，因为人们担心提高利率和抑制内需的增长会导致通货膨胀。目前欧洲采取的反膨胀立场好坏难说。但是在1992年这一背景下，增加投资的做法必将刺激欧洲的需要，甚至会导致通货膨胀，这样也有助于美国保持国际收支平衡。最后重要的是，美国仍将毫不留情地保持对其贸易伙伴的压力以减少贸易保护主义，提高汇率和保持旺盛的需求。

对于负债累累的拉丁美洲国家，前景并不乐观。目前我们可以理解为何这些国家所采取的一系列稳定措施都归于失败，原因就在于需要偿还沉重的债务。

大多数拉丁美洲国家存在着长期的通货膨胀、资本外流、投资效益差和收入分配不平衡。这个教训显然对像中国这样的国家具有现实意义，因为这些国家仍被认为具有较高的资信。不过，如果不采取适当的内外政策，这种资信也会很快消失。拉丁美洲的经验对所有的发展中国家都是一剂清醒剂。

不过，值得注意的是由于拉丁美洲的教训，国际银行总的来说已对在发展中国家的投资畏缩不前了。国际银行过去曾一度津津乐道他们可以向发展中国家提供国际收支平衡支持和发展贷款，现在所有这一切都改变了，今天，要想让国际私人金融机构向发展中国家提供可观的资金贷款，希望可以说相当渺茫。

中国本身有两个投资的来源：香港和台湾。其他如日本、朝鲜或新加坡也都同中国有着某种文化上的联系，这也为私人直接投资创造了一个良好的气候。在这个气候之下，投资者可以舒适地工作生活。对中国这个寻求在世界经济中更大的一体化的国家，这可能是一张有利的牌。

另一个更有意义的新现象，就是世界人口的大幅度的变化。现在及在今后几十年内，人口增长率在贫困的国家要比在富裕的国家高出许多。这一事实所带来的深远影响目前还不易为人们所看到，而且似乎有对此避而不谈或不去认真研究的心理。不过有两点是肯定的，第一，那些不立即控制人口增长的发展中国家将仍旧处于贫困境况，即便是那些目前自认为资源丰富、人口密度不高的国家也不例外。人口的复合增长率所造成的压力已经使尼日利亚和苏丹不堪负担。第二，未来居住在南方贫穷地区的那部分世界人口将比现在更庞大，南北差距将进一步扩大，发展中国家的不满和动荡将在较长时期里成为重点关注的问题。从全球角度看，经济的盛世和稳定、安全的社会和政策仍很遥远，而且不论从哪一个意义上说，这个世界也远没有达到尽善尽美。

人口发展的另一面也为发展中国家带来了一些鼓舞。情况很明显，如果富裕国家老龄人口和相对贫困的年轻人越来越多的话，经济的动力平衡器就可能转向有利于这些贫困者。但这只有在这些人还不至于因贫穷而丧失其能动性的情况下才成立。另一种更可能出现的情况是，发达国家的需求方式将不得不改变以增加贫穷国在世界市场上的比较利益。老年人需要更多的个人服务，而他们的富有的后代不会对这样的服务有兴趣，因此就为跨越国界来满足这种需求提供了余地。有着相当的储蓄和退休金的老年人的确可以经常到外地做些有益的旅游。他们不愿像个匆匆的旅游者为省些钱到一地游上一两个星期。他们倒愿意做个客人在一个地方住上几个月以回避恶劣的气候。因此，这一国际分工以发展医疗和其他基础设施来满足这一需求——可能是迅速发展的行业——也许是目前发展中国家可以从事的明智的事业之一。

三　经济观点的变化

世界经济的变化反映了潜在的经济趋势和经济观点的变化。简言之，现在的经济观点是更多地倾向于市场力量。政府干预和集中计划已经不大吃香了：人们更多地意识到政府或国家并不是无所不能，而且大多数机构常成了腐败和懦弱的俘虏；关于公有制和私有制这一混合制度已有许多争议；不管怎么说政府仍能起重要的作用，但它们不能取代私营企业和创造精神；也不能低估供应学派主张的重要性，如工作动机、储蓄和革新的风险；资源的有效利用是经济增长的主要原因；注意力应放在效率之上而不是需求刺激或供需稳定或平衡；内向的态度和对国际分工优越性的否认是经济低效率的主要根源；国内外的竞争是更高效率的主要推动力。

凡此种种，有关经济政策的新观点存在着很大的不确定因素和灵活性。因为经济政策并不是非此即彼的固定模式，所以它允许在不同的时间、地点，政策有不同的组合。不过，目前在大多数国家还是有一个共同的经济政策原则。从世界经济一体化的观点看，像中国这样的国家参与世界经济是有利因素还是不利因素呢？初看起来，在经济政策上越来越多的趋于一致显然是个有利因素，因为一致不仅意味着聚合，也表明凝聚力、连贯性和连续性。这就保证各国进入世界市场就得兼容他国的愿望和哲理，而这些国家在别国登门求见时不会关门谢客。当然，我们都知道这尚无定论。但共同的声音的确为大家共同关心的事提供了某种保障。它总比世界按意识形态划分得一清二楚好得多。

不过也存在这样一种危险，即新经济观点会在某些国家变得极端，他们会变得对其他国家的需要和境况漠不关心和不耐烦，而对方国家则要在某个时间里需要一个不同政策的混合，需要以不同的步伐朝着既定的方向前进。发展中国家特别是新兴工业化国家会被迫尽快"毕业"从而加入一个他们不再需求官方资金、有限的保护和外汇管制的环境中去。中国很快也会处在这种压力之下，就像南朝鲜和其他国家曾经遭遇过的那样。不过由谁来对经济变化的步伐吹哨都是个未决的问题。

国内不干预主义哲学也与国际合作的经济形式不那么合拍了。国际合作常被视为国际级的没有保证的干预。"新权力"对援助和国际性组织如国际货币基金组织和世界银行不那么有利了。在对待发展中国家，他们在关税和贸易总协定中的立场常常流于空谈。早期的里根政府显然在不干预问题上走得太远，有点过激，所以由此带来的难题使得美国当局更倾向于国际经济合作而不拘泥于极端教条主义立场。但我们不应忽视这里面存在的冲突和误解的潜流。

四　世界经济变化对中国总的经济战略的影响

目前流行的说法是，像中国这样一个寻求更多地参与世界经济一体化的国家，应采取一个外向而不是内向的发展战略。它所遵循的模式应该是出口导向的增长，而不是增长导向的进口替代。重视出口当然非常重要。但是进口替代和出口导向的增长之间的差异常常被夸大，因此必须对所主张的战略有清楚的认识。

常识告诉我们，就其本身而言，进口替代和促进出口之间并没有多少差别，它们都利用国内的资源。节约一美元和赚取一美元同样值得称道。何况比较成本利益学说还告诉我们，一个国家若拥有比较有利的条件，它就不应进口而应出口。相反，要求实施幼稚工业保护税或特殊扶助及边干边学的论点，不仅适用于与进口竞争的企业，也同样适用于占优势的出口企业。同样的，从长远来说，就进口替代本义而言意思并不大，因为一个国家寻求的不仅是减少对现行进口的依赖，还要避免未来过分地依靠进口。因此，我们不能说进口替代的余地有限，而促进出口却是广阔天地。

从历史的角度出发，一个企业必须首先学会在国内市场上与进口商品竞争，然后才通过出口在国外市场上进行竞争。因此，我们难以断言说出口就比节制进口更为重要。事实上，出口导向的增长只有在成功和有效的进口替代基础上才能建立起来。

我们所能说的是，我们的政策应该是介于进口替代和促进出口之间，不偏不倚，互不妨害。我们还要指出，这两者都应该建筑在高效率的基础之上，这样，倘若其中一方得到保护或补贴（初期阶段常出现这种情况），那这个保护或补贴也应该很快地削减和迅速取消。否则，便会出现"婴儿企业"发展成"痴呆儿"的危险，构成社会的长期负担。不过，我们也需记住，对出口的过度补贴也会使经济大伤元气。

还值得我们一提的是，一旦一个企业可以高效率地与进口竞争，我们不应立即在另一个企业着手进口替代，更不必多头同时从事进口替代。一旦一个企业可以有效地与进口竞争，这个企业便应承担更为艰巨的任务去不遗余力地开拓出口市场，如此方能充分地实现规模经济。这项工作应该优先于在另一个部门上马进口替代项目。

因此，真正的差异在于，在广泛的战线上同时搞进口替代必将费用昂贵和导致低效率，并且一方面使一个国家丧失规模经济，另一方面造成在一个新的部门被选定重新上马一个相同项目之前，一个部门的进口替代便被那个部门的积极的促进出口所取代。既然我们的资源总是很有限的，因此就必须择优而行。在这个意义上，最佳战略是在任何时候都要有一些作为重点的进口替代部门和进入第二阶段的促进出口部门。南朝鲜和日本在预先做了大量的计划和得到国家的支持之下走的就是这条双轨制。我们还应强调需要国家有恰当的投资计划和自觉一致的努力去完成计划。这里国家可以使用它所有的权力，如给被选定的部门提供信贷支持、外汇、权限、原材料等。所以，我们不应忽视计划和政府干预的必要，尽管在这方面我们必须保证这一切是在符合经济规律的情况下起着恰到好处的作用。特别是竞争这把锋利的刀刃不应被弄钝。只要有可能，便应允许竞争而不是限制参与竞争。

此外，还应为私营企业的创造精神留出一个天地，这样我们便不应该事事追求计划或控制。在这里，中国有一句话甚为贴切，那就是："两条腿走路。"

出口悲观主义或所谓的结构性谬误认为，一家南朝鲜或中国台湾的企业可以从事的生产不可被许多其他的南朝鲜或中国台湾的企业所为。假若中国、印度、印度尼西亚、马来西亚和其他国家都企图出口同样的劳动密集型制成品或别的类似的东西，那便会造成需求不足。工业化国家当然也将通过限制进口来保护他们免遭这样大规模的冲击。毋庸置疑，像中国这样的大国不会也不需要像南朝鲜那样依赖出口。同样，国外的贸易保护主义也不会就此消失，甚至还会得到加强。不过，我们没有理由不尽我们之所能去促进有效率的出口，因为中国将在很长一段时间里，急需大量的技术和资本货物的进口。因此，我们必须在每一个市场上竭尽全力以期获得最佳结果。

我们还必须认识到没有在效率生产力上进行努力，我们便无法成功地使出口工业高效率和富有竞争力。在这个意义上可以说，我们过去奢谈什么发展的总体战略实在是误入歧途。真正的战略（除了高储蓄率和技术培训外）是鼓励劳动热情和提高效率。这个战略将最终带来快速的增长，包括出口增长。也许这就是日本和韩国成功的真谛所在。

出口市场的竞争不仅决定于出口工业的效率，也决定于整个经济的效率，这一事实已经变得很清楚了。我们知道，我们有许多重要的经济活动并不能直接出口，但它们却是作为经济结构的一部分所必须的。没有交通、能源再生、银行及质量检验和海关等高效率体系，我们便无法想象能在国外市场上竞争。另外，农业不现代化，不使原材料和工资货物费用合理地降低，我们也无法在国外建立起一个庞大的制成品市场。

中国开发沿海特区，建立出口工业，引进外资的战略无疑是正确的，并已见成效。这样不可避免地也将带来一个扩大地区间收入和财富差别的副作用。一个国家在经济上若不是处在双轨制上的话，它也不能在外部竞争中采用双轨制。

关于主要经济战略还需一提的是，不管一个投资总体战略如何完美都是不够的。它需要得到适当的经济政策和合适的制度机构的支持。不管是社会主义国家还是混合型国家，计划经济的常见失误是低估了政策的重要性而过度强调计划。我们所说的政策指的是总体的经济政策，不仅仅是直接冲击对快速、有益的世界经济一体化极为重要的进出口政策。另外，各个学派的经济学家——不管是倾向计划或倾向市场——都低估了创造一个恰当的体制结构的重要性。

五 世界经济变化对中国对经济政策的影响

发展中国家肯定是经受不住完全的进口自由的冲击的。那么，进口的控制应达到怎样一个程度呢？许多国家都犯了这样一个错误，即不允许被认为国内可以生产的任何产品从外部进口。他们因此人为地设立进口许可证。在这种情况下，进口只有在国内的生产满足不了国内的需求时才成为可能，根本不顾其成本和价格之间的差异。它自然会阻碍出口的增长，因为出口工业以及基础工业背上了消费高成本的国产进口货的包袱。

适当的经济战略是一个有选择的序列方针，在这个方针之下进口替代和促进出口是根据投资计划有节制地逐渐地进行，进口政策也应是有选择的。进口政策必须支持投资政策，必须是有差别的和随时调整的。同样的，这也适用于出口政策，即所有的出口都不应是不加区别地予以补贴。

限制进口是仅仅出于保护幼稚工业的原因呢？还是为了总的国际收支平衡？这个问题难以回答。人们常常争论说，发展中国家在出现储蓄差距之前便出现了国际收支亏空，这是因为资源从一个部门流向另一个部门非常不容易，而且要将国内资源转换成外汇尤其困难。通过控制进口，一个国家便可以适当扩大投资。是否这个论点补充说明了幼稚工业的论点尚难断定。如果是的话，它说明了进口消费品的诱惑力很大，若继续允许所有的商品自由进口，那么将给储蓄和国际收支带来灾难性的后果。我认为这个论点确有实际意义，随便进口奢侈消费品或不重要的消费品，应该受到限制。据此看来，在国内允许生产这样的东西也没有意义了——如果没有严格的再分配政策，这个主张将难于付诸实施。这便是为什么许多发展中国家禁止进口汽车、珠宝或此类奢侈品后却造成本国的汽车生产效率不高，珠宝走私现象严重的局面。凡此种种，我建议采取谨慎的措施，限制不重要的消费品进口，也限制在国内生产这类东西，并通过合适的分配政策来加强这些限制。当然，这些限制也不应太绝对化，因为我们不应低估奢侈品消费的刺激效应。

基于同样的原因，我不提倡放弃外汇管制。即便放宽进口或外汇管制已很理想，保持适当的谨慎还是需要的。如果公众对放宽政策的持续失去了信心，便会出现进口热（或资金出口热），造成危机。在这种情况下，信心至关重要。

引进资金的做法尽管不错，控制外资的借贷还是有必要的。虽然权力下放总的说来是可行的，但我认为在借贷外资的决策上还是以集中权力为宜。因为，第一，如果还债负担要应付自如的话，就必须对外资的借贷总额实行控制。总的原则是一个国家不应该借外债来偿还过去欠债的利息，也不应让债务费用超过出口盈利的 20%—25%。第二，一个国家的信誉很大程度上取决于这个国家能否迅速地还债。倘若中央政府缺乏对所有的债务和所有到期偿还债务和利息的意向，便无法做到迅速还债。我认为，政府还是应保证它批准的所有外债能按期偿还。这是一个国家在国外建立信誉的行动准则，这同样也是获取低息贷款的一个方法。

关于中央决策举借外债的第三个，也许是最重要的原因，即需要保证所借贷款只能用于生产性目的。这并不是说每一个借贷者都得去创汇以偿还借款——尽管在一些情况下这一点需要强调，尤其是牵涉直接投资。即便像交通和能源工程这些不可能以外汇偿还的行业，也起码应以国内贸易货币适当予以偿还。

我不赞成用短期借贷（即所谓的贸易信贷）来资助出口和进口。

一个国家最好应积蓄充足的外汇储备以尽可能避免贸易信贷。外国银行通常对贸易信贷提供资助最为积极，因为从它们的角度出发，这是最安全的借贷方式。而且，这种借贷在一旦出现信用不足时可以很快地抽回和中止，从而造成危机。拉丁美洲的债务危机同这种方式的借贷不无关系。

至于对外直接投资，那些愿意出口或引进尖端技术的国家明显对之大加欢迎。发展中国家必须警惕它们相互之间不分青红皂白的竞争会使外国投资者坐收渔翁之利。不过，流向大多数发展中国家的外资数额都不大。发展中国家可以采取一些一致的行动以防受骗上当——鉴于过去他们已上当多年，那时外国投资者仅仅对发展中国家的国内市场感兴趣并有秘密条款禁止出口。工业发达的国家在一旦它们的利益受到威胁时能迅速集合到一起一致对外——就同第一次石油危机时它们与石油输出国组织对抗和拉丁美洲债务危机时与债务国对抗那样。遗憾的是发展中国家还没有意识到要团结起来。

中国在这里是拥有优势的，因为中国台湾和中国香港是动态经济并拥有大量储蓄盈余和外汇收入，为中国提供了一个天然的销路。中国的"一国两制"政策将毫无疑问地在今后几年里在经济和政治上起重大影响。是否它将侧重于倾向双轨制增长的道路还不好说。但中国的情况对开展对外私人投资是再合适不过了，这是显而易见的。事实上，对中国来说，一个很快就要成为非常重要的问题是，应有多少和什么地方它的资本可以在国外投资。

关于出口政策，除了一个得到政府全力支持的合适的投资计划外，其他两个至关重要的因素是恰当的结构体系和现实的汇率。出口并不仅是对提高效率或有竞争力的生产而言。辅助出口的基础涉及一个非常广泛的领域——出口信贷、提供担保、质量检验、各国市场和服务设施，以及包括设计、款式、时尚变化和技术等商业信息——所有这一切，对发展中国家来说都是难题。但是中国在世界各地有许多拥有各项技能的海外华侨，这是中国的一大优点。这些因素应该予以充分发挥。的确，如此众多的海外华人可以宣扬中国的风味和时尚，以及旅游和侨汇成为中国出口收入的巨大源泉。中国还可以迈出富于想象力的一步，吸引国外的老年富有者到中国客居。从某种意义上说，眼下的外汇收入更多的是依靠组织和机构成功的支持，而不是仅靠生产耗费。

话又说回来，成本费用的考虑还是有必要的，因此，也就需要一个现实的汇率。大多数发展中国家将它们的汇率同某一种关键货币或一篮子货币相联系。在汇率动荡不定的时期采用这种办法是无可奈何的。但是这常常导致脱离正常价格而过分高估或低估，这主要取决于一组货币中某一种货币与那一组中别的货币的升值或贬值的幅度，这些波动常常与有关国家的局势毫不相干。同样的，商业汇兑率的变化也发生影响，这样即使与之相联系的一组货币不产生一点变化，国内价格的动向也能造成发展中国家的货币大起大落。换言之，同一篮子货币联系的同时，我们仍不应忘记起作用的还有比较购买力。哪一个环节出了轨，我们就必须根据一篮子货币的情况迅速做出调整。发展中国家常常忽视了这一点，因而总是在汇率政策问题上陷于被动，因为它们错误地认为只要与一篮子货币挂钩，便会反映出真实情况而不会出现波动。

再重申一下，侧重注意商业汇兑率的变化总的来说是强调国内政策的价值，尤其是避免国内的高通货膨胀率，这种高通货膨胀率一旦形成，不仅会促使汇率的频繁变动，还将由此导致不断的货币信用危机，从而带来各种后遗症。这种局面一旦出现，通货膨胀将难以收拾，如最近拉丁美洲的经验所表明的那样。通货膨胀率很高时，要扭转它并非易事，对付通货膨胀，我们绝不能掉以轻心，一有苗头便应立即予以平息。这是促进增长和一个健康的外部环境的最好保证。综上所述，我们可以提出同样简单但又是最重要的真理：一个健康、效益高和有活力的经济能使世界经济的一体化更融洽和富有成效；一个健康和有活力的经济是一个国家国内计划、政策和体制正常运行的基本体现。

（选自《国外社会科学》1989 年第 8 期）

劳动力转移和中国农村发展模式[*]

[荷兰] F. 克里斯蒂安森　蓝瑛波 译

绪　论

自 20 世纪 50 年代以来，中国农村发展模式一直作为第三世界国家学习仿效的榜样受到赞扬。人民公社制度是促进农村技术进步和摧毁阻碍生产发展的社会不平等和权力结构的行之有效的途径。过去 30 年，中国农业的巨大成就也证实了这一点。人们对中国发展模式的普遍关注还有一个原因，中国没有出现过严重的赤贫现象，市郊贫民区也没有出现失业群，而这在第三世界则是普遍现象。

但是，今日中国农村的成功发展却是以放弃（或取消）人民公社来促进农业发展和缩小城乡差别换来的，这不能不说有点自相矛盾。当前，中国人对人民公社的评价是持一致的否定态度：人民公社是农村发展的严重障碍，大量农村剩余劳动力是农业发展的不利条件。自 1978 年以来，农业发展目标已发生了巨大的变化，从集体性农业生产变成个体（私人）家庭农业。同时期的所有的统计数字表明产量有了很大提高，生活条件也有极大的改善。这些都是农村发展政策成功的最好证明。

本文将从不同角度探讨过去七八年里中国推行的农村发展模式的成功之处。中国是否能把剩余劳动力从农业转移到其他行业上去？能否缩小城乡差别？我确信，中国农村改革成功的关键，在于他们如何解决剩

* 本文摘自《第三世界国家成功的农村发展》一书, 1988 年版。

余劳动力这一问题。这是个不容易实现的长期发展目标，需要对整个中国经济结构做巨大的调整。由于改革历史较短，况且中国幅员辽阔，地理上千差万别，本文只能从不同侧面做尝试性的抽象的评价和分析。虽然本文着重探讨中国农村意义深远的结构性变化，但是作为改革成功的一种措施，在当前改革中反映出的量的方面的问题完全不可忽视。中国粮食产量和其他农作物产量的增长十分惊人，农村人均收入和生活水平有很大提高，农民有能力购买更多的消费品，并且也改善了居住条件。1978—1984 年，农民人均实际收入增长了 265%，城市工人增长 160%，1984 年，农村人均住房面积为 14 平方米（1978 年为 8 平方米）。有人可能将这种量性指标看作与成功有关的证明，我却认为这是缩小城乡差别的潜力所在，从长远观点来看是一种非常重要的手段。

中国地理条件千差万别，气候多样，富裕程度不一，土地类型，基础设施和人口密度各异，使我们很难对农村社区的发展情况做出公正合理的解释。鉴于篇幅原因，且手中资料有限，只是尽可能简单地介绍一下中国农村发展的主要趋势，还应提醒大家注意，上述成就发生在中国富裕地区，有些地区还处在极端贫困和落后的状态中。

一　1978—1979 年以来中国农村发展中的主要变化

改革开始前，人民公社负责农村发展的规划。人民公社是在国家控制和基层农民自发组织的基础上构成的。一方面，公社建立在互助组和合作社基础上，农民带着全部生产资料和土地入伙加入合作社。人民公社实行集体领导，土地集体使用，以生产队形式组织劳动，产品平均分配，这意味着基本食物按定量分配给全体社员，报酬也相等。另一方面，国家根据计划确定的指令性粮食收购定额由公社来完成，同时，公社也是行使国家权力的最基层的机构。国家制定了农产品交换比例以便从农业部门抽取资金建设重工业。这种价格差别是建立在中央指令性价格体制和按马克思的价值理论总结出的产品价值基础上的。农产品价格低于价值，工业产品价格高于价值。

最近的改革取消了人民公社制度。第一，把政治和管理职能从人民公社的经济组织中分离出去，将当地政府机构置于乡政府中，党支部已经独立，集体性的生产队成了合作社。总的说来，大规模的人民公社已不复存在，经济管理范围已下降到过去的生产队或大队，同时，政治和行政管理规模也缩小了，现在共有9.2万个乡政府，而过去有5.5万个人民公社。

第二，按照经济思想的总趋势建立起了责任制。简言之，责任制是建立在一切生产关系必须以合同形式固定下来的思想基础上的，这就意味着废除了指令性收购定额，而由国家（乡政府）与互助合作组签订收购合同，互助合作组再与一家一户的农民签订生产任务合同书。合同赋予农民使用一块专有的规定的土地（15年或更长）自主经营的权利，合同还规定国家必须按已确定下来的价格购买农民的一定数额的农产品，并制定出国家农业税的提留部分和用于社会保险基金的集体公益金的集体提留部分。

第三，自由市场已合法化，而且近几年又建立了许多新的自由市场。这意味着新的农产品销售结构已经形成，并将与国营商店和销售机构竞争。在中国，以自由市场贸易为主建立了很多私人的和合作性质的运输与销售公司。

第四，城乡商品交换比例已发生了一些有利于农村的微小变化。这就是1978年12月中国共产党第十一届三中全会宣布改革时采取的第一个行动，即把粮棉价格普遍提高20%，1979年第一次收获后兑现。然而，价格差即剪刀差（指不合理的农副产品交换比例）依然存在，并且被看作农业生产的不利条件。

第五，允许农民占有生产资料（土地除外，因为土地仍是集体财产），允许农民从事自己的生产活动，如在农业、畜牧业、手工业、贸易、运输和小工业方面的工作。

在这里还可以补充一些变化，但上述变化是最根本的。

二　城乡不平等和当前的发展政策

过去七八年里所发生的这些变化并不是靠一种一贯性政策才实现的，1978年12月至1979年，农业政策很不明确，带有政治调和的痕迹。1979—1982年，中国最贫困地区实行责任制，农村富裕地区继续保留人民公社模式，然而，却给了当地政府试行各种经济刺激、组织形式的自主权。但是，这种尝试可能会导致政府难以控制的改革惯性，只是到了

1982—1983 年，政府才似乎对更具连续性的农业政策取得一致意见。公布了令人震惊的政策宣言，即 1983 年的"1 号文件"，这个文件总结了过去几年中国农业所发生的变化，公布了农业发展的总政策，从此以后，作为行政和经济单位的人民公社被取消了，开始广泛推行责任制，这意味着职业的多元化和大量从事农业劳动的人转移到其他经济生产上。1983 年以来，对"1 号文件"所推行的农业政策只做过微小的改动。

劳动力从农业转移到其他行业上是农村发展的最重要的目标之一，因为这是 1983 年"1 号文件"提出来的，它也是缩小城乡经济差别的途径。

"建立多部门经济结构，允许农村地区剩余劳动力离土不离乡，帮助农民提高生活水平，改变农村的状况，建立小型经济文化中心网，以便逐渐缩小工农业差别和城乡差别"。

总政策条文中没有提到价格差（城乡贸易交换比例），但是，自 70 年代以来，就有农业经济学家不断提醒说，这是农业发展的根本障碍，也是当前有关农村发展争论中的重要问题。1983 年及以后几年，一直把劳动力转移和农村工业化看作缩小城乡差别的出路，从未涉及贸易交换率问题，其原因在于城市经济过多地依赖从农业上抽取资金来维持。如果要解决价格差别，政府有两种选择：或者更多补贴城市消费（对零售价进行补贴，以保证城市新市民能维持同等工资水准的消费），或者正视城市产业部门突然提出的增加工资的要求。为了满足城市居民，国家在制定农村发展实际规划时，不考虑交换比例问题。然而，评估一下价格差会对劳动力转移的持续发展产生何种制约后果是极其重要的。

三　劳动力从农业向其他行业的转移

责任制所推行的家庭承包农业，并不是转移农业部门剩余劳动力的最明显的途径。实行人民公社制度时，劳动力转移的潜力是十分明显的。1957—1978 年，生产大队建立了很多小型乡镇工业，城市里相当多的产业部门对把生产任务承包给乡镇企业更感兴趣，因为农村劳动力价格低廉。集体能够比较合理地控制投资费用的提高和劳动力转移等实际问题。私人家庭农业生产意味着重新恢复小生产模式，这种农业很快就把更多的劳动力束缚在农业生产上，土地被分割成若干小块，因此也给农业机械化设置了障碍，由此造成的恶果是机耕地（收获或播种）面积占可耕地面积的百分比急剧下降（见表1）。

表1 单位：%

年份	机耕地	机器播种	机器收割
1979	42.4	10.4	2.6
1983	34.0	8.3	3.1

资料来源：1980—1984年统计年鉴。

与农户签订划分土地的长期合同，把相当一部分农业劳动力束缚在农业生产上，而不是促进劳动力转移。1980—1983年，集体筹集资金进一步实现工业化的能力陡然降低了，一些在多种经营上取得很大发展的生产大队，如经营养猪、家禽、畜牧场等生产队（或农场）必须作为一个经济上的满足自身需要的企业加以整顿，这就是说不能再像过去那样为更多的农民提供工作机会，出现了劳动力逆向流动，回到农业生产活动上的现象。农业承包合同也出现了一个特殊问题，开始时合同是短期的，大约3—6年，以便进行调整。但是到1984年，由于害怕掠夺性地使用土地，政府决定将承包合同延长到15年以上，以便刺激农民投入资金和劳动力进行土壤改良。与此同时，那些想将合同转移给他人的人也有了机会，他们可以在农业合作组的同意下将自己的合同转给其他农民，二次合同签订者必须向原合同者付补偿费，一般情况下，二次承包土地所获利润从经济上来看不是很诱人的，因此出现了废弃土地的现象。

私人家庭承包制的推行意味着可以由农民个人完成生产任务。在这一定意义上引起了农业生产竞争，这种竞争反映在粮食产量的提高上。在基层单位单纯从事农业生产的农民收入比较说是低的，他们看到那些部分或全部转移到其他行业上的农民和自己收入之间的差异。农民也乐于生产专业化以提高生产效率。这表明一个服务于生产、加工、销售、运输的服务市场已经形成。因此，责任制下的生产专业化既刺激了劳动力转移到为农业服务的行业上的需求，同时也是对职业变化的一种刺激。

自由市场贸易的迅速崛起也为贸易、运输提供了大量的就业机会。

现在很多个体企业正在从事这些工作。其他劳动机会是服务部门提供的，一般都是个体企业。最为普遍的服务性企业是那些不需要较大投资、较高的技能和较高文化的行业，如理发、裁剪、烹饪、修理和维修。所有这些服务项目不仅当地需要、城镇需要，就是大都市也大有市场。

另外一个日渐壮大的部门是建筑业。这一行业在改革开始后迅猛发展主要是因为农村有相当大的将要成为建筑工人的潜力。农村建房在建筑劳动中占相当大的比重，但城市建设也依赖大量农村地区的建筑队伍，城市建筑部门过于僵化，应付不了突如其来的各种需要。同样，农村的企业，诸如采石、制砖、水泥等工厂近年来有很大发展。

这种发展以把劳动力转移到农村中非农业性职业上为目标。1982 年以上那些部门中的农村工人只占 6.4%，1983 年上升到 7.6%，1984 年为 10.4%。这些数字表明就业多样化程度有所提高（见表 2）。

表 2　　　　　　　　　　1981—1984 年全部农村劳动力的发展

年份	农村总劳动力	非农业部门劳动力	%
1981 年	32227 万	1917 万	5.9
1982 年	33278 万	2125 万	6.4
1983 年	34258 万	2613 万	7.6
1984 年	35368 万	3683 万	10.4
1985 年	37065.1 万	6713.6 万	18.1

资料来源：1982 年、1983 年、1984 年、1985 年、1986 年统计年鉴。

表 3　　　　　　1981—1985 年非农业劳动力在不同部门中的分布情况

年份	工业	建筑	运输	贸易	其他
1981 年	8.83（百万）	3.49（百万）	1.10（百万）	1.26（百万）	4.49（百万）
1982 年	8.79（-0.5）	3.79（8.5）	1.15（4.5）	1.30（3.2）	6.22（38.5）
1983 年	8.73（-0.7）	4.83（27.4）	1.61（40.0）	2.06（58.5）	9.00（43.1）
1984 年	10.34（18.4）	8.11（67.9）	3.16（96.3）	4.22（104.9）	11.00（23.6）
1985 年	27.41（165.1）	11.3（39.3）	4.34（37.3）	4.63（9.7）	19.46（76.9）
1981—1985 年	（210.4）	（223.8）	（294.5）	（267.5）	（333.4）

资料来源：1982 年、1983 年、1984 年、1985 年、1986 年统计年鉴。劳动力人数以百万计算，括号内的百分比是增长率。

1981—1984 年农业劳动力增长了 4.5%，从 30310 万人增长到 31685 万人，换言之，在这 4 年期间有 1375 万新兴劳动力在农业部门就业，然而却有 1766 万新兴农村劳动力进入非农业部门。1983—1984 年非农业性就业机会几乎可以满足农村劳动力中全体新成员的需要：只有 40 万人从事农业劳动，其余的 1070 万人在其他部门工作。1984—1985 年实现了从农业部门向其他部门的大规模的净转移：农业劳动力减少了 1334 万人，农业劳动力为 30352 万人，而非农业劳动力增长了 3030 万人，全部农村劳动力增长了 1697 万人。中国人口年龄结构表明，不论农村还是城市劳动力（女 18—50 岁、男 60 岁的人）都呈高度净增长趋势。到 2000 年，劳动人口将增至 8.64 亿人，比 1984 年增加 2 亿人劳动力。2000—2020 年，劳动力增长将停滞下来。这意味着非农业性职业的增长率必须很快完成劳动力从农业向非农业职业的净转移。这可能吗？或者，有可能在发展速度最快的部门保持这种爆炸性的增长率吗？建筑、运输、贸易和其他行业的就业机会在过去 4 年里增长了 2.6 倍。这些部门主要是个体企业，而农村的工业部门——集体企业占主导地位。集体企业资金集中（多数情况下是这样），因此需要更多的技术工人，但技术工人增长比例很慢。为了估价非农业性生产增长的可能性，我们应研究一下农业和农村中非农业企业之间的相互关系，这样才能找出影响劳动力转移的潜在的制约因素。同时我们也必须考虑到中国的巨大的地理差异。

首先，我们必须考虑一个问题，农业是否能输送出必要的劳动力而又不损害农业生产。由于劳动力高于土地比例，所以劳动力转移是势在必行的，但也不能理所当然地认为情况就是如此。实际上不存在任何测量农业劳动力理想规模的万能的手段，但是我们可以根据以下两个标准考虑中国农业的地位和发展，以便更进一步探讨这个问题：

标准 1：劳动生产率标准，目的在于最大限度地提高每个农民的产值；

标准 2：土地生产率标准，目的在于最大限度地提高土地单位面积产量。

劳动生产率标准意味着劳动成本高，产量价格高，技术水平高，专业化程度高，土地占用面积大，而土地生产力标准意味着有限使用可耕地，劳动成本低，产量价格相对来说较低，有一定的技术水平和专业化水平就可以。中国农业状况极适应于后一种标准。前一种标准恰巧说明了工业化国家"生物工业"的状况。中国不可能从第二种标准转变到第一种标准，原因之一是中国正在而且还将面临可耕地面积不断减少的现实。从另一方面来看，随着剩余劳动力转移到乡镇工业，就更有必要重视农业劳动生产率问题。

我们可以想象一下，当土地生产率面临乡镇工业和个体企业的竞争时会出现什么情况，因为乡镇工业和个体企业能付给工人高于农民种地所得收入的工资。男性青年农民都愿意进入或创办乡镇企业以便多赚钱。对乡镇企业或个体企业投资越来越吸引人，远远超过对农业生产机械化的投资，因为收购粮食的价格太低，不能维持技术投入。如果农业不实现机械化就要缺少劳动力，导致农业效率低和农业萎缩，最后造成土地荒芜。

这种状况实际上在中国一些地区已经出现了。一些农民放弃了种植合同，农民种地所获的相对利润太小，不足以吸引那些潜在的二次合同者。人们已经看出补贴合同者以提高农民的收入是解决这一自相矛盾的问题的重要措施，当前农业政策是靠乡镇工业的扶助促进对农业的支持。但是，正如一位中国农业经济学家所指出的，这将会挫伤农民从事非农业劳动的积极性，因为国家对农业的补贴会弥补他们收入上的差距。同样，这种做法也不会促使农民在农业机械化上投资，因为在乡镇工业和个体企业上的直接投资仍然是有利可图的。

有一个既可以靠工业政策的力量扶助农业又符合劳动力转移的可能的目标，就是在集体额外服务项目（如灌溉抽水机、收割机、播种机、杀虫药喷雾器等）上投资，收取少量费用或免费供农民使用。这样一来，可以逐步实现机械化，农民也能逐渐地转移到其他职业上。正如我曾说过的，提高粮食收购价格和现金收购价格，在当前由于政治原因并不是可行的解决办法，尽管这时农民在农业机械化上的投资是一种鼓励，对价格差会产生积极影响，但只靠这种办法是不行的。

农业多样化也是解决问题的最为有效的办法。当前的政策号召农民生产更多的肉、奶制品、鸡蛋、蚕丝、茶叶和蘑菇等，这些产品创造的收入一般都比粮食或农作物带来的收入高，同时也需要较高的就地加工的能力。这种专业化生产体现了很高程度的专业化和机械化，同时也为其他部门，像服务、加工、运输、销售等开辟了就业前景。

虽然乡镇工业并不是发展速度最快的非农业部门，但它在长期的劳动力转移过程中起着重要作用。乡镇工业能否完成它的使命？对乡镇企业的构成我们一无所知，要证实普遍的看法是合理的也十分困难。根据当地农业生产和销售网络的状况，乡镇工业以各种类似的形式出现。中国著名的人类学家费孝通领导了对江苏省小城镇发展的研究，他曾指出，一个县大多数工业加工的是非本地产原料（如合成纤维），而且一般也不是供本地市场销售（一般是为周围各省），很少有几家乡镇工业加工本地原料为本地或周围市场服务。因此出现了一些为城市工业加工或组装零部件的企业，造成了不论原材料供应还是产品的销售都不出自当地人手的局面。这些企业中有些是在出现赤字的情况下继续经营的，因为在当地，企业作为吸收剩余劳动力的途径作用很大，必须让它们继续存在下去，有些情况下就削减工人的工资。因此，工业和当地农业生产之间的相互作用并不是劳动力转移成功的必不可少的先决条件，农业有时甚至可以为弥补乡镇工业赤字筹集资金。有些乡镇工业和当地农业几乎没有什么职能上的联系，而只和工人的来源或者部分资本投资有关，因此企业对当地经济的影响仅限于集体提留和工人的工资。

除了企业类型之间的差异外，我们还应注意的是中国存在着极大的区域性不平等。最为突出的是西北和西南各省乡镇工业很少，而沿海各省，特别是苏南（江苏南部）地区乡镇工业高度发达。一项农村调查表明，云南和青海两省的很多村庄几乎没有任何乡镇企业。西南和西北的每个劳动者的平均收入只是全国平均数的13%（1986年的情况）。1982年，江苏省乡镇工业劳动力是527万人，占全部农村劳动力的22%。苏州、无锡附近地区以及苏南一些乡镇农业劳动力只占全部农村劳动力的50%，而全国平均比例是80%—90%。苏南地区乡镇工业劳动力的急剧增长十分惊人，所以费孝通指出，这在中国工业史上是史无前例的，他把乡镇企业工人称作"工人阶级的新成员"，并且批评了把乡镇企业工人归入"农民"的分类方法。

苏南模式是中国农村发展的普遍可行的战略吗？中国农业规划专家们对此并不十分清楚。既然这一地区有着使经济高速发展的得天独厚的条件，如靠近上海、苏州、无锡、南通、南京这样的高速发展的经济中心，交通网络（公路、铁路、水路）十分发达，而且又有100多年的商业化农业、小工业、副业的传统，那么在1979年国家放松了各种政治、经济限制后，这个地区取得飞速发展也是毫不奇怪的。在边远地区，特别是云南、广西、甘肃、青海和宁夏，以及山区如四川、湖北、河南和其他几个省，则不能认为当前的改革足以使这些省份达到苏南地区的水平。在这些落后地区，将近5000万人或6000万人的温饱问题还未解决，中国政府还拨发特别发展基金，并且同国际组织合作共同促进这一地区的发展。中国沿海和华中一带大部分农村发展较苏南缓慢，人们对眼下正在进行的结构性改革是否能带来劳动力持续转移以便为乡镇、个体企业的发展提供机遇尚不清楚。

四　价格差阻碍劳动力转移吗？

持续深入的农村改革并不是为了改变城乡贸易比例。维持现存的价格差的主要好处是可以从农业上获取资金用于城市建设，这样既不明显又不至于引起民众的不满，在农村也不会造成象征收农业税带来的那种政治压力。然而，低价购买粮食和供销粮，对不发达地区的发展已造成了严重的障碍，使这些地区资金匮乏，不能创办地方工业，没能力为技术性农业奠定基础，无法改善当地基础设施。

价格限制是调节农村发展的一个十分无力的经济杠杆，因为价格只能由中央来定，这也造成了农作物种类的全面变化。例如，当某种农作物过剩时，国家就有可能压低收购价以打消农民种植该种作物的积极性，但是国家不可能用价格限制解决当地粮食过剩和短缺问题。与此反差极大的是，边远和落后地区正是由于价格差的存在才使得当地状况更加恶化。因为这些地区的特点是，运输能力不足造成商业化程度低，当边远地区农产品出售时，价格差机制会使收购能力降低，甚至低于更为发达的地区，原因在于必须把较高的运输费用加在工业品价格上。贸易交换率就这样迫使边远地区陷入一种落后的恶性循环中。与此相反的是，价格差有利于那些靠近城市和交通干线的农村地区，这些地区已实现了经济的高速发展。这些地区为城市市场生产蔬菜、水果和其他不易运输

（但价值很高）的农产品比较容易，同时他们又有来自乡镇企业的收入，并不单单依靠农业生产，如果价格差继续以目前这种形式存在下去的话，那么必然会加剧区域间的不平等。

对于如何消除价格差，中国一直在进行尝试性讨论。有的人主张逐渐缩小价格差，逐渐增加农业部门的所得税。中国目前尚无健全的农业税收制度，现存的农业税是一种生产税，在国家财政收入中占的比例很小（1983年占国家总收入的2.6%，占总财政收入的4.2%），而且人们从未将纳税当作农业的真正责任。

1983年，有一项农业政策研究论证了推行土地税以替代价格差作为从农业汲取资金的手段的可能性。当1986年3月，农业部提交的一份土地法中，就曾建议实行土地税：一致意见是，在仍然采取过去的管理和法律手段的同时，特别有必要制定可供土地管理使用的经济手段。应根据土地使用目的和土地等级征收不同比例的土地税（1986年中华人民共和国土地法草案说明）。

现有的乡镇工业的生产税、手工业税、服务税等和土地税合并在一起，是解决价格差问题的卓有成效的途径。另外，对土地等级的评价可能不仅限于土地的肥沃程度（应包括对灌溉设施、不同土质和地形的评价），还应考虑到区域上的差异（包括同市镇、交通工具、市场的距离）。这样一种灵活的土地税收制可以成为扶助边远地区农业经济的极好手段，这样，边远地区才能从商品生产中获得更高的收入，当然，这些地区只需缴纳少量税款或不缴税，国家财政收入中来自农业的相当一部分税款，将由付得起税的富裕地区缴纳，这样才能扫除阻碍落后地区经济发展和劳动力转移的障碍。然而，土地法案在1986年6月25日全国人民代表大会最后通过前做了重大改动，名称改为《中华人民共和国土地管理法》，在这项法案中，未提到土地税。原因是很清楚的，中国对这样一种税收制度还很缺乏经验。政府已决定国务院在该法案形成法律之前必须颁布土地税暂行条例，以便在实验的基础上测试一下这种税收制度。由于过去的8年里农业部门生产增长速度很快，所以一些政治家和经济学家开始认为，价格差对农业来说并不是一种负担，而是控制资金从农业向城市经济转移的一种简便易行的手段。这种态度只会进一步固定中国经济中的城乡差别，特别会造成劳动力转移的区域性不平衡，当然也不会有助于缩小城乡差别。

总之，当前中国农村改革为剩余劳动力从农业转移到其他部门提供了极好的机会。但实现劳动力转移的成功发展的先决条件是，国内贸易交换率应对农村地区有利，否则，已存在的区域间不平衡将进一步加剧。总而言之，改革的关键是给农村经济中非农业生产部门注入活力，使它能吸收剩余劳动力，在这一方面已经出现了成功的迹象。

（选自《国外社会科学》1989 年第 8 期）

中华人民共和国的所有制关系改革[*]

（为中共十一届三中全会 20 周年而作）

［俄］B. 波尔佳科夫[**]　赵国琦 译

所有制关系改革是中国经济体制市场转型总过程的一个不可分割的组成部分，这一过程始于 70 年代末，迄今尚远未完成。

因此，现在对中国所有制方面的改革做出任何结论，我们确信都为时尚早。但这并不妨碍我们对已做的事进行一番"清点"，不妨碍我们去认识中国领导及学术界现在提出的所有制关系改革问题的特点。我国中国学家们对中国所有制关系改革许多方面的精深研究使笔者可以不必再去考察理论论争和实际行动的种种波折，从而有可能集中注意力来介绍所有制关系改革的基本阶段，主要结果和进一步改革的最重要的任务。

下面我们对中华人民共和国经济改革不同阶段上所有制关系改革的基本内容做一简要的提示。1979—1983 年这一时期涵盖了以下过程：由于农业成分普遍转为家庭承包，"人民公社三级所有，队为基础"这个毛泽东社会实验的产物昙花一现即告覆灭；进行了旨在靠扩大企业独立经营恢复国有成分活力的初步尝试；使集体所有制与国有制在"理论上"平权，在城市迅速发展新的集体所有制成分，作为缓解安置就业问题的一种措施；宣布个体劳动为对"社会主义公有制"的"有益的补充"，制

---

* 本文摘自俄《远东问题》1998 年第 6 期，已获授权翻译发表。
** ［俄］B. 波尔佳科夫系历史科学副博士、俄罗斯科学院远东研究所副所长。

定了首批鼓励吸引外国直接投资的立法文件。在这一时期对中国经济多成分性从理论上进行论证并做出重要贡献的经济学家有薛暮桥、许涤新、董辅仁、何建章、杜润生、于光远等。

1984—1988 年这一时期的标志是以生产资料公有制为主体"发展多种经济形式和经营方式"的方针首次通过中共中央文件的形式正式固定下来（《中共中央关于经济体制改革的决定》，1984 年 10 月。）在农村乡镇企业、个体经济蓬勃发展，农业中开始出现"新的经济联合体"。国有工业和建筑业准许与国家建立各种形式的承包关系。积极推行国有和集体所有企业的租赁。从 1987 年起政策上准许私人企业雇用 8 名及以上的工作人员。开始试行合股（паевые）企业和股份（акционерные）企业，通过第一个企业破产法。建立第一批管理国有资产的行政机构。吸引外国直接投资，采用更加多种多样的形式并具有更加重要的经济意义。年青一代经济学家认为对所有制关系必须进行彻底的改革，使其与改革的总方向一致，这一总方向，据称，应毫不含糊地面向市场。

1989—1991 年，围绕所有制改革的论争暂时停息，但是那几年的口号是"只有社会主义能够振兴中国"，在这种气氛中问题本身就具有了突出的政治和意识形态的色彩。经营的宏观经济条件发生变化，迫使大部分基层经济代理人拒绝了与国家的承包关系。加强农业劳动组织的集体主义原则的呼声日益加强。

邓小平号召加快改革的步伐，批评经济工作中的"左"倾观点，认为它是"主要危险"，从而推动了中国改革包括所有制关系改革中新的思想解放。从 1992 年起，在吸引外资方面取得了突破性的效果。股份制的实施和在此基础上股票市场的发展，在中国都达到了新的水平。开始积极探索国有经济成分改革的途径。小型国有和集体所有制企业普遍改组为私人企业，假集体所有制企业甩掉了"红帽子"，即摆脱了形式上的集体所有的地位。这几年在理论方面对西方的"所有权"理论进行广泛的考察（试图将其用于中国的现实）。

中国改革 20 年来所有制改革的主要结果是什么呢？

首先，中华人民共和国多成分经济的形成已成为事实，随之而来的是城市工业中国有成分和农业中集体所有成分原有的主导地位逐渐削弱，而总体上是大大削弱，不论在城市还是在农村实力可观的个体经济和私人经济都得到发展，出现了 30 万个外资参与的企业，部分国有和集体所有制企业实行股份制。

仅在 1992—1996 年这一时期，以国有制为基础的经济在全国工业总产值中的比重由 51.5% 减至 28.8%，集体所有制经济的比重相应地由 35.1% 增至 40.4%，而非公有经济成分则由 13.4% 增至 30.8%。在社会零售贸易额中国有贸易和集体贸易的比重在几年中分别由 46.8% 降至 27.6% 和由 35.1% 降至 19%，与此同时非公营商贸企业在社会零售贸易额中的比重由 21.6% 增至 53.4%。

在中国经济的主要成分——工业的"非国有化"中未发生急剧的飞跃，指出这一点是很重要的。达到有利于各种非国有成分增长的演进相对来说是逐步实现的，是靠这些成分较快的发展，而不是靠国有企业加速非国有化。如果与俄罗斯相比较，这是中国改革的一大特色，俄罗斯和外国的中国学家都曾多次指出过这一特色。

中国经济中某些成分比重的变化很能说明国家经济政策在某一时期的特点。比如在"经济整顿和调整"阶段（1989—1991），减缓国有成分比重下降和减缓个体成分比重增长就很能说明问题。当时，除种种其他原因外，确保公有制首先是国有制在国民经济中的主导作用这一问题意识形态化的程度大为增长。那几年的统计数字也无情地反映出对乡镇企业发展的相当冷漠的态度，其结果是工业生产中集体所有成分的比重由 1988 年的 36.1% 减至 1991 年的 33%。另外，1992 年做出了一些众所周知的决定，开始积极试行股份制和扩大吸引外国直接投资中国经济的规模，1993 年"其他成分"呈现出几乎是飞跃式的增长：与 1992 年相比，按可比价格计算产量指标上升了 92.5%，在全国工业生产中的比重由 7.6% 上升到 11.1%。

当前中国"经济力量"的布局如何？

根据官方统计，公有制经济在国民经济中仍保持主导地位。纵观近 5 年的情况（1993—1997），它在国内总产值中的比重恰好为 65%，其中国有成分的比重为 31%，集体所有成分为 34%。如果采用中共第十五次代表大会（1997 年 9 月）对公有制新的解释，公有制经济特别是国有成分的主要地位就显得更有分量，即股份公司和合股公司的国家股和集体股都纳入公有制经济，这样，国内总产值中国有成分的比重就提高 5 个百分点，集体成分提高2个百分点。

同时，不应该忘记，公有制经济的主导地位，首先是集体所有制经济的重要地位，其根据是在统计中将农业生产无条件地纳入集体所有成分。这种处理方法是基于两个主要因素——农民从集体经济中获得部分收入，主要是承包经营是在法定仍属集体所有的土地上进行的。对这两条理由是完全可以提出异议的。统计所示，农民们从集体经济中得到的部分收入，就全国总体上来看，不足他们总收入的1/5；而在中国农村土地利用方面，实际上破坏土地集体所有性质的现象日益蔓延。比如，浙江省的土地承包人普遍从江西和四川雇用农民来承担全部农活，这就是一例。因此，如果不就中国国民经济中公有制经济的主导地位，而至少就它的数量评估进行争论，理由是十分充分的（虽说需要的多半不是争论，而是对问题的深入研究）。

在我们看来，国有成分在中国经济中仍占据中心地位，这是因为：在对固定基金的社会投资中它所占的比重高于在国内总产值中所占的比重与80年代的65%—67%相比，90年代前半期为59%，1996—1997年为52%—53%，全国绝大部分工人和职员都集中在国有经济成分部门（1997年为73.4%，而在集体经济成分中只有19.2%，合股经济中占3.1%，外资参与的企业占3.9%），在工业、运输、城市、社会等基础设施中，在金融领域国有部门起主要作用。比如，截至1997年底在国有成分设施中的就业人数：金融和保险业中有217万人（全国共308.3万人），电力、民用燃气及水供应系统中有258万人（全国共283.4万人）。

必须特别指出，在改革时期中国的国有经济成分产量持续不断增长，而且按世界标准是以相当高的速度增长。除1981年外，只有1989—1990年可算是"停滞"年，国有工业中的生产增长率为3.9%和3%。在所有其他年份这一领域的生产增长率照例都超过5%，而有4个年度曾达到12%。甚至也许可以发表大相径庭的看法：在中国的所有经济成分中，只有国有成分的发展速度在一定程度上是正常的、健康的，对造成国民经济周期性过热的影响最小……

有一个情况更为重要，即在改革期间国有成分有了十分重要的变化：80年代所有权和经营权逐步分离（在这个方面成分从"国营"改称为"国有"本身就是引人注目的）；经营活动不仅与某一国有制部门的纯生产职能有关，而且与其财产的多种利用有关，随着这种经营活动的发展，在 90 年代和可预见的未来在经营成果中要考虑生产资料所有者和经营者以及投资者的权利。

变化的另一个方面在某种程度上是由 5 级国家预算体制（中央—省—区/市—县—乡）的形成所促成的，即按行政管理的特征进一步细分国有制。取代原来二分法（中央单位和地方单位）的是更细的等级划分，不仅反映管理上的区别，而且也反映所有制上的区别。中国的统计资料中已开始将基本建设的自筹资金分为中央部门的、省的、区（市）的、县的和企业及组织的资金。国外的研究者也注意到，地方上所谓公司形式的发展这种现象，即通过行政机关拨款来发展作为具有某种公司性质的县和乡。这还不是真正意义上的分出县所有制或乡所有制，但却是朝这个方向迈出的现实的一步。

国有成分的种种问题和缺点反正总是要么与它远不能完美地适应过渡经济中的工作条件有关，要么与巨大的社会负担（养老保障、工作人员及其家庭成员的住房及医疗保障等）有关。国家管得过死和相对优越的（与其他成分比较而言）金融信贷环境（有可能获得预算补贴和很容易得到专业银行的贷款）反而促成国有工业企业的亏损不断增加（从 1980 年的 34.3 亿元增加到 1996 年的 800 亿元，亏损范围由 10% 的企业扩大到 40% 的企业），致使银行系统困难重重，逾期债务、坏账、呆账的比重，据半官方的估算，高达全部贷款的 1/4。

至于社会负担，在我们看来，它最直接地减缓了国有成分中的增长速度和占用了本可用来实现现代化和扩大生产的资金。比如，在 1997 年，当中国领导人开始特别重视改善国有成分的状况时，工业的增长速度仍比集体成分中的增长速度低 4.6 个百分点。国有成分中贸易额的增长率只有 2.1%，而集体成分中为 7.1%，私人贸易中为 25.1%。

总的说来，历史遗留下来的、拖累国有企业的额外负担在竞争加强的条件下再也无法承受，由此就产生了 1997 年公布的并在 1998 年加以强化的对国有成分进行彻底改革的方针。这是一个必需的但执行起来有困难的决定，因为伴随这一决定彻底实施而来的是中华人民共和国从未发生过的辞退国有企业的工人和职员（到 1997 年 9 月底国有经济成分的"下岗"职工已达 700 万人，约占全部职工的 10%）。

　　按中国官方的说法，代表集体经济成分的是农业，以及部分城乡工业、商业、服务业。迄今这也许是中国研究得最不够和边界最为模糊的一种经济成分，然而其就业人口的比重最大，当然是得助于农业，到1997年年底，构成乡镇"劳动力"的4.6亿人中有3.25亿人正式从事农业劳动。

　　在城市经济中就业于集体所有制成分的人数1997年底为2880万人；集体所有制企业阵容最强的领域是加工业（1260万人），特别是一些轻工业部门（服装、鞋、手工艺品）、建筑业（400万人）、商业及公共饮食业（约650万人）。城市经济的集体所有制成分从劳动报酬条件来说是最没有吸引力的，难怪它安置劳动力的作用在90年代明显减弱了（1985年安置的人数为200多万人，1990年为235万人，1997年为128万人）。最近集体所有制工业中不仅年增长速度下降（1997年增加值提高了11.7%，比1996年少5.7个百分点），而且企业的数量也减少了：从1996年的28.4万个减至26.4万个，其中乡镇工业企业从18.52万个减至16.99万个。

　　乡镇企业一直起着农业剩余劳动力主要"吸收者"的作用，它们发展的强度明显下降。结果在1977年这类企业的安置人数为400万人，1996年为647万人，1991—1995年年均安置人数为717万人。这些企业的亏损面达到15%，1997年它的亏损额增加了1/3，共计600亿元。

　　这样，不久前预断乡镇企业的"美好明天"今天已成了问题。经济的这一部分相当可观（1994年乡镇企业提供了30%的国内总产值、31%的国家财政收入、1/3的外汇收入和出口商品），而且还是很好的社会缓冲器，加之乡镇企业家和企业负责人是不习惯于无所事事的，其命运自然不能不使国家领导人担忧。似乎在这方面摆脱困境的主要出路是继续将大部分集体所有企业改造成私人企业，近几年来这一过程的进展已十分活跃。1994年67%的乡镇企业是集体所有制企业，到1997年企业总数的89%已属于个体和私人成分（49%的就业人口和2.5%的固定资产），其中5.5%为私人企业。

　　似乎留在集体所有制内的是最强的企业：在占企业总数2%的乡镇集体企业里集中了22%的就业人口和41%固定资产；另一类集体所有制经济单位是农村的集体所有企业——占企业总数的4%，就业人口的22%，固定资产的28%。此外，还有一批介乎于集体所有企业和私人企业之间的"户联企业"，占乡镇企业总数的4%，就业人口的7%，固定资产的6%。

个体经济成分和私人经济成分目前已成为农村和城市经济中令人瞩目的因素。能说明问题的是，几年以前中国的统计资料把这两个成分的数据列在一起，近1—2年主要的趋势是把它们"分开"，把数据或是只列为个体成分，或是只列为私人成分。我认为，采用这种做法的目的是部分地掩饰私人经济成分的发展。两种经济成分中的就业人数到1997年年底已近8600万人，占全中国就业人口的10%（其中3522万人就业于农村个体企业，1919万人就业于城市个体企业，600万人就业于农村私人企业，750万人就业于城市私人企业）。个人和私人劳动的主要领域是商业和公共饮食业（占就业于两种经济成分中2669万人中的1617万人）、加工业（450万人）等，在农村则还有建筑业。

促使个体经济成分和私人经济发展的主要因素是每年需要安置数百万新进入劳动力市场和从国有经济部门与集体所有经济部门中"被挤出来的"人员。1991—1995年个体经济成分和私人经济成分提供了1374万个工作岗位——比任何其他成分都多。在最近3年内这一因素的作用只会加强：在1998—2000年每年将进入劳动市场的1300万人中，实际能找到工作的只有660万人。因此，在中国越来越能经常听到关于要在政策上支持个体和私人企业经营活动的呼声。

合股经济和股份经济近1—2年来开始被看成混合型经济。国家在这里的阵地是很可观的：国家拥有43%的资本，控制着这一成分全部资本的57%。

单分出来作为一个独立成分的"联营经济"，其地位不太明确。这里的就业人数不仅不增长，而是正好相反，在90年代呈下降趋势：从1990年的96万人下降到1997年的43万人。

外资参与的企业在中国分为两种独立的经济成分——港资、澳资、台资参与的企业和外资参与的企业。这种经济成分在90年代发展尤为迅猛，在形成中国进出口额、保证国内投资过程方面起主要作用。这种经济成分在工业中的作用也日见显著。

必须强调指出，中国只是在最近才开始公开发布稍微有些实质性的有关合营企业财政经济状况的信息，这里有许多情况不仅仍未得到很好的研究，而且还完全是一个未知数。

外资参与的企业最集中的地区是福建和广东两省，它们在这一经济成分中分别集中了 21.1% 和 15.4% 的工人和职员。

在改革后的中国多成分经济的形成从一开始就把各成分效益的比较问题提上了议事日程。这里形成了并至今仍然存在着一种独特的情势：与国家领导人关于以国有制为基础的经济起主导作用的官方观点相反，社会上大多数的意见认为国有企业工作效率低下，其原因被武断地认定在国有制本身。可是中国第三次工业普查结果（截至 1995 年底的状况），我认为在一定程度上揭露了关于国有制"原罪"的神话，普查结果表明，中国国民经济的所有其他成分都有严重的效率问题。

工业普查还揭示出，亏损根本不只是国有经济成分的特权，而在决定性程度上与所有制以外的原因有关——管理不善、市场情况不利等。比如，亏损的不只是 33.8% 的国有企业，还有 21.1% 的集体所有制企业、21.7% 的合股和股份企业及 41.1% 外资参与的企业。

如不简要地提及影子经济，那么对中国各经济成分现状的分析就是不充分的，影子经济是所有国家内在所固有的现象，规模或大或小，从计划经济向市场经济过渡的国家尤甚。

在中国，这一问题刚刚开始公开讨论，这里把影子经济，按中国的术语，即地下经济分成三大类型：第一是非法的经济活动，包括营私舞弊、卖淫、贩黄、拐卖妇女、组织地下生产、制造假冒伪劣商品、印制假钞、偷税漏税；第二是未经注册的经济是指未按法律规定在行政管理机关注册的经营活动（私人运载）；第三是未纳入统计的经济，或是统计的疏漏，或是为了私利故意加以歪曲。

私自开采金矿、卖淫、制造假冒伪劣商品、盗用名牌商标在中国尤为广泛。对工厂产品质量检查的结果是平均 75% 的产品质量达标，而对市场销售商品质量检查的结果是仅有 55% 的商品达标。在中国还有靠国家财产和货币流动寄生的现象，典型事例之一就是按比法定银行利率高许多的利率贷款给企业（例如年利率 25%，而法定利率为 10%——1996 年 5 月以前）。对中国影子经济总规模做出多少可信的评估目前尚无可靠的统计资料，因此，占 20% 国内总产值或更多完全是有条件的。我个人的主观看法是，未纳入统计和未经注册的经营活动在中国的比重比在俄罗斯要大些，这是因为在中国小生产的量大，再就是众所周知的人口的原因。至于与盗窃国家资产有关的非法经济活动，其规模则比俄罗斯要小得多。

中国共产党和中华人民共和国领导人江泽民在中共第十五次代表大会（1997 年 9 月）上的报告启动了中国所有制关系改革的现阶段，报告为中国的正式论坛提供了对这一问题前所未有的广泛而详尽的阐述。江泽民对所有制问题做了一系列新的重要解释，从而宣告中国领导人在这方面至少是要转而推行比以前较为灵活、"宽松"的政策，这一政策包含一种潜在的可能性，即最近几年对中国所有制关系的整个体系及结构展开大规模的改革。

根据中国的评论文章，十分受重视的有以下方面：

——对中国的经济体制不再用"多成分"这一术语。从今后将被解释为"以社会主义公有制为主体各种所有制形式的经济共同发展"；

——将国家和集体在合股经济和股份经济中的股份和份额纳入公有制的组成；

——将国家所有制的主导作用解释为它在经济中起控制作用的能力，容许国民经济中国有成分的比重减少一些；

——确认公有制实现形式多样化的思想，强调全面发展股份制，揭示迄今未引起注意的资本在社会生产力发展中的作用。"集体经济"概念相应地从劳动联合扩展到资本联合。

据我看，在中国所有制关系还应思考以下问题，首先需要找到最佳管理技术解决办法并建立与之相应的立法基础。这实际上是关系到以下诸方面的一些事情：完善国有财产的管理，其中包括要从股份企业里的国家股中获得应有的效益，发展经营多样化、工作规范化的信托体系，处理被整顿企业的财产。

我们再次强调，从整体上看，中国所有制领域改革的难度、深度、规模都有可能大大超过改革头 20 年。

（选自《国外社会科学》1999 年第 5 期）

中国经济"奇迹"的奥秘[*]

［俄］A. 伊拉里奥诺夫　一　丁 译

从总体上看，俄罗斯经济在经历长期危机之后于 1997 年开始摆脱衰退，好像是近年来人们所关心的经济增长也将梦想成真。然而，1997—1998 年初的俄罗斯经济增长速度仍是微不足道的，甚至根据最佳预测，1998 年也未必超过 2%。对于这种发展水平，况且经受这么严重危机的国家来说，俄罗斯确实令人失望。如何保障加快俄罗斯的经济发展？怎样才能达到经济增长速度既高而稳定呢？为解决上述问题俄罗斯应该制定什么样的经济政策呢？其他国家的经验，特别是长期快速而稳定发展的国家的经验对于俄罗斯来说是特别有益的。最近，中国在出现经济增长"奇迹"的国家行列中占有特殊的位置。

一　中国的经济"奇迹"

中国所取得的空前巨大的经济成就是近几十年来世界史上一件具有极其重要意义的事件。在 1978—1997 年经济改革期间，中国国内生产总值增长了 4.7 倍，年均增长 9.6%，这实际上说明中国每 7.5 年就翻一番。在过去 19 年内，按人口计算的国内生产总值增加了 3.4 倍，劳动生产率增加了 2.6 倍。

---

　　* 摘自俄《经济问题》1998 年第 4 期，已获授权翻译发表。经济分析研究所 M. 马金和 H. 皮沃瓦罗夫两位研究员参加了本文的统计资料整理工作。

同期，俄罗斯国内生产总值减少了30％。1978年中国国内生产总值比俄罗斯低23％，而1997年中国则超过了俄罗斯5.2倍。1978年中国按人口计算的国内生产总值占俄罗斯这一指标的11％，1990年提高到23％，而1997年则达到了75％。

在未来几年内，假如中国经济仍保持近10年来的发展势头，甚至经济增长速度有所放慢，而俄罗斯则加快经济发展（年均经济增长率达到4％—5％）的话，那么到2005年中国按人口计算的国内生产总值将超过俄罗斯。届时，中国的国内生产总值不仅至少将超过俄罗斯9倍，而且中国经济就自身的规模而言大概也将超过美国，成为世界上最强大的国家。

中国经济"奇迹"的原因何在呢？对此现象有几种解释。

二　中国经济"奇迹"的解释

假说一，落后性。有人说，中国经济增长之所以这样快，肯定是因其发展起点非常低，欠发达国家的经济增长速度都高于最发达国家。

根据对经济发展起点不同的世界209个国家1979—1996年按人口计算的国内生产总值增长速度的统计调查结果来看，至少可以得出两个结论：第一，在统计数据上，没有发现在上述时间内世界经济的发展起点与后来的经济增长速度之间存在规律性。在一定意义上讲，按人口计算的国内生产总值既可能是快速增长，也可能是极度下降；第二，在上述时间内，所有低起点的国家（包括中国在内）都有经济增长，只不过是比中国经济发展速度快慢的问题。不但如此，对于世界经济来说，后者是罕见的。

由此可见，以落后性因素解释中国快速发展的假说是没有根据的。

假说二，生产结构的特殊性。根据这一假说，中国的起点经济结构，即工业占国内生产总值的低比例和农业的高比例对加快中国经济发展做出了决定性的贡献。

实际上，恰恰相反，中国工业占国内生产总值的比例过去不低，现在仍然不低，甚至比俄罗斯还高。然而，俄罗斯较低的工业比例并没能促进其经济增长速度高于中国，相反，在这些年代里，俄罗斯的经济却经受了生产极度衰退。另外，中国工业占国内生产总值的较高比例却没能迫使中国经济发展速度慢于俄罗斯。

假说三，就业结构的特殊性。把中国经济增长高速度解释成为中国农业就业人口占总人口的高比例所致。

然而，统计数据表明，农业就业人口占就业总人口的比例与经济增长速度也未必存在明显的规律性。在中国 1978 年农业就业人口比例高于70% 的情况下，世界其他各国年平均经济增长率却从略低于 6% 到略高8% 之间上下浮动。这说明，无论是生产结构，还是就业结构的本身都不能解释中国经济增长的高速度。

假说四，民族特点。有人认为，独特的中华民族的个性，尤其是诸如勤劳、自我牺牲精神和要求极低的个性对中国经济发展取得非凡成绩起了决定性的作用。当然，无可争议这些个性是中华民族所特有的，但另一方面，如果把这些个性说成中国经济发展的决定因素，那么，中国经济增长的高速度也应是中国整个历史所固有的。但是，在过去的数百年间，比如在 20 世纪头 75 年，中国经济的特点是，发展速度非常低，周期性地呈现负增长。到不久前，中国仍属于世界最贫穷的国家，只是在几年前才解决了温饱问题。1952—1978 年，中国按人口计算的国内生产总值既比俄罗斯低，也比世界平均水平低，仅在 20 世纪 70 年代末其发展趋势才有了转机，中国才开始快速缩短了自己的落后距离。

因此，中国只是在最近几年才发生了令世人瞩目的和具有蓬勃生机与活力的巨大变化。无疑，始于 70 年代末的经济改革是中国经济发展趋势获得根本改变的动因。

假说五，由经济改革的性质决定的。好像完全有理由说，中国所取得的经济成就主要是由经济模式决定的。有人肯定说，中国的经济改革不同于俄罗斯的急进、自由主义的改革（所谓的休克疗法），而具有渐进（渐进主义）的性质。有人认为，如果说俄罗斯的国家突然从经济中"消失"了，那么中国的国家则坚持了对经济的最大监控，国家在经济中的作用明显提高了。

为了检验这一假说，我们将研究：在何种程度上经济发展结果取决于所选定的经济政策模式和国家参与经济生活的程度是确定经济改革主要类型基本标准之一的问题。

三 经济改革的类型

根据每项经济政策（就业政策、社会政策、对外经济政策、货币信贷政策、预算政策）可以确定国家参与经济生活的最主要指标。这些指标的大小及其变化趋向与速度则证实国家权力机关采用的是哪种经济模式。在这里，即便找不到硬标准，至少可以找到解决经济改革标准化的主要方法。

如果表示国家干预经济生活程度的指标，或提得很高，或降得很低，但只要是缓慢的，那么在其他相同条件下，这就证明该国实行的是渐进（渐进主义）的经济改革方案。如果表示国家干预经济生活程度的指标，或降得很低，或降得特别快，那么在其他相同条件下，这就证明该国实行的是急进的、自由主义的经济改革方案。

四 中国与俄罗斯的经济政策

就业政策 中国经济改革一开始，就伴随了就业结构的根本变化。在改革开始后的头两年内，国有部门就业人口比例从94.9%降到26.6%，到1995年降到18.9%。俄罗斯在经济改革6年后，国有部门就业人口比例仍高于中国改革开始后头两年的比例。

两国国家管理部门中的就业人口比重都增加了，但是中国改革16年内增加了40%，而俄罗斯在改革6年内增加了90%。目前，俄罗斯的这一指标高于中国1.6倍。在中国人大3月（1998年）会议宣布中国管理部门压缩400万人以后，俄罗斯的这一指标则将超过中国3倍。

由于中国国有部门就业人数快速缩减，加快了劳动力资源向非国有部门的流入，实际上非国有部门的劳动生产率高于国有部门。结果，中国的社会劳动生产率提高了和经济增长加快了。

社会政策 在中国改革初期，享受国家财政补贴的人员比例是相当低的。改革过程中，这种补贴被压缩一半。反之，在俄罗斯改革初期，享受国家财政补贴的人员比例高于中国4倍，在最近6年内，又增加了16%。目前，就这一指标而言，俄罗斯比中国高8倍。

由于享受财政补贴人数的减少和人均补贴额的缩减，使中国的社会开支总额从占国内生产总值的 4.0% 降到 0.9%。相反，俄罗斯的社会开支不仅没有减少，反而从占国内生产总值的 6.3% 增加到 12.6%。

中国失业补贴开支的缩减，明显降低了有劳动力人口的失业登记。结果，失业率几乎下降了 1/2，即从 5.3% 降到 2.9%，而就业人口占总人口的比例则从 1978 年的 42.3% 增加到 1997 年的 53%，从而促进了劳动力资源的最充分利用和经济发展步伐的加快。

由于俄罗斯社会开支的加大，从而对有劳动力人口参加生产活动的促进作用明显降低了。在很大程度上也正因为如此，失业率从 1991 年的 2.6% 提高到 1997 年的 9%，同时就业人口占总人口的比例则从 49.7% 降到 44.4%，从而使俄罗斯的经济危机加深了。

对外经济政策　中国经济改革过程是沿着对外经济活动自由化道路循序渐进地走过来的。实际上，进口关税占进口总额的比例从 1978 年的 17.7% 已减到 1996 年的 2.5%。与此不同的是，俄罗斯却从相对自由的对外贸易政策转到了贸易保护主义。进口税占进口总额的比例从 1992 年的 0.7% 增加到 1997 年的 5.3%。

实际上，中国没有采取诸如本国货币贬值这种贸易保护主义的做法。1979—1997 年年均汇率下调（8.3%）是相当慢的。与此不同的是，俄罗斯的汇率年均下调速度差不多是 12 倍以上。

中国实行自由对外经济政策的结果是，对外贸易额的年增长率从 1978 年的 2%—3% 增到 1996 年的 17%—20%，进口和出口各占国内生产总值的比例相应从改革前夕的 5% 和 6% 提高到 1996 年的 17% 和 15%。在 19 年内，中国的出口额增加了 14.2 倍和超过了 1520 亿美元，进口额增加了 11.5 倍。中国经济引进的外国直接投资从 1978 年占国内生产总值的 0.11% 增到 1997 年的 5.08%。中国积极参与国际劳动分工，促进了经济增长率的提高。

俄罗斯在对外经济政策中加强推行贸易保护主义，致使其出口和进口年平均增长率相应地从 1993—1994 年的 7% 和 9% 下滑到 1997 年的 0.5% 和 3.8%。结果，对于改革前 1990 年的指标（26%—37%）来说，1997 年的进口限额（出进口占国内生产总值的对比关系）是最低的（22%—28%）。尽管最近几年国家对外国直接投资很重视，但 1997 年其总额甚至仍然比外国对中国经济的投资额低许多。俄罗斯经济走向世界经济一体化的缓慢进程，对俄罗斯经济增长率的提高没有构成实际影响。

货币信贷政策　中国在整个改革时期实行了稳健的货币政策。1979—1997年，国家银行贷款年增长率没有超过18%，扣除实际国内生产总值增长率之外，货币量年平均增长率为17.4%，中国的年均通货膨胀率略高于7%，因此，通货膨胀对经济发展的负面影响非常小。当1994年年通货膨胀率升到24%时，中国政府认为已对宏观经济的稳定构成了威胁，因而实行了限制信贷发放措施，促使1997年年通货膨胀率下降到比美国或日本还低的0.8%。

与此不同的是，特别是在1991—1995年，俄罗斯货币当局推行了罕见的扩张政策。1992—1997年俄罗斯联邦中央银行年平均贷款增长率达到200%，扣除实际国内生产总值增长率之外，年平均货币量增长率为255%，结果，俄罗斯的年平均通货膨胀率为435%，从而不可避免地导致了实际生产的滑坡。

预算政策　在整个改革期间，中国由于货币量增长速度缓慢，通货膨胀率相对较低，而货币量增长速度缓慢首先又是由国家银行压低贷款所决定的，结果将预算赤字保持在一定小的范围内。预算赤字从1979年占国内生产总值的5.1%降到1981年的1.2%，随后，在整个改革期间，其规模都没有超过1.4%—2.2%的范围。

中国在压缩预算赤字规模的同时，完成了世界经济实践中史无前例的缩减税收工作，国家税收从1979年占国内生产总值的30.4%减到1996年的10.3%。由于税收在整个国家收入中占最大份额，因此缩减税收必然引起整个国家收入的减少。从1979年国家税收占国内生产总值的31.3%减到1996年的11.5%。

中国国家收入的大幅度削减之所以没有引起不稳定的宏观经济后果，是因为在大幅度削减，甚至是以超前速度削减的同时，整个国家开支从1979年占国内生产总值的36.4%彻底压缩到1996年的13.1%。在上述17年内，国家收入占国内生产总值的比例下降19.8%，而国家开支占国内生产总值的比例则压缩了23.3%。

实际上，中国整个开支项目都有不同程度的压缩：投资开支——从占国内生产总值的15%压缩到2.1%；运输部门的开支——从占国内生产总值 7.5% 压缩到 1.0%；国际开支——从占国内生产总值的 5.5% 压缩到 1.1%；经济和生活补贴——从占国内生产总值的 9.5% 压缩到 2.1%；社会保障和消费补贴——从占国内生产总值的 4.0% 压缩到 0.9%。整个国家消费从占国内生产总值的 15.2% 减到了 10.6%。在整个国家开支结构中，减幅最大的是中央政府的开支，即从 1979 年占国内生产总值的 20.7% 减到 1996 年的 3.8%。省一级的开支减幅小些，但是尽管如此，减幅仍很可观，即从占国内生产总值的 15.7% 压缩到 8.3%。

只有个别项目的国家实际开支没有压缩，反而增加了，如管理费——从占国内生产总值的 1.2% 增至 1.7%；国债服务费——从占国内生产总值的 0.1% 增加到 0.7%。

五　中国与俄罗斯经济政策的特点

可见，中国经济政策的特殊性是构成其快速发展的主要原因。与广泛流传的说法相反，中国 1979—1997 年所推行的改革不是渐进的（渐进主义的），而是自由主义的经济改革，同时，中国改革的自由性和彻底性程度大概在世界史上也是少见的。中国在保证经济空前高涨的同时，大规模压缩国家开支负荷是其实行自由主义经济模式的结果。

根据以上俄罗斯改革同中国的比较，得出的结论是，俄罗斯的改革是不彻底的和渐进的（渐进主义的）。俄罗斯国家干预经济的程度过去是现在仍是比中国国家干预经济的面广。在俄罗斯，像中国这样的自由主义改革从未有过。在 80 年代末至 90 年代前半期，俄罗斯与中国不同的是，它不止一次地推行了不是缩减开支，而是沿着扩大国家开支的路线，实行增加国家经济负荷，加强贸易保护主义，强化保守主义调控的政策。

中国的自由主义经济政策，不仅使中国取得了非凡的经济成就，同时促进了其人力发展指标的真正完善。俄罗斯国家经济负荷的加重都使这些指标相对和绝对地恶化。

1997 年，俄罗斯国家对经济干预范围有所缩小，从而出现了衰退终止、经济增长开始回升、人类发展指数有所改善的新局面。然而，1998 年初，俄罗斯国家经济负荷仍像以往一样，开支负担仍超过了国家经济所能承受的压力。结果，这种经济负荷不仅阻碍了俄罗斯取得既高而又稳定的经济增长速度,而且使其放慢了社会和人力发展的步伐。中国改革经验证实,只有大力推广自由主义经济政策才能终止俄罗斯不断全面加快落后近邻和世界其他国家的步伐。

(选自《国外社会科学》1999 年第 5 期)

近五年国外关于中国经济发展模式的
研究动向分析

中国崛起是进入 21 世纪以来最重大的国际事件之一。西方社会普遍认同中国的快速崛起，其中的主要推动力当属改革开放以来高速发展的经济，中国独特的经济发展模式因此备受关注。近年来，以美国为主导的国外学术界对中国经济发展模式研究呈现出持续增强的趋势，尤其是前些年在绝大部分发达资本主义国家被金融危机拖住脚步时，中国经济却实现了快速增长，并成为仅次于美国的世界第二大经济体，更在国外掀起研究热潮。值得注意的是，随着中国经济发展的更加错综复杂和诸多矛盾、问题的出现，近几年国外研究出现了一定的主题变化和热点转移，与前期主要热衷于关注中国经济发展模式的概念、内涵、性质和阶段特点等相比，近期他们逐渐将研究的重心转到对中国经济究竟崛起到了什么程度、能否实现持续增长和成功转型，以及中国经济对美国和非洲等边缘国家的影响等问题的分析和讨论上。

国外学者围绕中国经济发展模式问题主要形成了两种观点。一是肯定论或基本肯定论，这种观点主要强调中国经济发展模式的成就、潜力和优势，试图探究中国经济成功的经验及其借鉴价值，并针对中国经济发展中出现的问题提出相对中肯的建议；二是怀疑论或否定论，站在西

---

* 孙钦梅，1981 年生，中国社会科学院当代中国研究所助理研究员。

方的立场上对中国经济发展模式提出质疑和批判，认为中国经济发展无法成功跨越"中等收入陷阱"，中国经济正处于崩溃的边缘，并会拖垮全球经济。近年来一些国外"温和派学者"在立场上也发生转变，开始激烈批评中国，如美国华盛顿大学教授沈大伟对中国经济崛起是否真的与其外在声誉相匹配提出质疑，认为中国充其量只是一个局部经济大国，而不是一个全球大国，并不断渲染"中国崩溃论"。这成为近年来美国学界动向的一个突出点。

国外新出版的中国经济研究论著数量众多，无法一一述及。① 为了更好地了解国外关于中国经济发展模式研究的内部逻辑，本文主要关注从相关讨论中获得启示的几个关键性经济理论问题，包括中国社会主义市场经济的性质和地位、中国经济增长的动因和可持续性、中国经济崛起对中美关系和世界的影响等，这些问题也是近五年国外学术界关于中国

---

① 近几年国外新出版的相关研究成果非常之多，仅以在世界产生重要社会影响力和学术影响力，并在我国翻译出版的著作来看，即包含一系列研究成果。如美国约瑟夫·斯蒂格利茨的《不平等的代价》（张子源译，机械工业出版社 2013 年版）、傅高义的《邓小平时代》（冯克利译，生活·读书·新知三联书店 2013 年版）、［美］薛理泰的《盛世危言：远观中国大战略》（东方出版社 2014 年版）、［美］李侃如的《应对中国挑战：企业如何在中国获得成功》（魏星等译，中国社会科学出版社 2014 年版）、［美］史蒂芬·罗奇的《失衡：后经济危机时代的再平衡》（易聪、郑理等译，中信出版社 2014 年版）、［美］乐文睿等的《中国创新的挑战：跨越中等收入陷阱》（张志学审校，北京大学出版社 2016 年版）、［美］孔诰烽的《中国为何不会统治世界》（沈莉译，中信出版社 2016 年版）、英国琳达·岳的《中国的增长：中国经济的前 30 年与后 30 年》（鲁冬旭译，中信出版社 2015 年版）、［法］埃里克·伊兹拉勒维奇的《中国傲慢？》（范吉宏译，中央编译出版社 2014 年版）、［日］柴田聪的《中国冲击力》（王小燕译，世界知识出版社 2013 年版）、［新加坡］郑永年的《为中国辩护》（浙江人民出版社 2012 年版）、［澳］宋立刚的《崛起的中国：全球机遇与挑战》（社会科学文献出版社 2012 年版）、［澳］马克林的《我看中国：1949 年以来中国在西方的形象》（张勇先、吴迪译，中国人民大学出版社 2013 年版）、［意］洛丽塔·纳波利奥尼的《中国道路：一位西方学者眼中的中国模式》（孙豫宁译，中信出版社 2013 年版）、［巴基斯坦］马克博尔·A. 巴蒂的《中国的和平崛起于南亚》（陈继东、晏世经等译，四川出版社 2012 年版）等。我国收集、编译了国外学者相关的一些论文，如吴敬琏等主编的《中国未来 30 年》（中央编译出版社 2012 年版）、《中国经济新转型》（姚志敏等译，译林出版社 2014 年版）、周艳辉主编的《增长的迷思：海外学者论中国经济发展》（中央编译出版社 2011 年版）、潘世伟、黄仁伟主编的《海外中国观察》（中共中央党校出版社 2014 年版）、王新颖主编的《奇迹的建构：海外学者论中国模式》（中央编译出版社 2011 年版）、王辉耀主编的《中国模式：海外看中国崛起》（凤凰出版社 2010 年版）、赖海榕主编的《海外中国研究报告》（中央编译出版社 2014 年版）等。这些成果为我们了解和评析当代中国经济问题提供了多个视角。

经济发展模式研究的前沿和焦点问题。

一　关于中国社会主义市场经济

社会主义市场经济是中国经济发展道路的最本质内容，在邓小平启动改革开放后不到 40 年里中国就成为世界第二大经济体和最大贸易国，其独特的经济发展方式备受世界关注。近几年国外学者对社会主义市场经济的研究，主要体现在以下几个方面。

1. "国家资本主义"还是"社会主义市场经济"论争再掀高潮

中国社会主义市场经济坚持市场在资源配置中的决定作用，并强调政府在整体经济运行过程中的宏观调控作用。但在国外一些学者那里，这种独特的经济运行方式被认为中国在搞所谓的"国家资本主义"。近年来一些西方刊物不断刊登关于"国家资本主义"的文章，批评中国等新兴国家一直在利用国家的权力来推动经济增长。2012 年英国《经济学家》（*The Economist*）周刊以特别报道的形式集中刊发了六篇一组的"国家资本主义"专栏文章，热炒"国家资本主义"概念。同年，美国《近代中国》（*Modern China*）杂志出版了一期《"国家资本主义"还是"社会主义市场经济"：中西学者的对话》专刊。以黄宗智、伊万·赛勒尼等为代表的一批国外学者就这一问题展开专题研讨。通过对 30 年来中国发展经验的回顾，黄宗智指出，中国改革时期的实际是"国家资本主义"多于"社会主义市场经济"。理由是"在中国市场化的和混合的经济之中，国家显然比私营企业具备更有利的竞争条件，诸如克服官僚制度的重重障碍，组织和动员资源，获取补贴和税收优惠，乃至绕过甚或违反国家自身的劳动和环境法规等，借以扩大公司的利润"。[①]

在这场辩论之外，美国彼得森国际经济高级研究员中国问题专家尼古拉斯·拉迪通过大量的数据分析指出，中国实际上并不存在一些人所说的"国家资本主义"，以往那些将中国崛起归于国家强势干预经济的研究是不符合实际的，中国改革开放时期的经济发展主要是市场的作用，

---

① ［美］黄宗智：《国营公司与中国发展经验：国家资本主义还是社会主义市场经济?》，《开放时代》2012 年第 9 期。

是过去30年中国经济奇迹的最大秘密。[①]

"国家资本主义"的争论，体现出当前背景下国际社会争夺话语权与发展道路合法性的斗争。在西方经济陷入衰落和全球权力发生转移的背景下，新自由主义经济学家给中国贴上"国家资本主义"标签，指责中国等新兴经济体的弊端和过失，实际上是担心中国特色社会主义市场经济发展优势的凸显会对西方自由市场经济构成危险并危及所谓的民主制度。

2. "趋同性混合经济体制"

社会主义经济体制是中国近40年改革的重心，其目的是确立中国特色社会主义市场经济体制，由此构成国外学者研究中国社会主义市场经济的重要维度。相关研究主要聚焦在经济体制改革的导向问题，这里存在背离社会主义与坚持社会主义两种对立观点。早在2005年日本马克思主义理论家不破哲三就针对国外中国引入资本与市场必然会导致向资本主义的复归的错误观点，进行了严厉批评，指出当前中国经济发展实际上进入了类似于列宁提出的"新经济政策"阶段。中国的"社会主义初级阶段"和"社会主义市场经济"的观念，是通过克服历史错误而确定的新的努力方向，"新经济政策"能为今天中国倡导的通过市场经济建立社会主义的尝试提供借鉴。[②]

俄罗斯科学院远东研究所著名经济学家皮沃瓦洛娃在《今日亚非》杂志上提出了新的看法，认为中国改革开放以来已形成了一种"趋同性混合经济"，这种经济既不属于经典社会主义，也不属于新经济政策式社会主义，但是这种经济里有作为社会主义必要成分的"对生产进行社会调控"的思想，因此被称为"中国特色社会主义"。她还指出，过去30年来中国的市场化改革偏离了传统社会主义的准则，为了发展生产力和改善人民生活，不仅允许个体经济，还允许私营经济，不仅是按劳分配，还可以按资金分配，建立了宏观经济层面的市场经济，实际上中国形成了"混合经济"，但是"社会化生产"思想仍然是其必要的组成部分。因

---

① N. Lardy, *Markets Over Mao: The Rise of Private Business in China*, Washington, D. C.: Peterson Institute for International Economics, 2014.

② 徐觉哉：《国外学术界热评中国特色社会主义（续）》，《社会科学报》2008年5月8日。

此，中国学者和政治家有权把他们创造的经济体制称为"中国特色社会主义"，关键是要认识到无论这个新制度叫作"中国特色社会主义"或者别的什么称谓，都不是那么重要，只要这一制度能够为中国数量庞大的居民提供更有保障、更体面的生活。[①]

3. 中国市场经济地位

充分发挥市场在配置资源中的基础性调节作用，是社会主义市场经济模式的主要特点之一。中国自20世纪90年代初确立发展市场经济体制以来始终坚持以市场为导向，在发展市场经济方面取得了举世公认的成就。截至2014年，世界上已经有80多个国家和地区承认中国的市场经济地位，但美国、欧盟、日本等却从各自国家或地区层面考虑将市场经济地位与反倾销"替代国"做法恶意捆绑，拒绝承认中国的市场经济地位，引起国外学术界的关注和讨论。尼古拉斯·拉迪指出，市场和私营力量在当今中国经济中发挥着主导作用，如果把二三十年前的中国看作一个非市场经济体也许是有道理的，但是今天的中国经济大部分已经实现了高度市场化运作，具有很强的竞争力。从数据来看，中国国有经济在整个工业产出中的比重已从1978年的接近80%下降到2011年的26%。出口产业中的国有成分从1995年的接近70%下降到2014年的11%。与此同时，私营成分在这些领域所占的比重直线上升，很多占比已经过半，私营经济在很多领域已经代替国有经济成为中国经济增长的主要推动力量。拉迪呼吁美国不要再以老眼光看待这个问题，应该尽快承认中国市场经济地位，"美国之所以至今不愿承认中国市场经济地位也许是因为还不完全了解中国经济的现状，同时还想继续在贸易领域利用中国非市场经济地位捞取一些好处"。[②]

美日欧等世贸组织成员将"市场经济地位"问题与反倾销"替代国"做法捆绑，对中国显然是极不公平的。实际上，世贸组织规则并没有关于"市场经济国家"的定义和判定标准，西方国家拒绝承认中国的市场

[①]　[俄]皮沃瓦洛娃：《中国的趋同性混合经济体制是对社会主义的重大发展》，李铁军译，《国外理论动态》2012年第7期；[俄]查加洛夫：《中国的大趋势——评皮沃瓦洛娃的新书〈中国特色社会主义〉》，彭晓宇译，《国外理论动态》2012年第7期。

[②]　《美国应尽快承认中国市场经济地位——访彼得森国际经济研究所高级研究员尼古拉斯·拉迪》，新华网华盛顿，2014年9月10日。

经济地位，其用意在于达到在对华反倾销调查中继续沿用"替代国"做法的目的。正如一些国际贸易问题专家所批评指出的，当前问题的核心是 WTO 成员国应终止对华反倾销"替代国"的做法，而不在于它们是否承认中国是"市场经济国家"，二者无必然联系，我们不应落入美欧日的话语陷阱。①

二　关于中国经济增长和发展的可持续性

2010 年中国国内生产总值（GDP）达到 58790 亿美元，超越日本成为仅次于美国的世界第二大经济体。这一经济位次变更引发国际社会的广泛关注。美国《华尔街日报》用"一个时代的结束"来形容这一历史性时刻，意指中国将引领世界。但从国外相关研究来看，对中国经济发展持绝对乐观态度的学者还是少数，更多的人在肯定中国经济增长速度的同时，对中国经济的未来发展势头、经济发展的可持续性等问题持谨慎态度。

1. 对中国经济增长的可持续性进行分析，并提出对策建议

近几年中国经济发展进入新常态，面临一系列风险和挑战。国外学术界普遍的共识是，中国现有的以海外出口和基础设施投资拉动国内生产总值（GDP）增长的发展模式存在限制和风险，若不对此进行合理调整，可能会引发失业与不充分就业、环境日益恶化，以及贫富差距扩大等一系列问题，并会影响中国长期发展目标的实现和国内社会稳定。美国学者皮奥瓦尼·基娅拉在《为什么中国目前的发展方式是不可持续的?》一文中指出，中国目前靠出口和投资拉动的发展方式是不可持续的，中国需要根据合理的、生态的、可持续发展的原则进行转型，重组中国经济。② 美国学者大卫·科茨在《中国的经济增长对出口和投资的依赖》中表达了类似的看法，认为自 2001 年加入 WTO 后，中国经济增长

---

① 《"入世"十五年，美欧日欠中国一个条约义务》，《中国青年报》2016 年 12 月 13 日。
② ［美］皮奥瓦尼·基娅拉、李民骐：《为什么中国目前的发展方式是不可持续的? ——兼论科学合理的经济计划的意义》，张建刚译，《国外理论动态》2011 年第 10 期。原载美刊《激进政治经济学评论》2011 年第 43 卷第 1 期。

转变为主要依赖出口和投资，中国的经济增长模式需要进行结构性的改变，否则经济增长将可能严重减速，并最终迫使中国社会经济状况发生改变。①

在此认识基础上，国外学者提出了侧重点不同的建议。美国经济学家、哥伦比亚大学教授、诺贝尔经济学奖获得者约瑟夫·斯蒂格利茨强调了创新对于转变经济发展模式的重要性。他认为中国经济要实现可持续发展，并解决新出现的问题，需要一种新的发展模式，这种新模式要求中国从出口拉动型增长中转移出来，而其核心是创新。②

但中国今后几年内需和消费对中国经济增长将起主导和推动作用的论断，并不是所有国外学者都赞同。美国加州大学著名经济学家胡永泰认为，西方主张中国应将经济增长重点放在需求上，其目的是要抑制中国经济的发展。③

也有学者从新经济政策的角度提出自己的建议。新加坡国立大学东亚研究所所长郑永年认为，在当前经济形势下中国需要新的经济政策来提供足够的增长和发展新动力。中国可以把目前的内部"众创"和外部"一带一路"视为中国经济政策的两个新主题，但这两个主体要成为有效的政策工具助力中国的经济增长，还有很多事情要做。④

此外，还有学者分析了反腐败对中国经济发展的至关重要作用。美国佐治亚州大学廉政研究专家魏德安在《双重悖论：腐败如何影响中国的经济增长》一书中认为，中国经济要实现持续增长和腾飞还需要持续的反腐。从中长期来看，中国政府如果不能成功遏制腐败，那么贪腐即使不会导致中国的经济崩溃，也会变成拖累经济增长的主要因素。⑤

---

① 朱安东、[美] 大卫·科茨：《中国的经济增长对出口和投资的依赖》，周亚霆译，《国外理论动态》2012 年第 3 期。

② [美] 约瑟夫·斯蒂格利茨：《中国新发展模式的核心》，包金平译，《国外理论动态》2013 年第 1 期。

③ 2012 年 9 月 4 日，[美] 胡永泰（Wing Thye Woo）在巴黎自己的新书《中国经济增长新引擎》（*A New Economic Growth Engine for China. Escaping the Middle-Income Trap by Not Doing More of the Same*, Singapore, 2012）发布会上提出了这种观点。

④ [新加坡] 郑永年：《中国的新经济政策及其风险》，《联合早报》2015 年 7 月 14 日。

⑤ Andrew Wedeman, *Double Paradox*: *Rapid Growth and Rising Corruption in China*, Ithaca: Cornell University Press, 2012.

2. 对中国经济发展的动因持续关注

西方学者认为，正是中国独特的经济发展模式将中国推到了"世界经济强国"的位置，吸引他们从不同层面思考背后政治和社会影响因素以及所蕴含的发展逻辑。

一是从政治层面寻找动因。有些国外学者认为，中国经济成功的最大秘诀在于拥有一个强有力的"威权政府"或者"强势政府"，政府利用其强大的资源动员能力和大量资本来支持和推动本国经济的高速增长，"高铁奇迹"即一个典型的案例。英国伦敦政治经济学院亚洲研究中心中国问题专家马丁·雅克也认为，国家和政府是中国经济崛起的主要内驱力，中国的"国家存在"是一种极为重要的体制，中国在 1978 年以后之所以能实现经济崛起，在很大程度上是由于中国的管理体系在中国经济转型过程中扮演了至关重要的角色。[①] 也有一些学者强调政治传统的影响因素，认为王权传统的延续性（帝国延续性的中央集权传统）使中国走上了一条独特的市场经济道路。[②]

二是将中国经济的成功归因于渐进式制度改革。这种观点以英国牛津大学中国经济问题专家琳达·岳为代表，她在分析中国经济之所以能保持高速发展的原因时指出，中国采取的渐进式的制度改革发挥了巨大作用，科技和资源的再分配改变了中国的经济结构，推动了生产力的发展和进步，例如国企改革降低了国有企业经济的比重，劳动力经济的结构改革促使劳动力从国有企业向民营企业流动。[③]

三是从社会制度上寻找原因。俄联邦审计院前副院长、著名经济学家博尔德列夫表示，中国在经济领域所取得的巨大成就，离不开其社会制度的优越性。[④]

四是从各个层面广泛寻找动因。美国学者巴瑞·诺顿从 5 个方面对中国发展实践的不同特点和可借鉴的特征作出归纳，同时反映了中国经济增长的原因：（1）相当重视各种市场力量的逐步扩张；（2）政府的经

---

① 《马丁·雅克：中国发展趋势仍将持续》，《参考消息》2015 年 3 月 5 日。

② Michel Mglietta et Guo Bai, *La Voie Chinoise*：*Capitalisme et Empire*, Odile Jacob, 2012.

③ ［英］琳达·岳：《中国的增长：中国经济的前 30 年与后 30 年》，鲁冬旭译，中信出版社 2015 年版。

④ 《国外媒体高度关注中共十九大盛赞中国发展成就》，《法制日报》2017 年 10 月 19 日。

济政策具有谨慎和实用主义的特征；（3）对外部世界开放；（4）政府强烈而持续地重视经济增长和投资；（5）明确顺序：市场开放优先，而后进行市场管制。①

需要明确的两点是，一方面，西方学者所谓的"强势政府"并不是中国经济成功的根源，中国经济发展模式具有独特性和复杂性，难以给出一个确定的原因。但可以确定的是，中国经济的成功主要源于独立自主和变革创新，且关键在于中国共产党的领导。另一方面，中国经济的成功为发展中国家提供了一条可资借鉴的反对经典现代化理论的新模式，但它仍处于不断探索、调整和完善之中，依然面临着各种严峻的困难和挑战，对此我们应有理性认识，不能盲目乐观。

3. 对中国经济发展前景的预测分析

大多数国外学者对中国经济的走向持积极、乐观的观点，认为虽然面临强大压力和挑战，但中国政府有能力完成调整和转型，实现经济的持续稳定增长，并将继续支撑全球经济体系。俄罗斯学者 M. A. 波塔波夫则预测得更加具体。他认为，"到 2020 年，中国的人均 GDP 将比 2000 年的水平翻四番，到 2030 年，中国的 GDP 总额将会位居世界第一"②。

与众多看好中国经济发展前景的观点相反，一些学者持悲观和消极态度，主要集中在英美日学界。美国卡内基基金会高级研究员、北京大学光华管理学院金融学教授迈克尔·佩蒂斯在其新著《避免崩溃：中国的经济结构调整》③ 中反驳了关于中国经济持续增长的乐观预期，认为中国经济的快速发展期已经结束，中国需要对经济结构进行有效调整，否则中国的崩溃就难以避免。牛津大学中国奖学金基金会主席谭宝信在《蹒跚的巨人：中国未来面临的威胁》一书中表达了类似的看法，指出中国取得经济突破的机会窗口十分有限，大概只有 20 年，错过机会就有可能

---

① ［美］巴瑞·诺顿：《中国发展实践的不同特点和可借鉴的特征》，庞娟译，《国外理论动态》2010 年第 4 期。

② ［俄］M. A. 波塔波夫：《世界金融危机阶段的中国经济稳定问题》，《远东问题》2013 年第 3 期。

③ Michael Pettis, *Avoiding the Fall*: *China's Economic Restructuring*, Carnegie Endowment for International Peace, 2013.

陷入"中等收入陷阱",中国会继续崛起,但它面临的威胁太广、太大,而国内政策反应又太过谨小慎微,很难想象中国会在 21 世纪超越美国。[①] 日本农学研究者川岛博之也宣称,当中国土地泡沫破灭和基础设施投资建设接近极限时,中国的经济低迷期就要解开序幕,届时对日本乃至全世界来说都是一个噩耗。[②] 类似悲观、激进的思想言论在某种程度上会影响人们对中国经济的信心,并会降低中国经济外交的影响力,需要我们对其进行理性分析和回应。

三　关于中国经济崛起的世界影响

中国经济崛起的世界影响问题一直是国外学者关注的重点,近几年在这一问题上又出现了新的论调。

1. "中国世纪论"

这是近年来在西方主流舆论领域兴起的一种新的关于中国经济崛起的认识。2015 年美国《名利场》杂志发表约瑟夫·施蒂格利茨撰写的《中国世纪》。作者指出,从 2015 年开始世界进入"中国世纪","中国经济以拔得头筹之势进入 2015 年,并很可能长时间执此牛耳,即使不能永久保持,中国已回到它在人类历史上大多数时间里所占据的位置"。他强调,随着中国成为世界头号经济体,新的全球政治经济秩序正在形成。美国无法改变这一现实,应当调整外交政策,加强对华合作,远离遏制。[③] 该文发表后,随即引发国外学者关于"中国世纪"的热议。马丁·雅克认为,世界不断谈论"中国世纪"话题,反映了中国正在持续崛起的现实。西方对中国"忽冷忽热",总体来看,更倾向于谈论中国存在的各种问题。但西方也时不时地意识到,中国正在迅速发展,变得越来越强大,然后就有了很多有关"中国世纪"的讨论。此前,他的《当中国统治世界》一书用大量的访谈和数据说明中国将成为全球最有影响力的

① Timothy Beardson, *Stumbling Giant*: *The Threats to China's Future*, Yale University Press, 2013.

② ［日］川岛博之:《破解中国经济数据:即将失去活力的中国经济》,东洋经济新报社 2012 年版。

③ Joseph E. Stiglitz, The Chinese Century, *Vanity Fair*, January, 2015.

国家，已被翻译成十几种文字在全世界发行。①

　　也有学者对这一提法持反感态度。日本东京大学教授高原明生认为，"中国世纪"的提法不准确，虽然中国国内生产总值（GDP）超越美国是早晚的事情，国际社会对此早有心理准备，但仅以此就将21世纪命名为"中国世纪"，"既不准确，亦无必要"。他认为，中国经济在获得巨大的阶段性成果之后，最需要的是冷静与理性。②

　　"中国世纪论"出现后，中美关系走向问题随之成为讨论的重点。美国一些现实主义悲观派学者认为中国崛起是美国安全的根本威胁，甚至一些自由派学者也认为中国是21世纪世界秩序的"重大威胁和挑战"之一。但更多人在这一问题上持谨慎乐观态度，如美国彼得森国际经济研究所所长亚当·波森认为，中国要想在经济上赶超美国还有很长的一段路要走，美国将在未来10—20年里继续保持头号经济强国的地位，但中国经济也会变得更加强大，中国崛起并不意味着中美就会发生冲突，中美两国已经和平相处了多年，并将继续和平相处下去。③ 德国著名经济学家、法兰克福大学经济理论史终身教授贝尔特拉姆·舍福尔德持类似观点。他指出，中国的经济规模超越美国是难以逆转的趋势，但中美在居民富裕程度上的差距依然巨大，而这也是中国经济继续发展的潜力和空间所在。要出现世界的"中国世纪"，首先得在亚洲形成"中国世纪"。④

　　值得注意的一个动向是，西方学者从"中国世纪论"中感受到了中国崛起的压力。尤其在美国学界中，他们批评中国的外交政策是"傲慢的""进攻性的""不合作的"，中国的"这种新自信因子'变成了病毒'"。⑤ 在他们看来，中国的和平崛起并不平和，对世界和中国自身的发展来说都是一种危险。

　　美国福德姆大学金融系主任颜安反驳了这种认识。他指出，中国的

---

① 《马丁·雅克：中国发展趋势仍将持续》，《参考消息》2015年3月5日。

② 《高原明生：中国需冷静理性面对未来》，《参考消息》2015年3月3日。

③ 《亚当·波森：中国赶超美国还有很长路要走》，《参考消息》2015年3月6日。

④ 《舍福尔德：亚洲或首先形成"中国世纪"》，《参考消息》2015年3月5日。

⑤ Alastair Iain Johnston, How New and Assertive is China's New Assertiveness? *International Security*, Vol. 37, No. 4, 2013, p. 7.

崛起是和平的，与以往不同，历史上大国崛起常伴随着资源掠夺，而在经济全球化的大背景下，中国的崛起对其他国家有利，比如中国居民海外旅游就促进了其他国家的经济发展。①

需要指出的是，"中国世纪论"代表了国外一些学者对中国经济实力的认可，但同时也要警惕西方国家"捧杀"中国，误导中国以非理性的心态衡量自己所取得的成就。

2. "新殖民主义论"

中国的经济崛起对世界尤其是边缘国家可能产生的影响，也是各国关注的重要方面。一些学者不再强调中国经济崛起，而是批评中国经济的快速发展增加了对非洲的环境污染和资源控制。

美国中非关系问题专家黛博拉·布罗蒂加姆在最新力作《非洲将养活中国吗?》中，揭示了这些流言背后所隐藏的真相。作者指出，虽然中国政府在稳步增加对各类对外投资的支持，但并没有资助中国农民对外移民，没有为到非洲大规模占地提供资金，也没有对非洲农业进行"巨额"投入。② 此前他曾在《龙的礼物：中国在非洲的真实故事》一书中对那些曲解中国在非洲影响力的言论进行了有力驳斥。

毛里塔尼亚学者阿布杜罗从"新兴战略伙伴关系"的角度，对国际上流行的"新殖民主义论"进行了反驳。他在《非洲与中国：新殖民主义还是新型战略伙伴关系?》一文中通过分析中非友好合作关系的起源、发展，指出中国在非洲的投资进程仅仅是反映中国经济在全球扩张和在世界经济体系中重新定位角色的一种正常活动，中非之间的这种特殊合作体制让非洲国家从物质上和精神上都得到了实惠，中国对于非洲来说不是人们惧怕的"新殖民主义"，而是一种全新的发展机遇，一种真正的"双赢"战略合作伙伴关系。③

针对"新殖民主义"话语的频频出现，意大利中国问题专家洛丽塔·纳波利奥尼一针见血地指出，西方一直试图抹黑中国是毫无根据的，

① 《美国学者：中国崛起对美国不算坏事》，纽约：新华网 2015 年 1 月 1 日。

② ［美］黛博拉·布罗蒂加姆：《非洲将养活中国吗? 破解中非农业合作的迷思》，孙晓萌、沈晓雷译，社会科学文献出版社 2017 年版。

③ ［毛里塔尼亚］古尔默·阿布杜罗：《非洲与中国：新殖民主义还是新型战略伙伴关系?》，马京鹏译，《国外理论动态》2012 年第 9 期。

在非洲问题上，中国的商业因素代替了西方殖民主义的因素，中国与其非洲伙伴只是在互惠的基础上建立一种平等的关系，但是对于非洲人来说，这却是前所未有的新体验，有史以来他们第一次被平等对待而不是被视为附属品。①

显然，中国在非洲的投资活动影响到了西方国家的既有利益。他们鼓吹"新殖民主义论"，一方面有意抹黑中国形象，另一方面也是要求中国为此承担更多的国际义务和责任，"有所作为"实际上是意图束缚、遏制中国经济的发展。

3."中国经济崩溃论"

"中国经济崩溃论"是与"中国经济威胁论"在国际上相对长期存在的一种论调。早在 2001 年，美籍华裔律师章家敦在《中国即将崩溃》②一书中预言中国会在 2008 年中国举办奥运会之前开始崩溃。实际上，直至目前中国经济不仅没有崩溃，反而创造了令人瞩目的"中国奇迹"，成为世界经济发展的引擎。中国自 2010 年以来开始致力于经济发展方式的转型，有意识地放缓了经济增长速度，使国际上以"唱空中国"为主要特征的"中国崩溃论"再次回潮，一些西方学者和机构预测我国经济可能会继续下滑，甚至宣称中国经济发展模式正慢慢"走向终结"，中国经济正处于失衡和崩溃的边缘，并将给世界经济带来灾难。

2015 年一向看好中国的美国学者沈大伟在《华尔街日报》发表了"中国即将崩溃"一文，再次将国际上的"中国崩溃论"推向高潮。沈大伟在该文中列举了五个证明中国即将崩溃的标志，其中，中国经济增速正在放缓成为五个标志中唯一的新论据。他的观点夸大了当前中国经济中面临的困难和挑战的严重性，即使在西方也遭到一些学者和媒体的质疑。美国学者斯科特·罗斯高即批评指出，中国经济增速放缓是事实，但"崩溃"却是夸大其词。"中国崩溃论"从现象直接推导出崩溃的结论，没经过严密论证，主观、武断又仓促。如颠倒结论与假设条件得出

① ［意］洛丽塔·纳波利奥尼：《中国道路：一位西方学者眼中的中国模式》，孙豫宁译，中信出版社 2013 年版，第 259、265 页。

② Laurence J. Chang（ed.），*China's Century*，*The Awakening of the Nest Economic Powerhouse*，*Foreword by China's Premier Zhu Rongji*，Singapore，John Wiley & Sons，2001.

错误的国内生产总值（GDP）结果；或重复计算得出的债务规模。他们低估了中国抵御风险的能力，据此形成悲观预期。[①]

2016 年，沈大伟又出版《中国的未来》一书对"中国崩溃论"进行呼应，宣称中国目前保守"硬权威"治理方式，将使中国陷入一个长期的衰败过程，最终走进"中等收入陷阱"。他还指责，中国政府过度地依靠财政政策来刺激经济，在汇率政策上也"明显反复无常"，"搅乱了全球市场"。[②]

以沈大伟为代表的一些西方学者借当前中国经济增长速度放缓之际和矛盾集中爆发期，再次炒作"中国崩溃论"，证明他们最终无法跳出在中国问题研究上的先行情绪化和意识形态化。目前中国经济正处于从高速向中高速增长"换挡"期，这是符合中国发展实际的一个正常的必经过程，中国经济发展长期向好的基本面没有变。2017 年 10 月国际货币基金组织（IMF）发布最新一期《世界经济展望报告》，IMF 首席经济学家莫里斯·奥布斯特费尔德指出，中国经济增长势头仍然强劲，对全球经济增长贡献巨大。中国仍是全球经济增长的重要驱动力。这是给"崩溃论"最有力的回击。

四　对国外中国经济发展模式
研究特点的分析与总结

1. 研究特点和趋势

国外学术界关于中国经济发展模式研究主要呈现出几个特点和趋势。一是研究具有强烈的实用主义色彩。以在中国经济研究中长期占据主流地位的美国来看，影响美国公众舆论、为政府提供政策咨询和建议是研究者的主要任务。美国学者的研究大多是为了服务本国利益和制定对华政策的需要，并且确实在这些方面发挥了巨大的作用。也正是由于这种很强的实用功能，对中国经济问题的观察和评析在美国等西方国家备受

---

① ［美］斯科特·罗斯高：《我眼中的中国经济不会崩溃》，《环球时报》2015 年 9 月 15 日。

② D. Shambaugh, *China's Future*, Malden, MA：Polity, 2016.

重视。而中国国内不断调整的经济政策和发展实践成为他们研究的主要推动力，当前中国发生的几乎所有的重要经济事件或经济领域的改革文件，都会及时地出现在美国经济学者的研究视野之中，引发他们的关注和讨论。

二是研究趋于冷静，但又呈现出复杂心态。西方学者对中国问题研究无法摆脱长期以来的冷战思维，但他们又不得不面对中国经济发展道路的优势对世界体系的影响力的现实。就近几年国外学界相关研究成果所见，赤裸裸的"中国威胁论"和"中国崩溃论"在西方并不占主流，多数学术研究者能以相对严谨的治学态度从历史和现实角度分析问题，对中国经济发展形成了许多启发性的观点和意见。日本前驻华大使馆经济部参赞柴田聪即呼吁，必须首先不带误解和偏见地、准确地去把握中国经济的现状，"这是一切事物的出发点"。但以美国为代表的西方国家并不希望出现一个强大的中国，体现在学术研究中，西方学者一方面对中国经济体制改革和出现的问题进行分析和诊断，对资本主义经济发展模式进行反思与追问，另一方面又贴近政治时局，尝试在研究中重新梳理中国与各自国家的利益关系。

三是整体性研究趋势加强。从分析角度上看，越来越多的国外学者注重从历史连续性中分析中国现实经济问题，具体表现在以大历史观的经济史视角对中国改革开放前后的经济进行纵向分析，甚至开始打通研究中公式化的分水岭年代（1840年和1949年）界限，考察当前中国经济发展之所以发生的历史基础。从方法论上看，比较和跨学科的研究方法得到重视和运用。大量研究成果将中国与美国、印度、俄罗斯、日本、匈牙利等国的经济发展模式进行比较。对中国经济问题的分析也不再囿于单纯的经济学或经济史范围，而运用跨学科的方法（如政治经济学、生态经济学、社会经济学的理论和方法）把研究视野扩展到经济以外的其他领域，关注中国经济发展模式对国际政治秩序、生态环境、价值体系的影响，政治民主化、福利制度改革、就业、环境等由此成为他们进一步讨论的对象。

2. 对策建议

针对近五年来国外相关研究的动向和新情况，应从以下几个方面去把握和应对。

第一，加强与全球学者的平等交流和对话。国外学者的一些观点并不符合或者不完全符合中国的实际国情，但也体现了他们与国内不同的研究视角、方法和资料来源，在一定程度上弥补了中国学者在方法、视域上的不足和局限。其中也不乏一些中肯、独到的见解，如建议提高创新能力，注重消费业和服务业，注重社会成果分配的公平、公正性，关注因发展所造成的环境污染和生态危机问题，等等。国内学术界应站在世界发展大格局的高度，秉着"他山之石，可以攻玉"和主动、开放、自信的心态，对国外相关研究成果进行整理，对国外学者的观点和见解予以认真总结和评析，勇于批判地吸收国外学者的一些合理观点和见解。

第二，坚持中国立场，澄清国外错误舆论。国外学者在中国经济发展模式问题上的研究并不都是客观、公允的，一些学者往往戴着"有色眼镜"审视和看待中国的发展变化，认为只有西方的经济发展模式才能代表世界的发展方向，尤其是近年来中国经济的腾飞让他们感到了危机，为此不断制造"中国威胁论""中国崩溃论"，体现了他们敌视中国、敌视社会主义的立场和价值偏见，背后隐藏的则是各自国家的利益。中国学者要站在中国的立场上，展开中国式思考，以清醒的头脑和高度的政治警觉性对国外错误言论进行揭露，对其中的不实和歪曲之处应给予澄清，积极引导国际社会正确看待我国改革开放的成就和中国特色社会主义市场经济中出现的问题。在涉及中国经济发展道路的大是大非问题上，尤其要通过深入、细致的研究给出具有说服力的解释。

第三，构建与中国道路相适应并能与全球学者交流的话语和理论体系。中国的经济发展取得了连西方都为之惊叹的成就，在国际上却被歪曲和异化，常常"被描述""被建构"，其中一个重要原因就是话语权和理论上的薄弱，主要表现在建设性引领与塑造方面欠缺，学术性与逻辑性不够，"国际表达"意识不强。中国学者必须对既有的话语体系进行认真系统的总结、整理和反思，从历史逻辑和现实实践逻辑中发掘理论的增长点和创新点，提出符合中国实践逻辑和融通中外、引领世界舆论风向的新议题。以精准的概念术语、科学的研究范式和严谨的逻辑与国外学者进行平等对话和交流，向世界深刻阐明中国经济发展道路的鲜明特色和中国坚持走和平发展道路的信心。这对于破解当前国际舆论中的种种成见、谬论，具有关键性作用。

（选自《国外社会科学》2017 年第 6 期）

现代化理论与中国社会的现代化

［日］富永健一[*]　严立贤 译

一　现代化理论与中国社会之问题

对于现在的中国来说，现代化已经成为最高的政策目标，现代化理论不仅不再受到意识形态的排斥，而且成了一个应当向西方社会学学习的中心主题。

西方社会学中的现代化理论系指什么？它是否适用于中国？二十世纪六十年代，西方理论界以美国为中心展开了一场以后被称为现代化理论的以经济成长、产业化、现代化、社会发展、社会变动、社会进行诸概念的其中一个或几个为中心概念的理论建构高潮，七十年代以后，这一热潮又扩展到了联邦德国。

"现代化理论"具有悠久的历史起源。始于洛克的古典市民社会理论，十七世纪以来在西方社会科学发展中占主流地位，还有始于斯密的古典经济学，自圣西门、孔德到斯宾塞的实证主义产业社会理论，马克思的历史唯物论，滕尼斯、齐迈尔、迪尔凯姆以及马克斯·韦伯他们的定式化角度虽然不同，着眼点却是一致的从近代过渡到现代的过渡理论

---

　　* 日本东京大学著名社会学教授富永健一是南开大学社会学系客座教授，1984 年底应邀来南开大学社会学系讲学，该文是作者讲学归国后根据在中国的体验所作。文章用西方社会学中的现代化理论分析中国社会的现代化问题。现将文章译出，以飨读者。——编者

等，都可以包括在现代化理论之中。① 我曾经把自十七世纪末到十九世纪初形成的古典市民社会理论、古典学派经济学和实证主义产业社会理论等作为第一阶段的现代化理论；把以历史唯物论为先驱，从十九世纪末到二十世纪初的自滕尼斯之后的一系列近代社会过渡理论作为第二阶段的现代化理论；把二十世纪六十年代及其后所展开的从罗斯托、霍斯里茨、穆尔到帕森斯、列维、本迪克斯、李普赛特、阿普塔一直到扎普夫、弗劳拉的一系列理论作为固有意义上的第三阶段的现代化理论。如果用一个简单的图式来说明，那就是：第一阶段的现代化理论起源于启蒙主义，主要在英国和法国，范围仅限于以英国和法国为中心的狭小意义上的西欧现代化；第二阶段的现代化理论的产生与现代化从西欧扩展到中欧相适应，以德国为其承担者，它认识到了现代化已为整个西方世界所共有。第三阶段的现代化理论是第二次大战后的产物，由于美国成了世界社会科学的主导，这一时期的现代化理论反映了战后旧殖民体系的瓦解和以欧洲为中心的世界秩序的崩溃。

我们已经看到，随着产业化和现代化的发展，诸社会都要经历相同的人口模式（开始是因死亡率下降的人口爆炸，继而是随着产业化渐趋成熟而自发地实行人口控制），由此导致低出生、低死亡、老龄型的人口结构和社会结构变动的若干模式（亲属群体和家庭的功能渐趋缩小和解体的倾向），现代化理论在这一普遍规律之上具有趋同的性质。但是，后发展国家在先进国家之后踏上产业化和现代化道路时，与先进国家开始产业化和现代化的当初相比，具有不同的条件，其中既有有利的一面，也有不利的一面。所谓有利的条件，正如格申克龙援用凡勃仑的术语所说的那样，后发展国家可以利用先进国家的"可借用技术"；不利条件是，后发展国家要与已经实现了产业化和现代化的先进国家进行竞争，特别是由于后发展国家从先进国家借用的可能是尖端技术，这对于后发展国家来说，就产生了多重结构，即不同时代之物质并存于同一个时代。具体说，现在的中国就同时并存着完全是农业社会阶段的手工劳动和畜

————————

① 社会科学的产业既是西方从中世纪的社会秩序到近代产业社会的形成这一长期过渡的结果，又是促成这一过渡的原因。关于这一点，请参阅〔日〕富永健一《现代的社会科学者——现代科学中的实证主义与理念主义》，讲谈社1984年版，第15页。

力运输以及电子革命阶段的电子计算机的数据处理。

因此，我们不能说现代化理论可以原封不动地给中国社会的现代化以启示，而必须对此加以适当的补充和修正。

韦伯说，中国缺乏西方那样的促成产业化和现代化的要素。如中国顽固的民族共同体传统妨碍着合理的经营共同体的发展；中国既没有自然法，也没有名义法，更没有司法；中国缺少具有数学基础的自然科学；中国人轻视专业人员，没有合理的专业分化；中国没有那种为求得来世的灵魂拯救而禁欲的清教主义伦理；儒教伦理由于无条件地肯定现世和适应现世而保留了巫术传统，不能激发人们辛勤劳动的动机。

维特福格尔的《东方的专制》一书是这一类型的理论结构的又一典型例子。维特福格尔从韦伯得到启发，为了说明近东、印度和中国所共同的专制权力的统治和治水之间的必然联系而创造了一个新的概念，即"水力"社会。水力社会一词是韦伯为了说明与封建社会相对应的另一传统社会形态——家产制社会而确立的概念。在由于水的过剩或不足，没有大规模的治水和灌溉事业就不能进行农耕的社会，大规模的工程促成了能够动员大量徭役劳动的极度专制的古代大帝国。在中国，秦汉大帝国之前有西周的封建制，隋唐统一的律令制国家前后也有三国、两晋、南北朝和五代的小国分裂时代，并不都是如维特福格尔所说的单一中心的超级国家。

第二次世界大战后的第三阶段的现代化理论，已经不再用韦伯和维特福格尔那种机械的眼光看待非西方社会了。例如，威尔巴特·穆尔把产业化作为现代化的始发原因将产业化得以发生的条件归纳为以下四个方面：1. 价值条件；2. 制度条件；3. 组织条件；4. 动机条件。这里，重要的是条件的观点。按照穆尔的四条件理论，韦伯提出新教伦理属于第四条件，即动机因素，它的作用是激励人们禁欲和勤奋。但是，对于产业化非常必要的动机因素，不仅仅只有新教教喻，也不仅仅只有宗教，对生活提高和教育的渴求也是其中的因素之一。

二　中国社会现代化的历史

如果把脱离专制统治的民主化过程作为现代化的标志之一，那么，中国的现代化从 1911 年的辛亥革命至今已有七十多年的历史。从这一意义来说，中国绝不是一个现代化的新手。也就是说，由于自秦始皇的两千多年的古代专制帝国及作为其延伸的宋、元、明、清帝国向共和政体的过渡，作为我曾经定式化了的非西方后发展社会现代化四条件的第一个条件，亦即由外来文明（西方文明）的输入而脱离传统主义这一条件已经满足。特别是中国的政治现代化，并不是从康有为等人确定的传统制度框架内的现代化纲领，而是从孙中山等领导的革命运动中产生的共和政体开始的。这比明治维新脱离王权专制统治的程度更加彻底，因为明治维新在推翻德川政权这一点上虽然是革命的，但在恢复古代天皇制的形式这一点上又是保守的。

但是，正如列维等许多社会学家所指出的，中国在满足人民生活的需要方面，向来是家庭和亲属所起的作用大大超过了国家所起的作用。由于家庭和亲属无须国家权力的帮助而能确保经济的自足性，对家庭的忠诚就远远超出了对国家的忠诚。在这种结构条件下，政治革命对人民行为方式和思想意识的变革就很难奏效了，因而在近代革命以后，中国人还是一如既往地生活在传统的家庭、亲属和村落结构中。也就是说，政治上脱离传统主义，并不一定与列维所说的"关系结构"中的现代化有必然的联系。这与同样作为政治革命的明治维新从根本上动摇了人们的行为方式和意识，并与急速产业化相联系的日本形成了鲜明的对照。

非西方后发展社会现代化的第二个必要条件是促进现代化的精英身居中央担任领导，自上而下地促进国内稳步的产业化。非西方后发展社会之所以发展得迟，原因在于其社会内部不能自发地产生科学技术、工场制度和金融制度，而只能从国外输入。与此同时，又会遇到一股强大的旨在维持传统社会结构的抗拒力量，因此必须有一批现代化精英力排这种力量，从中央自上而下地推进现代化。在日本，当时主持明治政府的大久保利通、伊藤博文、山县有朋和井上馨等人与同样身居明治政府的西乡盛隆、江滕新平等旧武士代表势力的传统主义相抗衡，推进着日本的产业化发展分。相反，辛亥革命后的中国，即中华民国，却是军阀割据和激烈的内部混战，袁世凯和段祺瑞等人身居中央权力政府之要职却没有任何产业化和现代化的意识，这是中国的致命点。虽然初期的中华民国推选孙中山为临时大总统，但孙中山以清朝皇帝的退位为条件将总统职务让与了袁世凯。从孙中山的《三民主义》一文中可以看出，孙中山在当时几乎是唯一的具有西方现代思想的领导者。但是，他始终只是一个软弱的革命运动家，未能成为一个促成中国社会内新产业化、现代化之稳定趋势的领导者。因此，中华民国时代的中国没有出现过如同日本的明治政府那样强有力的领导现代化运动的政权，由此产生了近代革命后的中国与明治维新后的日本的重大差别。

如果孙中山继续担任中华民国的大总统，是否能够成为改变中国产业化和现代化历史的领导者呢？这是一个值得思考也是很有意思的问题。众所周知，孙中山具有强烈的社会主义倾向，这妨碍他推行资本主义的产业化和现代化政策。在他的民族主义、民权主义和民生主义的三民主义中，提高人民生活水平意义上的产业主义应当视为民生主义。但孙中山在民生主义中论述的，实际上是解决产生于西方先进国家产业化初期阶段工人阶级的社会问题的社会主义，而不是产业主义。孙中山由于对当时中国还没有出现的资本主义产业化的弊端比较敏感，没有经过圣西门阶段就直接通向了马克思。这是由于后发展国家看到了先进国家的先例，其领导者不想重蹈先进国家之覆辙的典型现象。也就是说，非西方后发展国家的新型知识分子和政治家容易产生这样一种思想，这就是将资本主义和社会主义"两次革命"一次进行。但是，这种新型的知识分子和政治家一般很难成为革命后产业化和现代化建设的好领导。孙中山在他28岁即1894年写的《上李鸿章意见书》中，曾系统论述过振兴农业、工业和商业的方法，年轻时期的孙中山是具有明确的圣西门式的产业主义思想的。如果孙中山能够保持这一点，并且确保了中华民国最高领导者的地位，中国的产业化和现代化或许是另一番面貌。

非西方后发展社会现代化的第三个必要条件是大量涌现出企业家、技术人员、白领工人及熟练半熟练工人和服务人员等，他们是将从国外引进的产业主义固定下来的承担者。不言而喻，中央政府只是创造产业化的条件，而产业化的承担者却是人民大众。第二次世界大战后，中华人民共和国在社会主义方式下出现了周恩来、刘少奇、邓小平等视产业化、现代化为当务之急的产业化和现代化精英人物。但是，如果注意到中国农村人口的比例现在仍超过70%，只能说还没有达到日本开始实施国势调查的1920年的水平。

　　非西方后发展社会现代化的第四个必要条件是合理地处理从外部引进的产业主义与完全异质的本国传统文化的对立；合理处理现代化过程中必然出现的现代阵营与传统阵营的斗争，并消除这种二重结构。西方文明在刚进入日本时，曾被当作"外夷"受到排斥，成了"攘夷"的对象。从幕末的攘夷论，经始于明治初年的神风连之乱、秋月之乱等一系列士族叛乱的反西方主义，到昭和法西斯时期的反英美主义，一直持续到1945年，直到战后日本才从这种宿命性错误中解脱出来。与日本一样，中国也有中华天国思想，由于鸦片战争，中国对西方的反感更甚于日本。义和团运动就是西方产业文明进入中国之初的反西方主义和反现代主义运动，其规模是日本的神风连之乱和秋月之乱所不能比拟的。日本的一系列武士叛乱，包括最高峰的西南战争，都只是极少数旧武士的孤立的、众叛亲离的垂死挣扎，丝毫不能动摇中央政府的产业化和现代化倾向。而当时的中国则缺少一个具有产业化和现代化倾向的中央政府，以后也难于出现。

　　比较一下同样是革命最高领导者的列宁和毛泽东在革命成功之后的思想方法。列宁曾明确地表明，俄国社会的产业化和现代化是整个社会主义建设的政策目标，而毛泽东则没有这方面的言论，相反把产业化和现代化当作"走资本主义道路"而加以排斥。列宁说，摧毁旧世界的革命并不需要很长的时间，而建设一个社会主义新制度不花费相当长的时间是不可能的。列宁提出了没有电气化的工业和电气化的农业就不可能建成社会这一产业化纲领，并说要实现这一纲领，即使一切都非常顺利也必须花费10年以上的时间。相反，在1958年开始的"大跃进"运动中，毛泽东采取的是与趋于合理主义的产业化和现代化相反方向的"人民公社"（"文革"后被批判为"吃大锅饭"，）和"大炼钢铁"（这是一种没任何用的土法产业化）的路线政策，这与以1960年初由刘少奇主导的"三自一包"（自留地、自由市场、自由经营和包产到户）——这是对人民公社政策的修正——和使企业管理效率化的"厂长个人负责制"为中心的合理化路线产生了对抗，并导致1966年以后的"无产阶级文化大革命"。10年间，中国的产业化和现代化完全停滞了。用我的概念来说，权力斗争，就是现代化推进者精英与传统主义精英的对立，这种对立和斗争是非西方后发展社会的产业化与现代化所不可避免的，如果不消除这种对立和斗争，非西方后发展社会的产业化和现代化就不可能走上正轨，而在中国，这种不可避免的对立和斗争以最极端的形式表现了出来。

从以上的分析中，我们可以得出这样的结论，中国社会的产业化、现代化得以实现的条件还不十分成熟，但局部的现代化已经开始，它与第二次世界大战前西方观察——韦伯和维特福格尔的宿命论观点并不完全相符。

三　中国社会现代化的现阶段及其展望

不言而喻，所谓的现代化是一种只有摧毁传统主义价值、以与现代社会相适应的价值为行为准则方能开始的社会变革。在非西方后发展社会，关于价值因素的必不可免的问题是，是否接受西方人的价值。无须接受西方人的价值，把产业文明与西方人的价值分离开来，这是在产业化初期阶段的许多国家的知识分子和政治家们所采取的对策。

费孝通主编的《社会学概论》对这一问题做了这样的表述：现代化的条件有"物质条件"和"精神条件"两个方面，前者意味着周恩来、邓小平所说的工业、农业、国防和科学技术的现代化，后者意味着建设"高度民主和高度文明的社会主义国家"这一目标。

把社会主义理解为精神文明的思想方法，如果是建立在排斥资本主义物质文明基础上的，就容易产生向传统主义价值转化的危险。但是，在费孝通主编的《社会学概论》中，不仅不排斥资本主义的物质文明，而且主张必须大力推行这种文明，因而并不存在这种危险性。把西方人创造的资本主义产业文明单纯地理解为物质文明当然是一种非常肤浅的看法。让社会主义带上自己的精神价值，与物质上的产业化相联系，不仅没有把产业化和现代化看作单纯的西方化而追随西方，而且起到了突出中国的特点，并赋予产业化、现代化以民族主义内容的效果。中国传统精神文化的最大代表当然是儒教，重新解释儒教思想，从中探寻中国独特的现代化之精神依据并不是不可能的。

穆尔所列举的四条件中的第二个条件是制度条件。制度是多种多样的，而中国传统社会制度的核心只能是农村的家庭制度和亲属制度。费孝通把中国农村的家庭定义为扩大家庭。扩大家庭的意思是说它既不是核心家庭，也不是直系家庭，它还包含旁系的亲属。在费孝通曾经作过调查的江苏省开弦弓村，平均家庭人数 1964 年为 3.65 人，1981 年为 4.08 人。平均家庭人数的增长有该村的特殊原因，可以从住房紧张以及其他一些情况中得到解释。1981 年，该村家庭总数为 432 户，其中核心家庭占 38.7%，夫妇加上一方的父亲或母亲以及兄弟姊妹的家庭占 21.1%。扩大家庭，也即由两对以上的夫妇及其子女组成的家庭占 20.6%，不完整家庭占 19.6%。

在传统上，中国的家庭制度不是核心家庭，而是含有许多直系甚至是旁系亲属的家庭。由于这种家庭制度，实际上存在着许多包含直系和旁系亲属的大家庭。

家庭在传统中国的亲属制度中，并不是一个自我完善的群体，即使分家之后也会依循着父亲亲属而形成外婚制的联合，家庭就是这种联合的一个构成单位。这种家庭的联合相当于日本的"同族团"，在中国叫作"宗族"，并且采取外婚制（同族禁婚），这一点不同于日本的"同族团"。宗族的功能除构成外婚制的一个单位之外，主要有生活上的相互扶助功能，同宗家庭的统制功能和共同防卫功能，由于宗族是具有共同祖先的群体，因而还有祭祀祖先的功能。韦伯说中国的氏族共同体太强大，妨碍着合理的经营共同体的形成，这里，氏族指的就是宗族。但是，三十年代末至四十年代上半叶，福武直在江苏省进行调查已经得出了结论："同宗集团的重要性是无可否认的，但是，由于缺乏强化出身相同这一同宗意识的族的象征和物的基础，宗族成员得到的实际利益太少，同宗集团最终衰落了，其功能也大抵丧失了。"① 也就是说，这一时期宗族制度的功能已经开始衰退，在华北，这种衰退比华中和华南表现得尤为突出。

如此，曾经是中国社会之基础的亲属群体，在四十年代前期就已经开始大趋衰落。新中国成立后，中国农村过渡到了集体所有制，家庭已不是财产的所有单位。从五十年代末开始的向人民公社制度的过渡，使家庭成了一个非农业劳动单位。"文革"以后，人民公社又改为乡，家庭又恢复了作为农业劳动的一个单位的性质。但是，这一系列变革只能使亲属组织进一步衰退。

---

① 〔日〕福武直：《中国农村社会的结构》增补版，有斐阁，1951 年，第 110 页。

　　穆尔所说的第三个条件即组织条件。所谓组织，就是为了达到合理的共同目标，通过分工和协作而组成的工具性群体，它与作为自组群体的典型形态的家庭和亲属相对应。"基础社会"会随着社会架构的现代化而趋于衰退，相反，这一意义上的组织却随着现代化而高度地发展了起来。现代的行政组织（官署）和经营组织（企业）是组织的典型代表。韦伯关于中国氏族共同体太强大妨碍着经营共同体的产生的命题，就是指的旧中国的组织欠发达。那么，是否可以说，新中国的现代组织正在发展呢？

　　在中国，相当于企业组织的是"工厂"。工厂并不是如同资本主义企业那样的独立和分散的决策主体，它处在全国性"公司"组织的管理之下，是行政组织的下层机构。厂长只不过是公司的一个中层管理者，而公司又属于中央行政这一上级组织，企业的地位是很低的，工厂作为工业生产的场所，仅仅是一个执行中央下达的生产计划的下层单位，原来意义上的企业在中国经济中是不存在的。现在，随着"文革"后农村人民公社的解体和农村生产责任制的实行，企业的自主权扩大了，工人的劳动积极性正在提高。这方面的改革还在进行。改革开始了学习西方国家的人事管理方式和职务津贴制度，有关经营管理的书籍被抢购一空。那么，给部分企业以自主权，促进竞争和追求利润的改革，如何与社会主义的基本原则相结合呢？这是今后面临的一个重大课题。但是，只要现在的党中央体制能够稳定，中国的经营组织就会沿着现代化的方向向前发展。

　　最后，穆尔所说的第四个条件，即动机条件，这里只做一简单论述。前面已经说过，现代化并不是单靠少数精英人物所能完成的事业，对于非西方后发展社会的现代化来说，推进现代化的精英人物当然是重要的，但是，如果没有人民大众的支持和承担，现代化也是不可能实现的。因此，向往现代化的群众性动机是推动现代化的原动力。向往现代化的动机因素有创新的个性、业绩主义倾向、参与热情等，而最基本的是提高生活水平的愿望（摆脱贫困）和对教育的渴求（提高文化水平）两个方面。"文革"后中国教育的飞速发展，极好地说明了中国对教育的热情已经很高，但是，只要对人口的限制还需要政府的强制，就不能说提高生活水平的愿望已深入人心。实际上，现代化无非就是为了满足生活向上的欲望，从这一意义上来说，现代化完全是一种形而下的东西。但是，满足状态总比不满足状态要好，这是现代化理论的基本出发点。如果说，好不容易使 10 亿人从饥饿的威胁中解放了出来是中国社会发展的现阶段，那么可以说，10 亿人齐心协力，向着更高的欲望满足而努力之日，也就是中国真正地走向现代化之时。

（选自《国外社会科学》1986 年第 10 期）

中国公私概念的发展

[日] 沟口雄三　　汪婉 译

一

从甲骨、金文至战国末期，关于中国公私概念的形成过程，因篇幅所限，在此略而不谈。仅从战国末期到后汉的史料范围来看，《韩非子》把厶＝（私）解释为"自环"，即"自营"之意。而《说文解字》却解释为"奸邪"。与此相对的概念"公"，有两种含义：（1）《韩非子》解释为"背私"，即开围之意，由此演绎出与众人共同的"共"，与众人相通的"通"。而作为"私"＝"自环"的反意，《说文解字》把它解释为"公，平分也"。（2）由《诗经》的用例类推，由"共"演绎为众人的公共作坊、祭祀场所等的公宫、公堂，以及支配使用它们的共同体首领。在统一国家成立之后，公成为与君主、官府等统治机构有关的概念①。

另外，日本的公即おおやけ，如所注汉字是"大家""大宅"，即大的房屋及房屋所占之宅地。オホヤケ的枕词有物品丰富之意，所以是古代共同体存放收获物及纳贡品的仓库②。而且也指对此具有支配权的共同体首领在祭祀、政治上的统治作用。在律令国家成立时期，"公"这个汉

---

① 参见 [日] 加藤常贤：《公私考》，载《历史学研究》96 号。[日] 泽田多喜男：《先秦的公私观念》，《东海大学纪要文学部》第25 辑。[日] 栗田直躬：《"公"与"私"》，福井博士颂寿记念《东洋文化论丛》。

② 参见 [日] 吉田孝：《关于ヤケ的基础考察》，吉川弘文馆《古代史论丛》中卷。[日] 沟口雄三：《公与おほやけ》，《中国研究》44 号。

字没有和天皇制统治机构直接相关的ミヤケ结合，而与当时已经古语化的オホヤケ的概念相结合，大概是因为与オホヤケ有关的古代共同体的"共"更符合"公"的字训。由于"公"含有与众人有关的世间、公开之意，因此官、朝廷的诸事物都被冠以公字，这大概来源于おおやけ的原意。这里值得注意的是，オホヤケ所包含的公，倾向于上述（2）之意，（1）之意几乎完全被舍弃了。也就是说，在おおやけ的原意中本来没有（1）的概念，特别是没有通、平分之意。本来，おおやけ含有共（军事、祭祀、农业等的共同性）之意，而且偏重于包含共的统治功能这一概念。大和朝廷出于政治意识形态上的要求，使这种倾向更为加强了（在平安时代，"公"甚至成为专指天皇个人的用语）。而且，当时他们所引进的汉唐文献与先秦的文献相比，关于公，更倾向于（2）之意。

虽然是微小的差异，但是在中国，（1）之意一直延续到汉唐时期，进入宋代后与天理、人欲概念相结合而更加深化。特别到了近代，发展为孙文的公理思想。而日本仅仅把国家、政府视为公，日本的公概念仅限于（2）之意，两者具有决定性的差异。对于这种差异过去竟然一直未加区别。在探讨明清以后中国公概念的发展时，应当首先注意到这一点。

例如，秦朝的吕不韦说："昔，先圣王之治天下也，必先公。公则天下平，平得于公。有得天下者……其得之以公，其失之必以偏。天下非一人之天下也，天下之天下也。甘露时雨，不私一物，万民之主，不阿一人"（《吕氏春秋·贵公》）。他所谓的"公"是相对于偏私的公平，相对于私之自环、奸邪的公之通、平分之意。另外，汉代编纂的《礼记》礼运篇中有"大道之行也，天下为公"，其中有名的"大同"，意为人们不仅爱护自己的亲族，对无依无靠的老人、孤儿、残疾人要相互扶助，或者不惜拿出剩余的财富、劳动力。把这种共同互惠的社会描述为天下之公的大同世界。由此可见，公具有强烈的平分之意。但是，汉代人郑玄就礼运篇的"天下之公"作注说"公犹共也，禅位授圣，不家之睦亲也"。唐朝的孔颖达作疏也承传此意："天下为公谓天子位也，为公谓揖让而授圣德，不私传子孙，而用尧舜是也。"他虽然强调"公犹共"，但并不主张天下为公，而解释为对天下而言君主为公。简而言之，是把公集中于身为统治者的君主一人之德性。这也说明礼运篇的平分之意非指一般的平分，而是局限在政治范围之内。吕不韦所谓的公同样也指君主一人的德性。汉代的贾谊在"人臣者，主耳忘身，国耳忘家，公耳忘私"（《汉书·贾谊传》）中强调的也是（2）之意。由此可见，对君臣秩序的强烈要求为当时之时代潮流。

尽管如此，皇帝之所以能够成为统治者，仍然在于人们期待共的公平，哪怕是表面的。否则，易姓革命的思想将指责皇帝只不过是独裁天下的"独夫""民贼"。因此，皇帝不能无视（1）所具有的公的道义观念。这与日本天皇无条件、无任何媒介便成为公本身，有着很大区别。

道义性的有无是突出两者差异的特征之一。中国的公私，特别在（1）的含义中，包含着公正对偏邪的所谓正与不正的道义性。而おおやけ与わたくし，是显露与隐藏，公开与私下，相对于公事、官方身份的私事、私人之意。进入近代以后，乃是与国家、社会、全体相对的个人、个体，不涉及任何道义性。虽然有公私纠葛和矛盾，但这是人情问题，绝非善、恶、正、邪之对立。即使含有道义性，奉公行事是以上下一致为前提的，在这种情况下不存在善与恶、正与不正的问题。即使称为道义，也是以所属集团内部为纽带的封闭问题①。对外而言，属于该集团的私事，不存在公平原理所具有的贯穿内外的均一性和普遍性。福泽谕吉就日本的公指出："各藩之间的往来，在藩与藩的交往上各自都不免有私。这对藩外而言是私，但在藩内就不能不称作公。"（《文明论之概论》卷六，第十章）福泽谕吉所谓的日本的公从藩发展到国家，最终甚至发展成日本天皇制国家主义。可见，日本おおやけ的特征在近代尤为突出。相形之下，孙文的三民主义以民族主义、反专制、平等的公为媒介发展为国际主义。

通过公与おおやけ的比较，对于中国的公、私可以归纳出以下几个特点：A. 从原义上看是对立关系；B. 在对立中有善与恶、正与不正的道义性；C. 这种道义性的特点是：不分集团内外，不论何时、何地，都具有均一·妥当的原理性、普遍性。另外，就公所具有的（1）与（2）的

---

① 参见［日］有贺喜左卫门：《有贺喜左卫门集》Ⅳ，第三部，未来社。［日］田原嗣郎：《德川思想史研究》第二章，未来社。［日］三宅正彦：《幕藩主从制思想的原理——公私分离的发展》，《日本史研究》，第127号。［日］吉田孝：《关于公地公民》，吉川弘文馆，《续日本古代史论集》中卷。［日］本乡隆盛：《日本公私概念的成立过程——剖析朱子学的人观》，《宫城教育大学纪要》第25卷。

含义而言，（1）主要侧重价值含义，因此，上述 A 至 C 主要表现为（1）之特征，（2）虽然侧重政治含义，但在概念上仍然受（1）的影响。

二

公、私概念上的中国特征，进入宋代以后，与天理、人欲的概念相结合，迎来了新的阶段。概括地说，公原本仅指君主一人的政治道德，现在飞跃式地横向扩大到普通的一般人（实际上以士大夫阶层为中心），内部从个人的精神世界，外部到与社会生活相关的伦理规范，即宋学所谓天理之公、人欲之私的普遍之命题。

需要事先说明的是，这里的天理往往如天理之自然的概念所示，自然也是和中国特有的概念紧密结合的，与天理相结合的公的概念也不例外。

中国本来存在着传统的宇宙万物自有其然、自然（＝正）的独特观念[1]。它既不同于强调自然本身的日本自然观，也不同于从本质上解析每个物质产生原因的欧洲自然观（例如亚里士多德《形而上学》第五卷第四章）。中国的自然观是将万物之存在本身视为至正的抽象概念，因此，易与天理之概念相结合。三世纪末，老庄派思想家郭象在《庄子·应帝篇》中，对"顺物自然，而无容私焉，天下治"一句作注说："任性自生，公也。心欲益之，私也。容私果不足以生生，而顺公乃全也。"他把公解释为自然之生成，视生生为本来之正，将不存偏颇的普遍状态看作公。这里的公是自然本来之中正，而私是破坏中正的低层次人有所作为的意图，乃为偏私。从概念上看，郭象的主张与其说接近注重现实的儒家学派的平分、自环，莫如说将（1）之"通"骤然抽象化及深化了。

公、私在宋学中也得以继承。具有代表性的例子是程明道《定性书》中有名的一节："夫天地之常，以其心普万物而无心，圣人之常，以其情顺万物而无情。故君子之学莫若廓然大公，物来而顺。人之情，各有所蔽，故不能适道，大率患在于自私而用智。"此处的无心、无情，是指不受特定的心、情之约束或左右。简而言之，摒弃"不通"这种后天的分

---

① ［日］松本雅明：《中国古代自然思想的发展》，松本博士还历纪念出版会。

别知（＝自私用智之蔽），将廓然大公的天地自然之心（明道所谓"仁乃万物之生意"的仁）与"明通"相结合，物来顺应，将万物之心作为自己之心（明道所谓万物一体之仁），归根结底，是说要顺应天理之自然生存。

后来，朱子承其意解释说："仁之意……其理则天地生物之心"，"此意思才无私意间隔，便自见得人与己一，物与己一，公道自流行"（《朱子语类》六—七九）。这是宋学的万物一体观，把仁作为接点，并通过仁的概念，超越了老庄以万物一体观比照自然观的主张，旨在解释万人之生与社会的联系。朱子所谓"才无私意间隔，则为公，公则仁"（同六——五），是以公（＝通）来把握连接万人万物之生生的仁。

但是，"天地生物之心"乃为"专言"，是从根源上且概括性地把握"仁"的高层次理论。在现实中则以仁义礼智信这些具体的道德概念发挥作用的。

连接万物为一体的公，即生生之仁、天理之自然，在人类社会中乃是仁义礼智，在封建的社会关系中，这些道德纲目便成为身份秩序。在天理自然的名目下，否定自私用智，即个人后天的有所作为的意图及能动性。先天所与之自然这种观念，使等级秩序的规范对于人具有先验的、宿命的一面。因此，人们常把朱子学比喻为中世纪托马斯的自然法。

这当然也反映在公私观上，例如："公则一，私则万殊，至当归一。人心不同如面，只是私心"（《程氏遗书》卷一五）把人个别的万殊性包括在公，即"一"之中。又如："将天下正大底道理去处置事，便公，以自家私意去处之，便私。"（《朱子语类》一三—四五）个人之私意被视为违反天下之正大的不正（＝歪），凡是与个人之个别意愿有关的有所作为的意图在伦理上都遭到否定。人们被强制约束在"一"（＝普遍）的身份秩序的规范之中。

朱子说"人只有一个公私，天下只有一个邪正"（《朱子语类》一三—四四），他还说"凡一事便有两端，是底即天理之公，非底乃人欲之私"（同一三—三）等等，公私被赋予正邪、是非这种严格的伦理性，公不仅被比拟为仁，有时还被比拟为义，或克己复礼，几乎与天理具有同样的社会规范性。

公的概念发展至此，完全成为对万人具有普遍性的天理桎梏。既然如此，被视为邪、非的个别的人欲——私是否完全被扼杀了呢？事情并不那么简单。

明代中叶的罗钦顺（1466—1547）说："夫人之有欲，固出于天。盖有必然而不容已。只有恣情纵欲而不知反，斯为恶。夫欲与喜怒哀乐，性之所有者，具有当然而不可易者，喜怒哀乐又可去乎"（《困知记》下），认为欲乃是天来之自然，作为本性不应泯灭，具有存在之必然。

总而言之，天理之自然，在形而上的世界里，是具有先验性的封建规范；而在形而下的世界中，在天理的名目之下，人们的自然感情、欲望受到肯定。这在宋朝已有反映。朱子曰："饮食者，天理也，要求美味，人欲也。"（《朱子语类》一二—二二）胡五峰曰："夫人目于五色，耳于五声，夫可欲者，天下之公欲也"（《知言》阴阳）等，把自然之欲望作为天理或公（人人普遍）之欲，寓予天理、公之中。

但是，这里所谓的自然之欲是指五官之欲、性欲、食欲等个体的生理或本能之欲望。对于这些欲望，朱子认为："有天理自然之安，无人欲陷溺之危"（《朱子语类》一三—二三），主张本着自然之安即天理中正，对自身节欲，为防止陷溺之危而努力克己修炼。总而言之，通过主敬静坐，自我反省地、自我求心地、自我克服地明天理，生理、本能之欲望便自然而然地归于个体之内的自然之安。个体之生理、本能万人万殊，而中正之标准对于任何人主观上只有一个，因此，天理自然之安乃是普遍"则一"的观念。将形而下的自然之欲寓予天理、公之中，旨在通过天理之观念，使生理、本能之欲望与仁义礼智等同，上升为形而上的概念，而且，只要是个体内的欲望，就能够在个体内天理化。

但是，自然之欲望还不仅为个体内的生理，本能，还有称为社会欲的物质欲、所有欲及生存欲。财物、田地等外在的结果所引发的物质欲及所有欲，由生存竞争引起的生存欲，并不是能够在个体内通过主观调整得以均一化的。例如，明末所谓"公货公色便是天理"的公，并非胡五峰所谓公欲的公，即含有人人普遍之意的抽象之物。"货色"乃为具体的家产、田产，在具有特权和没有特权的大小地主之间，地主与佃农之间的矛盾激化中，公是如何相互克制的公平的公。这里没有宋学所谓的主观本身的均一性，而是蕴含着欲与欲之间的社会相关性。这种关系上的中正是在与他者相关时产生，不可能通过某个人的主观得以均一化①。

也就是说，自然的欲望随着经济发展，表现为社会的欲望。换言之，当欲在概念上已被普遍认为是社会欲望的历史阶段，过去那种个体主观的天理人欲以及公私片面的二元对立逻辑已无法解释和涵盖它了。

三

在我们的研究领域中，过去虽然肯定欲望，但并不区别这种欲望是生理、本能的欲望还是物质欲、所有欲，只是笼统地将朱子、明末的李卓吾、清代中叶的戴震关于肯定欲望的内容加以罗列。本文试图对此加以区别，将前者区分为个体欲（私有欲），后者区分为社会欲，朱子讲的是个体欲、李卓吾及戴震讲的是社会欲。下面将分析他们的异同。

社会欲反映在思想史上的最初阶段是明末清初。而且是通过"私"这一传统上的否定概念开始伸张的。

李卓吾（1527—1602）关于"夫私者人之心也，人必有私而后其心乃见。如服田者，私有秋之而后治田必力。居家者，私积仓之获而后治家必力"（《藏书》卷三二）的主张为众所周知。另外，"穿衣吃饭即人伦物理"（《焚书》卷一）也是他的名句。以"穿衣吃饭"比照上述"私"，已不是单纯的个体欲，而是以所有欲、物质欲为内容的私，这在李卓吾的其他论述中也很明显。

这里应当提到的是，这种穿衣吃饭的主张来自"真空"理论。真空的空，在理论形式上与第二节中派生出廓然大公的无心、无意的"无"类似，或者说是对"无"的继承。这是中国自然观的发展在明末的结果。但是从内容上看，廓然大公的"无"最终是对天理而言的"无"，即把天理作为目的而且绝对化的无。在李卓吾与耿定向关于"不容己"的争论中，否定了这种绝对化的目的指向，认为真正的"不容己"应当脱离一切既成观念的约定，活泼泼地涌现人自身之自然②。这里的空是以"非无

---

① ［日］沟口雄三：《中国前近代思想的曲折与发展》，东京大学出版会，下论，第一章《明末清初的继承与挫折》。

② ［日］沟口雄三：《中国前近代思想的曲折与发展》，上论《明末李卓吾》。

非真无"的佛教理论为中介而理论化的。

这种佛教理论夹杂在儒教中的情况，在王阳明的"无善无恶＝至善"的理论中十分明显，他说："然不知心之本体原无一物，一向著意去好善，恶恶，便又多了这分意思，便不是廓然大公。"（《传习录》卷上——二）这种好善、恶恶的所谓为善去恶的意愿，是要推翻以天理为目的这一"理障"。但是他并不像李卓吾那样过激地把一切理观念视为空无，只是离开外在的既成理观念，淋漓尽致地发挥本身固有的良知（＝理），而且并不脱离孝悌的上下秩序。他不同于宋代以来通过读书穷理从经典中收集公式化的理观念来制约现实，而是从明代中期现实的社会关系中寻求符合实际的理，通过各自的道德主体（良知）使之发挥，以谋求发现理的形态的多样化、价值的相对化，从社会角度使理得以再生，这就是王阳明理论的新颖之处。始于当时的十段法等税制改革，反映了乡村地主制度在结构上的发展带来的所有制关系的变化，工商业发展带来的生产关系的变化，以及由此产生的社会价值观的多样化，这些都是阳明学得以勃兴的背景。总之，李卓吾把"无善无恶＝至善"（通过内在的至善良知去掉既成的善恶）这种围绕理之再生的理论，逆转为以无为结果才是"至活""至善"，从而推论出自然法本身。但是，这种自然法不是佛教主观唯心的，而是客观存在的形而下的自然社会欲，李卓吾进而冠之以理，这体现了具有儒教道统教养的李卓吾的顶真。由此对明末佛教的激进作用也可窥见一斑。不过，这种激进主义并非来自佛教本身，而是源于把佛教的作用作为内部中介予以包容的儒教的强有力的自我破坏、自我再生能力。李卓吾通过这个过程将天理之自然逆转为自然之天理。

那么，以李卓吾为先驱的明末关于私的主张，对明以后的公私概念带来何种性质的变化呢？

需要说明的是，李卓吾并非无条件地肯定一般意义上的私。例如他说"所怪学道者病在爱身而不爱道，是以不知前人托付之重，而徒为自私自利之计"（《焚书》卷三，王龙溪先生告文），由此可见，他把名利等与"道"相对的观念仍视作偏私，并不逾越原有的批判偏私的框架。他所肯定的"私"只限于社会欲。既然如此，称其为"人欲"似乎比"私"更为贴切。他所以继续延用"私"，一是因为历来被肯定的欲望仅限于个体欲；二是因为既成用语"人欲"与天理为二律背反关系，是否定概念，使用它时机尚早，容易引起混乱。三是当时"私盐"商人等与官（＝公）相对的民间私营活动在某种程度上已为社会承认。而且李卓吾所主张的欲归根结底是私之所有欲，因此，"私"作为用语十分明确。

这种对私的肯定不久在黄宗羲（1610—1695）著名的《原君篇》"有生之初，人各自私也，人各自利也"中，通过对民的自私自利的肯定被继承下来。值得注意的是，不仅是自私，甚至自利在这里也得到肯定。不过，这里的自私自利反映了包括自营小农在内的地主阶层及与此相关的都市商工层——简而言之，是相对于皇帝专制剥削的富民阶层对私产（主要为田产）所有权的强调。这在他的下面一段话中表现得十分明显："诗云，普天之下，莫非王土，……田出于王以授民，故谓之王土。后世之田为民所买，是民土而非王土也。"（《破邪论》）李卓吾的着眼点是泛阶级的，因此具有普遍性①。而黄宗羲以及后来的顾炎武、王船山首先强调的是富民阶层的权益，他们所谓的民是"富民"阶级，所谓自私自利也是指富民阶级的私之权益。

那么，当社会欲作为私开始被强调时，与此相对的公又如何发生性质变化呢？

如前所述，肯定私有欲之私，其万殊性就不可能在同一平面上均一化为"一"之公。正如李卓吾所说："夫天生一人，自有一人之用，不待取给于孔子而后足也"，"夫天下之民物众矣，若必欲其皆如吾之条理，则天地亦且不能"（《焚书》卷一，答耿中丞）。他认为连天地都不能使每个主体的多种作用按照"吾之条理"，即特定者主观之理观念得以整齐划一。那么，能够包容个别多样的公又怎样呢？遗憾的是，正如李卓吾未能阐明穿衣吃饭即社会欲之理的内容一样，他对于公也未加说明，仅仅说："夫以率性之真，推而广之，与天下为公，乃为之道。"（同上）

这是将《中庸》的"率性谓之道"变换一种说法。针对"性"而言"性之真"是"穿衣吃饭""私"等人类自然之真，即社会欲。那么，将

①　［日］沟口雄三：《中国前近代思想的曲折与发展》，下论，第二章《〈明夷待访录〉的历史地位》。

欲展开为"与天下为公"又具体何指呢？他的主张是泛阶级的，其着眼点超越人世间，故而具有远见。但是，对于政治、经济上面临的具体课题，他没有做出应有的解答。

而顾炎武（1613—1682）明确提出"富民"阶级的立场，他说，"古代建国亲侯，胙命土，画井分田，合天下之私以成天下之公，此所以为王政也"（《日知录》卷三），由此明确了公的内容。他还指出："有公而无私"不过是"后代之美言"，非先王之至训。这与黄宗羲在上述《原君篇》中批判君主"以我之大私为天下之大公"具有相同之处。

仅限于君主个人的政治道德的公，实际上不过是掩盖君主自身"我之大私"的美言，真正的公是满足民（仅为富民阶层）的私之所有。

公概念所反映的这种新的要求，与明末政治意识形态主张富民分治的君主论是互成表里的。如黄宗羲主张"广大天下非一人所治"，而要求"分治"，即脱离固有的皇帝一元化的一君德治之君主论，尽管仍然是君主专制体制，却是把农村、城市中的地主富民阶层的私之经济支配权包括在新的专制体制中①。

公与私不再是二元对立的概念，公包括私，而且私不仅满足皇帝一人，同时也满足民，这种高层次的公才是公得以成立的原因。至此，君主本身为公被否定，明末所谓的公是更高层次的、指皇帝与富民之间的社会关系的"共"概念。

所谓"之间"，并不仅仅指皇帝与富民之间。同时代的吕坤（1536—1618）说"世间万物皆有所欲，其欲亦是天理人情，天下万世公共之心，每怜万物有多少不得其欲处。有余者盈溢于所欲之外而死，不足者奔走于所欲之内而死，二者均俱生之道也。常思天地生许多人物自足以养之，然而不得其欲者正缘不均之故耳"（《呻吟语》卷五）。他指的是社会欲之间的相互关系。他还说："私则利己狥人，乃公法坏。公法坏，则豪强得横恣，贫贱无所控诉，愁怨扩"（《吕氏节录》卷上），主张克服社会欲相互之私（具体指控制豪强＝具有特权的大地主之横恣），强调相互均的公。当然，所谓相互均，并不是要求豪强与贫贱在经济上的平等化。正如"物无定分，则人人各满其欲而万物争，分也者，物各付物，息人

---

① ［日］沟口雄三：《所谓东林派人士的思想》，《东京大学东洋文化研究所纪要》75。

奸懒贪得之心，而使事得其理"（《呻吟语》卷五），是在维护上下"定分"规范基础上的平等。他的"富以能施为德，贫以无求为德"（同上卷三），就是要求上下相互遵守上施恩、下服从的"分"（不过，这里的分不是世袭身份，而是基于经济实力关系的可变动的分）。

富民阶层一方面向皇帝要求自身的私——相当于英国大宪章确立阶段。大宪章始终维护贵族阶层的私的要求，但中国的富民阶层却通过以公包容私，否定社会欲之间相互的私，于是产生了类似市民社会的公，这在思想史上值得注意。吕坤的"欲万物各得其所，万物与己为一体"（《去伪斋文集》卷五），"今学问正要，扩一体之义，大无我之公，将天地万物收之肚中，将四肢百体公诸天下，消尽自私自利之心，浓敦公己公人之念"（同上，卷四）等主张，显然来自传统的民胞物与、万物一体观。但是，廓然大公、人己合一的思想，使宋代士大夫所强调的自身德性之公，即人己合一的主观之公，发展为万人应各得其所的与社会相关的"公法"，而且它源于天理自然之传统观念，把廓然大公，万物一体视为先验的天理之自然。

四

这种高层次的公概念的出现，当然也影响到天理人欲关系的变化。吕坤的"物理人情自然而已，圣人之洞察握其自然者，以运天下……拂其人欲自然之私，而顺其天理自然之公"（《呻吟语》卷五），是过渡性理论，始于朱子，经过王阳明，传统的存天理去人欲的二元对立性开始崩溃，自然概念与人欲相结合，产生了"人欲自然"这种在传统的自然观看来十分奇异的概念。冯从吾的（1556—1627）"货色原为人欲，公货公色则天理"，一方面把人欲作为否定概念，另一方面却主张公则为天理，可见在这个时期很难避免概念上的混乱。不久，陈确（1604—1677）提出："人心本无所谓天理，天理正从人欲中见，人欲恰好处，即天理也。"（《南雷文定后集》卷三，陈乾初先生墓志铭）至此，天理人欲的二元对立关系终于崩溃，天理乃人欲之中正，此处的人欲已不再是否定概念，这是李卓吾去世后仅半个世纪的事。

王船山（1619—1692）的理论更加确定了天理人欲的这种新关系。

他在《读四书大全》中，关于论语、里仁之忠恕（忠＝尽己、恕＝推己）说："理尽则合人之欲，欲推即合天之理，于此可见：人欲之各得，即天理之大同。"此处的天理之大同，显然与明末以来新的公概念是完全吻合的。天理不再指个人自身之德性的完成，即个人的圣人道德，它开始被作为社会欲相互间的条理。

清代中期的戴震（1723—1777）使这种理观念得以确立[1]。

戴震身为考据学家，对明末与"欲""私"有关的混乱思想加以整理，并追溯到宋学以后的己私、私欲的用语，剖析己（＝私），私（＝欲）赖以结合的关系，把己与私、私与欲分离，一方面将己、欲作为肯定的概念予以确立，另一方面把私作为否定概念重新加以明确。他认为，欲之失为私，欲之自然应当肯定。因其自然故而中正，离开自然的私，即欲之失乃为不正、偏邪、非自然。由此，与天理之自然相对的偏私，或相对于公正的私、相对于普遍和中正的特殊、不正的私之概念再次产生。戴震在其主要著作《孟子字义疏证》中首先指出：

"就其自然，明之尽而无几微之失焉，是其必然也，……如是而后安，是乃自然之极则"（《理》）、"必然乃自然之极则，适完其自然"（《性》）、"自然之与必然，非二事也"（《理》）、"若任其自然而流于失，转丧其自然，而非自然也；故归于必然，适完其自然"（《理》）。

如果可以把自然改为欲之自然，把必然改为天理，戴震所谓的欲之自然无几微之失的极则乃为天理，这才是完欲之自然的形式，流于失的不是欲之自然。他还认为自然归于必然基于"命"，这是立足于中国自然观的传统，强调在社会欲中先验地蕴含着社会调和能力。

戴震认为，自然之极则还是"所以生生"之"条理"，这种条理又是仁，"仁者，生生之德也，'民……日用饮食，无非人道所以生生者。一人遂其生，推之而与天下共遂其生，仁也"（《仁义礼智》）。上述李卓吾的性之真在此为一人之生，与天下为公，乃与天下共遂其生。一切生为相互补充关系则为仁（＝公）。具体而言，是把仁作为人与己的社会欲之相互关系。"欲遂其生，亦遂人之生，仁也；欲遂其生，至于戕人之生而不

---

① ［日］沟口雄三：《中国前近代思想的曲折与发展》，下论，第三章《清代前叶新理观的确立》。

顾者，不仁也"（《理》），不仁在他看来即私，这里的仁与不仁几乎是与公、私相对应的概念。值得注意的是，这里的仁与明末的上下"分"之公比较，更具有相互性。

戴震的高徒阮元就仁引用汉代郑玄"相人偶"（二人之间的相对关系）之说，"以此一人与彼一人相人偶……亦必有二人而仁乃见"（《经室一集》卷八），他感慨郑玄之说自晋以来失传，这反而显示出戴震的仁所具有的新的相互性。

长久以来，仁慈是指地位高的人对地位低的人的恻隐之心，或指忠恕，即"己"给予"他"的关心。但在此处，仁慈被放在"己"与"他"、个体与个体之间所谓横向的社会关系中来考虑。清末的谭嗣同在《仁学》中说："汉儒训仁为相偶。人与人不相偶，尚安有世界？"他以平等的相互性为基础，主张"如曰'仁'，则共名也，君父以责臣子，臣子亦可反之君父"，从而把君臣父子的上下关系相对化。他进而论及忠，忠者"共辞"也，心为中（＝衷），"交尽之道也"，"君为独夫民贼，而犹以忠事之，……其心中乎不中乎"。这种对上下等级秩序的否定，使仁在思想史上的意义更加明确。

而且，这里的仁是指"生"之相互条理，明末所谓的社会欲即私有欲属于富民阶层，不属于挣扎在饥饿线上的佃农、奴隶等贫民层。对于贫民来说，欲求只是个体欲的满足。因此，这里的"生"之欲应当是包括贫民的个体欲和社会欲的广泛概念——可以称为生存欲。

戴震所处的时代确立了地丁银制，在清朝体制中是地主政权色彩趋于浓重的时期，同时也是地主、佃农的阶级矛盾成为主要矛盾趋于表面化的时期。士大夫对社会的关心必然导致对这种矛盾的关注。戴震对这种矛盾的认识程度尚无从明确，但他对理之不公平曾发出感慨："尊者以理责卑，长者以理责幼，贵者以理责贱，虽失，谓之顺；卑者、幼者、贱者以理争之，虽得，谓之逆。于是下之人不能以天下之同情、天下所同欲达之于上。"（《理》）鉴于当时以尊卑、长幼、贵贱等表示等级秩序的名称来表述地主、佃农的社会关系，戴震此处使用的尊卑等级概念无疑是把地主、佃农包括在内的①。

他虽然感慨"理"自上而下的单方面的压迫，但是他主张"仁"在横向上的相互性，并不是打破地主、佃农的阶级范畴，平等的、己他的概念。尽管如此，明末的公旨在固定上下之"定分"，完全是单方面的施恩与服从。相形之下，戴震至少把佃农的生存欲视为相对于自欲的他欲。另外，明末的欲仅限于富民阶层，而戴震把贫民阶层的生存欲提高到同一层面上相提并论，类似市民社会理论，与其说类似，莫如说具有中国特色。

这里想涉及若干近代自然法。朱子学的"理"被认为具有原理性、内在固有性、超越性和实体性，因它与神的特点相似，故有人将朱子学比拟为中世纪托马斯的自然法。对这种将理牵强地与神并提的主张，实不敢苟同。神内在于自然且为实体，是超越自然的独立存在。而理内在于自然且无法超越自然，体用理论证明了这一点。理是利玛窦《天主实义》中的"依赖之类"，本身既不能独立，也不能创造物，仅仅是附属于物（人）的存在，这是神与理两者之间的决定性差异。欧洲的近代自然法以自然科学为媒介，否定神对自然的超越性支配，从人的角度强调人类自然之秩序。而在中国，因为理对自然具有非超越性、非独立性之特征，故人之自然在任何时代都不必与理抗争。不仅如此，当人之自然表现为社会欲、生存欲时，理甚至因此而自我变革。但是，理因其先验的内在固有性，以不含个欲之间的相互对立为契机，使天下市民社会（中国式以调和为前提的社会原理）成为必然，这就是朱子学与霍布斯的近代自然法——把"狼与狼"的对立作为第一前提——的最大不同之处。从近代欧洲的角度来看，戴震的仁——不滋生个体与个体之对立的"天下市民社会调和"——不过是一种类似。但是，从朱子赋予身份秩序以自然性的中世自然法，发展到戴震以生存欲相互自然之理为核心的自然法，这种中国特色反映了中国独特的近代发展的一个侧面。

在下一节中将要提到，由于这种相互性中渗透了近代平等的思想，使万物一体的"天下市民社会"理论，发展为中国独特的近代思想——

---

① ［日］森正夫：《明末社会关系中的秩序变动》，《名古屋大学文学部三十周年纪念论集》。

民生主义。

半个世纪以后，龚自珍（1792—1841）著《平均篇》指出："贫相轧，富相耀；贫者阽，富者安；贫者日愈倾，富者日愈壅。小不相齐，渐至大不相齐；大不相齐，即至丧天下。"他预感贫富不均将引起天下大乱，果然经过太平天国之乱以后，这种"天下市民社会"之公迎来了中国独具特色的近代。

五

继戴震、龚自珍之后，在思想史上展开新局面的是太平天国具有特征的基督教平等观。

洪秀全（1814—1864）在《原道醒世训》中有以下一节："皇上帝天下凡间大共之父也，……天下多男人，尽是兄弟之辈，天下多女子，尽是姐妹之群，何得存此疆彼界之私，何可起尔吞我并之念"，此文的前一部分是"三代之世有无相恤，……何欲分此民彼民"。由此可以看出，其理论基础是传统的万物一体观。而且从此文之后引用的礼运篇来看他是以传统的大同理想为基础的。这种传统的观念能够和外来的基督教思想相结合似乎十分奇异，但是这里所引进的平等观是宗教的，中国具有很长的佛教平等观的传统，且与儒教的均、平的大同思想相结合，就中国的思想传统而言绝不奇怪。加之皇上帝、天父等皇、上帝或天、父的概念都是中国最古老的传统概念，只是打破了纵向的宗族共同体，树立起横向的兄弟姐妹的新观念，除了这一点，外来性十分稀薄。就兄弟姐妹之平等观而言，如果考虑到与初期太平天国关系甚深的会党的兄弟义合意识，那么，与其说是外来的，莫如说是在下层贫民中一脉相承的所谓地下传统。在农民运动的下层民众中，大概鲜有外来宗教的意识。有关天、上帝的概念与其说来自儒教，莫如说来自民间道教的信仰对象，或者来自弥勒信仰，因为它是农民起义的思想支柱。

太平天国所主张的平等的"公"观念，不同于此前在士大夫阶层的儒教道统中，且自上而下的经世济民的精英意识中发展而来的公观念。它是潜在的民间思想首次得以表面化，在万物一体，大同的传统中自下发展起来的。但是，从运动的表面看，基督教不久带来了偶像破坏运动，通过破坏乡绅父老统治乡村的象征——各种庙宇，破坏了乡村的统治秩序，这方面的问题应当另外加以分析。

太平天国所主张的平等的公是"凡天下田，天下人同耕，……天下人人不受私，……天下大家处处平均，人人饱暖"，从而产生了堪称共产的彻底的大同社会之空想——天朝田亩制度的构想。这种超越了士大夫和富民阶级范畴的构想是自下产生的，正因为如此，在这个时期终究不过是空想而已。太平天国的思想在挫折之后再次潜入地下。

在表面上，士大夫世界的公反而脱离了过去社会的欲，即经济上的共和指向，从这个时期起突然改变形式，成为政治权利上的公。本文到上一节为止持续探讨的社会欲相互之间的所谓经济层面的公之发展，至此似乎消失了，或者是与太平天国运动一样潜入地下，直到后来以民生主义的形式再次出现为止，未曾反映到士大夫的话语表层。

从思想史发展的脉络上看，这是一种不可思议的现象。但是在这个时期，以太平天国为契机，士大夫的危机意识突然高涨，较之戴震、龚自珍所强调的经济上的国内矛盾，由欧洲侵略所引发的国家存亡的危机意识更为紧迫。由此加以分析，便觉顺理成章了。

士大夫面临的课题，除了如何处理国内阶级矛盾之外，更重要的是如何改革国家政治和国家体制以使中国自存。因此课题从经济忽然转向政治。那么，过去的公是否完全消失了呢？绝非如此。公所具有的中国特色原封不动地被政治上的公继承下来，成为具有中国特色的政治性公的基础。

在思想史上，与这个时期的政治课题关联最深的是严复（1853—1921）。他说："故中国之弱，非弱于财匮兵窳也，而弱于政教之不中，而政教之所以不中，坐不知平等自由之公理，而私权奋发力行耳。"（《主客平议》）他把平等自由作为政治权利，因此把统治阶级的私视为私权。他指出西方人把自由作为天赋，"侵人自由者，斯为逆天理，贼人道"，由此比较中国和西方："则如中国最重三纲，而西人首明平等；中国亲亲，而西人尚贤；中国以孝治天下，而西人以公治天下；中国尊主，而西人隆民。"（《论世变之亟》）

从这个时期起，平等、自由开始被包含在天理、公、理之中，这在思想史上值得注意。关于公，当时变法派主张："公谓无私，平为无偏，公……以庶民之心为心，君民无二心，平……以庶民之事为事，君民无二事。"这种上下一心，君民一体的君主立宪之公，从公的发展来看，是非常落后的至上而下的君主一元论之主观理论。相形之下，严复虽然也是君主立宪主义者，但他是从民（以士大夫为中心）的立场阐述的，而且他以主张平等地赋予民政治权利的民权思想引人注目。

康有为（1858—1927）受其启发在《大同书》中说："以天之公理言之，人各有自主独立之权，当为平等"（《去家界为天民》），"盖人类之生，皆本于天，同为兄弟，实为平等"（《去级界平民族》）。他所谓的自由平等之所以"顺人性，合天理"（《去形界保独立》），是因为"本于天"之故。这种对于天赋自然的乐观主义，是以天理自然的先验性为基础的，与"天下市民社会"之公同出一辙。康有为把这种乐观主义作为对人先验的无私性的信赖。他在《大同书》中，不仅取消人种、国家及阶级之间私之界限，而且取消农工商之私营，从家族单位私之解体到男女之间私之区别的消除，把一切无私的极乐世界空想为自由平等的大同世界。总之，他所谓的自由并非市民私权利的自由，而是与老庄的在宥或佛教的无分别自在的自由自在观接近。他所谓的平等与其说是强调个体与个体的权利，即市民平等，不如说是以无私为前提的绝对的天下均一性和平均性。《大同书》原本就是空想的产物，其弱点在于它和变革的具体计划没有任何关联。但是另一方面，这种观念的产生，反而使他的平等自由之公理的中国特色——传统观念的表露——更加突出。

康有为的自由平等不是私之自由、个体之平等，而是一味地无私无分别，因而也无个体。他的自由平等之公，根据公的天下普遍性，先验性地适用于天下即全世界。这种对天下的乐观主义分析——即对天理的乐观主义是中国独特的。

康有为的自由平等的公是彻底的无私无个，因此抛开了属于个别存在的中国、汉民族的自立要求，总而言之，他的理论不是针对变革的具体计划。在康有为理论的另一个极端，同时出现另一种自由平等的公——强调个别之私而又扬弃私。具体而言，一方面以民之私（＝民权之主张）批判专制权利，即严复所批判的"而私权奋发力行耳"的统治阶级之私权，另一方面又强调扬弃私之公。关于这一点，无名氏的《公私篇》（1903 年）中有如下议论。

他认为，中国人采取公天下主义，人人都不愿私其国，而委托君主一人独私其国，结果公天下成为君主之私的借口。因此，中国人应当发挥"私之一念"，乃"由天赋而非人为者"，视中国为"我之中国"，摆脱异种异性之统治，以谋求国民之独立，国权之伸张。但是，无名氏还认为，顾炎武所谓"合天下之私以成天下之公"乃为"旨言"，他主张："夫私之云者，公之母也，私之至焉，公之至也"，在这里，私的主张最终以公的概念形式表现出来。集皇帝于一身的公——实际上排除了皇帝的天下大私，主张民的私权，并在此基础之上追求更高层次的公，这在理论形式上与明末的黄、顾理论同出一辙。但是从私的内涵来看，这里强调的是针对皇帝专制的民权，在历史内容上迥然不同。

这种私的主张既然否定了皇帝的私，便内在地孕育了反私，这里倡导的民权之私并非个人之私，而是与"私其中国"或视中国为"我之中国"的全体国民、民族的公相并列的私。这里的民权不是每个民众的私权，即非市民权，而是国民乃至民族全体的公权。换言之，强调民权（＝私），旨在否定皇帝个人为"公"，同时肯定国民之天下公（与明末不同，乃是政治层面上反专制体制的公）。归根结底，这种螺旋式发展强调的依然是"无私""无个"的天下之公。

这里的公，相对于康有为主张的公，即整齐划一的无私，乃是包含着民之私的立体的高层次概念，而且主张反私较之无私更具有主体行为的特点，因此在内涵上完全不同。再次综观中国公的特征，确实具有否定偏私与个私的共性。

这个时期的民权不是实现私，而是强调公。这一特点也充分地反映在反专制、民权运动的旗手之一陈天华（1875—1905）的《论中国宜改创民主政体》一文中。他指出："吾侪求总体之自由者也。非求个人之自由者也。共和者亦为多数人计，而不得不限制少数人之自由"，"现政府之所为，无一不为个人专制，强横专制者，其干涉也，非以为总体之自由，而但认为私人之自利"。他否定了少数（满人），极端言之，是个人（皇帝）的专制，因此这里的民主不是为个人之自由，而是为总体自由的民主。为了总体的自由，干涉个人的自由（个人的私利）也未尝不可。这是从天下而非个人角度把握自由民主的典型例子。值得注意的是，公的内容，虽有经济与政治之别，但始终是传统的。

这种倾向在清末极为普遍。邹容（1885—1905）著名的《革命军》，虽然完全照搬欧美的宪法，但是把市民的出版、言论自由包括在纲领之中。从整体上看，是要推翻清朝专制统治，建立独立的中华共和体制。正如孙文（1866—1925）本人所说，"民权主义，即人人平等，同为一族，绝不能以少数人压多数人"（《实行三民主义改造新国家》），他所谓的民权，是大多数汉族国民（公）针对少数满人专制（私）的觉醒，这里的"人人平等"，是汉民族一个民族的平等。

但是，不能因为它是否定个人自由平等的公，故而指责它是落后的，这种民权的片面性直接表现为反专制的民族、国民意识，甚至成为民众革命意识的强有力的凝聚力。中国民权所具有的天下普遍性，打倒独夫、民贼的易姓革命传统，不仅导致王朝交替，而且发展为试图推翻二千年来的专制体制。进而言之，天理之公所具有的传统的天下普遍性及乐观主义，使传统成为革命的源泉。

更值得注意的是，公所具有的乐观的天下普遍性，使民权主义极易与民生主义相衔接。

在清末，对无个私的天下普遍之公，在观念上进行了中国式的近代化，使之成为反个私（＝反专制）的国民"自由平等之公"。公容易和经济上限制个人之私相衔接，因此，民生主义从一开始就十分顺畅地指向社会主义。所谓顺畅，是指由于"天下市民社会"的公之传统，在思想氛围上不仅未受阻碍，反而从传统中获得动力。

已有学者指出：相对于民族、民权，孙文把民生作为第二阶段的任务，意在防止将来的贫富悬殊。这种认识虽然与初步要求社会主义革命的朱执信（1882—1920）具有共同之处[1]，但是，这种认识并没有正确地反映客观事实。孙文等革命派的首要课题是打倒满清专制王朝，这种认识不过来自革命过程中的阶段论。而且，他们是出身于富民阶层的士大夫知识分子，故而受到阶级的制约，更进一步说，这是辛亥革命的资产阶级性质的产物。

清末的革命派原本是"中等社会"的统一战线，其中，除了三民主义者外，还包括章炳麟等一民（民族）主义者和宋教仁等二民（民族、

---

[1] ［日］狭间直树：《中国社会主义的黎明》，岩波新书。

民权）主义者①。革命派的著名领袖章炳麟（1867—1936）曾说："夫使民有权者，必其辩慧之士，可与议令者也。以蠢愚无知之民，起而议政令，……而祇以乱是非"（《书》商鞅三五），露骨地反映出其愚民意识。因此，革命派的民权意识基本上是代表地主、工商资产阶级的，广大农民阶级几乎不在他们的视野之中。

尽管如此，民权主义之所以能够和民生主义衔接，正如孙文所概括的那样："因不愿少数满洲人专制，故要民族革命；不愿君主一人专制，故要政治革命；不愿少数富人专制，故要社会革命"（《三民主义与中国前途》），这是以反专制为核心的公的天下普遍性的思想依据。朱执信认为："放任竞争，绝对承认私有财产制，为社会革命之原因"，故要限制少数富人具有优势的竞争自由，限制私有导致的无限制的私。这种旨在"使富平均而利大多数之人民"的社会主义观点（《论社会革命当与政治革命并行》），显然是陈天华的全体自由的经济翻版。

当然，从一种思想由另一种思想派生的观点来分析，太平天国以来的农民反抗对于辛亥革命时期"中等社会"阶层的思想产生了巨大压力，使民生主义首次得以派生。但是，天下之公观念发展的思想背景，也是导致民生主义、社会主义理念易于产生的原因。社会主义容易和中国的思想传统相结合，或许可以说，中国天下之公的传统因为具有天下一体性，原本就是社会主义的。

与章炳麟完全相反，早期马克思主义者李大钊（1888—1927）在《民彝与政治》一文中表现出对佃民的彻底信赖。他同样以天理之概念重新把握宋学所主张的民的本然之性，即民的天理之自然——民彝，强调民彝基于天理，因此"民彝自由之域""民彝自然之能"必然产生"公平中正之理"的"至善"，把佃民的"理之力"作为社会进步的原动力。这种对于民彝的乐观主义，与其说是马克思主义的，不如说是天理乐观主义的马克思主义。

天下之公。经过暂时的、由士大夫阶层的经世意识而产生的政治主张上的民族、民权的公，随着革命的深化终于再次表现为佃民的天下之公。太平天国以来，甚至明末以来的经济上的公概念，最终发展为民生

---

① ［日］野泽丰：《孙文与中国革命》，岩波新书。

主义乃至社会主义的公（但是在现阶段，国民之公较之人民之公更为贴切）。孙文就"四万万人之穿衣吃饭"，强调"我党（不欲个人发财）则欲人人发财而已"，他要求四亿民众，"如君欲真发财，必人人发财，乃可达真发财之目的"（《党员应协同军队来奋斗》），先验地赋予个人以天下人人之共，李卓吾"以天下为公"的思想，后经过孙文，最终发展为旨在土地公有化的社会主义思想。

（选自《国外社会科学》1998 年第 1 期）

印度的中国女性研究

施雪琴[*]

前　言

　　女性研究已经成为国际学术界多学科研究的重要课题。随着当代中国政治经济体制从封建社会向社会主义以及市场经济体制的嬗变，传统中国社会的各个层面，包括价值观念、社会结构与性别关系也因遭遇政治经济制度变迁所带来的巨大冲击而发生剧变。当代中国妇女发展，尤其是改革开放以来，中国妇女的地位变化也成为观察与研究当代中国社会变迁的一个不可忽视的热点话题与学术课题，中国最高级别的妇女组织——全国妇联，分别于 1990 年与 2000 年在全国范围内进行了两次具有历史意义的中国妇女社会地位调查。[②] 同时，国外研究中国妇女问题与性

　　[*] 施雪琴，女，1968 年生，历史学博士，厦门大学南洋研究院暨东亚研究中心副教授。
　　[②]　工业化与人口迁移对妇女地位的影响是一个具有时代性的重大问题。丹麦著名农业经济学家埃斯特尔·博塞鲁普（Ester Boserup）在其开拓性的著作《经济发展中的妇女角色》（*Women's Role in Economic Development*，New York：St. Martin's Press，1970）中曾提出"妇女地位在工业化进程中有所下降"的观点。为全面了解改革开放以来中国妇女的社会经济、政治地位，全国妇联分别于 1990 年与 2000 年在全国范围内进行了两期具有历史意义的中国妇女社会地位调查。关于第二期调查的观点，请参看全国妇联妇女地位调查课题组《妇女地位：进步还是倒退？》，《妇女研究论丛》2002 年第 6 期。

别关系的学者也非常关注中国妇女发展与社会地位变迁，有不少专著问世。[①] 其中，印度女学者戈文德·柯乐尔博士（Dr. Govind Kelkar）对当代中国妇女发展的研究不仅反映了一个与中国社会文化环境、人口性别结构、女性生存状况相似的亚洲大国的女性学者对中国妇女问题的观察与思考，而且也从一个方面折射出作为后起之秀的"印度中国学研究"的广度与深度，值得我们加以介绍与关注。[②]

一

作为印度研究中国历史，尤其是现代中国政治史、社会史与中国妇女史的先驱人物，柯乐尔博士对中国问题的兴趣与研究大致可以分为三个阶段：第一阶段从 20 世纪 60 年代末期至 70 年代末期，其研究兴趣集中于中国革命与农民运动；第二阶段从 1978—1990 年，她主要关注中国社会主义建设、农村发展与中国妇女的地位与角色；第三阶段从 20 世纪90 年代至今，主要关注改革开放以来中国政治经济发展与妇女地位的变化、存在的问题与挑战。

早在 20 世纪 60 年代初期，柯乐尔博士就对中国现代历史产生了浓厚兴趣。她当时是德里大学历史系讲师，为了研究现代中国的政治经济，她开始学习中文，并把现代中国政治经济问题作为自己博士论文的研究方向。1971—1974 年，她获得富布赖特－汉斯奖学金（Fulbright-Hays）与其他两项国际学生奖学金，前往美国学习。她在美国密歇根大学完成

---

① 代表作如 Wolf Margery, Revolution Postponed: Women in Contemporary China（Stanford, California, 1985）, E. Croll, Chinese Women Since Mao（London, 1993）, Liu Qiming, Sha Jicai, Women's Status in Contemporary China（Beijing, 1995）, Tamara Jacka, Women's Work in Rural China: Change and Continuity in an Era of Reform（Cambridge, 1997）, Christina Gilmartin, Gali Hershatter, Lisa Rofel, Tyrehe White, Engendering China: Women, Culture and the State（Harvard University Press, 1994）。

② 2008 年，印度亚洲学者联合会（AAS）与中国台湾大学政治系共同设立了"印度中国学研究"课题。目前，该课题完成了对当代印度 7 位中国研究专家学者的口述史访谈。笔者在本文中对柯乐尔博士关于中国妇女发展的观察与研究的简单评述是基于该课题的参与者——印度尼赫鲁大学国际关系学院东亚系中国研究中心副教授阿加瓦尔（Dr. Ritu Agarwal）对柯乐尔博士的访谈笔录完成的。——作者注

远东研究的硕士课程后，又在密歇根大学历史系中国研究中心攻读博士学位，并受到美国著名的中国近现代史研究专家费维凯（Albert Feurwerker）的影响。① 柯乐尔博士的博士论文题目是《陕甘宁边区时期的政治宣传与群众运动：1937—1945》（Political Communications and Mass Mobilization in Shan-Gan-Ning Period：1937 – 1945），它不仅是柯乐尔博士 10 年来对现代中国政治史研究的一个总结，而且也开启了她对中国妇女问题的关注与研究。在论文中，柯乐尔博士聚焦中国共产党对陕甘宁边区农民的动员以及陕甘宁边区农民运动的开展，其中涉及陕甘宁边区妇女在共产党组织和动员下参加革命与社会改革的历史。获得博士学位后，柯乐尔博士被印度理工学院（Indian Institute of Technology）聘用，讲授亚洲现代史与现代化等课程，并在"国家银行管理研究所"任职，她开始将中国与印度两个亚洲最大的发展中国家作为比较研究的对象。1978 年 5 月，受中国人民对外友好协会的邀请，柯乐尔博士开始了她的首次中国之旅，并成为 1962 年中印战争之后第一位访问中国的印度学者。

　　1978 年对中国的访问开启了柯乐尔博士对中国研究的第二阶段。1978 年的中国之行，柯乐尔博士访问了北京、上海、山西、云南、湖南、甘肃、苏州、杭州等省市。在这次访华期间，她还参观了毛主席的故居韶山，以及当时中国农业发展的典型——山西大寨。大寨人以及"大寨精神"，尤其是大寨涌现出来的以郭凤莲为代表的"铁姑娘"们给这位来自印度的女学者留下了深刻的印象，"大寨精神"以及"妇女能顶半边天"的社会政治动员口号促使她开始用一种新的眼光来观察与研究中国妇女在社会主义农村建设中的地位与影响。柯乐尔博士这次访华的成果不仅反映在她撰写的《毛之后的中国》（China after Mao）一书中，更重要的是，这次访问促使印度知识界开始关注与讨论中国——一个与印度一样有着悠久文明，但在独立之后走上了与印度不一样的发展道路的新国家与新社会。柯乐尔博士返回印度后，印度的主流媒体如《经济与政治周刊》《印度时报》等向她约稿，请她撰写有关中国社会与妇女问题的

---

　　① 费维凯，美国著名汉学家，与其师费正清一起被誉为中国问题研究的先驱者，尤以研究中国近现代历史见长，曾任密歇根大学中国研究中心主任，系美国历史学会、亚洲研究协会重要成员。——作者注

文章，相关学术机构如孟买大学、塔塔社会科学研究所（Tata Institute of Social Sciences）也请她开设讲座，发表中国之行的观感与评论。可以说，柯乐尔博士这次访华及其对中国社会政治经济情况的介绍与评论，无疑有益于印度社会，尤其是印度知识界重新认识中国，并对刚刚解冻、趋向缓和的中印关系朝着正常、健康方向发展有着积极意义。

自1990年以来，作为亚洲技术研究所（AIT）的研究员，柯乐尔博士多次访问中国，进行社会经济考察与学术交流。改革开放以来的中国社会经济的剧变促使她开始关注全球化、中国经济改革、社会转型与妇女发展等相关问题。通过对当代中国经济社会改革以及妇女地位变迁的观察与研究，柯乐尔博士对中国社会经济与妇女发展问题有了更全面、更深刻的认识。一方面，她高度赞扬改革开放以来中国社会经济发展的高效与成就，尤其是在基础设施的建设方面使印度望尘莫及。另一方面，她也看到中国经济改革中出现的许多社会问题，特别是市场经济体制下日趋严重的社会阶层和性别不平等、农民的边缘化遭遇与抗议、中国市场经济与妇女发展、妇女商品化以及色情业在中国严重泛滥等社会问题。因此，当代中国农村经济改革与农村妇女发展成为柯乐尔博士研究中国社会的一个新领域。

二

柯乐尔博士对中国农村妇女问题的研究紧紧围绕时代主题，将中国妇女发展放置在现代中国政治经济与社会变迁以及中国文化的语境中加以考察与研究。围绕中国民主革命时期陕甘宁边区的妇女与中国革命、中国社会主义建设时期的大寨妇女，以及当代中国农村经济改革与妇女发展这三大主题，凸显了柯乐尔博士对20世纪中国政治经济和社会变迁历程与特征的精确把握及其对妇女发展影响的深刻洞察。

对中国妇女现状和地位的关注与研究，尤其是对当代中国农村社会经济发展及其对农村妇女的影响成为柯乐尔博士研究中国妇女问题的重点。她对中国农村妇女问题的研究主要集中在以下方面：中国传统的男权观念及其对妇女的压迫；中国农村经济体制改革对农村妇女地位的影响；当代中国市场经济发展中的女性地位、问题与挑战。

首先，柯乐尔博士将中国妇女问题的研究置于中国传统文化的背景中，她对妇女在中国传统文化中的角色与地位并不陌生。与印度一样，中国仍然是一个以男性为主、以男权为尊的男尊女卑的社会。儒家文化塑造的"三从四德"的中国传统妇女形象与印度教经典《摩奴法典》所规定的妇女从属地位十分相似。随着时代发展与社会进步，虽然女性的自我意识不断增强以及法律对性别平等的强化，但传统文化观念仍然根深蒂固，影响两性关系与妇女发展。柯乐尔博士指出，中国与印度一样，尤其是在农村地区，妇女的角色与地位仍然是一个沉重的话题，除了承担传统的家务劳动与繁重的农业生产外，家庭暴力是农村妇女生活中面临的一个严重问题，它危及妇女的生命安全与个人尊严，凸显了男权社会对妇女生命与尊严的轻视与践踏，因此，中印两国的妇女发展与女性地位的提高，要求对传统文化中"男尊女卑"的思想进行反思与改造。

其次，柯乐尔博士非常关注当代中国社会政治经济变迁对妇女地位的影响，1990 年，她发表了《妇女与中国农村经济改革》一书。自 20 世纪 70 年代末以来，中国经济体制改革率先在农村地区实行，家庭联产承包制度逐步取代了过去的集体所有制，农村土地所有权与使用权的变革对中国农村社会经济的发展带来了巨大影响。在新经济制度下，广大中国农村妇女的角色与地位成为研究中国妇女问题的新课题。柯乐尔博士认为，一方面，随着中国农村从集体所有制向家庭承包制的转变，妇女承担的劳动更多，不仅承担以家庭为单位的生产性劳动，而且家务劳动等传统义务几乎也完全由妇女承担。随着农村男性劳动力大规模流向城市务工，中国农村妇女几乎成为生产劳动的主力军，农业"女性化"的现象在一些地区尤为明显，表现出一种简单的、低层次的特征。因为妇女主要集中在生产领域，而被排除在高层次的农业技术管理与农业商业经营之外。另一方面，大量农村女性也加入中国农村人口向城市迁移的"民工潮"中，这种迁移对家庭、对未成年孩子、对农村的影响也成为一个值得关注的问题。

最后，从计划经济向市场经济发展是当代中国经济发展的一个总的趋势，市场经济发展对中国社会产生了全面而深刻的影响。市场经济体制对中国妇女的价值观念、就业选择、恋爱婚姻等影响也日益凸显出来。柯乐尔博士在她的观察与研究中发现，在市场经济体制下，中国社会对妇女的歧视表现出普遍化与深化的特征，男女事实上的不平等现象日趋严重，女性在商品经济大潮中正面临着自身被商品化的现实困境。

值得指出的是，柯乐尔博士认为，中国工业化进程发展与产业结构的变化，尤其是第三产业的发展对推动女性参与社会生产、提高女性的就业率发挥了积极作用。但第三产业发展对妇女的就业选择与社会地位也不可避免地带来了负面的影响，尤其是伴随着近年来旅游业的蓬勃发展所催生的色情行业以及许多妇女被迫卷入色情行业的现象，已成为中国妇女发展所面临的一个日益严重的问题。色情活动的泛滥是发展中国家工业化进程中面临的一个共同问题，但短短的30年间，中国从改革开放以前基本消灭娼妓业的"毛泽东时代"，到改革开放以来娼妓业的死灰复燃，甚至猖獗泛滥的这种转变，不仅凸显了当代中国社会现代化进程中普遍存在的信仰缺失、道德沦丧、价值观念错位等严重问题，同时也折射出中国妇女在工业化时代与市场经济体制下面临的性商品化困境、就业危机、工作歧视以及国家政策与法律在保护妇女权益方面的缺陷与失效。

因此，柯乐尔博士概括了中国改革开放以来妇女的角色与地位、面临的问题与挑战，主要表现在：第一，中国妇女在更多参与社会性生产活动的同时，家庭劳动并没有减弱，不仅"男主外、女主内"的观念与模式没有根本性变化，女性反而承受来自社会与家庭的双重压力。第二，柯乐尔博士指出，与发达国家相比，中国妇女参政率较低，大约在20%—25%，而印度妇女的参政率大约在33%。中国妇女参与政治决策层的比例更小，在多数时候，女性领导人仅仅是作为象征性的角色。柯乐尔博士对中国妇女参政问题的观察基本符合中国的现实。众所周知，妇女参政是衡量妇女社会地位的一个核心指标。2000年，"全国妇联妇女地位的调查课题组"在对全国开展妇女地位的调查后认为：改革开放以来，中国妇女参政地位总体上有了相当程度的提高，但现实中妇女参政的区域性、局域性或薄弱性却是一个不容忽视的事实。这种薄弱性表现在：在权力参与方面，重要岗位上女性任正职的比例薄弱，基层政权岗位上女性领导比例较低；在民主参与方面，知政能力不及男性，参与非政府组织的比例低于男性，参加选举的比例以及投票的质量也低于男性。① 总之，中国妇女参政状况是，高层少于低层，执政少于议政。农村妇女的参政度更低于城镇妇女。第三，社会对女性的歧视仍然很严重，尤其表现在歧视女性就业方面。中国改革开放后，随着私有化进程的加快与市场经济的发展，女性就业面临越来越多的歧视，不仅私营企业，就连一些政府部门在就业方面也公开歧视女性。第四，中国政府对妇女的保护在法律上不断得以完善，但在执行方面还有很大的差距，妇女组织在中国的发展还处在相当落后的状态。

三

柯乐尔博士对中国妇女问题的研究方法与观察视野也值得关注。她注重从多学科，如历史学、人类学、社会学、经济学等学科来探索政治经济、社会文化与技术变迁对妇女发展的影响，她尤其重视中国社会史的研究，从文化、政治、性别、阶层、民族等方面来观察当代中国社会的变迁与发展。

首先，她的博士论文《陕甘宁边区时期的政治宣传与群众动员》可以说是一部探讨中国政治与社会史的专题著作。该书从社会史的视域分析了中国革命时期陕甘宁边区乡村社会各阶层、群体与中国革命的互动关系，从政治与社会的角度分析特定的政治环境下中国乡村社会参与政治社会生活的方式及其影响。

对后毛泽东时代中国社会的观察与研究仍然是柯乐尔博士的偏爱。她从妇女/性别研究的角度，以大寨妇女为模本来考察妇女在中国社会主义农村建设运动中的角色与地位。大寨妇女"铁姑娘"形象的树立，成为自陕甘宁边区时期以来中国共产党运用性别政治化的宣传策略来开展群众/妇女动员运动的又一次成功典范。从陕甘宁边区时期宣传"妇女解放"到大寨时期强调"男女平等""妇女能顶半边天"的政治动员，均从政治与社会史的层面展示了中国政治、社会变迁对中国妇女的影响以

---

① 全国妇联妇女地位调查课题组：《妇女地位：进步还是倒退？》，《妇女研究论丛》2002年第6期。

及中国妇女在中国当代政治史上的地位与角色。

除了从社会史角度观察与研究中国妇女发展的演变，柯乐尔博士在性别研究方面也注意到技术进步对妇女发展的影响。1980年，柯乐尔博士在《妇女劳动与农业技术》一书中就探讨了农业的技术进步，尤其是农村电力照明、家用电器，以及现代化的厨房灶具、生物能源的推广使用，必定会将妇女从传统的、繁重的生活方式中解放出来，这无疑有助于农村妇女有更多的时间与精力投入社会活动之中。因此，她认为技术进步与乡村的绿色能源革命对推动妇女发展有积极意义，这一观察视野与研究方法不仅对拓宽中国妇女问题的研究领域颇有启示，而且对相关部门在政策上与实际工作中采取有效措施推动农村妇女发展也具有现实的指导意义。

其次，关注多元文化群体的妇女发展，尤其是少数民族妇女的家庭与社会角色在柯乐尔博士对中国妇女问题的研究中占有重要地位。在她主编的《亚洲森林社会的性别关系：与父系社会的对抗》（*Gender Relations in Forest Societies in Asia：Patriarchy at Odds*）一书中，作者考察与分析了云南纳西族摩梭人母系氏族社会的文化传统与生活、生产方式。在对云南西双版纳傣族妇女生活的人类学田野调查中，柯乐尔博士注重考察旅游业与商品经济发展对推动傣族妇女参与经济活动以及妇女社会地位的影响。

印度作为亚洲大国，与中国有许多相似之处：同是发展中国家、妇女人口众多、典型的男权社会以及正处在现代化进程之中，因此，中印两国妇女发展面临许多相似的问题与挑战。在这样的背景下，柯乐尔博士对中国妇女的观察与研究，自觉或不自觉地与印度妇女的发展进行比较。1987年，她发表了《当代中国与印度：妇女与乡村发展》一文。在她看来，新中国成立以来，中国农村妇女在许多方面，如受教育程度、男女平等、妇女保护的立法以及妇女就业方面远远好于印度妇女的状况。但在妇女参政方面，印度妇女的表现要好过中国妇女。印度妇女的政治参与比例达到33%，接近发达国家的妇女参政比例。而中国妇女的参政比例一直维持在21%左右，印度维护妇女权益的非政府组织发展也远比中国发达。与中国相比，印度妇女运动呈现出高度分层、结构多样化、享有国际声誉、精英化以及城市化等特征，而中国妇女组织的缺乏等因素，也都在一定程度上阻碍了当代市场经济环境下中国妇女运动的开展与妇女地位的提高，加剧了自改革开放以来中国社会性别权力关系的失衡。

结　语

应该看到，人类文明发展到今天，妇女问题已不单纯是社会科学领域所强调的性别政治与性别权力关系的问题。在世界文明发展与演变的历史长河中，伴随着人类从母系社会发展到父系社会，从原始社会到阶级社会，从野蛮社会到文明社会，女性地位经历了跌宕起伏的转变。从世界范围来看，妇女作为推动社会发展与人类文明进步的重要力量已被普遍承认。随着人类文明的进步，女性的社会性别已经超越其生物性别，女性地位与女性发展已经被国际社会公认为是衡量一个国家社会经济发展、社会文明程度的标志性指标。从国家来看，中国与印度作为世界人口第一与第二大国，妇女人口数量庞大、妇女地位与妇女发展有许多相似之处，因此，柯乐尔博士对中国以及印度妇女问题的比较研究，不仅对促进中印两国妇女发展具有重要意义，而且对推动世界妇女的发展也具有标志性的意义。

（选自《国外社会科学》2010 年第 3 期）

中国发展模式未来面临的挑战

——境外部分智库对中国社会风险研究的评述[*]

钟心研[**]

政治稳定与国家安全关乎一国核心利益，尤其对于发展中国家至关重要。中国作为一个迅速崛起的大国，其政治、经济、文化与社会各方面的发展日益受到世界瞩目。中国当前面临的政治安全、社会风险及其未来走向也一直是境外中国研究机构和学者关注的主题。这些风险有的具有一定的发展性与隐蔽性，比如经济发展模式及经济结构等问题；有的具有一定的紧迫性，由于风险已经积累到一定程度，如不及时处理会具有短时间内急剧爆发的危险，比如民族宗教问题等；有的具有一定的宏观预期性，关系到国家中长期的发展战略，比如教育问题与环境保护和气候变化等问题。

近年来，随着中国国际影响力的逐步扩大，各国纷纷加强了对影响中国政治稳定与国家安全问题的综合研究，中国发展道路及中国政局等方面的问题也日益成为国际上一些著名智库的研究对象。一些智库通过各种方法描述、分析中国的政治安全及社会稳定情况，其中不乏有深度的研究成果。这些研究对于中国进一步谋划好未来的发展道路，以避免

* 本文为中国社会科学院文献信息中心重点课题"境外智库对中国政治安全研究的评述"的部分研究成果。课题主持人为张树华，课题组成员为景向辉、王文娥和祝伟伟。——作者

** 钟心研，中国社会科学院文献信息中心。

落入"陷阱"或步入"歧途"均具有一定的警示意义。

一　中国的发展伴有对自身地位的疑虑和担忧

雷诺·德罗什布吕内在法国《世界睿智》双月刊2009年10—11月号刊登文章《中国：第三个回合》。他认为，可以把2009年看成中国进入始于1949年的复兴运动的第三个阶段。在找回自豪感和重新走上发展道路之后，中国打算在今后30年内重返国际舞台最前排，但中国的复兴运动面临一系列巨大挑战。

法国国际关系研究所特别顾问多米尼克·莫伊西于2009年10月12日在法国《回声报》发表《中国的阴暗和光明》一文；① 政治专栏作家龙安志（劳伦斯·布拉姆）于2009年9月22日在中国香港《南华早报》网站上发表文章认为，最能概括今日中国心理的词语是"自豪"。这种自豪也许会表现为傲慢，但仍难以掩饰其对自身的疑虑和防御性的民族思维。在上述种种自信的表象之下，却潜藏着与之相反的紧张与多疑。中国认为自己还没有准备好去承担相应的国际责任。

中国对自身实力的提升感到尴尬，这不仅是因为觉得时机还不成熟，对自身的疑虑也是原因之一，这从中国对待历史的态度尤其看得出来。不能正视历史错误，如何迎接未来的挑战？只有一个对内更加"开放"的中国才能成为内部更加稳定，对外更加负责的大国。

二　共产党执政正面临一场
"期望值不断增加的革命"

乔治·华盛顿大学中国政策研究项目主任沈大伟（戴维·香博）在2009年9月28日美国《时代》周刊发表文章认为，② 中国的政治体制具有很强的适应性。当前，中国正处于不断上升的势头中，它的发展模式——有时被称为"北京共识"——引起了所有发展中国家的关注。乍

---

① http：//www.badingjie.cn/Article/? 3783.html.

② 《繁荣之路》，http：//www.ckxx.info/other/other2009092106。

一看，中国的政治体制自 1949 年以来没有出现多大变化。虽然中国的结构和体制性质问题基本上与过去相同，但其本质与政治流程有了很大变动。领导层和 7600 万名党员的受教育程度提高了，入党和提干也更取决于能力与成绩。共产党现在不再是由一个领导人主宰的全能型政党，而是由一群领导人集体领导的威权型政党。领导人本身现在变得非常自信，而且相对老练，非常强调执政方法。在制定政策的过程中，各层官员都要接受培训，有了更多的磋商。

中国市场研究集团创始人肖恩·赖因在美国《福布斯》杂志 2009 年 12 月 15 日网络版发表文章认为，[①] 中国在很多方面已经是一个超级大国。尽管它还穷困，但无论你身处哪个行业，也无论你在世界哪个角落，都无法忽略中国的经济实力，这就是其威力所在。中国不仅在经济上变得更强大，而且它还在施加更负责任的政治影响力。中国当然还没有美国或日本那么富有，但是它充满自信，而且在这次金融危机中相对损失较小。美国皮尤中心最近进行的一次调查表明，有超过 44% 的美国人认为中国是世界第一经济强国，只有 27% 的人认为美国是第一强国。大约 80% 的中国人表示，他们对未来感到乐观。

沈大伟认为，总体来说，共产党表现出了很强的适应性，而且愿意从不同国家、不同政治体制借鉴东西。同时，他也提出问题，中国共产党的适应性和中国保持的经济增长是否足以让共产党长期执政？也许可以。改革开放 30 年后的今天，全世界都看到了中国取得的非凡成就，但这些成就所暴露出的反差与矛盾也同样惊人。中国的经济增长虽然充满活力，但它也是一把双刃剑。经济的突飞猛进使环境付出了巨大代价。在许多领域，每一步改革都滋生了新的问题和挑战。要想继续向前，共产党面临的一大挑战可能是，能否更好地发展国家的公益事业，也就是医疗、教育、环保以及其他社会服务。提供稳定的环境和不断增加的个人财富不足以确保共产党永远保持合法性，它必须不断改善公民的生活质量。这是中国面临的一场新的革命：期望值不断增加的革命。

沈大伟认为，中国的体制和国家本身的确存在弱点，面临挑战，中国问题研究领域也充斥着唱反调的人士和批评家。一些当代的中国问题

---

① 《是的，中国已经是一个超级大国了》，http://www.ckxx.info/other/other2010051202。

专家表达了自己的疑虑，说中国政治体制僵化。经济学家则质疑中国的经济增长还能维持多长时间。

不过，中华人民共和国已经存在了 60 年，它克服了各种各样的困难，从国内严重的危机、边界战争到国际上的孤立。外界观察家一再低估了中国的实力和适应力。有一点是肯定的：中国未来还将是一个复杂且矛盾的国家，这会让中国问题观察家和中国人永远去猜测它的未来。

三　中国应高度警惕经济发展的泡沫化

国外研究人士提醒，中国应高度警惕经济发展的泡沫化。阿兰·维特利等人认为，中国当前就业不足的主要原因不在于全球经济衰退，而在于中国自身的发展模式。① 他们警告称，中共目前实施的部分经济刺激方式，大多是依赖加大投资力度，以求在短期内改善中国的经济状况，但这样的做法会导致国家陷入巨额的财政赤字，使得中国经济再次回到引发此次经济危机的旧轨道上。② 人为地强迫银行借贷和提高货币的供应量，只能创造短暂的经济繁荣，而无助于全球经济危机的解决。这样下去，会延误中国进行调整和改革的时机，并将拖累中国及全球的经济。

英国《经济学家》杂志载文认为，表面上看，中国将经济增长的引擎从出口转为内需，符合西方国家长期以来的期望。然而，事实上，中国经济增长依赖出口的理解是颇具误导性的。③ 更关键的问题在于：消费和投资之间的内需不平衡，并变得越发严重。政府刺激方案中的大部分投资都进入了基础设施建设，进一步扩大了投资的比重。中国的资本支出可能首次超过美国，而消费支出却只有美国的 1/6，这是中国最主要的经济发展不平衡。

中国急于创造经济增长数字的真正原因是因为中国缺乏完善的社会安全网制度，它必须不惜任何代价保持经济的增长，否则数百万迁移到

---

① 美国《纽约时报》，http：//www. nytimes. com/2009/09/01/business/global/01inside. html？_r =1&partner = rss&emc = rss。

② 美国智库传统基金会网站，http：//www. heritage. org/Research/AsiaandthePacific/wm2546. cfm。

③ 《经济学家》杂志网站，http：//www. economist. com/displaystory. cfm？story _ id = 14124376。

城市的人口将因为失业、饥饿等问题而引发社会动荡，进而危及国家政权。① 不过，这种人为地刺激经济增长，希望拖延至全球经济稳定的做法，是否可以避免因大量可怕的借贷可能带来的泡沫危机则是未知数，这犹如一颗随时可能引爆的炸弹。

美国战略预测智库斯特拉福 2010 年 3 月 30 日发布了题为"中国的关键时刻"的报告；美国著名投资公司 GMO 2010 年 3 月 23 日发布题为"中国的红色警报"的研究报告，认为中国经济内部存在着不稳定性。② 中国经济发展之所以引人注目，是由于在市场经济阶段，中国政府保留了从其家庭和企业获取的几乎所有积蓄，并通过国有银行把这些巨额存款以低于市场的利率提供给了国有企业。考虑到从 10 亿名劳动者的积蓄中提供的零利率和不计后果的大量信贷，中国所能实现的增长率及其雇用的劳动者数量是不可思议的。

同样不可思议的是，这个国家的盈利能力是如此之弱。中国的体制与之前的日本一样，都是建立在以规模取胜、粗制滥造、最大限度地增加就业和市场份额的基础上的，这与通过提高效率和盈利实现投资回报最大化的美国经济体制正好相反。经济的稳定性使美国能够熬过经济衰退并变得更加强大，而经济不稳定的中国一旦遭遇经济困难，就会引发社会动荡。

当前，中国呈现出投机狂热的诸多特征：房地产泡沫、固定资产过快增长、宽松的货币政策以及固定的汇率等。③ 中国政府巨额的刺激计划和创纪录的银行贷款（预计是 2008 年的两倍）推动了数十亿美元的资金投入，重新刺激经济的增长。但是许多分析家认为，这些贷款和国外巨额的"投机资本"一起进入了中国的股市和房地产市场，其结果是价格飙升，中国重新回到 2008 年初的建筑热潮。历史上发生的投机狂热与金融危机一般具有几个共同的先兆性特点：令人信服的经济增长、对当局能力的盲目信任、投资的普遍增加、腐败现象的大量出现、货币供应的

---

① 美国《外交政策》杂志网站，http://www.foreignpolicy.com/articles/2009/07/23/the_china_bubbles_coming_but_not_the_one_you_think。

② 斯特拉福智库，http://www.stratfor.com/weekly/20100329_china_crunch_time。

③ 《GMO：中国的红色警报》，http://www.scribd.com/doc/28824145/GMO-White-Paper-China。

强劲增长、固定汇率引发的不合理的低利率、信贷的疯狂增长、道德风险、金融结构的不稳定，以及资产价格的飙升等，而所有这些先兆在当今中国都有所反映。查诺斯也认为，中国神话蒙蔽了众多的投资者，其经济正处于极大的危险之中。[①] 他警告，中国过度刺激的经济正在朝着崩溃的方向发展，而不是大多数经济学家所预测的持续繁荣。中国飙升的房地产业，由大量涌入的投机资本作支撑，看起来像是"迪拜危机的1000倍——或更糟"。他甚至对中国的统计数据表示怀疑，尤其是极具视觉冲击力的逾8%的经济增长率更值得质疑。在最近 CNBC 访谈中，查诺斯表示，"识别泡沫的最佳方式是过度信贷，而不是过度估值。世界上没有哪个国家比中国拥有更多的过度信贷"。

报告认为，中国对西方的出口目前已经达到峰值，而贸易保护主义又在时时威胁着中国的出口。很明显，依靠出口的增长方式不再可行，于是，中国开始以投资拉动内需。但报告指出，中国过高的投资水平也造成了资本错配的风险。在银行系统方面，中国 2009 年有 10 万亿元的贷款，如此巨大的信贷让人不得不担心银行"坏账"会卷土重来。

维塔利·格兹尼尔森等人提醒人们，快速增长不等同于可持续增长。投资修建铁路、公路和电网是短期内拉动需求最有效的办法，特别是像中国这样需要更好的基础设施的国家。但是，这样的投资并不是可持续的。在过去的 10 年中，中国的经济增长绝大部分来源于对美国的借贷，这样的增长将会带来大量的坏账，中国终将付出代价。此外，中国面临的另外一个困境是，中国出口货品到美国赚取美元，但为了避免美元贬值（人民币升值），中国并未将出口赚取的美元按一般做法换成人民币，而是用来购买美国债券。显然，中国若无法处理这些难题，终将走入泡沫。

为此，他们对中国政府提出建议。

第一，中国需要集中精力进行结构调整。这不只是为了保持内需的强劲增长，进一步减少贸易盈余，也是为了增加消费在增长中的比重，减少对投资的依赖。中国的增长集中于资本密集型产业（如钢铁之类的

---

① 《纽约时报》网站，http: //www. nytimes. com/2010/01/08/business/global/08chanos. html。

重工业），而非劳动密集型的服务业。因此，利润（资本的回报）的增长超过了工资收入。因此，仅仅号召增加家庭支出并不足以使中国的增长转向消费主导，应停止扶持资金需求量巨大的重工业。加强福利体系很重要，但政策也应该关注如何提高家庭收入和减少公司储蓄。中国需要改革金融部门，提高国有企业的资金成本，提高私营企业特别是服务行业获得信贷的机会。应该强制国有企业支付更多红利。这些改革比建立福利体系更难，要求政府放松对经济的控制。

第二，复制工业领域的改革道路，让民营和外资企业与国企在银行、交通、电信、物流等领域同场竞技。此外，中国还应提高服务业在国内生产总值（GDP）中的比重，以填补因偏向重工业的发展模式而留下的就业鸿沟，同时增加收入。

四　中国社会发生冲突的风险可能加剧

哥本哈根经济周期研究所所长、丹麦财政和能源广播公司主编托尔斯图普 2009 年 11 月 16 日接受俄罗斯《独立报》记者采访时认为，中国的社会动荡依然存在，但是中国媒体和国际媒体却对此大多保持沉默。2009 年新疆发生的暴乱，再次证明中国存在国家分裂的危险。如果中国不能保障经济增长和人民幸福，社会冲突的风险就会加剧，就会对国家政治安全造成威胁。

英国前驻华外交官、香港中文大学专门研究中国政治经济的学者夏添恩博士（蒂姆·萨默斯）于 2009 年 10 月 1 日发表文章认为，[①] 中国的发展面临经济领域不可避免的竞争力下降、人口老化等问题的挑战。虽然中国经济在总体上一直保持着快速增长，但是分布却不均匀，这在腐败、环境恶化和社会动荡的问题上已得到充分证明。中国期望国际环境更加和平稳定，这种期望部分旨在促进共产党在国家发展与巩固方面所做的努力，这样共产党自身才能继续执政。

---

① 《国内需要塑造中国对外政策》，http：//www. cetin. net. cn/cetin2/servlet/cetin/action/Ht-mlDocumentAction；jsessionid ＝ 01755E7716F09A6ADCA53B43B3F50FB0？ baseid ＝ 1&docno ＝ 404635。

目前，多数中国人（至少60%）仍然生活在农村，他们只有基本的食物，但是没有教育、医疗保险和养老等方面的保障。中国人面对环境污染、水资源短缺和经济危机的压力，其中包括亲人进城打工失业后返乡造成的压力。日益加大的贫富差距、腐败问题以及西藏、新疆等地少数民族的不满情绪似乎是中国"软崛起"计划面临的主要威胁。

美国战略预测公司创始人乔治·弗里德曼（George Friedman）在其著作《未来100年：21世纪的预测》中称，中国只是个"泥脚巨人"，它的强大靠的不是意识形态，而是过渡经济的成功，在地缘政治关系上它落入了陷阱。北面有无法穿越的西伯利亚，西面是沙漠，西南面是高山，因此，世界应谨慎地看待中国的成就。

五　中国科教模式成为国家发展瓶颈

中国市场研究集团创始人、常务董事肖恩·赖因于2010年3月23日在美国《福布斯》杂志网站上发表文章认为，[①] 诚然，中国教育已取得诸多进步，中国教授及他们所做的科研项目已开始达到世界水平。通过打造世界级实验室、拨付大笔科研资金来招募世界顶级才俊也已成为中国政府的一个具体目标。然而，教育体制无法依靠少数在国外受过培训的教职人员及他们的科研项目、奖项和专利来获得成功。中国最需要在教育领域实施改革。教育体制必须让学生获得进行思考的能力，以使他们能与世界各地的毕业生展开竞争，并创造出下一个谷歌公司或苹果公司。

若以此为评判标准的话，中国的高等学府并未取得成功。改革开放30年以来中国高等教育系统获得了长足发展，但中国的大学似乎难以培养出富有创造力的大学毕业生。中国学生的思维模式习惯于"别人提出问题，我的工作就是找到答案"。但当涉及非常复杂的研究时，这种方法就不奏效了。在这一层面上，问题域不会被精确定义，也没有人告诉你该怎么办，必须自己去主动寻找。香港中文大学计算机科学系的助理教授安德烈·波格丹诺夫也认为，相比其他国家，中国学生非常聪明，但并不能确定他们是否发挥了自己的潜力，他们过于满足安全、简单的问

---

① 《中国最需要提高的领域》，http：//www.ckxx.info/other/other2010032704/。

题，对教授们提出的挑战不够大。他们不愿意把时间花费在难以取得可预见性进展的领域，因而显得过于谨慎。这些导致了中国在一些科技领域的尴尬局面。

美国当代国际事务所前研究员包立德（Alexander Brenner）认为，① 跨国企业无法在中国找到足够数量的拥有高等技能的白领。高管们普遍抱怨，年轻员工虽然天资聪颖、工作认真，但他们的分析能力不够强。包立德认为，产生这一问题的主要原因在于中国目前的应试教育体系低估甚至扼杀了学生的创造性思维。美国教育部原部长助理切斯特·芬恩最近也在《华尔街日报》上撰文说，中国学校中学生的平均课时量比美国学生多30%——这还不包括放学后和周末的补课。但课时量并不是什么问题，问题在于上课的质量如何，而这正是中国教育体制所欠缺的。

同时，儒家的等级观念也限制了以创造为核心的自由交流。随着大学规模和科研机构的扩大，中国人发表的论文数量已经从1995年占全球科学期刊论文发表数量的2%上升到今天的8%。其中部分领域的研究尤其是纳米技术、水稻杂交和材料科学等是极为出色的，但总体而言，如果以论文的被引率和影响力作为评价指标，则中国科学研究的质量远远落后于其数量。质量和数量之间产生差距的原因之一是源自中国现阶段对"可见性成果"的重视。现有的奖励机制是，刊发论文会有奖金，如未能发表则可能导致失业，这造成了劣质的研究泛滥以致更糟。中国一名学者曾向英国智库——德莫斯研究所表示，这样的奖惩机制使协作变得极为困难。你无法信任别人，他们可能会偷走你的研究成果，每个人都是闭门造车，这对于激发创造力是非常糟糕的。

包立德认为，布什8年任期被认为是美国衰落的象征，但自2001年以来所颁出的78项科学领域的诺贝尔奖中，有50位获奖者供职于美国各大学。"基地"组织袭击世贸中心和五角大楼，他们认为这是攻击了美国核心力量的象征，但以哈佛大学和斯坦福大学等为代表的学术研究机构，作为创造性教育和研究体系的象征，才是美国繁荣的真正推动力。约费也认为，美国之所以强大，某种程度上是由于其不可超越的教育与科研

---

① 《中国科教兴国的真正出路何在？》，http://www.cetin.net.cn/cetin2/servlet/cetin/action/HtmlDocumentAction？baseid=1&docno=364934。

事业持续不断地催生杰出人才。教育、科研和开发如此重要，是因为它们决定着国家未来的表现。虽然在美国自然与科技专业毕业生中，非本土出生或美国新移民的数量在不断增大，但这不是劣势，而是一个无与伦比的竞争优势：世界上没有任何一个国家能像美国这样吸引如此众多的优秀人才进入它的科研实验室和大学，尤其是从中国和印度。全球最好的 20 所大学中有 17 所在美国；50 所最好的大学中只有 11 所不在美国。而中国的情况只稍好一点：它最好的大学排名在 200—300 名。中国在过去 25 年中的国家教育支出占国内生产总值的 2%—2.5%——而这是在人口数量比美国多 4 倍、国民经济规模却只有美国 1/4 的情况下。美国的教育支出比为 6%，比印度、日本、俄罗斯和欧洲都高。在科研开发方面的情况也是如此：美国科研经费所占的比例几乎是中国的两倍——而且它的国内生产总值显然要高得多。

中国期待成为创造性的科学超级大国，包括建立巨大的科技基础设施。但如果科学体制的关键因素——人的问题得不到解决，这些基础设施永远不会物尽其用。

（选自《国外社会科学》2010 年第 4 期）

专题三

外交与国际地位

中国及其中亚新近邻[*]

［德］G. 瓦克尔　赖升禄 译

在哈萨克斯坦、乌兹别克斯坦、吉尔吉斯斯坦、塔吉克斯坦和土库曼斯坦这五个共和国 1991 年 12 月政治独立后，西方传媒认为，这个地区有两股外部势力，即伊朗和土耳其在争夺影响力。这一争夺表现为世界观上的竞争，一方面是伊朗为它的伊斯兰教的原教旨主义的输出而斗争，另一方面是土耳其自荐为世俗化政治制度的代表和模式。

但是，在这几个中亚共和国在形式上独立自主之后的一段时间表明，这种看法在许多方面已成问题。

在这个地区"争夺影响力"的除伊朗和土耳其外，俄罗斯仍然有很大的影响力。

近两年来美国也加强了它在这个地区，尤其是在乌兹别克斯坦和土库曼斯坦的角逐。①

此外还有一个重要的邻国就是中华人民共和国，它与哈萨克斯坦、吉尔吉斯斯坦和塔吉克斯坦有 3000 多公里长的边境线接壤。

下面将简要地回顾和介绍中国对苏联解体的反应、中国和这几个中亚共和国的关系至今的发展以及中国与其新的中亚邻国的合作领域。最后再探讨在这些国家之间的共同利益和冲突领域。

---

* 本文摘自 ［德］《国际政治和社会》杂志，1997 年第 3 期。

① U. 哈尔巴赫：《乌兹别克斯坦：中亚地区眺望西方》，1996 年，科隆。

一　苏联的完结：中国的感觉和反应

由于东欧的变迁和苏联的解体使得中国在很多方面面临一种新的环境。一方面中国现在是最后一个社会主义大国，在另一方面中苏关系正常化以及随后的苏联解体使得中国面临的潜在军事威胁的危险明显减小。因此，中华人民共和国现在处于自从它 1949 年成立以来在安全政策方面最有利的环境。由于苏联解体，出现了四个新的国家与中国直接接壤，它们是俄罗斯、哈萨克斯坦、吉尔吉斯斯坦和塔吉克斯坦。

北京对苏联的正式解体当即作出了反应，在 1991 年 12 月它就承认了在苏联解体后其领土上产生的所有国家。1991 年 12 月底至 1992 年 1 月初，中国派出政府代表团与这些国家的政府商议建立外交关系并签订了最初的协定。中国同几个中亚共和国及其他苏联的后继国以及巴尔干国家发展相互关系的普遍原则就是"和平共处五项原则"，即相互尊重主权和领土完整、互不侵犯、互不干涉内政、平等互利、和平共处。

所有新成立的国家承认中华人民共和国是中国唯一合法的政府，这一点是中华人民共和国做出最快反应的理由之一，以阻止中国台湾利用新的情况，获得外交承认。

二　同中亚国家的关系

早在苏联解体之前，也就是在中国同苏联的关系正常化的进程中，中国同苏联的几个中亚加盟共和国就已经存在经济和政治方面的交往。例如，在 1983 年，重新允许边界贸易。在 1989 年和 1990 年，哈萨克斯坦和乌兹别克斯坦派出代表团去中国的西北地区新疆，商谈进行合作的可能性。1991 年 7 月，N. 纳扎尔巴耶夫（Nursultan Nasarbajew）第一次访问北京和新疆，当时他是苏维埃哈萨克斯坦共和国的总统。

在这几个中亚共和国获得独立之后的头两年里，不仅派代表团对中华人民共和国进行正式访问，而且这些中亚国家的总统和总理也前往中国访问。① 1994 年，中国总理李鹏访问了四个中亚国家，由于塔吉克斯坦当时的内部状况李鹏总理没有访问塔吉克斯坦。这些访问的主要目的就是改善相互的经济关系。② 1995 年还继续进行了高级别的访问。③ 1996 年 4 月，哈萨克斯坦、吉尔吉斯斯坦和塔吉克斯坦的领导人在上海同俄罗斯和中国的领导人会晤，同年 7 月初，中国国家主席江泽民访问乌兹别克斯坦、哈萨克斯坦和吉尔吉斯斯坦。塔吉克斯坦没有安排在江泽民主席的访问日程中，为此塔吉克斯坦的领导人拉赫莫诺夫（Rachmonov）1996 年 9 月访问了北京。

这些访问只是涉及不同领域的合作问题。尽管签订的许多协议和文献至今还仅仅见之于纸上，但是这已经为进一步发展中亚各国和中国的良好的国家关系和进一步合作奠定了坚实的基础。

高频率的官方访问和签署的大量文献表明，中国和中亚各国之间的相互关系对双方是何等的重要。当然，应该看到，北京同每个中亚共和国接触的程度和规模都不尽相同。乌兹别克斯坦、吉尔吉斯斯坦，尤其是哈萨克斯坦比起塔吉克斯坦和土库曼斯坦来，显然更为重要。塔吉克斯坦国内的战火和不稳定使得同中国的更紧密的合作尚待时日，而中国和土库曼斯坦在地理上没有直接接壤，这或许也是一个原因。

三　边界问题和政治安全合作

中国和它直接接壤的独联体邻国的重要问题，就是在边境地区确定在过去经常发生争议的边界线问题，削减军队和采取相互信任的措施。自从苏联解体以来，关于这一揽子问题的谈判在俄罗斯联邦、哈萨克斯坦、吉尔吉斯斯坦和塔吉克斯坦为一方，中华人民共和国为另一方的参与下，进行了所谓"1＋4"的会谈。这一过程所取得的涉及中亚国家的重要成果就是共同制定地形测量图来作为边界线划分的基础，1994 年李

---

①　G. 瓦克尔：《中国和苏联的后继国》，第Ⅱ部，1994 年，科隆，第 6—25 页。
②　G. 瓦克尔：《新的"丝绸之路"或新的"游戏"？李鹏的乌兹别克斯坦、土库曼斯坦、吉尔吉斯斯坦和哈萨克斯坦之行》，1994 年，科隆。
③　这个协定的中文文本发表在中国国务院的公报上，《中华人民共和国国务院公报》，1994 年，No. 31，第 1178—1194 页。

鹏在访问哈萨克斯坦时签订的中国—哈萨克斯坦边界协定，1996 年中国国家主席江泽民和吉尔吉斯斯坦总统 A. 阿卡耶夫（Askar Akajev）签订的中国—吉尔吉斯斯坦边界协定。随后中国和哈萨克斯坦之间的边界划分工作也开始了。①

此外，在俄罗斯总统叶利钦访华期间，于 1996 年 4 月 26 日在上海隆重签订了关于在边界地区采取相互信任的措施的多边协定，不仅俄罗斯总统和中国的领导人，而且还有哈萨克斯坦、吉尔吉斯斯坦和塔吉克斯坦的领导人都参加了这一签订仪式。关于这个协定的一致看法是在 1995 年第十七次 "1 + 4" 的会谈中取得的。

上海协定总共 16 条条款，对在俄罗斯、哈萨克斯坦、吉尔吉斯斯坦和塔吉克斯坦为一方与中国为另一方之间的边界地区的军事领域采取相互信任的措施进行调节。这个文献规定，在边界地区驻扎的军队不要相互攻击（第 1 条）。第 2 条列出了采取相互信任的措施和领域：关于武装力量和边防部队的信息交流；不进行针对另一方的军事演习；限制军队演习的规模、地理范围和数量；由于紧急情况采取大规模行动和军队调动要通报对方；军队和武器暂时进入和运送至离双方边界 100 公里的地区须通报对方；邀请对方的观察员来观看军事演习；海军的内河炮艇暂时进入离中俄边界东部地段 100 公里的地区通报对方；采取措施防止发生有危险的军事行动；加强边境地区的武装力量和边防部队人员之间的友好交往；采取对双方都适合的相互信任的措施。第 3—11 条条款对第 2 条表述的内容做了详尽说明。第 12 条讲的是个人侵犯边界线时的审理程序。最后的文字讲的是这个协定的实施、期限和生效。在附录里对应该进行交流的人员和武器的范围做了界定。②

1996 年底，俄罗斯总统叶利钦和中国总理李鹏宣布要签署一份有五页长的在共同边界上裁减军备的文献。1997 年 4 月，中国国家主席江泽民访问莫斯科时，这五个国家（中国、俄罗斯、哈萨克斯坦、吉尔吉斯

---

① Zit. n. Summary of World Broadcasts〔sub〕su/2684（7. 8. 96），G /I.

② 这个协定的非官方英译文是由网络通过电子渠道传播开的，即 Northeast Asian Security and Peace Network in California. http：//www. nautilus. org。虽然提供了这个来源，但并不能从这个译本推知，这个译本是否以协定的俄文本或中文本为蓝本的。

斯坦和塔吉克斯坦）的元首签署了这个协定。协定的细节只有在这些签约国的议会批准这个协定后才予以公布。按照中国外交部部长的说法，这个协定规定了在离边界线100公里内的地区驻守陆军、空军和防空部队的人员及武器装备的上限数量。

在和平解决沙皇时代和苏联遗留下来的边界问题上尽管取得了长足的进步，但是还有一些问题没有得到解决。在一些问题上双方没有取得一致的看法。

四　经济合作

20世纪80年代中国经济改革的发展战略就是优先推动沿海各省的经济发展，因此国内地区经济的增长不一致，出现地区经济差距。① 内陆省和西北地区既不是经济改革的主要目标，也不是改革的主要受益者。

新疆的经济学家提出了"双重开放"的设想作为对沿海战略的回答和补充。这一设想一方面加强了新疆同中国内地市场的一体化，另一方面以打开中亚市场和中东市场为取向。东北三省也提出类似的设想，向俄罗斯联邦的远东和朝鲜半岛开放。与此相关的是应该指出，自从苏联解体以来，关于在中国与中亚和中东国家之间建设交通运输网和扩大经济贸易关系的讨论得到了加强。在1984年就已经决定铺设铁路，将中国西北的新疆维吾尔自治区和哈萨克斯坦连接起来。早在50年代就开始铺设铁路将新疆省会乌鲁木齐和苏联的阿拉木图连接起来，但是由于中苏关系恶化，这项工作在1960年就搁浅了。1990年9月，在苏联的贷款资助下，以前未铺完的跨越边界的铁路线竣工。这条铁路线将鹿特丹同中国的海港城市连云港连接起来。对这条铁路线的开通人们寄予了很大的期望。

为了加强同边界西面地区的经济交往，就需要在新疆和接壤的国家之间开通更多的边境通道。至80年代初，只有两条通道：一条通往巴基斯坦，另一条通往苏联。1994年已经开放了五条边境通道通往中亚，其

---

① M. 许勒尔：《中国经济奇迹中的阴影：地区经济滑坡和贫困》，载于《当代中国》1997年2月号，第128—145页。

中有四条通往哈萨克斯坦，一条通往吉尔吉斯斯坦，还有一些通道已获批准和正在兴建。

既然中亚国家的基础设施是前联的遗产，是以俄罗斯为取向的，这些国家还需要寻找新的运输途径，以便将它们的能源原料运往世界市场。几年来一直在设想铺设两条输油管，将土库曼斯坦的天然气和哈萨克斯坦的石油通过新疆运送到中国的东海岸，从那里就有可能再运送到日本。这一方案的实现当然需要巨大的投资。由于铺设输油管需要中国提供巨大的"输油管管道空间"，时下还未动工。

中国和中亚国家在官方互访中一再强调它们经济的"互补性"和经济合作与贸易的巨大潜力。事实上中国和这几个中亚共和国的贸易增长率在1992年和1993年都是值得一提的。中国成为哈萨克斯坦和吉尔吉斯斯坦至少是在独联体外的最大的贸易伙伴之一。此外中国还在这几个中亚共和国里开设了中国商场、饭店和商店。但是中国新疆和中亚国家的合作也因一些因素而受阻和受到限制。不发达的跨国运输公路是薄弱的一环，要消除这种状况需要时间和大量投资。双方都缺少硬通货，因此双边贸易的大部分还是以货易货，而俄罗斯和中亚国家方面通常都抱怨中国消费品的质量不高。

然而可以确定，合作的出发点是现存的，对整个地区来说，经济进步和繁荣正是中国政府和中亚国家政府的目标。中国期望西北输油管的对外开放能促使经济的加速发展。对中国领导人来说，西北地区这个特殊地区产生的特殊因素在同中亚近邻的关系中起着重要的作用。

五　前景

中国政府声明，它反对任何形式的强权政治和争夺霸权。中国自身无意在一个地区施加无论是政治上还是经济上的"影响"。就这一点而言，中华人民共和国强调指出，它需要一个"和平的国际环境"来进行国家的改革和实现国家的现代化。中亚国家也不会期望一个强大和富强的中国在未来会有强权要求。中国要实现它的现代化纲领，需要一个和平的国际环境，中国对外政策的出发点和努力改善同中亚共和国的关系这一点几乎是不会改变的。可以预见，中国政府对中亚国家政权结构的变化会做出灵活的反应。中国的改革政策在新疆取得了成功，少数民族的生活水平要进一步提高。北京要实现这一切，除了继续加强同中亚国家的经济和贸易关系，加强对这个地区的开放之外，已没有别的道路可走。

（选自《国外社会科学》1999 年第 5 期）

俄国"熊"眼中的中国"龙"

——基于中国文化软实力调查数据的分析

李　玮*

近年来，随着中国政府对国家软实力的重视，国家形象问题备受关注。关于中国在俄形象，国内学界陆续问世了不少有价值的研究成果，其中多数关注历史考证，对两国有接触以来的中国形象，进行哲学、宗教、文学上的探寻与解析。2011 年 11 月，北京大学"中国对外传播文化软实力研究"课题进行了面向全俄罗斯的网络问卷调查，意在从大众角度，以实证手段，考察并解析当代中国在俄罗斯的形象。该次问卷调查（以下简称 2011 年调查问卷）是中国民间第一次面向俄罗斯民众的大规模网络调查，共收回问卷 1089 份，经过整理、排除后，认定有效问卷为 1061 份。此外，本课题组还于 2010 年 4—5 月在莫斯科街头做过同一主题的随机问卷调查（以下简称 2010 年调查问卷），获得有效问卷 501 份。俄罗斯的"社会舆论基金"也在 2008 年 7 月面向俄罗斯 46 个联邦主体 100 个居民点做过"中国形象"网络问卷调查①，获得有效问卷 1500 份。本文主要以"2011 年调查问卷"的结果为基础，利用 SPSS 数据分析软件就中国在俄罗斯的软实力现状进行描述性分析，后两次调查的数据在文

---

* 李玮，女，1964 年生，博士，北京大学外国语学院俄罗斯语言文学系教授、博士生导师。

① Фонд общественного мнения, Образ Китая, http://www.fom.ru. Базы данных Фом. 2008.

中起参考和印证作用。

一　俄罗斯民众对中国社会文化的认知与认同

根据过去的经验，俄罗斯民众对中国的兴趣有限，了解不足，认知主要局限在表层文化层面。但是近年来，两国政府非常重视促进两国间的友好交流，高层领导不断互访，民间往来络绎不绝，2006—2007 年两国互办"国家年"，2009—2010 年互办"语言年"，2012—2013 年又互办"旅游年"。在一系列重大的国家级文化交流活动之后，俄罗斯民众对中国文化的认知和认同会不会发生变化。为此，我们设计了下列问题（见表1）。

表1　　　　你在生活中可以接触到哪些中国文化元素？（多选题）

	中国历史	中国哲学	中国宗教	中国文学	中国文字	名胜古迹	中国建筑与园林	中医	工艺品	中国杂技	中国舞蹈	中国绘画
百分比（%）	16.02	22.34	7.63	7.54	11.31	8.67	9.8	20.64	8.48	6.88	3.77	9.14

	中国服装	中餐	春节	中国功夫	电影明星	体育明星	中国电影	电视剧	中国戏剧	中国动漫	中国书籍	什么也接触不到
百分比（%）	5.56	42.32	1.89	4.24	8.2	3.86	19.51	2.83	1.41	16.78	5.56	17.06

这个问题首先考察中国文化在俄罗斯的普及度。数据表明，1061 名受访者中，只有 17.06% 的人表示接触不到中国元素，多数受访者在生活中或多或少能与中国元素有所接触，说明中国形象在俄罗斯正在走向普及。

全部 23 项选择中，普及度最高的前 10 位中国文化元素为：中餐、中国哲学、中医、中国电影、中国动漫、中国历史、中国文字、中国建筑与园林、中国绘画、名胜古迹。我们凭经验认为应该具有很大知名度的中国功夫和戏剧，却分别排在第 18 位和第 23 位。

中餐是让世界认识中国的最主要渠道。但出乎意料的是，中国哲学的认知度紧随中餐排在第二位，中国历史和文字也有较高的认知度。俄罗斯人在生活中如何能接触到中国哲学及精神层面的文化？其原因可以追溯到俄国历史上早期的中国形象。17 —18 世纪，中国形象主要通过西方传入俄国，西方教会和思想界人物的著作和文学作品是主要的信息源，而对中国儒家、道家思想的介绍是这些著作的主要内容，以至于中国在俄罗斯的形象雏形竟被称为"哲人之邦"①，中国代表的东方思想一度引起许多俄国思想家和文学家的兴趣。其次，近年来中国政府的孔子学院计划也起到推动作用。截至 2011 年，中国在俄罗斯已开办了 17 所孔子学院，分布在全俄 16 个城市。孔子学院除了教授汉语，还经常举办各种文化传播活动，成功地使中国古代思想家孔子的名字蜚声海外。此外，两国近年来深入广泛的文化交流也起到巨大的推动作用。调查数据还显示，表示能接触到中国哲学的受访者主要为 25—45 岁年龄段的青壮年（占接触总人数的 81.5%），说明中国精神文化在俄罗斯青年人中开始有较高的认知，这是一个很好的开端。

随后，我们用同样内容的问卷考察俄罗斯人对中国文化的认同，提问"哪些中国元素对您最具有吸引力"，得到的答案排序稍有不同：中餐 44.86%，中国哲学 31.67%，中医 28.93%，中国历史 27.9%，名胜古迹 25.45%，中国园林 24.32%，中国电影 19.60%，中国文字 17.81%，中国动漫 16.12%，中国绘画 15.83%，中国宗教 14.51%，中国杂技 14.42%，工艺品 11.12%，中国服装 10.65 %，中国文学 8.29%，电影明星 8.48%，中国功夫 8.01%，中国舞蹈 6.79%，中国书籍 6.13%，体育明星 5.28%，春节 5%，电视剧 3.02%，戏剧 0.94%，什么都不感兴趣 15.08%。

调查数据证实，中餐的吸引力仍然排名第一，中国哲学的吸引力再度排名第二。也就是说，俄罗斯人在生活中不仅能接触到中国哲学，并且对中国哲学非常感兴趣，这一点与我们在其他四国的调查结果大相径

---

① 孙芳、陈金鹏等：《俄罗斯的中国形象》，人民出版社 2010 年版，第 41 页。

庭。我们认为，俄罗斯人对中国哲学感兴趣的原因，除了历史的根源、孔子学院的影响、两国政府成功的宣传外，还在于近年来西方核心价值体系表现出的局限性，以及俄罗斯本国的民族价值观在转型中受到损害，因此转而对东方哲学感兴趣。俄罗斯是一个多劫难的民族，回顾整个20世纪，大清洗、第二次世界大战、阿富汗战争、苏联解体、剧烈转型、恐怖主义等一系列事件使俄罗斯民族饱受苦难，中国传统思想所提倡的"和而不同"，"己所不欲勿施于人"等崇尚和平、和谐的价值理念应该可以获得多数俄罗斯人的认同。

数据显示，俄罗斯人对中国电影和动漫的认知度和认同度排名也较高，说明近年来我们的电影和动漫出口取得较好的成绩。但中国文学的影响力明显不够。另外，电视剧其实是传播一国文化最便捷、影响范围最广的渠道之一，比如韩国文化在中国成功传播的重要手段就是"韩剧"。但问卷显示，中国电视剧在俄罗斯的认知度和认同度都很低。数据还表明，中国书籍的认知度与认同度均排名很靠后。事实上，图书作为一种传统的传播手段，对宣传国家形象有着巨大的潜力，特别是针对俄罗斯这样的阅读大国。

二 俄罗斯民众对中国价值观的认知与认同

中国传统价值观的精髓是始终把谋求人与自然、社会的和谐统一作为人生理想的主旋律，讲包容、知敬畏、懂谦让、提倡社会和家庭和谐。儒家思想的仁、义、礼、智、信包含了中国传统价值观的核心内容。问卷中，我们选择了仁、义、礼、孝、恕等具有代表性的中国价值内核，并在制作问卷时以外国人易懂的方式对其进行了简单注解（五国调查问卷的注解均从美国问卷翻译而来，以保证调查结果的一致），比如"仁"即"人与人之间相互友爱、同情、互助"；"恕"即"己所不欲勿施于人"；"礼"即"礼貌、尊敬他人"；"义"即"公正、合乎公益"；"孝"即"尊敬和善待父母"；"和而不同"即"尊重彼此的差异，和睦相处"；"辩证思维"即"以全面的、联系的、发展变化的观点，而不是非此即彼的观点看待事物"。问卷还包括了当代中国提倡的价值观，如"天人合一"（即"尊崇自然，人与自然和谐"）、"以人为本"（即"尊重人民、依靠人民、为了人民")、"集体主义"（即"个人与集体利益发生冲突时，在充分重视个人利益的前提下，以集体利益为重"）等。问卷首先提问受访者对上述中国核心价值观的认同（见表2）。

表2　　　　　你是否赞成下列中国人的价值观？（多选）

	仁	恕	孝	礼	义	和而不同	辩证思维	天人合一	共同富裕	和谐社会	以人为本	集体主义	都不同意
百分比（%）	62.87	57.68	63.52	75.78	62.11	47.31	45.33	68.52	29.59	56.55	33.65	21.96	3.11

总体来看，绝大部分受访者对中国价值观有不同程度的认同，只有3.11%的受访者完全不同意任何中国价值观。中国传统的价值理念获得的认同度最高，对"礼""天人合一""孝""仁""义""恕"的认同人数比例均超过50%。"和谐社会"理念也被高达55%的受访者所认同。结合前面关于受访者对中国哲学的兴趣与认同，我们认为，中国传统核心价值理念能够被俄罗斯文化所接纳，中国精神的根本元素能够在俄罗斯找到共鸣。

随后，问卷以同样的内容，询问"你认为中国人本身是否赞成这些价值观"，以便从另一个角度深层次了解俄罗斯人眼中的中国人形象。数据表明，俄罗斯人认为中国人赞同的价值观排序是：孝（66.82%）、礼（65.13%）、仁（63.15%）、天人合一（61.64%）、义（53.72%）恕（54.38%）、和谐社会（52.78%）、和而不同（51.74%）、辩证思维（49.58%）、集体主义（46.75%）、以人为本（45.99%）、共同富裕（42.22%）。各项测评均有较高的认同度，说明俄罗斯人肯定中国人遵循自己民族的价值理念，表里如一。这是对中国人的正面肯定。

三　俄罗斯民众对中国制度的认知与认同

新中国成立后，在制度文化方面曾经大量学习苏联。但是苏联解体后，俄罗斯联邦与中国的社会制度有了质的区别。中国在现行制度的基础上，走渐进式的改革道路，取得了巨大的成功，中国的发展被许多俄罗斯人所赞扬和认同。那么，俄罗斯民众对保障了社会巨大发展的中国现行社会制度是否了解，又是否认同？

表3　　　　　　　　对中国政党制度的认知（单选）　　　　　　单位：%

一党制	共产党领导下的多党制	多党制	两党制	不知道
40.43	14.51	10.65	3.68	26.20

表4　　　　　　　　对中国政治制度的认知（单选）　　　　　　单位：%

共产主义	社会主义	资本主义	封建主义	某种主义	不知道
25.16	25.07	13.38	3.20	15.83	17.34

数据显示，对于中国的政党制度，俄罗斯受访者的认识五花八门，近85%的受访者不知道或认知有误（见表3）。关于政治制度，1/4的受访者认为中国在搞共产主义（见表4），而且认为中国在搞共产主义的人中72.3%为25—34岁的青年人。数据说明，俄罗斯人特别是俄罗斯青年人对中国制度文化的了解存在很大误差，对现代中国的多元性认识不够。但是，值得重视的是，在错误地认为中国是共产主义和一党制的同时，多数受访者仍然承认中国现行社会制度的正面作用（见表5）。

表5　　　　　　　　对中国政治制度的认同（单选）　　　　　　单位：%

非常制约	制约	中立	促进	非常促进	不知道
11.59	14.14	15.93	31.57	12.35	14.42

我们不能说，上述数据可以证明受访者认同中国的现行政治制度，但是至少说明他们对中国现行制度下的国家发展持充分肯定态度。俄罗斯"社会舆论基金"的调查结果也显示，与西方国家的视角不同，俄罗斯民众似乎更看重中国的政治稳定、经济振兴、国家富强，而对民主、

人权等敏感问题少有否定评价，在回答"你对中国印象好的原因是什么"时，"中国领导人有建树""中国政策好""社会有秩序"等表述在答案排序中名列第5、第6、第7位。① 这也是5国调查中俄罗斯与其他4国的最大不同。

四　俄罗斯民众对中俄关系的认知与认同

国家关系确切来说并不是文化软实力的内容，但是，外交政策和手段是软实力的主要组成部分，而外交政策和国家关系之间是一种因果关系，中俄关系现状的好坏，明确反映出软实力之一的两国外交政策和手段的正确与否。近年来，中俄关系不断"升温"，中国民众对俄罗斯持友好态度。中国零点调查公司的调查数据显示，中国城市居民连续三年（2003、2004、2005）将俄罗斯排在"最喜爱的国家"之首。② 那么，俄罗斯民众怎样看待中俄关系？对它的评价如何？

调查数据表明，62.3%的受访者（"较好"加"很好"）肯定目前中俄两国关系的友好，另有27%的受访者认为两国关系正常，不好不坏，只有将近3.7%的受访者认为两国关系不好（"不好"加"很不好"）。2010年问卷中同样的问题得到的答案为：48%认为中俄关系好，24%认为中俄关系正常，28%认为不好，1%不知怎么回答。此外，2010年调查问卷还设计了问题"你怎么看待进一步发展中俄关系的必要性"，结果85%的受访者回答有必要，5%否定，10%不置可否。③ 综合各种调查数据，我们认为，俄罗斯民众对中俄关系的现状是肯定的，并认为有必要继续发展两国关系。

①　Фонд общественного мнения, Образ Китая, http：//www. fom. ru. Базы данных Фом. 2008.

②　资料来源于零点调查公司2001—2005年"中国城市居民心目中对中国友好的国家"调查报告。

③　2010年调查问卷，2010年4月30日—5月12日，俄罗斯莫斯科。第3.6—3.7问。

表6　　　　　　　　　　你怎么看待中俄关系？（单选）

中俄关系	很不好	不好	不好不坏	较好	很好	不知道
百分比（%）	0.9	2.7	27.5	54.9	7.4	6.5

表7　　　　　　　您认为今日中国对俄罗斯是否构成威胁？（单选）

中国威胁	完全没有	没有	中立	有威胁	非常大	不知道
百分比（%）	25.4	19.9	26.6	11	2.1	15

　　俄罗斯"社会舆论基金"2008年的社会调查设计了问题"你认为中国是友好国家吗"，结果54%的受访者肯定中国的友好，24%否定，22%不知道。① 该数据说明在俄罗斯民众心中，中国具有正面友好的形象。但是，在俄罗斯民众喜爱中国、中俄两国关系步入良好稳定的背后，有没有妨碍中俄关系发展的不和谐因素呢？"中国威胁"一直是我们经常在俄罗斯媒体上看到的话题，也是我们的担心所在。为此我们设立了一个专门的问题，受访者给出的答案在一定程度上肯定了我们的担心。

　　数据显示，尽管45.3%的被调查者（"完全没有"加"没有"）认为不存在中国威胁，但还是有13.1%的人（"有威胁"加"非常大"）肯定威胁的存在，26.6%的人不置可否，15%的人不知道怎么回答，也就是说，半数以上的被调查者（54.7%）对中国威胁问题持肯定或保留态度（而2010年调查问卷关于中国威胁的调查结果是：37%认为有威胁，43%认为没有威胁，20%不知道怎么回答②）。

　　中国威胁来自何方？俄罗斯人对中国有哪方面的担心与恐惧？2011年问卷没有深入调查。"社会舆论基金"2008年调查结果表明，"中国人口太多""会占据俄罗斯领土""产品质量差""中国会掠夺我们的自然

---

① Фонд общественного мнения, Образ Китая, http://www.fom.ru. Базы данных Фом. 2008.

② 2010年调查问卷，2010年4月30日—5月12日，俄罗斯莫斯科。第3.5问。

资源""中国人狡猾不可信"是俄罗斯民众的戒心所在。① 追根溯源，俄国历史上的中国形象雏形里，就有13世纪鞑靼人入侵带来的"东方威胁论"以及18世纪"黄祸论"等阴影。我们认为，俄罗斯对中国的戒心一直存在。俄罗斯地广人稀，而近邻中国却是一个人口众多、正在崛起的大国，俄罗斯民众产生戒心也属正常。只是中国政府在完善软实力的过程中应该充分重视并努力消除他们的担忧，以免对中俄关系的发展形成阻碍。

五　俄罗斯民众对中国整体形象的认知与认同

国家形象是建立在对文化、制度、价值观等多方面认知之上的总体印象，是软实力最直观最直接的表现。对中国的总体印象包括对中国人、中国国家以及广义中国文化的印象（见表8）。

表8　　　　　　　　　　你是否同意下列对中国人的评价？

	完全不同意（%）	不同意（%）	中立（%）	同意（%）	完全同意（%）	不知道（%）	均值
有创造性	3.68	5.09	24.22	43.45	17.62	6.3	3.69
有效率	1.79	4.81	19.7	40.06	26.77	6.88	3.91
有活力	1.32	2.17	12.25	43.64	35.91	4.71	4.13
待人友好	1.41	3.58	22.90	35.16	20.36	16.59	3.80
敏感	2.64	9.24	38.64	15.36	7.16	26.96	3.18
守诚信	3.58	8.77	36.57	20.83	8.95	21.30	3.27
有教养	1.98	3.02	22.53	41.75	21.39	9.33	3.83

调查结果显示，俄罗斯受访者充分肯定中国人的上述正面品质，最被受访者肯定的中国人的优秀品质是"有活力"。俄罗斯受访者认同度相

---

① Фонд общественного мнения, Образ Китая, http://www.fom.ru. Базы данных Фом. 2008.

对较低的是中国人"守诚信"问题。俄罗斯"社会舆论基金"2008年调查显示，俄罗斯人认为中国人最好的品质是"勤劳"，最坏的品质是"缺乏诚信"。① 这个结论与表8展现出的结论相吻合。

关于中国文化和国家的总体印象，表9和表10给出了清晰的回答。

表9 你最喜欢下列哪一个国家的文化？

	美国文化	中国文化	德国文化	日本文化	印度文化
百分比（%）	12.14	54.5	16	53.7	28.6

表10 你更喜欢下列哪一个国家？

	美国	中国	德国	日本	印度
百分比（%）	11.1	29.4	20.9	25.9	12.6

文化与国家不是一个概念，文化属社会历史现象，国家则是地缘政治概念。正如表9和表10中所表现的，印度文化被俄罗斯受访者所喜爱的程度远在它作为国家的概念之上。但是数据显示，无论是中国文化还是中国国家本身，都排在受俄罗斯民众喜爱之首。日本紧随其后，名列第二。出乎意料的是，美国文化和美国国家排名最后，最不受俄罗斯受访者喜爱，俄罗斯人对美国的认同甚至低于在第二次世界大战中给其造成巨大创伤的德国。事实上，美国在制度文化方面与俄罗斯的现行制度更为接近，美国所代表的西方核心价值理念也在苏联解体后被俄罗斯民众所接受，其软实力的构成中有更多的部分与俄罗斯相吻合，同时美国还是世界头号经济强国，应该具有更多的被俄罗斯民众认同之处才对。调查为什么会出现这个结果？其中表现出怎样的俄罗斯社会心态？表11—表15也许可以提供一些思考。

---

① Фонд общественного мнения, Образ Китая, http://www.fom.ru. Базы данных Фом. 2008.

表 11　　　　　喜欢中国（312/1061）的原因是什么？

	社会稳定	环境优美	文化灿烂	政治民主	经济发达	和平外交	国民素质高	其他原因
百分比（%）	30.4	58.7	76.0	14.1	48.4	25.3	49.0	14.1

表 12　　　　　喜欢日本（275/1061）的原因是什么？

	社会稳定	环境优美	文化灿烂	政治民主	经济发达	和平外交	国民素质高	其他原因
百分比（%）	42.2	37.5	74.9	9.5	56.4	20.0	62.9	15.6

表 13　　　　　喜欢德国（222/1061）的原因是什么？

	社会稳定	环境优美	文化灿烂	政治民主	经济发达	和平外交	国民素质高	其他原因
百分比（%）	64.4	24.8	23.9	26.1	58.6	20.3	53.6	16.7

表 14　　　　　喜欢印度（134/1061）的原因是什么？

	社会稳定	环境优美	文化灿烂	政治民主	经济发达	和平外交	国民素质高	其他原因
百分比（%）	5.2	56.0	81.3	4.5	5.2	14.9	17.9	18.7

表 15　　　　　喜欢美国（118/1061）的原因是什么？

	社会稳定	环境优美	文化灿烂	政治民主	经济发达	和平外交	国民素质高	其他原因
百分比（%）	34.7	20.3	28.8	22.9	51.7	12.7	25.4	31.4

　　受访者对中国、日本和印度的喜爱，首先是因为其灿烂的文化。喜爱德国的首要原因是社会稳定，喜爱美国的首要原因是经济发达，但对这两个国家的"和平外交"和"文化灿烂"的认同度都排在最后。从表11—表15的数据看，受访者对美国的抵制，可以解释为美国文化缺乏吸引力和美国外交的强势与不平等。当然，事实上一定还有大量我们问卷没有涉及的原因。但是值得我们思考和重视的是，要想吸引俄罗斯这样

具有深厚文化素养、崇尚精神的民族，文化感召力和相互尊重、平等外交的作用是巨大的。俄罗斯民族是一个感性的民族，也是一个极度自尊的民族，又是一个具有国家情结的民族。在与俄罗斯交往、针对俄罗斯建构自己的软实力时，应该充分考虑到它的民族性。

中国和日本的受喜爱程度名列前茅，说明俄罗斯民众对东方文化的兴趣正逐渐增加。在未来的国家交往中，东方文明应该会起到更加重要的良性作用。

六　思考与建议

回顾历史，中国形象在俄国经历过辗转的变化。公元 13 世纪初蒙古国鞑靼人的入侵与近 250 年的野蛮统治，首次留给俄国的"东方印象"即对野蛮的马背民族的恐惧。虽然当时中国和蒙古国完全是两个概念，但俄国人心中的"东方"概念很笼统。即便是现在，仍然有人把当年蒙古人的入侵与中国相关联。因此，俄国的"中国形象"雏形与"东方印象"相混淆，充满神秘与恐惧。15—16 世纪的中国在俄印象，主要来源于西欧。西方教会人士与哲人对东方思想的介绍，是俄国人认识中国的主要途径。这个阶段，中国成为遥远而神秘的"哲人之邦"，中国丝绸、茶、瓷器等物品也增强了神秘的东方吸引力。17—19 世纪，中俄接壤后，中国"腐朽之邦"的形象深入俄国，特别是 19 世纪"黄祸论"的阴影，导致"黄色威胁"一度主导俄国对中国的认知。进入 20 世纪后，出于意识形态的需要，中国形象转好，被政治宣传为"兄弟之邦"，这种亲密但不平等的关系一直延续到赫鲁晓夫后期，随着中苏交恶，中国形象再度被妖魔化。

总体来看，今天俄罗斯眼中的中国形象，似乎是处于有史以来最客观、最理性的时期。根据我们的调查问卷，如今俄罗斯民众了解中国的主要渠道是俄罗斯本国传媒（72.6%），其次是中国商品（49.6%）、中餐（32.0%）、中国人（26.9%），其他国家传媒的影响已降至 23.7%。[①]将 5 国的调查结果横向比较，明显看出俄罗斯自身观察与思考的独特之

---

① 《中国文化软实力对外传播研究》2012 年全俄网上调查问卷，第 22 问。

处，说明俄罗斯正在摆脱西方的中介，形成自身直观的对华印象。调查结果还证明，俄罗斯的中国形象似乎进入史上最佳时期：中俄两国在价值观层面有较大的共识，在制度层面没有明显的敌视和排斥，在外交政策上也有较大的认同，而至于文化层面，俄罗斯人对中国文化（从饮食到精神）的喜爱程度，超过对日本、印度、德国和美国。俄罗斯民众充分肯定中国的政治稳定和经济发展，俄罗斯对中国的认知和认同正在良性发展，中国软实力在俄罗斯具备良好的发展基础。但是，问卷也反映出不少问题，比如俄罗斯人对中国社会制度的认知存在一定偏差，对中国存有戒心，对中国商品和人口素质抱有疑虑。调查问卷分析使我们产生以下思考。

第一，文化对俄罗斯这样的民族作用力很大，中国应充分重视文化软实力的建设，以文化感召俄罗斯，获取俄罗斯更大的信任和友好。虽然历史上俄罗斯民族惯常以武力开道，大规模扩张，但是，俄罗斯民族又是一个非常崇尚精神、很感性的民族。无数史实证明，俄罗斯民族不可被武力征服。无论是 13 世纪鞑靼人的入侵，还是 1812 年拿破仑的入侵、第二次世界大战时希特勒的入侵，都没能使俄罗斯民族低头。但是，不少史实表明，俄罗斯民族是可以被文化吸引和感召的，公元 988 年弗拉基米尔大公引进东正教，彻底改变了俄罗斯自身的多神教原始文化。18世纪初彼得大帝全盘引进西方文化，对斯拉夫文化产生强烈冲击，改写了俄罗斯的文化史。此外，俄罗斯 2/3 的领土在亚洲，它的历史文化里本来就有东方的元素，我们应该充分认识到这一点，在未来的中俄关系中，加强文化建设，在文化共识的基础上，进一步发展和深化两国关系。

第二，调查问卷显示，中国文化对俄罗斯的吸引力在增加，但是，我们也看到，许多本应具有更大影响力的文化元素，并没有发挥出应有的作用，比如中国文学、艺术、图书、电视、戏剧等。俄罗斯是一个阅读大国，又是一个艺术王国，对建筑、绘画、音乐、舞蹈、戏剧都有极高的造诣。但调查结果表明，受访者中对上述中国文化元素的认知非常有限。因此，我们应该充分重视文化传播的多样化问题，加强对俄罗斯人感兴趣、容易引起共鸣的文化形式的传播。

第三，调查数据显示，俄罗斯受访者对中国传统价值观有充分的认同。数据还显示，俄国"熊"眼中的中国"龙"形象中最不和谐之处，就是"中国威胁"问题。俄罗斯民众担心中国人逐渐渗透威胁其东部疆土，窥视其丰富资源。其次，"中国威胁论"还源于中国经济的迅速崛起。文化软实力的提出者约瑟夫·奈曾指出："当一个国家处于崛起的阶段，往往会引起邻国的恐慌，并可能导致其他国家联合起来扼制这个国家的崛起。但如果这个崛起的国家同时拥有'软实力'，它就能让自己具有吸引力，并减少其他国家的恐惧和试图扼制其崛起的可能性。"① 目前，中国正处于经济腾飞阶段，俄罗斯人产生戒心和恐惧不足为奇。因此，缓解俄罗斯人的戒心，消除不必要的误解和误读，是未来发展两国和平外交关系的重要任务之一。

我们认为，挖掘和推广中国传统价值观的魅力和吸引力，对缓解俄罗斯人的顾虑与恐惧具有极其重大的意义。数据表明，中国哲学在俄罗斯的影响力逐渐增大，中国传统价值观具备很高的认同度。事实上，中国传统价值观中的"和谐""和而不同""己所不欲勿施于人"等核心理念，可以深化中国"不称霸，不做超级大国"的国家原则，使俄罗斯人对中国人的和平发展价值观以及该价值观指导下的具体行为产生信心。我们应该充分利用在俄孔子学院的作用，逐渐将孔子学院的功能从教授中国语言向传授中国哲学、中国思想、中国价值观和文化转变。同时，努力在更多的、面向世界的文化形象建构和文化交流活动中，有意识地融入中国传统价值观的元素。

第四，数据显示，俄罗斯人眼中的中国形象总体不错，尽管如此，我们还是能发现中国形象中的一些负面性，如产品质量、人口素质和诚信问题。事实上，诚信缺失在中国国内也已成为一个严重的社会问题。过去由于出口不规范、商人缺乏诚信，中国产品一度在俄罗斯成为"劣质"的代名词。而这个代名词，必然影响到中国的整体形象，因此，进一步加快国民现代化的步伐，提高民众思想观念、生活方式、行为方式等各方面的综合素质，真正使中国成为名副其实的"诚信之邦""礼仪之邦"，也是打造和完善中国文化软实力的重要一步。

总之，尽管这次社会调查的覆盖面和数量有限，但是，俄罗斯人对待中国的基本态度从中已可见一斑。形象是需要有真实内涵的，这要求

① 《约瑟夫·奈访谈录》，《南风窗》2009 年 6 月 18 日。

我们真正做好自己，增强国力，弘扬中华文化，提高国民素质，完善自己的"软实力"。同时，形象也是需要塑造的，让别人了解你，认识你，信任你，喜爱你，是进一步相互交流、发展良性关系的一个重要基础。中俄两国是近邻，在当今世界格局中有着太多的共同利益，建构良好的中俄关系已经成为中国政府外交领域的重要关注部分。中俄关系的良性发展，不仅取决于两国政治经济利益的需要，同时也取决于两国民众的相互认可和相互信赖。因此，我们应该做到知己知彼，在了解俄罗斯民众眼中的真实中国形象基础上，扬长避短，打造更好的国家形象，吸引俄罗斯，这对于增强两国的战略伙伴关系、发展长远的中俄友谊无疑具有重大的历史意义。

（选自《国外社会科学》2012 年第 5 期）

中国文化软实力在德国的
认知及接受度分析

王异虹　龙新蔚　江晓川[*]

一　引言

德国在国际社会中一直具有相当的影响力。作为世界第四大经济体，德国与中国在经贸等"硬实力"领域联系密切。中国是德国在亚洲重要的经济伙伴，德国也是中国在欧洲的重要贸易伙伴。此外，中德两国在文化交流上也在不断进行尝试和探索。2012 年是中德建交 40 周年，两国在德国合办以"对话与合作"为主题的"中国文化年"系列活动。该活动以音乐、戏剧、舞蹈、文学、电影、展览等形式，通过在德国大约 30 个城市的 150 多个项口、500 多场演出，向德国民众近距离展示了中国的传统与当代文化。

德国华文媒体《欧洲新报》和《新报在线》总编辑范轩在接受采访时表示，在海外从事文化产业，最直观的感受是，正视中国实力的西方人很多，而真正了解中国文化的人却很少。原因在于，在很大程度上，代表中国"硬实力"的经济发展速度与彰显中国"软实力"的文化发展

---

*　王异虹，女，1963 年生，北京大学新闻与传播学院跨文化交流与管理研究中心副主任、副教授。龙新蔚，女，1987 年生，中国科学院研究生院人文学院新闻与科技传播系硕士研究生。江晓川，男，1986 年生，中国科学院研究生院人文学院新闻与科技传播系硕士研究生。

步调并未平衡、同步地推进。① 中国文化在德国的传播发展现状如何，值得我们深入关注和思考。

关于中国文化软实力在德国的现状，现有的研究成果相当缺乏，且多局限于定性访谈，采用定量方法进行分析的研究几乎为空白。本研究主要运用定量研究方法，除了对样本数据进行描述性统计分析之外，还对部分样本数据同自然属性中的年龄、收入和最高学历进行了斯皮尔曼相关统计分析。

中国文化在德国的认知和接受现状究竟如何？ 中国文化在德国的主要传播渠道是什么？ 中国媒体在德国的传播影响力和受当地不同民众的信任程度是怎样的？ 本研究将着力解读这三个方面的问题，并进一步为中国文化的对外传播和软实力的发展提供对策和建议。

本研究共收集到近 2000 份德国受访者样本数据，其中 1952 份为有效数据②，如此大的样本量在我国的对外跨文化软实力研究中还属首例。另外，受访者样本年龄分布合理，25—55 岁的中青年占 66.7%，同时兼顾其他年龄层的人群。性别分布均衡，其中男性占 52.7%，女性占 47.3%。收入分布较均匀，中等收入者比例最高（收入在 10001—39999 欧元的占 47.9%）。

关于受访者的受教育情况，中专类中学毕业的比例最高，占 34.1%；其次为中学毕业，占 23.9%；第三位为大学毕业（获得学位），占 13.0%。受访者最高学历为中学毕业（含中专类中学）及以上的占总回答人数的 78.9%，即绝大多数受访者均接受过中等教育（含以上）。

本次调查范围分布合理，全面覆盖各年龄及收入层次，以中青年及中等收入者为主，男女比例均衡，受教育情况以中等教育以上为主。被调查人群具有稳定、均衡、主流化的特点，可以有效代表本研究欲针对的研究对象。

---

① 人民网：《德国〈欧洲新报〉总编辑认为中国提出"文化强国"战略是"破题之举"》，2011 年 10 月 20 日，http://world.people.com.cn/GB/15966350.html。

② 数据收集后曾进行两次清洗，这是第一次清洗后的数据量，也是本文采纳的样本统计量。

二　德国民众对中国文化的认知

1. 微观认知显单一

文化认知是国家文化软实力传播研究中的一个重要课题。从微观层面来看，外国民众通过中国官方或个人提供的产品与服务、中国的艺术品、参与旅行、接收媒体信息、阅读书籍等多种途径获得对中国文化的认识。为了更深入地了解德国民众对中国文化的微观印象，我们针对其对中国文化感兴趣的部分，以及在生活中可能接触到的中国文化表现形式进行了调查，并根据问卷调查的结果，总结分析出德国民众对中国文化较为详细的微观认知情况。

表1中的数据显示，德国受访者中对中餐感兴趣的人最多，达到53%；其次为对中国历史感兴趣的，占36.7%；对中医感兴趣的占35.6%，排在第三位。超过20%的受访者均表示感兴趣的中国文化元素还包括：中国名胜古迹、中国建筑与园林、中国哲学和功夫。对以上中国文化元素均不感兴趣的受访者仅占13.8%。

对中餐感兴趣的比例如此之高，表明德国民众对与其生活密切相关的衣食住行兴趣浓厚，特别是中国历史悠久的"食文化"。不仅仅是在德国，在调查访问的其他国家中，中餐均排在感兴趣的中国文化元素的前列，其强大的吸引力可见一斑。

对中国历史感兴趣的德国人数量也相当大，说明德国民众对中国的传统精神文化抱有好感。这源自中国五千年历史的传统文化所具有的独特魅力。

同时，中医文化排在德国民众感兴趣的第三位，也是我国传统文化的重要组成部分。因此，我们在对外文化传播中，也应予以顺应，对已经具有影响力的中国文化元素予以发扬光大。

对德国受访者进行访问发现（见表2），40.8%的受访者表示可以接触到中餐；34.5%的受访者表示对以上这些中国文化表现形式均接触不到；11.8%的受访者表示在生活中可以接触到中医。值得注意的是，选择能够接触到其他中国文化形式的受访者均低于10%。65.5%的受访者表示能够接触到以上至少一项中国文化形式。

表 1　　　　　　　　　德国民众感兴趣的中国文化元素

	中餐	中国历史	中医	中国名胜古迹	汉字	中国建筑与园林	中国哲学	功夫	中国宗教	中国工艺品	中国电影	都不感兴趣	中国杂技
频率	1034	717	695	554	476	458	429	418	357	301	274	270	216
百分比（%）	53.0	36.7	35.6	28.4	24.4	23.5	22.0	21.4	18.3	15.4	14.0	13.8	11.1

	中国动漫	中国式服装	中国绘画	中国音乐	中国经济	中国文学	中国舞蹈	中国影视明星	中国春节	中国图书	中国体育明星	中国戏剧	中国电视剧
频率	210	196	188	177	173	166	164	158	153	127	106	70	68
百分比（%）	10.8	10.0	9.6	9.1	8.9	8.5	8.4	8.1	7.8	6.5	5.4	3.6	3.5

　　调研结果显示，中餐在德国的普及度远远超过了其他的中国文化元素，说明中国的饮食文化在德国的传播现状良好：遍布包括德国在内欧洲各国的中餐馆，在中国文化传播中扮演了重要的角色。这也说明，除了官方机构，民间机构在传播中国文化中起到的作用是不容忽视的。除了中餐和中医之外，其他中国文化元素在德国的普及现状不容乐观，未来还有很大的发展空间。

表 2　　　　　　　　　在生活中可以接触到的中国文化表现形式

	中餐	均接触不到	中医	功夫	中国历史	汉字	中国电影	中国哲学	中国动漫	中国宗教	中国经济	中国建筑与园林	中国影视明星
频率	796	674	231	185	180	169	166	149	125	116	89	87	76
百分比（%）	40.8	34.5	11.8	9.5	9.2	8.7	8.5	7.6	6.4	5.9	4.6	4.5	3.9

续表

	中国音乐	中国文学	中国名胜古迹	中国体育明星	中国工艺品	中国绘画	中国式服装	中国电视剧	中国杂技	中国舞蹈	中国图书	中国戏剧	中国春节
频率	77	66	66	58	52	51	47	46	43	41	40	34	20
百分比（%）	3.9	3.4	3.4	3.0	2.7	2.6	2.4	2.4	2.2	2.1	2.0	1.7	1.0

对比以上两项分析的结果可发现，86.2%的受访者对以上至少一项中国文化表现形式感兴趣，但仅有65.5%的受访者表示能够接触到以上至少一项中国文化形式。受访者对中餐的感兴趣程度和能够接触到的比例均为第一，分别为53%和40.8%，说明中国饮食文化不仅得到受访者的青睐，能够接触到的渠道也比较便捷。而受访者感兴趣程度排在第二、第三位的中国历史（36.7%）和中医（35.6%），其在生活中能够接触到的比例分别只有9.2%和11.8%。

对其他各项中国文化形式的调查结果进行对比分析，发现同样存在类似的问题：受访者对各项中国文化形式感兴趣的比例要明显高于其在日常生活中能够接触到的比例。说明德国民众对中国文化感兴趣程度较高，但相当一部分民众对中国文化的兴趣没能通过日常接触途径得到满足。

除中餐和中医之外，其他各项中国文化表现形式的感兴趣程度和普及程度均较低，说明德国民众对中国文化的微观认知情况趋于单一化。这一点值得我国有关部门在制定对外文化传播战略时加以注意，应更多地增加德国民众对中国文化的接触机会，特别是感兴趣程度较高而日常普及度较低的中国文化元素。

2. 宏观认知有基础

在全球化背景下，国家文化形象的塑造是各国所面临的共同挑战。包括中国在内的许多国家都在积极建立和推广自己的国家文化形象。各国间的文化交流早已不仅仅停留在单纯的文化输出层面上，怎样化解多元文化间的冲突，并提升本国文化形象是非常重要的。从宏观层面上看，他国民众眼中的中国文化形象是关于中国的政治、经济、国民等印象的综合体。

根据问卷调查的结果，我们针对德国受访者对"中国是一个文化很多元的国家""中国具有悠久的历史""中国文化与众不同""中国文化很吸引人"这四个方面看法的评价，总结分析出其对中国文化的宏观认知情况（见表3）。

表3 　　　　　　　　　　　对中国宏观文化形象的评价　　　　　　　单位:%

	很不同意	不同意	中立	同意	很同意	不知道
中国是一个文化很多元的国家	5.4	3.8	16.0	32.3	37.0	5.3
中国具有悠久的历史	3.1	3.3	7.6	15.7	64.4	5.9
中国文化与众不同	3.0	3.2	16.4	32.6	38.4	6.4
中国文化很吸引人	3.8	4.9	27.8	32.6	24.4	6.5

我们发现，69.3%的德国受访者认同"中国是一个文化很多元的国家"这一观点；80.1%的受访者对"中国具有悠久的历史"表示认同；71.0%的受访者认为"中国文化与众不同"；57.0%的受访者认为"中国文化很吸引人"。从整体上看，德国民众对中国文化的宏观印象良好，多数人认同中国文化具有多元性、悠久性、独特性的特点和具备吸引力。这说明中国国家文化在德国的传播具有良好的基础环境，而传播效果如何将更多地受到传播方式和传播策略的影响。

关于构建国家宏观文化形象的策略问题，文化人类学家费孝通曾提出："经济上的休戚相关和政治上的各行其是、文化上的各美其美，在人类进入全球化进程中会形成一个大矛盾。这给我们带来一个不能不面对的问题，即文化自觉与文化调适的问题。"[①] 结合调研分析结果，我们应该充分利用中国宏观文化形象在德国现有的良好基础，在进行文化

---

① 费孝通:《经济全球化和中国"三级两跳"中的文化思考》,《理论参考》2002年第3期。

传播过程中注重"文化调适",使中国文化对他国受众产生更大的吸引力。

三　德国民众对中国文化的接受度

1. 认知渠道多源于本国媒体

依据"媒介系统依赖"理论,受众通过寻求信息传播渠道,并通过选择使用不同媒介来满足自身需求的这一过程,将同时受到受众所处社会的结构和其利用的媒介系统结构这两方面的影响。该理论的提出者鲍尔-洛基奇(Sandra Ball-Rokeach)和德弗勒(Melvin De Fleur)将媒介视为控制稀缺信息资源的系统,因而产生了媒介系统与社会系统的相互依赖,以及个体受众对媒介系统的依赖。而个体受众对媒介的选择及使用则取决于受众、媒介和社会这三者之间的关系。①

德国民众选择何种传播渠道接触中国文化信息,也同样受到媒介自身因素和中德两国社会因素的影响。媒介既是中国文化传播的手段方式,又是其重要组成部分。因此,我们可以通过对德国受访者了解中国传播渠道的分析,进一步厘清中国文化软实力在德国的现状。

通过调研,我们发现德国受访者了解中国的最主要信息源为德国传媒,占80.9%;其次为"在中餐馆",占24.2%;第三为"在德国的中国人",占23.1%。选择其他国家媒体的受访者占有效回答人数的15.9%,仅有5.7%的受访者以中国大陆传媒为了解中国的主要信息源。与前面的调研结果相呼应,中餐馆作为传播中国饮食文化的非官方服务机构,是德国受访者了解中国的重要途径。

孔子学院作为中国落实国家文化软实力发展策略的重点,被认为是中国文化在海外传播的有效途径。调研发现,认为"孔子学院是了解中国文化的好渠道"的受访者占有效回答人数的37.8%;认为不是好渠道的受访者比例为9.4%;认为不好评价的受访者占有效回答人数的52.9%。由此可见,虽然对孔子学院评价负面的德国受访者比例并不高,

①　S. J. Ball-Rokeach & M. DeFleur, A Dependency Model of Mass-media Effects, Communication Research, 3 (1), 1974, pp. 3 – 21.

但超过一半以上的受访者表示难以做出正面或负面的评价，这也说明德国民众对中国通过大举兴建孔子学院来传播中国文化的策略认同度并不高。

在当今这个信息化高速发展的时代，人们越来越频繁地通过电子资源或网站获取信息。针对该问题的调研发现，德国受访者选择通过多种电子资源或网站接触中国信息。但值得注意的是，选择主要通过德国媒体新闻网站接触中国信息的受访者占 16.5%，明显高于选择中国媒体新闻德文网站的 5.2%。

总结以上分析发现，德国受访者更加倾向于使用包括德国传媒、中餐馆等本地传播渠道获取有关中国的信息，而中国官方传播渠道在德国的影响力则十分有限，包括我国一直大力推进的孔子学院也并未获得预期中的良好传播效果。同时在通过电子资源或网站获取中国信息时，德国民众仍倾向于访问德国媒体新闻网站，而不是中国媒体的德文网站。我们应在顺应现状的基础上，寻求在德国改善中国传媒影响力较低的这一问题的途径。

2. 信任欧洲而非中国

随着信息传播渠道的不断多元化发展，媒介提供的信息是否值得信任也日益受到人们的关注。美国学者查菲（Steven H. Chaffee）等人在著作中对"媒介信任"（media trust）及"媒介可信度"（media credibility）这两个概念进行了区分。他们认为"媒介信任"是针对"作为机构的媒介整体，而不仅是对一个或另一个媒体信息的信任"，而"媒介可信度"则"关注独立于其他实体的某个新闻媒体"。[1] 由于本文着重关注受众对媒介作为一个机构整体的信任程度，故选取了"媒介信任"这一概念，并结合回收的调查问卷数据对中国传播渠道在德国的受信任程度进行了进一步的分析（见表 4）。

---

[1] Steven H. Chaffee, Clifford I. Nass and Seung-Mock Yang, Trust in Government and News Media among Korean Americans, *Journalism Quarterly*, 68 (1/2), 1991, pp. 111 – 119.

表4 中国传播渠道在德国的受信任程度　　　　单位:%

	很不同意	不同意	中立	同意	很同意	不知道
可信	12.6	20.8	38.2	13.0	4.6	10.8
分析视角全面	12.3	27.8	35.1	9.3	4.7	10.7
独立	17.1	23.4	34.4	9.5	5.2	10.4
准确	8.2	17.7	43.0	15.0	4.7	11.4
公正	10.6	22.6	40.0	9.9	6.1	10.7
可读性强	9.4	15.7	40.1	16.5	5.4	13.0

　　调研发现，德国受访者对中国传播渠道的受信任程度表示中立的居多。而针对"中国传媒关于中国的报道可信""中国传媒关于中国的报道分析视角全面""中国传媒关于中国的报道独立""中国传媒关于中国的报道准确""中国传媒关于中国的报道公正""中国传媒关于中国的报道可读性强"等一系列观点，持否定意见的德国受访者均多于持肯定意见的。

　　整体分析，更多的德国受访者倾向于认为，中国传媒关于中国的报道不可信、分析视角不全面、不独立、不准确、不公正、可读性不强。对中国传播媒介存在的一些固有偏见，使得德国民众在选择接触中国信息的传播渠道时，自然地避开了中国传媒，而倾向于选择本国传媒。

　　我们还对德国受访者对世界各大通信社的信任程度进行了调研。由表5可以看到受访者对美联社、新华社、路透社、法新社和德新社的信任程度的对比情况。受访者信任（选择"很信任"和"信任"）程度最高的为德新社，占有效回答人数的51.0%；其次为路透社，占32.3%；法新社，占23.4%；美联社，占18.1%；信任程度最低的为新华社，仅占有效回答人数的9.7%。

　　相对应的，受访者不信任（选择"根本不信任"和"不太信任"）程度最高的为新华社，占有效回答人数的26.2%；其次为美联社，占17.9%；选择不信任法新社、路透社和德新社的有效回答比例相近，分别为13.3%、12.3%和11.0%。

表5　　　　　　　　　　对各大通信社的信任程度　　　　　　　　单位:%

	美联社	新华社	路透社	法新社	德新社
根本不信任	9.5	10.6	6.5	6.7	5.0
不太信任	8.4	15.6	5.8	6.6	6.0
中立	32.2	29.9	30.8	31.9	25.9
信任	13.7	7.1	23.3	18.2	33.2
很信任	4.4	2.6	9.0	5.2	17.8
没听说过	31.9	34.3	24.6	31.5	12.0
合计	100.0	100.0	100.0	100.0	100.0

我们发现,同前面的分析结果相一致,德国民众最倾向于信任本国的传媒,最不信任中国的传媒。总体上,德国民众更愿意信任欧洲的传媒,这一特点能够通过文化的接近性得到解释。因此,中国文化的对外传播还面临着文化认同的问题,虽然具有特性可能会受到关注,但重要的是如果不认同,也就不可能接受。

四　相关分析显现关键问题

本研究除对以上相关样本数据进行检验和描述分析外,还进一步对样本中有关德国受访者对中国传媒信任程度的内容,同有效配额样本自然属性中的年龄、收入和最高学历进行了斯皮尔曼相关分析。斯皮尔曼等级相关系数是把两个变量排序变为等级排序,然后计算相关系数。由此,可对等级相关系数做显著性检验。[1]

1. 学历高者不愿接受中国文化的报道传播

我们对"中国传媒关于中国的报道可信""中国传媒关于中国的报道分析视角全面""中国传媒关于中国的报道独立""中国传媒关于中国的报道准确""中国传媒关于中国的报道公正""中国传媒关于中国的报道可读性强"这六个方面分别同自然属性中的"年龄""收入"和"学历"进行了斯皮尔曼相关分析。

---

[1]　龚曙明:《应用统计学》,清华大学出版社2005年版,第268页。

从对相关内容"年龄"的分析中发现：德国受访者年龄的大小会直接影响其对中国传媒关于中国的报道是否准确的评价，且相关系数为负。即受访者年龄越大，越认为中国传媒关于中国的报道不准确。

从对相关内容"收入"的分析中发现：德国受访者收入的高低会直接影响其对中国传媒关于中国的报道的分析视角是否全面的评价，且相关系数为负。即受访者收入越高，越认为中国传媒关于中国的报道分析视角不全面。

从对相关内容"学历"的分析中发现：德国受访者学历的高低会直接影响其对中国传媒关于中国的报道是否分析视角全面、独立、准确以及公正的评价，且相关系数均为负。即受访者学历越高，越会倾向于认为中国传媒关于中国的报道分析视角不全面、不独立、不准确、不公正。如在"对新华社的信任程度"与自然属性"学历"的相关分析中发现：德国受访者学历的高低会直接影响其对新华社的信任程度，且相关系数均为负，即受访者学历越高，越倾向于对新华社表示不信任。

2. 中国传媒无助于了解真实的中国

对"中国传媒是否有助于了解真实的中国"与自然属性"年龄""收入"和"学历"的相关分析中发现：德国受访者年龄的大小、收入的高低和学历的高低均会直接影响其对中国传媒是否有助于了解真实的中国的评价，且相关系数均为负。即受访者年龄越大、收入越高、学历越高，越倾向于认为中国传媒对了解真实的中国没有帮助。这一点在中国对外文化软实力的发展中要引起重视：针对不同国家的不同群体要有不同的传播和发展策略。

五 分析与建议——任重而道远

本研究着重分析中国文化软实力在德国的传播现状，主要从三个方面进行分析总结：第一，中国文化在德国的认知和接受情况；第二，中国文化在德国的主要传播渠道及其信任度情况；第三，中国文化认知和传播力与当地不同受众的相关分析。最后针对这三个方面的调研分析结果中凸显的相关问题，对我国文化软实力的跨文化传播发展提出建议。

1. 接受中国文化的独特性，但欠缺了解

我们发现，从微观层面看，中餐无论在感兴趣的中国文化元素还是能接触到的程度上均排在第一位，远高于其他各项中国文化形式，说明中国的饮食文化在德国得到了很好的传播和接受。受访者对各项中国文化形式的感兴趣程度均要高于其在日常生活中能够接触到的程度，说明德国受访者对中国文化的兴趣没有能够在日常生活接触中得到有效的满足。

针对调研中凸显出的问题，中国应当将传播策略重点放在增加目标国受众与信源国文化信息的接触机会上，尽量选择通过目标受众接触可能性较大、使用频率较高、持续时间较长的大众传播渠道来进行文化传播，从而使受众能够在日常生活中充分接触到中国文化形式，充分满足其对中国文化的兴趣。

从宏观层面看，多数受访者对"中国是一个文化多元的国家""中国具有悠久的历史""中国文化与众不同"以及"中国文化很吸引人"这几项观点持认同的态度，说明中国文化软实力在德国的整体认知和接受情况较为正面。但进一步深入分析后，我们发现了以下两个重要问题：第一，德国受众较少通过中国传播媒介接受中国信息；第二，年龄越大、收入越高、学历越高的德国受访者越倾向于不信任中国传媒提供的信息。

2. 不接受中国信息源传播的中国内容

我们发现，绝大多数受访者（80.9%）了解中国的主要信息源是德国传媒，主要通过电视、网络和报纸等传播渠道获取和中国相关的信息。受访者更倾向于通过本国媒体新闻网站而不是中国媒体新闻德文网站接触中国信息。调研还发现，在世界各大通信社中，受访者对德新社的信任程度最高，而对新华社的信任程度最低。

关于德国受访者对传播渠道的满意度情况，调研发现，多数受访者认为德国传媒对了解真实的中国有帮助，而受访者大多认为中国传媒对了解真实的中国没有帮助。无法确定孔子学院是不是了解中国文化的好渠道的受访者占多数，相应的，孔子学院排在了通常获取中国信息的传播渠道的最后一位。

针对德国民众通常选择本国传播渠道了解中国相关信息的接受习惯，中国在进行文化传播时应对现状予以顺应，从侧面寻找解决途径。例如

可以通过与德国本地的电视台、媒体网站等传播渠道进行合作，共同向目标受众传播中国文化信息。这样既节省了建立新的传播渠道的高昂成本，又能够相对提高传播效率。在传播方式上，应当尽量用本土化的、贴近目标受众思维习惯的方式来传播中国文化信息，使目标受众在接收信息时更容易产生心理上的共鸣。

3. 对中国文化软实力发展的抵触

我们发现，德国受访者受教育程度越高，越倾向于认为中国传媒关于中国方面的报道分析视角不全面、报道不独立、不准确且不公正。即受访者年龄越大、收入越高、受教育程度越高，越倾向于对中国文化的不认同，对中国内容的不接受。

针对这一问题，中国应该在承认现状的同时寻求改善目前状况的途径。约瑟夫·奈认为，中国近年来通过加强文化建设，调整外交政策等提升了中国的国家软实力。[1] 但约瑟夫·奈也指出，大国通常会利用文化和学说来构建彰显自身优势的软实力，但这需要外国受众的认同和接受，中国还需要进一步探索推动软实力发展的途径。

综上所述，针对调研中发现的问题，为了更好地发展中国文化软实力，中国应进一步加强与德国和其他国家的交流与合作，积极参与国际组织和机构的活动和事务，让他国了解中国、理解中国并接受中国文化，从而提升自己的国际地位和国家形象。同时在国内要注重中国文化的传承和发展，增强中国文化自身的吸引力。在保证内容准确的情况下，多层次全方位地营造一个客观而真实的中国国家形象，将有利于改善目标受众对中国传播渠道的信任程度，才能够进一步提升中国的国家文化软实力。

（选自《国外社会科学》2012 年第 5 期）

---

[1] 参见约瑟夫·奈于北京大学的演讲《中国软实力的崛起》，2012 年 4 月 24 日。

中国的多样性战略与国际新秩序[*]

[荷兰] 弗兰斯－保罗·范德普滕^{**}　邵光学^{***} 编译

一　西方、中国和发展中世界

　　全球国际关系体系历来是西方和发展中世界在权力和财富之间的划分。中国的崛起，综合了发展中国家和新兴超级大国的优势，对西方世界（主要指美国、欧洲、加拿大、澳大利亚和新西兰）产生了重大影响。学界对中美关系（或者广义上说中西关系）关注较多，但是对中国发展对西方世界在发展中世界的地位的影响关注较少，也对中国与发展中世界的关系缺乏深入研究。大多数文献关注中国同个别发展中国家之间的关系或者中国同更广泛的地区之间的关系（尤其是中国同非洲的关系）。近年来出版的中国同发展中世界关系的著作主要关注中国在具体地区事务上的参与。探讨中国同发展中世界整体关系的文献主题包括：中国的经济和政治参与对其他国家发展的影响、中国模式作为一种发展模式的潜在作用、中国对能源和其他自然资源的希求、冷战期间中国的革命政

　　* 本文编译自作者 2013 年 2 月在英刊《全球战略》（*Global Policy*）发表的论文。标题为译者所改，原文标题为 Harmony with Diversity：China's Preferred World Order and Weakening Western Influence in the Developing World。

　　** ［荷兰］弗兰斯－保罗·范德普滕（Frans-Paul van der Putten），荷兰林根达尔国际关系研究所高级研究员。

　　*** 邵光学，男，1980 年生，南开大学马克思主义教育学院博士研究生。

策、中国的不干涉政策在当代的运用、中国在发展中世界对西方利益构成的挑战等。

就中国在发展中世界对西方利益构成的挑战而言，美国中国问题专家米德伟（D. J. Mitchell）认为，中国和美国在许多方面的利益是互补的，中国并没有直接对美国在发展中世界的地位构成挑战。然而，中国的不干涉原则与西方所推行的人权和民主存在着直接冲突。美国兰德公司东亚安全问题专家赫金博瑟姆（E. Heginbotham）也认为，在不直接伤害美国利益方面，中国持谨慎态度。然而，他同时指出，中国忽视的某些规范恰恰在美国看来是非常重要的。在他看来，中国的活动"对企业责任、透明度、民主治理、尊重人权等领域的进步构成了威胁"。在罗伯特·卡根（R. Kagan）看来，中国（和俄罗斯）不断增加的国际影响力对许多国家造成了影响。斯蒂芬·哈尔拍（Stephan Halper）认为，中国之所以日益构成对美国和西方的挑战，是因为它破坏了西方自由主义秩序在发展中国家的影响。在伊恩·布雷默（Ian Bremmer）看来，国家资本主义有利于某些国家允许其领导人通过对垄断产生的政治和经济风险进行微管理来继续执政，这样就会抵制政治改革的要求。

上述观点有两点共同之处。首先，作者强调建立在政治和经济价值观基础上的规范的重要性。中西在发展中世界竞争的主要问题在于与自由主义价值观相关的规范能否获胜。其次，这些作者并没有揭示对美国或者西方来说至关重要的利益。他们将自由主义规范在发展中国家的运行所受到的威胁视为西方在发展中世界的利益和影响所受到的威胁，但并没有对这两种威胁之间的关系进行明确论述。只有布雷默在论述私有企业难以与受到政府支持的国有企业竞争时，才为揭示这两种威胁之间的关系提供了线索。

事实上，中国对西方影响力更直接的挑战存在于经济领域。2011 年，《金融时报》的一篇文章表明，许多发展中国家的美国外交官对西方公司与中国公司竞争的能力表示担忧。伊恩·布雷默的评论和《金融时报》的评价说明了这一事实：大多数美国和欧洲的对外贸易和投资公司并非国有。虽然它们从本国政府获得了一些资助，但是这种资助有限。在中国的工商部门，国家具有更大的影响力。中国政府可以采取一系列手段来支持中国企业在海外的发展。这些手段包括调整货币兑换率来刺激出口，为企业扩张提供廉价贷款，支持中国企业对海外基础设施工程的融资。西方政府不仅不愿意保护海外的本国企业利益以免其受到第三国竞争者的侵害，而且缺乏与中国政府同等的财政资源。

在这种背景下，发展中国家的政治经济体制的本质至关重要。与较少受到政府干预的市场经济国家相比，东道国政府广泛干预经济的国家企业与政府的联系举足轻重。在国家干预的经济体中，直接受到东道国政府财政和外交大力支持的企业处于优势地位。另外，从国际上看，实行半自由市场的国家将不会对旨在解决自由市场经济体和国家控制经济体之间的竞争关系的规范给予过多的支持。因此，发展中国家尽可能实行市场经济符合西方国家的利益。在一定程度上，发展中国家是否实行自由民主与实行市场经济具有相关性。在没有实行自由民主制度的国家，外来投资者受到保护免受政治风险的程度往往直接取决于它们同东道国政府之间的关系。受到强大东道国政府直接支持的外国企业，比缺乏类似直接支持的外国投资者，更具有竞争优势。

长期以来，美国和其他西方国家一直在发展中国家推行经济和政治自由主义价值观。20世纪90年代，西方国家通过"华盛顿共识"，借助世界银行、国际货币基金组织和其他西方主导的国际组织，向发展中国家推行自由市场政策。2004年，乔舒亚·库珀·雷默（Joshua Cooper Ramo）提出了著名的"北京共识"（涉及经济、政治、全球力量平衡等）。作为一种概念，"北京共识"指的是中国对发展中国家的重要性。与此同时，作为对"华盛顿共识"的一种替代，"北京共识"对西方世界在发展中国家的利益有着重要影响。

在雷默看来，"北京共识"包含一个自主理论，该理论强调发展中国家运用杠杆维护它们对于霸权大国的自主性，这一新的安全原则极为重要。中国要持续发展，必须具备某种战略杠杆。这是中国发展对发展中世界的经验，也是"北京共识"背后的核心观点：独立自主是发展的前提条件。这一概念不仅与中国和发展中国家的双边关系相关，而且意味着一种不同于西方设想的世界秩序。在阿里夫·德里克（Arif Dirlik）看来，"北京共识"最重要之处在于它是全球关系的一种方法，寻求在多边关系中建立基于经济关系的新的全球秩序，同时在共同的全球框架内承认政治、文化、地区和国家实际的差别。

在考虑"北京共识"对"华盛顿共识"产生怎样的影响时，德里克的观点变得尤为重要。多边组织在发展中世界将不再有能力推广自由主义价值观（无论这些价值观是经济价值观还是政治价值观）。"北京共识"承认，必须允许每一个发展中国家选择自身的发展道路。此外，同样的多边组织甚至可能会限制西方国家选择通过双边渠道来推行自由主义价值观。如果完全独立自主成为国际关系中的主要规范，西方国家就很难证明使用经济、外交或军事力量来推行自由主义价值观的正当性。

要理解中国崛起对西方在发展中世界影响的重要性，必须考虑国际关系中意识形态规范的作用。"北京共识"认为，中国支持世界政治经济的多样性，这与西方推行的意识形态的统一性截然不同。

二　作为一种外交政策概念的国际多样性

中国政府多次声明支持国际多样性。2011 年 9 月，中国国务院新闻办公室发表了《中国的和平发展》白皮书，包含以下声明：

> 文化上相互借鉴、求同存异，尊重世界多样性，共同促进人类文明繁荣进步。大力提倡不同文明间对话和交流，消除意识形态偏见和隔阂，使人类社会一天比一天和谐和睦，让世界更加丰富多彩……中国……不同任何国家和国家集团结盟，不以社会制度和意识形态异同决定国家关系的亲疏。尊重各国人民自主选择社会制度和发展道路的权利，不干涉别国内部事务。

虽然白皮书声称，多样性是国家之间文化差异的结果，但引文部分的言外之意是不仅要尊重文化多样性，还要尊重社会制度和意识形态的多样性。该文件以国际民主为背景，对"多样性"这一概念进行了探讨。

> 政治上相互尊重、平等协商，共同推进国际关系民主化。国家不分大小、强弱、贫富，都是国际社会平等成员，都应受到国际社会尊重……各国内部事务应由本国人民自己决定，世界上的事情应由各国平等协商，各国平等参与国际事务的权利应得到尊重和维护。

换句话说，任何国家或者集团都无权凭借意识形态规范来干涉别国的事务。中国认为，意识形态基础上的不干涉标准不仅适用于中国的外交政策而且适用于其他任何国家或者多边组织。根据这一观点，理想的世界秩序维护国家文化和政治经济制度的多样性，这就构成了政治经济制度多样性的全球共同体。最后，白皮书说明了国际多样性的理念植根于中国的文化和历史：

> 中国人民历来崇尚"和而不同""天人合一""以和为贵"的理念……中国明代著名航海家郑和"七下西洋"，远涉亚非 30 多个国家和地区，展现的是中华灿烂文明和先进科技，留下的是和平与友谊。

在中国历史上，孔子首先提出了"和而不同"的思想。在孔子看来，和谐并不意味着一致。与之相反，和谐旨在维护多样性。2003 年，温家宝总理在哈佛大学的演讲中引用该短语：

> "和而不同"，是中国古代思想家提出的一个伟大思想。和谐而又不千篇一律，不同而又不彼此冲突；和谐以共生共长，不同以相辅相成。用"和而不同"的观点观察、处理问题，不仅有利于我们善待友邦，也有利于国际社会化解矛盾。

就中国而言，这一概念在两个方面起着重要作用。一方面，正如温家宝在美国的演讲中所说，这一概念最重要的作用在于保护中国不受西方的干涉。另一方面，它也向发展中国家传递了一个信号：与竭力向它们输出意识形态的西方大国不同，中国不会对它们造成威胁。

在胡锦涛的领导下，孔子的价值观在中国对内对外政策中占据了主要地位。在这些价值观中，和谐原则是核心。在罗西塔·德利厄斯（Rosita Dellios）看来，儒家思想认为，和谐意指"和而不同"而不是"和谐统一"。因此，中国政府支持国际社会的多样性，这可以从儒家思想中找到根源。

多样性世界秩序的理念也反映在"一球多制"这一术语中。在威廉·A. 卡拉汉（William A. Callahan）看来，在官方文件中，经常见到把中国香港（"一国两制"的典范）作为处理世界事务的一种模式。"一球多制"可以与文明国家相媲美。卡拉汉（2004）、雅克（2009）和杜维明（1994）曾经探讨过中国作为文明国家的观点。在雅克看来，从封建时代的中国到中华人民共和国之所以持续的一个重要因素，就是中国国家代表中国文明。理论上，中国文明国家能够融合多样的政治经济制度，前提是主权统一。建立在多样性基础上的国际秩序包含两种关于国家行为的重要标准。首先，国家不应尝试通过单独或集体的方式来改变其他国家的宗教、政治或者经济制度（这是一种被动角色）。其次，国家应该致力于阻止国际因素干涉第三国来取得这样的变化（这是一种主动角色）。

自20世纪50年代以来，这些规范一直是中国外交政策话语的重要组成部分。1955年，在亚非会议上，周恩来总理明确指出，如果各国保证互不干涉内政，各国人民就有可能按照他们自己的意志选择它们自己的政治制度和生活方式。与此同时，中国和其他国家支持"和平共处五项原则"。"和平共处五项原则"一直是中国外交政策的首要指导方针。

20世纪50年代以后，在谈到发展中国家的问题时，中国领导人作出了类似的声明。1974年，在联合国大会的发言中，邓小平副总理指出了发展中国家在世界体系中的地位："发展中国家人民有权自行选择和决定他们自己的社会、经济制度。"他还指出，"对发展中国家的经济援助，应当严格尊重受援国的主权，不附带任何政治、军事条件，不要求任何特权或借机牟取暴利"。冷战期间，反对帝国主义包括支持第三世界反对殖民主义的斗争是中国外交政策的指导原则。这一原则非常重要，因为它涉及中国与发展中国家的关系。自20世纪50年代以来，国际多样性一直是中国外交政策话语的一部分。

与这一概念相关的理论可以追溯到古代中国。儒家思想在中国封建社会时期是国家的意识形态。在封建社会大部分时期（从公元前221年到1912年），中国是亚洲的强国。在秦朝（前221—前206）、汉朝（前206—220）、隋朝（581—618）、唐朝（618—907）和明朝（1368—1644），中国一直保持着亚洲的领导者地位。在这些王朝的统治下，中国将所谓的朝贡制度的标准和原则应用于它的外交关系上（至少在礼节上和修辞上）。在朝贡制度中，所有国家和民族都是国际秩序的一部分，这一秩序以封建社会历代政权的皇帝制度为中心。在中国人看来，天子（皇帝）全智全能的榜样和德行所具有的神秘影响力，不仅遍及中国本土，而且可以超越中国疆界，普及全人类，给予他们和平与秩序。因此，理论上，皇帝任命藩属国来治理中国之外的区域。在皇帝的统筹领导下，中国和藩属国联合起来致力于维护一个人人受益的和平与稳定的世界。如果这些藩属国履行其应有职责，则允许它们从中国的物质和文化财富中受益。通过武力反对外来侵略，皇帝制度的责任在于保持全世界的和平与稳定。对中国封建政府而言，它没有必要通过外交活动来输出中国的文明，相反，可以通过自身的施政方式来激发外来民族学习中华文化，并且和中国建立紧密的关系。外来民族会自己来到中国，把自己变成更加文明有序的民族。

封建社会重视（至少作为一种抽象的理想）与国际多样性概念相关的外交政策原则。官方的指导原则不是积极开化外来民族，或把他们变成儒家思想或者任何宗教的信仰者，而是让他们在不损害中国利益的情况下保持现状。就概念而言，中国白皮书中体现的国际多样性的方法不仅植根于儒家思想，而且植根于古代社会制度和毛泽东主义时代的中国话语中。

三　中国和当今的发展中世界

国际多样性已经在中国与发展中国家的当代关系中起主要作用。自冷战结束以来，中国与发展中国家的关系已经加强，并且迅速发展，主要原因在于中国经济实力的增长。2010 年，中国成为世界第二大经济体。作为中国的原材料来源地及中国产品和投资的目的地，发展中世界对中国经济发展有重要作用。对大部分发展中国家来说，中国已经成为它们的主要经济合作伙伴。

从理论层面来看，儒家思想和毛泽东主义的和谐与相互尊重的理念在中国与发展中国家的关系中起重要作用。实际上，与西方国家政策相比，中国的政策既非干涉也非强制。随着海外利益的延伸、综合国力和国际竞争力的增长，中国将采取更加灵活的方式处理涉及主权事务的问题。随着相关问题数量的不断增加，中国的海外企业和个人所面临的政治风险也在加大。与此同时，中国的海外影响力正逐步扩大，这就体现了全球治理下中国的综合影响力。

尽管如此，中国既对他国进行政治控制不感兴趣，也没有竭力对外输出它的政治经济模式。中国更偏好短期的商业交易而不是长期的发展援助，并且这种商业交易一般不附加政治经济条件。中国政府不主张发展中国家复制中国道路。正如迈克尔·亚胡达（Michael Yahuda）在1978年所说，"冷战期间，中国采取的策略是让外国人来到中国以便他们能够观察并且学习中国经验，然后由他们自己决定怎样应用这些经验。中国历来重视社会或者国家内部的变化、创新和发展"。也就是说，每一个国家必须找到自己的发展道路，而要找到自己的发展道路，就要摆脱外来干涉。这种策略今天仍然适用。

作为外交政策的规范，国际经济政治制度多样性的概念历史悠久（比如说保证一国不改变他国的政治经济制度），但是直到最近才在中国外交政策中发挥作用。20世纪70年代，中国才开始加入全球主要的多边机构和机制。起初，中国没有经验或者影响来改变国际规范。此外，直到冷战结束，中国没有受到美国的直接威胁。另外，1999年，中国才开始实施"走出去"战略，强调增强中国在发展中国家的经济参与能力。近年来，中国已经运用它在联合国安理会的影响力来阻止西方对非亲西方政府的国家政权更迭的干预。

目前，国际多样性规范作为一种防御机制，旨在保护中国免受西方的干涉。然而，认为它仅仅只有这一种作用，认为一旦中国感到不再受到美国和其盟友的威胁，中国就会放弃这种概念，这种想法是错误的。一方面，中国有着根深蒂固的外交政策传统，这种传统缺乏扩展自身政治经济制度的强烈欲望。另一方面，保持多样性作为一个规范，有益于增加中国在发展中世界的影响力而减少西方在发展中世界的影响力。随着中国在全球治理的范围内变得更具有影响力，它对国际多样性的支持将会自动变成推进国际政治经济制度多样性的积极行动。中国将继续阻止西方世界旨在推行自由民主和经济自由主义作为普世价值的行动。

中国政府正在积极影响国际多样性的方向。在联合国安理会、国际货币基金组织和世界银行等组织中，中国日益成为有影响力的成员。中国对世界秩序形成的贡献主要在于确保这一秩序容许和保护政治经济制度的多样性。中国在保持全球治理制度的意识形态中立化方面越成功（例如，不代表自由主义价值观，因而有利于中国相对于西方地位的提升），美国和西方盟友越难以使用这些制度向发展中国家输出自由民主和经济自由主义制度，这对形成新的国际秩序是非常有益的。

（选自《国外社会科学》2014 年第 1 期）

中国经济与政治的崛起

——对全球恐怖主义和中美合作的影响[*]

［美］保罗·J. 史密斯^{**}　孟庆波^{***} 译

在过去八年的中美关系中，2001 年的"9·11"事件影响重大。在此之前，中美关系的走向趋于恶化。发生"9·11"事件的五个月之前，中美曾因 EP–3 侦察机坠毁事件发生对抗，美国对台军售也加剧了两国的紧张关系。在 2000 年总统大选中，小布什把中国定义为"战略性竞争对手"。2001 年 5 月，助理国务卿詹姆斯·凯利（James Kelly）在美国参议院外交关系委员会说，如果中国政府无视自己在安全、人权、防止核扩散及贸易中的责任，"我们会用一切可能的外交手段，迫使其朝着更有建设性的方向发展"。

然而，"9·11"袭击发生后，中国方面立刻向美国政府表示了支持和慰问，表达了愿意与其合作反对国际恐怖主义的意愿。美方对此积极回应。在亚太经合组织 2001 年 10 月的上海峰会上，布什总统提到，中国是一个"与美国人民并肩战斗"的"大国"。中国也很快调整了一些政策，与美国的反恐目标相协调。北京方面发表声明说，新疆也受到本土

* 本文原载《冲突及恐怖主义研究》（*Studies in Conflict & Terrorism*）2009 年第 32 卷第 7 期，第 627—645 页，发表时略有删节。

** ［美］保罗·J. 史密斯（Paul J. Smith），美国海军战争学院（U. S. Naval War College）国家安全事务教授。

*** 孟庆波，男，1977 年生，中国矿业大学国际汉文化比较研究中心讲师。

滋生的极端恐怖势力的威胁。这一表述终将会被华盛顿方面接受。

吊诡的是，中国和美国合作对抗恐怖主义的意愿，在非洲、中亚、巴基斯坦以及其他地区，引发了一系列针对中国公民或利益的暴力袭击。中国领导人开始意识到，作为国际社会中的后起之秀，中国正面临着恐怖主义与政治暴力的巨大挑战。这种挑战虽然初见端倪，但来势凶猛。中美两国都积极参与国际事务并拥有广泛的经济利益，也都容易遭受大规模伤亡或经济破坏这类恐怖袭击。毋庸置疑，两国在推动全球贸易体系的持续发展上有着共同利益。然而，这种合作能否持续下去，取决于两国能否防止区域政治对抗，能否携手建立战斗堡垒，抵御激进极端主义及其带来的不稳定因素。

一　中国与恐怖暴力

2006 年，三名中国工程师在巴基斯坦西南部被射杀，而这一针对中国公民的暴力袭击绝非偶然事件。2007 年 7 月，一辆载有中国工程师的巴士在俾路支省遭遇炸弹袭击；2007 年 7 月 8 日，三名中国工作人员在白沙瓦被射杀；2004 年 10 月，两名中国工程师被绑架；2004 年 5 月，三名中国人在一次汽车炸弹袭击中遇难。

在非洲，中国公民和公司也遭受了暴力袭击，而且事件数量呈上升趋势。2008 年 10 月 18 日，9 名中国石油天然气集团公司的员工在苏丹的南科尔多凡遭到绑架并被撕票。2007 年 4 月，9 名中国公民被埃塞俄比亚欧加登民族解放阵线武装分子残忍杀害。2006 年，赞比亚首都卢萨卡的中国商人被迫在店门前竖起屏障，对抗抢砸团伙。在尼日利亚，5 名中国电信工人被不明身份的武装分子掳走。在尼日尔，中国铀矿公司的张国华被当地的图瓦雷克部落劫持。

在其他地区，中国公民及经济利益也遭受了暴力困扰。2004 年，在阿富汗的昆都士附近，激进分子突袭了中国建筑工地，11 名中国工人遇难。2005 年 9 月在吉尔吉斯斯坦，一辆搭载中国公民的巴士遭到袭击，所幸无人伤亡。2003 年，一个中国商务旅行团在从比什凯克归国的途中遇袭，全团 19 人无一幸免。2002 年 6 月，中国驻吉尔吉斯斯坦外交官王建平在首都街道上开车时被射杀。

在中国国内，源于新疆或者和该地区相关的暴力事件也呈上升趋势。中国政府一直认为新疆地区的动荡是由"三股势力"引起的。2002 年 1 月，中国国务院新闻办公室发布了一份题为《"东突"恐怖势力难脱罪责》的报道。报道指出，长期以来（尤其是 20 世纪 90 年代以来），中国境内外的东突势力策划、组织了一系列恐怖暴力事件，1990—2001 年，境内外东突恐怖势力在新疆制造了至少 200 余起恐怖暴力事件，"造成各族群众、基层干部、宗教人士共 162 人丧生，440 多人受伤"。2003 年，中国指明四个"东突恐怖组织"：东突厥斯坦伊斯兰运动（ETIM）、东突厥斯坦解放组织（ETLO）、世界维吾尔青年代表大会（WUYC）和东突厥斯坦新闻信息中心（ETIC）。这四个组织中，ETIM 引起了中国政府的最高关注。2003 年，中国政府指责 ETIM 在境外建立基地，而后在境内雇用人员"策划和执行破坏性恐怖活动"。

2002 年 9 月 3 日，美国政府在第 13224 号文件中将 ETIM 定性为恐怖组织。2002 年 9 月 11 日，美国、中国、阿富汗和吉尔吉斯斯坦联名向联合国发出倡议，要求在联合国安理会 1267 号和 1390 号决议中把 ETIM 列为恐怖组织。两年后，美国国务院又将其列入了"恐怖分子名单"。美国政府宣称两名 ETIM 成员曾策划袭击美国驻吉尔吉斯斯坦大使馆，危害美国在海外的利益。美国对 ETIM 的谴责被认为是对北京作出"宣传策应"。然而，美国政府某种程度上只是把对 ETIM 的定性视作确保与北京合作的手段，以实现其"对抗恐怖主义之战"的总目标。

二　中国的崛起与反恐责任

虽然中国面对这些恐怖袭击日益焦虑，但从很多方面来讲，这些袭击也可以视作对中国"崛起中大国"的身份和在国际社会中取得成功的一种反应。从某种程度上讲，中国的经历或许和美国的经历相仿，特别是在 20 世纪初美国成为世界巨头的时期。与美国相比，人们有理由相信中国崛起所引发的恐怖暴力要比美国少。中国的外交政策和全球触角远比美国"稳健"。中国领导人经常强调，他们只注重与相关国家的经济与商业关系，并不关心其内政或人权。除此之外，中国政府也努力树立良好形象，把在亚洲和全球建立"温柔强国"的形象当作重中之重。此外，长期以来，中国在中东问题上都坚持更加亲阿拉伯的立场，因而不太可能像美国一样，招致某些反美（或反以色列）情绪的祸害。

　　然而，这种分析存在几个重要问题。当代恐怖主义经常被认为既是全球化进程的产物，也是对全球化的反制。正如《华盛顿季刊》主编迈克尔·马扎（Michael Mazarr）所指出的那样，"很多人把全球化视作对他们价值观、工作和生活方式的一种威胁"。美国国家情报委员会 2004 年公布的一份报告说，全球化可能会产生"胜利者"和"落后者"。并且，那些属于后者的国家或个人很有可能会憎恨像中国这样国家的崛起，尤其是当他们"感到在全球市场的关键领域被这些国家日益增长的主导地位处处胁迫"的时候。

　　随着中国经济的增长和全球化——有些情况下，会取代当地产业或者加速当地工人的失业——中国很有可能脱颖而出，成为全球化进程中新的、在某些情况下遭人嫉恨的面孔。在受到中国经济影响的国家里，那些失业工人和有报复心理的人，会把中国当作造成其经济困境的始作俑者。中国面临的这种挑战在部分发展中国家尤为严重。中国开展的基础设施建设、投资、贸易和资源开采已经让这些国家城市里的精英富裕了起来，而落后地区的人们依旧贫困。因而，同很多其他大国的经历一样，中国面临的恐怖主义威胁主要在于其影响和渗透到其他国家的能力。这些国家大多是动荡、弱小、种族矛盾或政府危机肆虐的国家。

　　目前，能源供给和其他需求是中国对外拓展的主要动机。举例来说，中国对外国石油的依赖度激增，从 1993 年占总消费量的 6.3% 到 2000 年的 30% 再到 2004 年的 46%，而且这种上升趋势仍将继续。按照目前的估计，到 2020 年，中国的原油进口会是现在的两倍之多。中国对外部能源依赖程度的加深使其在中东地区频频亮相，给恐怖分子和犯罪集团很多机会，让他们越发盯上中国。中东地区约有 47% 的原油销往中国，沙特阿拉伯是最大的供应国。国际能源组织称，如果中国经济能持续增长，到 2015 年，中国的石油消费可能会相当于沙特阿拉伯全国的产油量。沙特阿拉伯已经成为中国在中东地区最大的贸易伙伴，2008 年双边贸易总额已经超过 418 亿美元。中国与伊朗的关系也日益密切，伊朗已经成为中国的第三大原油供应国。2007 年 12 月，中石化与伊朗的亚达瓦兰（Ya-davaran）油田签署了价值 20 亿美元的合同。中国政府明确指出，这笔交易纯属贸易性质，是"平等互惠原则"下的合作，"无须美国政府干涉"。之后，2008 年 8 月，伊朗国家石油公司的一名官员宣布，该公司下一步会把石油出口的重点放在中国和印度，而且会"减少对其他国家的石油输出"。此外，中国也和伊拉克进行了接触。近期，两国就价值 12 亿美元的贸易合作展开磋商。这份贸易协议原是在萨达姆时期签署的，允许中石油集团开发阿赫代布（al-Ahdab）油田，该油田预计原油产量为 10亿桶。

随着中国与中东国家商业利益的增长，中国在商业（甚至军事）上参与到中东地区，因而会吸引恐怖组织的注意力。如果它们认为北京支持其国内的某一集团或者帮派，则可能会引起其他集团或派系的不满。此外，基地组织对美国和其他石油消费国作出过指控，中国也同样容易受到指责。举例来说，本·拉登曾敦促阿拉伯各国政府保存石油，因为石油是"未来伊斯兰国家的一项伟大而重要的经济武器"。基地组织经常说中东石油被"盗采"，把矛头指向中东各国政府的同时，也唆使其追随者"不要容忍那些强盗（穆斯林）政府控制这些石油"。随着中国成为该区域的一个重要角色，中国已经发现自己正面临着与西方国家同样的压力。例如，在许多基地组织的声明中，一个重要话题就是外国势力的介入和对中东的影响。美国国会的一份研究报告指出，基地组织及其关联集团的战略目标都与两个内容有关：驱逐介入伊斯兰社会的外国势力及其影响，建立受伊斯兰教教义支配的伊斯兰国家。

中国受到恐怖主义或暴力威胁的第二大地区是非洲。非洲大陆乃是北京获取能源和矿产、进行市场扩张的一个关键点。非洲的自然资源"吸引了中国政府的注意，因为中国快速发展的经济令其永远不能控制对石油的渴求"。此外，中国与非洲的交往并非新生事物。正如安东尼·哈尔夫（Antoine Halff）指出的，在"去殖民化"时期，中国为非洲国家提供了政治支持和其他形式的各种帮助。与绝大多数西方国家不同的是，中国"在非洲没有殖民辎重。相反，它还被普遍视为非洲在解放和发展进程中的好伙伴"。虽然现在还不能推断中国与非洲日益密切的经济活动必定引发恐怖暴力，但这确实会增加中国受到恐怖袭击的可能。某些非洲国家存在多个分裂政府，中国的惯例是支持主导政党或者政府派系。这样做会导致在野组织的不满，他们会觉得被排挤和孤立，也许会采取政治暴力的方式宣泄不满。中国向相关国家输送武器的做法也会导致反华情绪的出现，尤其是那些可能会受这些武器之害的组织。因而，对人员安全问题的日益关注，促使中石油开始在非洲一些地区及其他"高危"区域探索雇用当地工人以取代中国工人的可行性，而这一政策将在三年内正式启动。

三　中国在周边遭受的恐怖威胁

中国在其邻国及毗邻地区也同样受到威胁，其中之一就是中亚。该地区素来以丰富的能源闻名于世。冷战结束后，中国越来越重视该地区，并将其纳入西部大开发战略的范畴。北京对哈萨克斯坦表现出尤为明显的兴趣。此外，中国及乌兹别克斯坦的主要能源企业近期也成立合资公司，以修建连接中乌两国的天然气管道。在吉尔吉斯斯坦，中国公司正在该国南部勘测油气田。中亚国家和中国的连接管道有可能把已知或潜在的恐怖主义地区串联，很大程度上会使中国更容易遭受恐怖分子的袭击。中亚地区存在着大量的极端分子和恐怖组织，哈萨克斯坦的恐怖威胁相对来说较轻；而在其他国家，例如乌兹别克斯坦、吉尔吉斯斯坦和塔吉克斯坦，威胁程度就很高。

从理论上讲，创立上海合作组织的部分原因就是想缓和中亚地区的恐怖威胁。2001年6月，在上合组织的成立会议上，各成员国签署了《打击恐怖主义、分裂主义和极端主义上海公约》。此外，北京还大力推进反恐日程，并积极参与上合组织"地区反恐怖机构执行委员会"。因为上合组织的活动，也因为其他类似的影响（包括美国施加的压力），中亚国家采取了许多相对严格的反恐政策。然而，在中亚国家是否完全有能力镇压恐怖与犯罪袭击这个问题上，麻烦始终存在。该地区的恐怖主义是多种因素共同作用的结果，包括贫困、腐败、失业、边境管理疏漏、民族关系紧张和宗教信仰冲突。恐怖活动也在中国的新疆、阿富汗和中东等"政治不稳定或冲突地区"寻求空间。此外，该地区的许多恐怖组织都属跨国性质，使其不容易受到任何单方政府的武力打击。

中国在巴基斯坦的利益可能也会受到恐怖主义的威胁。从根本上讲，巴基斯坦愿意成为连接中国和中东能源输送和贸易开展的通道。巴基斯坦将瓜达尔港的发展视作重要节点，因为这个港口可以把来自非洲、伊朗和其他中东国家的石油经该国的喀喇昆仑山公路输送到中国。然而，瓜达尔港却位于巴基斯坦西部的动荡省份——俾路支。据报道，自2002年起，中国在瓜达尔港的各种建设活动已经引发了小规模的暴乱，矛头直指巴基斯坦政府。当地居民撤出港口区域、外地移民迁入、配合港口建设的巴基斯坦军队大规模出现，都加剧了当地安保的紧张状况。结果，中国人及中国利益就被当作袭击的目标。俾路支激进分子尤其如此，他们把伊斯兰堡与北京的关系看作巴基斯坦政府既关键又脆弱的生命线。巴基斯坦反华暴力活动的背后，还有另外一种说法，即这些暴力袭击的真正起因是深藏在巴基斯坦部族地区的中国激进分子。一位巴基斯坦情报官员说："我们目前可以肯定，这些暴力袭击是由外国激进分子伙同巴基斯坦本地人一起实施的，中巴合作激怒了他们。"这种说法和中国大使罗照辉2008年的一份报告完全吻合。罗声称来自新疆的ETIM成员"利用巴基斯坦的领土开展活动"，其目的是"试图颠覆中巴关系"。2009年4月，中国曾警告巴方，来自新疆的ETIM激进分子正"预谋在巴基斯坦部族地区发动针对中国的恐怖活动"。

最后，中国面临的长期恐怖威胁还存在于海事方面。海上恐怖主义已经被视作21世纪的重要威胁。基地组织对其野心丝毫不加掩饰，声称"实施海上恐怖活动就是为了扰乱全球经济"。尽管已经尽力减少其对海上要塞如马六甲海峡的依赖，中国在从中东和其他地区进口石油时，依然对公海区高度依赖。在一些重要的公海区（如霍尔木兹海峡或者马六甲海峡）袭击中国油轮，可能会给中国的能源供给通道带来负面影响。

四　中美反恐合作：问题及前景

美国和中国是现行国际贸易体系的利益相关者和受益者，而这一体系极有可能被下一轮的恐怖袭击所破坏，中美在反恐问题上有着共同利益。2003年，一位中国外交部官员在洛杉矶说，"在与恐怖主义的战争中，中国人民将坚定地和美国人民站在一起，因为我们知道，中国也是恐怖主义的受害者"。2004年美国前副总统迪克·切尼在回应这一话题时说："自从我的国家遭到'9·11'恐怖袭击，美国和中国就已开始共同追捕恐怖分子，以阻止他们杀害更多无辜的人。"事实表明，北京和华盛顿这些友好亲善的表达不仅仅是外交辞令。2008 年北京奥运会前，布什政府批准出口敏感技术给中国，以防止中国遭受恐怖袭击；美国的相关部门，包括海岸警卫队和美国移民及海关执法局（ICE）也被派遣协助北京奥运会的反恐工作；2008 年 1 月，美国联邦调查局局长罗伯特·米勒访问北京时说，奥运会给了美国联邦调查局和中国同行合作的机会，并且他希望"这种反恐合作在奥运会之后能持续顺利进行"。

然而，反恐合作并不是在真空状态下进行的，它是在国际外交和偶然性的地域政治冲突下存在的。此外，像中国和美国这样两个大国，它们的合作是在更大的政治和国际背景下形成的。长远来看，中美两国的反恐合作将取决于两国如何经营双边关系，而这种关系可能会在很大程度上受制于和恐怖主义无关的事件。并且，它们还要在当代恐怖主义的挑战方式方面达成共识。

中美反恐合作的首要问题在于如何对待维吾尔分裂主义。中国认为维吾尔分裂主义是中国目前面临的主要的恐怖主义挑战。而美国在承认并谴责新疆恐怖主义的同时，则倾向于把维吾尔分裂主义问题看作人权问题。显然，中国和美国必须努力调和这一问题，否则，这些分歧会产生不信任，破坏双方未来的反恐合作。

中美反恐合作的第二个问题是上合组织。由于上合组织的政治和战略轮廓在全球舞台持续增强，一些分析人士表达了对该组织未来发展的关注，尤其是它是否会演变成一个地缘政治集团，成为政府间联盟对抗其他国家。一种普遍观点是，在某种程度上，上合组织的首要目标就是寻求西方势力在亚洲的平衡。2008 年 5 月，在北京大学的演讲上，时任俄罗斯总统梅德韦杰夫谈到了中俄间的密切合作，以及这种合作怎样"允许中俄强有力地影响并保证国际关系，包括亚太地区的平衡"。据梅德韦杰夫所言，上合组织"在这方面处于积极的主导地位"。另外，上合组织的合力优势可以为全球反恐合作提供基础。2009 年 3 月 27 日，在上合组织的支持下，俄罗斯举办了关于阿富汗问题的会议，与会者包括来自北约和美国的代表。这表明，上合组织可以成为全球稳定的积极力量，特别是当它并不掩饰地缘政治的设计和竞争时。

第三个问题是各国越来越多地通过军事手段回应恐怖主义。自 20 世纪80年代以来，以美国为主导的各国对恐怖主义的回应越来越具备军事特征。北京也至少实行了某种程度的军事反恐，许多中国和邻国的反恐演习都以军事活动的方式进行。总体来说，这些军事演习帮助中国安全部队获得了在处置军事冲突方面的丰富经验。以军事应对恐怖主义的另一成果是，在针对影响重大或有损于国家利益的恐怖袭击时，中国人民会要求政府做出更强有力的回应。

中美反恐合作的第四个问题在于双方对恐怖主义"根本原因"的认知上。从中国的角度来看，基地组织和类似集团是在反美情绪所提供的政治氧气中生存的，这在中东地区随处可见。尽管这一地区的大多数人似乎并不赞成基地组织的做法，但他们认可这种反美主题，而这会被伊斯兰激进分子所利用。与中国的观点相反，美国官方对恐怖主义原因的叙述，尤其是在布什任期内，倾向于治理问题，特别归咎于某些地区缺乏民主。2006年美国国家安全战略把恐怖主义和政治异化、积怨以及阴谋（信息误导）和意识形态等联系起来。这份国家安全战略断言，民主对这些挑战能起到缓和作用。奥巴马政府在恐怖主义问题上似乎把思想的作用放在首位。奥巴马已经表明，为了"在思想的战斗中"打败基地组织和类似集团，需要把美国的外交政策回归到"与美国传统价值观相一致"，并且要结合穆斯林世界内的温和呼声。

最后，还有一些其他问题会使中美关系复杂化，并因此成为反恐合作的潜在障碍。中国台湾问题的分歧、南海争端或人权问题的争议都有可能导致中美关系不和。地缘政治对立和不信任也会妨害合作。但中国和美国作为全球化的两个主要驱动者和受益者，在国际反恐中有着共同的结构性利益。并且，鉴于目前恐怖威胁的跨国性质，只有通过国家间的多边努力（例如中美合作），才有可能从长远压缩恐怖主义的生存空间。

五 结论

中国的崛起是21世纪早期最显著的地缘政治变迁。凭借不断上升的经济和政治影响力，中国在世界的每个角落都频频亮相。然而，与之前的大国一样，中国发现自己有时候也许不受欢迎。在一些更极端的情况下，中国正在承受其作为新生大国的暴力副作用。正如中国和美国已经意识到的，在后"9·11"时代，任何地区的恐怖主义都有可能产生全球影响。这些影响可能会成为阻碍（至少限制）跨国经济流动、削弱中美两国权力和影响力的根源。美国和中国在应对全球灾难性恐怖主义和政治暴力中利益攸关，这一合作意向在美国遭受"9·11"袭击后的一个月中得到清晰表达。然而，北京和华盛顿面临的挑战是：在防止至少是管控地缘政治对抗的同时，如何持续专注于反恐这一更大的目标。

（选自《国外社会科学》2014 年第 3 期）

战后日本的中国形象与中国观[*]

［日］马场公彦[**]　唐　磊[***]　编订

序　作为十种位相[④]集合体的中国想象

日本民众对中国一直都抱有特别的关心。日本的杂志、报纸上有关中国的报道远远超过对其他国家的报道。即使是在中日断交的 27 年间，日本也出版过大量关于中国的著述。这提示我们可以从民间外交或交流的视角来考察中日关系的另一面。笔者在接触这些材料之时，脑中盘桓的首先是如下一些问题：战后日本人怎样看待同时代的中国，他们对于中国哪方面感兴趣，希望从中国吸收怎样的思想资源，他们建构怎样的中国形象并在此基础上对中日关系产生何种影响。本文通过收集和分析

---

　　[*] 本文源自马场公彦 2015 年 9 月参加由中国社会科学院国际中国学研究中心承办的"国际中国学的知识史：交流与对话"国际学术研讨会的会议论文。原文由作者以中文写就，但全文过长，有将近两万字，且表述多为日式中文表达，现由国际中国学研究中心唐磊博士根据原文并参考他对马场公彦先生的专题访谈编订为目前的文本。

　　[**] ［日］马场公彦，1958 年生，学术博士，日本岩波书店总编辑、千叶大学文学部客座讲师、东京大学客座教授、立教大学兼任讲师。

　　[***] 编订者信息：唐磊，1977 年生，博士，中国社会科学院国际中国学研究中心副研究员。

　　[④] 作者注：这一用法自然是受了［日］沟口雄三《中国儒教十种位相》一文的启发（该文原载《思想》第 792 期，1990 年 6 月专题《儒教与亚洲社会》的卷首论文，并收入《中国思想的本质 2·东往西来》，岩波书店，2011 年）。"位相"本是物理学术语，后被借用到日语学中，特指"性别、年龄、职业等社会集团的差异或使用场合的不同而造成语言差异的现象"。本文借此术语来指由于主体、载体、传播渠道等的不同而产生不同内容的中国形象和中国观的情况。——编者

战后日本人对华舆论，主要是在构建日本民众对华舆情上起着重要作用的公共知识分子有关中国的言论及其传播情况，展示日本人对中国的认识和想象。

本文基于我对战后日本人中国观的两阶段研究成果之概述。拙著《战后日本人的中国认识》[①]搜集了从1945—1972年在日本发行的24种综合性杂志上所登载的2554篇论述中国的文章，并对它们进行了定量和定性分析来追溯经年变化。肆后，接续上一阶段研究，我对1972年末至天皇访华的1992年这20年在日本所发行的11种综合性杂志总计1604篇文章进行了同样的研究。[②]在研究视角上，我一面注视"国民舆情"的动向，一面以"市民外交"视角加以分析。

日本人有关中国的想象不仅随时代变迁而改变，在同一时代中也存在各种各样的想象，这些中国想象为各色中国论者认识中国的进路（视角）特征所决定，它们之间常常彼此交叠、结合、离散。诸种位相的中国想象最终组合成集合性的中国想象。

一　第二次世界大战前后日本人对华认识的变化

日本和中国拥有互相交流的悠久历史和深厚的文化纽带。共同文字为汉字，互相认识的传统框架为儒学。作为认识中国的学理，在日本从江户儒学开始发展的"汉学"谱系到了近代以后也得以延续。经过综合吸取历史学、考古学、语言学等人文学科建立起狭义的"中国学"（Sinology）和广义的"东洋学"（Oriental studies）体系，并涌现出白鸟库吉、内藤湖南、津田左右吉、中江丑吉、小岛佑马等东洋史家、东洋学者。

"中国学"和"东洋学"的根本宗旨在于阐明人际关系和社会伦理秩序的人文精神。不少文人、作家通过人文精神来理解中国，加深了与中

[①]　［日］马场公彦《战后日本人的中国认识》，新曜社，2010年版（中文版为：《战后日本人的中国观：从日本战败到中日复交》，苑崇利、胡亮、杨清淞译，社会科学文献出版社2015年版）。

[②]　［日］马场公彦：《当代日本人的中国观——从中日复交到天皇访华》，新曜社2014年版。

国同时代文人、作家、学者们在各个层面上的交流。比如，夏目漱石、芥川龙之介、谷崎润一郎、室生犀星、佐藤春夫、横光利一等作家以中国为题材留下了名垂文学史册的小说或旅行文学作品。仓石武四郎、吉川幸次郎、青木正儿等研究中国文学的学者则怀着浓厚的兴趣介绍了当时中国文学或思潮的动向。

中日战争结束后，日本国内人文学科的学理受到当时的新闻出版界和学术界的严厉批判。被批判的理由是其抱持对传统中国或旧中国的死板理解，套用于对现代中国或新中国的理解，而低估中国发展的潜在可能性，并挑动了歧视中国人的倾向。东洋学者们的中国论被判为不合时宜，因此他们也逐渐淡出学术和思想界。

其中也有例外，竹内好、武田泰淳、竹内实、吉川幸次郎等战争以前曾有在中国生活、留学或参战经验的中国文学研究者们，能够兼顾传统中国和现代中国两方面来讨论中国，但有这样经历的学者越来越少。

欲了解战后日本人对华认识的特点，需观察中日战争结束前不久日本人对中国的认识以及战后其被继承或扬弃的情况。

包括《外交时报》《东洋经济新报》《文艺春秋》《新潮》《中央公论》《改造》《日本及日本人》《现代》《日本评论》在内的9种综合性杂志在1943—1945年总计刊登了中国相关报道144篇。对其内容或题目加以分类，大概涉及"三个中国"和三类战斗：三个中国包括重庆中国（敌对地区）、南京中国（和平地区）和延安中国（边区）；三类战斗的内涵可以归纳为：武力战、经济战（通货战）和思想战。

对南京政府一方，日本提倡为了"东亚"的"和平"与"共荣"要"提携"和"亲善"；而对重庆、延安政府一方则讲其"反日"意识源于"盲目的民族主义"，"他们逐渐成了美英的走狗"，日本要"膺惩"这种"暴慢"的姿态；日本国内的言论空间由于"和平"话语占压倒性地位，给人一种"关系良好"并未进行过战争之类的印象。但是，在太平洋战争爆发后，日本在太平洋战线节节败退，美英与中国结成同盟，加强了对日攻势，这又不得不让人逐渐认识到中国抗战意识的高涨以及他们高超的作战能力。

战争的终结使日中间的相互认识框架及认识途径发生了巨大改变。就日本的中国论制造者们的身份来看，至此曾占主流地位的军人、政客、官僚及"支那事情调查"研究者在知识界中销声匿迹——直至20世纪30年代仍占主流地位的"支那通"和"支那学者"在决战时期就已消失。曾风靡一时的"支那通"及其"支那学"话语,因其顽固地认为中国社会具有停滞性、始终未能摆脱旧式中国观而未能改变将中国看作后进国家的视角以及对中国人一直抱有污蔑态度——从而误导国民的对华认识——遭到批判。隶属于满铁调查部及东亚研究所的那些"现地调查员",曾在中国进行田野调查,对当地市场、经济情况及抗战能力进行"事情调查"和"事情研究"(相当于现在的"地域研究"),战后即被遣返回日本。并且,这类依赖军力支持的调查,与其说是要促进人们全面地理解中国,不如说其目的侧重在证实中国具有所谓的"停滞性""后进性""前现代性",以此来作为支撑侵略和支配的依据,这也是战后之所以回避他们的调查研究成果的重要原因。此外,战后日本与中国一直处于断交状态也导致研究者无法进行实地调查,也就不再有通过实地研究得出的现代中国论。①

　　战后,中国各地调查机关所属的"现地调查员"纷纷失业,接替开展现代中国研究和教育的机构尚未发展起来,大学也没有开设相关讲座,导致中国研究一度出现空白。为此,由东亚研究所的创立者发起,那些曾归属于满铁调查部、东亚研究所或与东大新人会、无产阶级科学研究所支那问题研究会、无产阶级文学运动相关的人们,以及与社会主义运动相关、拥护日本共产党的中国问题研究者们齐聚一堂,于1946年初设立了民间性质的中国研究所。中国研究所在政治立场上支持中国共产党,称赞中华人民共和国成立是中国革命的功绩,主张东西冷战局势下要进行全面媾和并与中国恢复邦交。其主要研究活动围绕着介绍新中国的发展动态及毛泽东思想。据笔者统计,1945—1950年在日本主要综合性杂志上发表的中国相关报道中,有将近三分之一出自中研所人员之笔。② 其中,像中国研究所的首任所长平野义太郎,尽管仍是战前中国研究的路数,但其中国观则由停滞史观转变为发展史观,思想立场也由大亚洲主义转向(复归)马克思主义。

---

①　[日]马场公彦:《战后日本人的中国认识》,2010年,第80—85页。
②　[日]马场公彦:《战后日本人的中国认识》,2010年,第86页。

二　战后日本人中国观的十种位相

位相 1　交流渠道

日中之间有效的交流渠道可大致分为正式（外交关系）渠道与非正式（民间关系）渠道两种。其主体分别是"正式接触人"（政治家、首相官邸人、外交官等）或是"非正式接触人"（半官半民的财经界人士、民间人士、公共知识分子、记者、市民、非利益组织人员等）。随着外交活动"多渠道方式"的拓展，非正式渠道的民间交流也被纳入扩大后的外交概念范畴，即所谓的市民外交。

随着外交观念的变化，日中之间的外交方式也逐渐变化而呈现多种线索。首先在日中断交时期，从 20 世纪 50 年代根据国际统一战线运动摸索日中共产党之间合作的"人民外交"开始，50 年代后半期"人民外交"和"民间外交"并存，60 年代以后"半官半民外交"成为主流外交方式。1972 年恢复邦交以后转换为"官官外交"，80 年代以后则为"官民并茂外交"，如今更掺以"多渠道外交"和"市民外交"因素。

位相 2　中国论的主体

将中国论者按照其属性进行区分，首先的一种可能分类方式如下：（1）共产党或自民党等党员；（2）政治家；（3）财经界人士；（4）在中国有生活经验的人（退伍军人、返回侨民等）；（5）媒体人（包括有驻华经验的记者等）；（6）中国学者（"东洋学者"、中国学者、曾经的"支那通"）；（7）当代中国研究者（"中国观察家"）；（8）社会活动人士（新左派运动家、农业环保人权等各分野的社会活动家）；（9）中国文学研究者或作家；（10）中国本土研究者（包括在日本或其他国家和地区的侨居者）。

其中，持社会主义和共产主义立场的党员和活动家原本均属于亲中派，但自 1966 年 3 月中共和日共决裂后，日共党员分裂成亲中共派与反中共派；而社会主义者绝大多数仍坚持亲中立场，主张日中邦交。在执政党自民党内也产生了分裂，旧保守派亲中国台湾，新保守派以及党内改革派采取亲大陆立场。财界人士也根据贸易客户分为亲大陆和亲台两派，但大部分重视与拥有广大市场的中国大陆进行经济交流，提倡维持发展良好的日中关系。日中友好企业和商社成为友好人士的重要据点。

在断绝邦交时期，亲大陆论者趋向于主张全面媾和、反对日美安保和重视道义性日中邦交，而对中国持批判态度者趋向于主张部分媾和、坚持发展日美同盟和重视实际利益性日中邦交。有趣的是，自民党旧保守派亲中国台湾反大陆的言论在全部被统计文章中不算多，而亲大陆言论出现次数远超之。直到日中邦交正常化以后及 20 世纪 80 年代上半期，对中国大陆的讨论都远远多于对中国台湾的讨论。90 年代以后，日本舆论界对中国台湾社会的兴趣才逐渐提高，这种上升趋势一直持续到 1996 年前后。

此外，中国学者也分为采取停滞史观和采取发展史观两派。当代中国研究者面对实际情况进行客观性调查和观察，站在重视国家利益的立场做现状分析和未来展望。驻在中国当地的媒体人或从中国返回的日本侨民大多站在亲中立场，向日本政府或国民提倡恢复日中邦交。

位相 3　有关中国的消息

有关中国的消息，其来源、内容、传播途径和目的都对中国论者形成其中国认识构成影响。

从 1945 年至 20 世纪 50 年代初期，提供有关中国及中共消息的主要渠道是从延安返回日本的军人、侨民，以及中国研究所研究员和被允许继续驻中国进行采访的支持中共的西方媒体人。他们带来的消息明显反映着中联部、统战部和共产国际运动的意志。1952 年以后中共建立了由廖承志所主导的对日舆论宣传工作组即"日本组（廖班）"①，主要通过三种杂志（《人民中国》《北京周报》《中国画报》）和北京广播电台进行对日外宣活动，在培养日本民众的对华友好情感和支持中国的民意上发挥了一定的作用。在中国台湾地区，蒋介石也指派张群做对日宣传工作，但效果并不理想。

20 世纪 60 年代后半期以后，日中之间有了记者交换渠道，使得日本

---

① 关于全盘负责对日政策实际业务的廖班的活动情况，迄今为止介绍最详细的著作为王雪萍编著的《战后日中关系与廖承志：中国的知日派与对日政策》（庆应大学出版社 2013 年版）。

有直接搜集中国消息的条件，但记者们的活动受到严格限制。在这一时期，日本右派媒体对形成反华话语出力不少。此外，总体来看，从战后迄于20世纪80年代，无论大陆还是中国台湾，有关对日消息的发出和宣传都是在政府、当局的严格方针下统一管理的，而日本政府则不太积极推动对华的外宣工作。换句话说，日中之间的消息流通更多表现为单方向而非对称性的。这种情况直到20世纪90年代以后由于通信技术的发展和双方民间媒体的成长才发生改变。

位相4 舆论与舆情

位相3的消息是借由记者、公共知识分子、专业研究者等形成舆论，再通过位相5的媒体报道、发行、播送的。一般受众一边接受这些舆论，一边形成他们的意见或情感，这些意见和情感汇集在一起又形成某种舆情①。

就舆论方面而言，从中华人民共和国成立至20世纪50年代上半期，支持中国政府、主张恢复邦交的舆论明显较多。50年代后半期以后由于中苏、台海以及中印之间发生危机或纷争，原来的支持派又分裂为支持派和批评派，并且随着中国1964年核试验成功等，越来越多的日本人从支持派倒向批评派。

1971年中美接近以后，在道义论和实利论的立场上主张中日邦交正常化的舆论迅速增加，可是实利派里面也存在持有邦交消极论或慎重论者，于是在右派里出现了持"日本无罪论"而主张反中国论和邦交无用论的一派。

广泛举行民意测验出现在20世纪80年代，此后才能获取舆情动向的具体数据。大致上，80年代媒体舆论更多关注中国大陆，对中国台湾地区关心较少，在国民层面也没有形成相关舆情。此后中日关系起起落落，民间舆情也起起伏伏。2010年领土争端重启后，双方民众对彼此的嫌恶感也明显增加了。

---

① 关于舆论与舆情的差异以及其内涵和功能，佐藤卓己的《舆论与舆情：日本式民意的谱系学》（新潮社2008年版）值得参考。

位相 5　媒体

日本民众的中国认识有时通过通婚、工作、近邻相处等直接交往方式形成，也常常通过新闻报道、阅读及教育过程中获得的信息形成。媒体承担着向公众传递消息或舆论的功能，其时代变化和发展是把握战后日本人对中国认识的真面目时必须加以考虑的。

从 1945 年至 20 世纪 80 年代，以铅字系媒体（报纸、杂志、书籍等）为中心，专业的中国研究队伍和公共分子知识群体，通过媒体单方向的向读者散播其中国论。80 年代以后铅字系媒体的影响力和普及力逐渐为影像系媒体（相片、电视、电影等）所取代，后者在唤起国民具体的中国想象上起着很大作用。

2000 年以后，以双向性为特征的互联网系媒体逐渐普及，尤其是在年轻人群中间，在网络的言论空间中，公共知识分子的影响力减退，而不太受舆论影响的纯民间舆情或是排他性的国民感情对形成中国认识影响巨大。

位相 6　学理

为了获得认识而采用的认识工具和理论框架称为学理。按传统的见解，中国认识的学理大致分为中国学（以文献学为基础的人文学系学理）和中国地区研究（以当地调查为基础的社会科学系学理）这两个谱系。前者接续江户时代绵延下来的"汉学"流派，近代以后汇集了历史、考古、语言等人文学科，狭义称为"支那学"，广义称为"东洋学"（后来也包括"满鲜史""满蒙史""南洋史""西南中国史"等地区史分野）。后者是依照社会科学诸学科而形成的综合性学理，接受根据军事要求开发的"兵要地志"或根据殖民化要求开发的人文地理学或民族学，这一派别又被称为"支那事情调查"。

战后"支那学"因其落后的学理立场而退居二线，演变为由"中国思想"（中国哲学）、"中国文学""东洋史"（中国史）三个部门构成的中国古典学，其学理仅被用以理解前现代中国，只有"中国文学"保持跨越传统中国与现代中国的研究领域。

"支那事情调查"一脉由于与中国断交失去了调查对象而一度消逝，

20 世纪 60 年代中期后再次出现，依据中国政府提供的少量数据进行调查研究。20 世纪 80 年代以后，可供实地调研的范围扩大，各种数据也开始齐整，区域研究方法开始统合当代中国认识的路径。在高校和学术界出现的"现代中国研究""现代中国论""中国观察"都是循此路径发展起来的。

位相 7　世代

不同时代的中国论者除受学理影响外，其个人成长期遭遇的同时代中国所发生的事情对认识主体的冲击也会深深嵌入其中国想象之中。

如以 20 年为单位来考察，20 世纪 30 年代出生的战后第一代研究者经历的是日本战败和新中国成立，他们要寻找与其前辈的"支那学"论述截然不同的新中国想象。一方面他们对中国革命给予很高评价，另一方面又对中国人民怀有赎罪意识。20 世纪 50 年代出生的第二代研究者受到中国发生的历史进程的影响。总的来说，都表现出从以权力分析为中心的国家论转向以人民为主体的民族主义论、民众运动论或共同体社会论的倾向。有的人转向以冷静务实态度从事当代中国的区域研究。70 年代出生的一代则是如今的研究骨干，他们对中国社会的异质性或特殊性感到生疏，对民主运动家或改革派知识分子表示同情，研究兴趣偏向民主政治、媒体和公共空间。

位相 8　论题与见解

日本对中国事态的认识兴趣、提问方式和论题设定无不与日本本国自身问题存在密切的内在关联。

1953 年以后，中国明确了其社会主义发展路线，日本国内开始思考如何寻找与体制不同的中国的和平共处之道。对中国的赎罪感和中日恢复邦交的希望与诉求形成了日本战争责任论原型。这一派论者关注中国所开展的反对日本军国主义重演的宣传活动，反映出其抗拒将巩固日美关系、加入西方阵营作为国策的立场。

20 世纪 60 年代以后，日本国内出现反对歧视在日朝鲜人、韩国人、中国人并保护他们人权的运动，在活动家或新左派集团里甚至出现过于激进化而诉诸暴力的一派，但是 1972 年"浅间山庄事件"后这一派所获的民意支持急剧减少。另外，以竹内好为代表，出现了主张要深挖中国革命内发性因素的所谓"内在中国"流派，并且提出对日中两国近代化加以比较的视角。

从1971年美中接近至日中邦交正常化时期，恰是日中媾和争论热烈起来之时。此时论点大致包括依靠从前战争责任论所提出的道义型复交论和重视国际环境、站在国家利益上考虑复交损益的实利型复交论两种。

20世纪80年代以后，中国的国策转换到改革开放，学者围绕中国现代化成功与否进行比较冷静的分析，提出了所谓"内发性发展论"或循此而来的"乡镇企业论"（鹤见和子）等。

从20世纪80年代末的民主化运动高涨至邓小平南方谈话的中国社会，一系列激烈动荡与变化促使日本学术界、思想界考虑从更长时段的视角和方法来把握当代中国。西村成雄提出了与其强调现当代中国的断裂性不如强调其连续性的"20世纪中国论"，滨下武志提出了"华侨华人网络论""东亚海域论"等。2000年以后，由于民族问题凸显，学者们对周边少数民族问题的关心增多（毛里和子、加加美光行等）。

位相9 心像

位相4的舆论经过位相5的媒体的放大扩散作用，广泛传达给国民，与其原有的模糊的中国印象产生"化学变化"，从而使日本民众形成某种中国想象。所谓"日本人的中国想象"，其实是同时代日本人对中国的种种内心想象作为集体记忆凝定下来的结果。它并非总体的现实中国的反映，而是观察者的想象空间里随其兴趣剪切出来的假想现实。人们想象和认识中国的"解读密码"会随时代发生变化，通过追寻其变迁，可以把握日本人的中国想象的历史形成过程。换句话说，通过摹绘被日本人视线所剪切下来的中国想象的轮廓，可以推测日本人对中国的真实兴趣所在及日本人通过镜像自我观照的成分。

位相10 框架

从对当前中国的兴趣产生出论题（位相8），用学理（位相6）加以分析，形成有关中国的舆论（位相4），再经由媒体（位相5）的推广衍化为舆情，在民众中间酿成基于心像（位相9）的中国想象，按此框架去解析形形色色、方方面面的中国观，如此积累，方能得出较为全面、准确的有关日本人的中国认识、中国观的结论。另外，框架本身也会随时代发生变化。

在过往的历史中，曾经形成了若干认识中国的框架。第一种是"革命框架"，即将促成新中国成立的中国革命视为形成当代中国骨骼的决定性因素，这一框架几乎可以适用到20世纪90年代初期中国完全确立改革开放和经济发展目标为止。

第二种是认为中国欲扮演新兴国家或发展中国家盟主的"地区大国框架"，包括20世纪60年代"反美反苏两条线"和70年代的"反苏一条线"，直至今天提出的"中国模式""一带一路""命运共同体"，都被纳入此种框架来分析中国在外交和世界政治经济秩序上所采取的政策和理论话语。

此外，中国独特的发展道路，显示出中国不同于西方以及日本现代化道路的可能。因此，在中国改革开放后，日本学界出现了中国"内发性发展论"或"独特现代化论"，在历史学界则针对从前的"西方冲击论"提出了"切合中国的探讨论"。另外，曾经作为传统中国认识框架发挥作用的"中华帝国论"（其中包括"册封体制论""朝贡体制论""华夷秩序论""华侨网络论"等），如今又被重新利用，作为"大国中国想象"的认识框架资源。这两种思路都是站在长期立场来重新设定框架。我们也可以将这些思路视为"地区史"跟传统的"帝国史"这两个谱系在反复争执、离合中酝酿出新框架的过渡性形态。

三　对战后及当今日本人的中国认识的若干思考

上面列举战后日本人的中国认识的十种位相，并简要论述了在不同位相及其组合中如何形成日本人中的某种集体性的中国认识。

这样的梳理有助于我们思考今天的日本人如何理解同时代的中国。我们今天面临的境况是，中日之间于2010年发生钓鱼岛撞船事件以来关系日趋恶化，在政治、经济、文化各方面的交流停滞乃至冻结至今。我们不得不问：中日之间为何产生交流上的障碍？哪些事情妨碍彼此理解？哪些因素干扰两国和谐相处？

　　与1945—1972年的断交时期及邦交刚恢复后一段时期相比较，无论是在交流渠道（位相1）的齐备、相关消息或数据（位相3）的可得性，还是媒体（位相5）的多元互通环境以及随之而来的舆论与舆情的传播，今天都有了极大改善。

　　情况不同的是，如今中国论的主体（位相2），虽然数量不少，但其群体很特定。在报纸、杂志、电视等媒体经常露面的专业中国论的论者、讲解员或评论员，几乎都是能够自如运用现代汉语、受过专业训练、可以便利地获取相关消息和数据的当代中国研究者；而以前常常发声的中国研究相关专业以外的知识分子、作家、活动家、政财界人士如今的登场频率非常少。而且，现在正值壮年的一代中国研究者（位相7），对日中战争、断交时期、邦交正常化等重大历史事件没有切身经历，只能通过事后研究才得以了解，对中日关系过往的变迁及其历史性意义也就缺乏深切体会。当然，我们也不能因此就批评他们不够成熟。不管是怎样的中国论主体，就精确认识事实而言，冷静和客观地观察分析中国的态度都是不可或缺的。在此，过于接近认识对象本身或是过度的感情移入都会造成误识误判。

　　关于认识中国的学理（位相6），当代中国研究者一般立身于区域研究领域，而区域研究虽能综合调用社会科学系统的种种学理，但在吸纳文史哲等人文学科学理方面比较薄弱。这就造成中国论者所依据的消息或分析手法十分类似，关于同时代现实中国之论题的提炼和见解的阐述也比较接近。因此，在日本国内的专业当代中国论者之间，虽然存在具体事实的争论，但在重大议题或观点上的激烈争论或是引发国民舆情对峙的争论基本未见。

　　另外，尽管中国论者争取客观地理解中国，但我们应该认识到，现实中国是一个高度复杂的集合体，不可能轻易切割出一部分做排他性的论述，仅靠从前的方法论和学术成绩很难将其解密。尤其是如果我们只用新中国成立后60多年累积的中国论的经验和知识，或是专以研究中华人民共和国为目的而发展的某些框架（位相10）来理解整个中国，都是不可能的，此时就需要我们在诸如战前日本依据帝国性学理的前辈学者的研究中开掘智慧遗产。

　　日本国民有关中国的想象（位相9）可能是含混而贫瘠的，有时虚实不定的中国形象造成冷酷而强大的威胁感，在民众中引发恐惧情绪，至少不能说在日本国民中正在形成富于多样性和多层次的中国想象。

行文至此，通过反思日本人的中国认识，我们可以从中得出有关今天中日两国形成彼此认识隔阂或文化摩擦的几点经验教训。

第一，对于存在中国这个巨大邻国的日本来说，怎样接近中国，保持怎样的距离来认识中国这个对象，确实是一件难事。过于强烈的同情或是与对象过于接近乃至一体化，将会造成误读误判。但如果刻意保持距离，完全将之视为客体来看待，而不能理解中国内部人民的情境与情感，也不见得能够真正形成客观的看法。

第二，偏于大众意向和感情，容易引发国民的排外民族主义情绪，从而压倒公论（公共舆论）。互联网存在扩散某种特定话语的危险性，它将一部分影像而非事实从全体影像中摘录出来反复放映，会形成对言论的诱导，并借此推高媒体的影响力。因此，文字媒体肩负着发挥功能的重要任务。

第三，中日在发生认识摩擦和两国关系动摇时，往往会就恢复到哪一个平衡点有不同的见解。日方趋于强调冷战时期的秩序，即以缔结日美安保条约为战后体制的出发点，中方作为对法西斯战争的胜利者而趋于强调日本须恪守波茨坦公告。由此种差异造成的分歧和对立可能仍将存在下去。但就历史认识问题而言，首先日方需要对侵华战争进行反省，中方则有必要总结学习日本战后包括成功与失败两方面的宝贵经验。

最后，为了加深中日之间的互相理解，促进两国国民之间的良好交流，我们除了需要社会科学系统的学理以外，还需要尊重文化资产，研究依靠人文精神和人文科学系统的学理进行认识活动。我的两本著作也是在这样的问题意识之下所做的一次尝试。

（选自《国外社会科学》2016 年第 3 期）

专题四

文史哲

日本的鲁迅研究近况

程　麻

日本人对鲁迅的介绍和研究一直比较重视。无论是从事研究的人数之多，还是取得的研究成果之大，在国外的鲁迅研究中，都以日本为最。其中贡献最大的，当推增田涉和竹内好二人。

几十年来，在增田涉和竹内好周围，各自聚集了一批中国文学爱好者，在翻译、出版鲁迅著作方面做了大量的工作。由于他们的不懈努力，鲁迅的主要著作现在都已经有了日译本。但如果把增田涉和竹内好加以对比，二者也有一些不同之处。增田涉以他和鲁迅深切的师生之谊，对鲁迅的实际生活和音容笑貌有亲身的感受，这在日本人中毕竟是得天独厚的。增田涉发挥了这个长处，一生写了以《鲁迅的印象》为代表的大量回忆录，主要从感性的角度描绘了鲁迅的生动形象，向日本人传播了鲁迅的作品和思想，反映出他终生对鲁迅怀有由衷的敬仰之情。尽管由于各自所处的历史文化背景不同，增田涉对鲁迅的刻画有不够准确甚至误解的地方，但这些描绘和刻画反映了日本人眼中的鲁迅，这对我们认识鲁迅的思想、作品和生活仍然有不可忽视的价值。

竹内好生前也致力于向日本人介绍鲁迅的作品，但他和增田涉不同，更注意对鲁迅的思想和文学进行解剖分析，侧重于从理论的角度研究鲁迅。综合竹内好一生的鲁迅研究，大体说来，鲁迅在他的眼中，是"中国近现代历史中转变时期的一个典型"[①]。据竹内好的看法，"鲁迅没能形

---

① ［日］竹内好：《（新编）鲁迅杂记》，劲草书房1976年版，第10页。

成自己独特的哲学，他思想上的矛盾实际上并没解决。他不过是满足于暂时和新的客观现实协调一致。这种批判也许是刻薄的，但他并非一个纯粹的作家，不如说，他更希望成为所谓的'文化先驱'，而且是甘心于这种地位的"①。毫无疑问，鲁迅的思想发展确是个矛盾的发展过程。但问题是，竹内好始终没能详细说明鲁迅的思想矛盾的具体内涵，也没有认识到，这种思想矛盾的解决如何推动鲁迅的思想发展到了马克思主义的高度。这样，竹内好的看法在日本长时期中造成了一个印象，即"作为思想家的鲁迅，他在日本被认为是没有体系的"②。所以，日本人在充分肯定竹内好对日本的鲁迅研究的贡献的同时，也觉得竹内好所树立起来的鲁迅形象，在一定意义上又是一个"巨大的障碍"③。由于"这个不准确的形象的基本轮廓是竹内好在三十几年前写的《鲁迅》中稳固地树立起来的"④，所以，要在继承前人研究成果的基础上进而突破他们所造成的"障碍"，对日本的鲁迅研究者来说，这确实不是轻而易举的事。

　　1977年3月3日，竹内好不幸病逝。3月10日，在为竹内好举行的追悼会上，增田涉因为宣读悼词时悲痛难抑，急病猝发，也溘然长逝。竹内好和增田涉的先后去世，无疑是日本鲁迅研究界的巨大损失。但从另一方面说，他们的逝世又给日本的学术界带来了新的预兆，即"似乎标志着（日本的）鲁迅研究的新时代的到来"⑤。以此为转机，日本的鲁迅研究在近四五年来有了一些明显的新进展。

　　粉碎"四人帮"之后，随着中国思想和文化界拨乱反正的工作的逐步深入，日本的鲁迅研究的路子也越来越宽。具体的例证是：以1976年鲁迅逝世四十周年为起点，日本陆续出版了一些有价值的鲁迅研究资料和著作。其中主要有：由400多人参加的"鲁迅在仙台的记录调查会"，经过四年多的调查活动，整理出《鲁迅在仙台的记录》一书（平凡社，1978年）。这本书所介绍的关于鲁迅在仙台留学时期的文物资料和背景是空前完备的，反映出日本，特别是仙台人民珍视鲁迅和仙台的亲缘关系，

---

① ［日］竹内好：《（新编）鲁迅杂记》，劲草书房1976年版，第10页。
② ［日］高此良光司：《鲁迅——战斗的生涯》，人民之星社1976年版，第180页。
③ ［日］陈舜臣：《〈鲁迅的世界〉寄语》，《鲁迅的世界》，大修馆书店1977年版。
④ ［日］山田敬三：《鲁迅的世界》，大修馆书店1977年版，第362页。
⑤ ［日］陈舜臣：《〈鲁迅的世界〉寄语》，《鲁迅的世界》，大修馆书店1979年版。

其庄重而认真的工作精神，使中国人民深为感动。随后，在鲁迅的日本朋友内山完造逝世二十周年的 1979 年，日本又出版了有关鲁迅和内山完造之间关系的著作，例如由东京社会思想社出版的《回忆鲁迅》和讲谈社出版的小泉让所写的《鲁迅和内山完造》等。前书是由内山完造的弟弟内山嘉吉和嘉吉的儿子内山篱编辑的内山完造纪念鲁迅的文集，其中收录第二次世界大战以前的文章 27 篇，战后的 21 篇，另有座谈会纪要三篇和其他一些资料；后者则对鲁迅和内山完造的关系做了较为系统的叙述和分析。这些著作为鲁迅研究增添了新的内容。

但是，最能反映出日本鲁迅研究新变化的，还是近四五年来日本出版的一批着重从思想和理论角度研究鲁迅的专著。计有：桧山久雄的《鲁迅和漱石》（第三文明社，1977 年 3 月）；山田敬三的《鲁迅的世界》（大修馆书店，1977 年 5 月）；竹内实的《鲁迅的远景》（田烟书店，1978 年 1 月）；新岛淳良的《读鲁迅》（晶文社，1979 年 2 月）。

这些新著的作者，其中有些人，例如山田敬三、新岛淳良等，在青年时代就走上了研究鲁迅的道路，大都受过竹内好等先辈的推动，有的就是他们的及门弟子。这些人从先辈身上获益匪浅，一直念念不忘恩师情重。但这些新一代的鲁迅研究者也大都意识到自己肩负着新的历史使命，那就是不要被先辈的研究成果所束缚，力求突破竹内好等人在鲁迅研究中所造成的"障碍"。所以，这些新著几乎不约而同地把否定或纠正过去"在日本的不准确的鲁迅形象"① 作为自己的努力目标。具体说来，这些新著在下列几个问题上做了新的探索。

一　对鲁迅作品的深入认识

一个作家的作品给人以感染，不仅取决于作品的内容和表达方式，而且同读者的立场和眼光有密切的关系。大部分日本人是通过日译本来接触鲁迅著作的。由于译者对原作的理解程度和他们所处的不同社会条件，日本人对鲁迅作品的认识有一个逐步深入的过程。因为觉察到这一点，很多日本的鲁迅研究者都力求通过自己的分析，"更深刻地理解鲁迅

---

① ［日］山田敬三：《鲁迅的世界》，大修馆书店 1977 年版，第 362 页。

的作品"。近几年来，一些研究者在继续解释鲁迅作品语言的同时，更侧重于"分析鲁迅特有的'思想观点'，即鲁迅所关心的人类、革命、国民性、男和女、复仇、绝望和希望等主题"①，以求比过去在日本流行的竹内好对鲁迅作品的解释有更正确、更深入的认识。为了做到这一点，《读鲁迅》的作者新岛淳良说，当他面对鲁迅作品的时候，"始终不忘鲁迅的总体形象，力求准确地理解鲁迅的原意，注意调节自己的思想和立场"②。正是这种力争全面理解鲁迅的研究方法，使得一些日本的鲁迅研究者能够不囿于先人的见解，提出了不少新的看法。其中，新岛淳良在《读鲁迅》一书中提出的一些看法就较有代表性。

首先，新岛淳良在多方分析了鲁迅对"示众"一事的看法之后，认为竹内好在1943年所写的《鲁迅》一书中，对促使鲁迅产生弃医从文伟大抉择的幻灯片事件的真实性的怀疑是站不住脚的。他认为，竹内好之所以有这种错误的看法，是因为他没有联系鲁迅的全部作品真正弄懂中国话中"示众"一词的确切含义。他忽视了通过"示众"反映出来的中国人的精神面貌，而只是把它看作"当众处决"。新岛淳良认为，结合鲁迅所写的全部作品来看，幻灯片事件给鲁迅的最大刺激，是使他看到了中国人的"麻木不仁"之心。他认为这是鲁迅的启蒙主义文学的最初出发点。③

在对《狂人日记》的分析上，新岛淳良把它和果戈理的同名小说加以比较，认为二者的区别在于：果戈理在作品中描绘了主人公的性格发展，而鲁迅的狂人则基本上是作者心声的代言人，后者并未叙述狂人发狂的经过。从这一点着眼，新岛淳良把鲁迅的《狂人日记》看作一种"观念小说"，说它是"充满影射的象征主义的文学"④。

关于《阿Q正传》，新岛淳良对阿Q"精神胜利法"的分析，和以前的日本人相比，也更为深入。首先，他从"精神胜利法"的含义入手，认为鲁迅在小说里说的"胜利"，就是指文中的"优胜"和"第一个"。

① ［日］新岛淳良：《读鲁迅》，晶文社1979年版，第13页。
② 同上书，第14页。
③ 同上书，第20—23页。
④ 同上书，第20—23页。

这并不是指通过视觉、嗅觉或触觉感受到的物质方面的优越，而是指在物质上处于劣势的情况下反而在精神上产生的自欺欺人的"优越感"。所谓"胜利法"，并不是"胜利的方法"，而是获得心理上"优越感"的方法。阿Q这种精神上的"优越感"固然表现在欺侮别人的时候，尤其可悲的还是在他遭受别人欺侮的时候，也居然能从自己的失败中产生这种"优越感"。新岛淳良认为，不管是中国的冯雪峰、耿庸、何其芳、李希凡，还是日本的竹内好，在把"精神胜利法"归结为阿Q的性格特征时，都没有抓住"优越感"这个关键，所以，他们对"精神胜利法"的解释都欠明确①。他觉得，这种"精神胜利法"，即自欺欺人的优越感，不能仅仅从阶级的观点来解释。新岛淳良把"精神胜利法"看作超越阶级局限的中国人的精神弊病，尽管立论有些空泛，但结合鲁迅创作《阿Q正传》时的思想水平，说鲁迅塑造阿Q形象的意图之一是为了批判中国人盲目自大的优越感，也未尝没有一些道理。为此，新岛淳良引用了韩国延世大学教授、成均馆大学中国文学系主任李家源的分析，即"阿Q在某种意义上说是中国人的代名词，这是四千年的传统所形成的一个可悲的性格。阿Q有自尊心很强的自大心理，却没有反省精神和意志。它是一种象征着只被因袭的习惯和眼前利益所左右的、没有骨气的民族性的人格"②。新岛淳良还企图从整个中华民族的文化背景寻找产生这种"精神胜利法"的基础，例如他把汉语和讲究身份、等级区别的日语相比较，认为从语言角度看，中国人意识不到人之间实际存在的差别。这种貌似"通达"的态度实质上是安于现状、缺乏认识和改变本身的低贱地位的自觉性的反映。这和阿Q的"精神胜利法"是一脉相承的，这种精神状态是产生阿Q的思想基础③。没有疑问，新岛淳良通过中外文化的比较来分析阿Q的"精神胜利法"的实质，不失为一家之言。但问题是，新岛淳良从这种分析得出了一种结论，认为一个作家只有以"冷"的眼光看大众，才是他思想深刻的表现。并且说，鲁迅从五四前后一直到死，都是

---

① ［日］新岛淳良：《读鲁迅》，晶文社1979年版，第60页。

② 同上书，第234页。

③ 同上书，第248页。

把大众看作"阿Q"。① 这显然是把鲁迅后期的思想观点和五四时代混为一谈了。

二　以比较的方法研究鲁迅

近几年来，在日本，像新岛淳良这样注意用比较文学的方法研究鲁迅的人越来越多，逐渐成为一种趋势。其中尤以桧山久雄和山田敬三特别突出。

桧山久雄在《鲁迅和漱石》一书的"后记"中说，他写此书的目的，是想"回顾一下近代日本产生的最优秀的文学家夏目漱石尝试认识日本近代的特点并在这种特点之下恶战苦斗的足迹"。他觉得，这样一来，"鲁迅的恶战苦斗就可以起到一种镜子的作用，反之亦然。这是因为两人都肩负着在后进国实现近代化这一共同课题。我所关心的是东方和西洋思想的接触这一现实的问题"②。桧山久雄在把鲁迅和夏目漱石对照后认为，二者思想上有共同之处，即他们都处在落后的东方，为了赶上近代化的步伐，除了在各自的作品中触及本国的传统之外，都注意"异种人"即西洋人的思想③。例如，桧山久雄觉得，夏目漱石的《战后文坛的趋势》和鲁迅的《当陶元庆君的绘画展览时》，"不管是主题还是论述观点的方法都非常相似"，"二人都以'落后的东方'为立脚点，反对简单地模仿西洋，追求自己独特的近代化"④。但夏目漱石和鲁迅也有不同，即二者选择的途径不一样。"漱石想通过重新肯定自身中固有的东方精神，来作为树立自信心的基础"⑤，而对鲁迅来说，"作为东方人的自觉性，无疑首先必须是意识到自己是弱者"⑥。桧山久雄认为，这是因为，"和日本不同，在四千年的传统的重压之下残喘的中国，如果不和这种传统决裂就不能实现近代化。即使和西洋近代思想接触，也不能像日本那样，无

① ［日］新岛淳良：《读鲁迅》，晶文社1979年版，第272页。
② ［日］桧山久雄：《鲁迅和漱石》，第三文明社1977年版，第232—233页。
③ 同上书，第61页。
④ 同上书，第93—94页。
⑤ 同上书，第18页。
⑥ 同上书，第29页。

抵抗地接受下来。传统始终顽固地抵制着新的思想"①。因此，桧山久雄认为，"鲁迅的文学中所具有的而漱石最缺乏的就是革命这种观点。对鲁迅说来，离开革命就不能实现近代化，而漱石对近代化的向往中却不包括革命那样果断的行动"②。"漱石对革命不觉得痛快，而是感到恐怖。"③

如果说桧山久雄虽然注意运用比较的方法分析鲁迅的思想，但不承认自己所写的是比较文学论著，那么山田敬三在《鲁迅的世界》中则明确地树起了比较文学研究的旗帜。1975 年，山田敬三接受日本文部省资助的科学研究费 23 万日元，进行"中国近代文学的比较文学研究"，同年在九州大学的中国文学研究会上做了名为《一种文学观——鲁迅》的学术报告。后来，作者将此文收入《鲁迅的世界》时，改名为《鲁迅和白桦派作家们》。

在这篇论文中，山田敬三首先分析了鲁迅在五四前后翻译日本白桦派作家武者小路的剧本《一个青年的梦》的目的，认为鲁迅这样做，"并非站在殖民地受害者的立场接受武者小路的反战观点"。他"不是把它看作日本国内的可喜现象，而是作为治疗中国被传染的'痼疾'的处方"④。即是说，鲁迅翻译的意图在以此改造中国的思想弊病。山田敬三从这种分析得出结论，认为"武者小路和鲁迅，二者在本质上显然是对立的。一方是从强者的立场把弱者的缺点当作与己无关的东西来鸟瞰，另一方是为了把强者从高处摧毁，从自身中看到了与强者一样的毛病。但如果仅从他们各自对人类思想的弱点的看法上着眼，他们在认识上还是有非常相似之处的"⑤。

山田敬三认为鲁迅和白桦派作家之间的联系主要表现在人道主义方面。从这个角度，山田敬三着重分析了鲁迅和白桦派的另一作家有岛武郎之间在爱护幼小者的生命、催促其成长的观点上的关系。他认为，"尽管鲁迅没有原谅有岛的文章所有的'眷恋和悲哀的声音'"，但有岛武郎的"《与幼小者》中的这些保护新的生命，促使他们成为社会栋梁的话，

---

① ［日］桧山久雄：《鲁迅和漱石》，第三文明社 1977 年版，第 33 页。
② 同上书，第 115 页。
③ 同上书，第 117 页。
④ ［日］山田敬三：《鲁迅的世界》，第 195 页。
⑤ 同上书，第 202 页。

表现了有岛等人的爱人之心。这些话和当时还未摆脱进化论的鲁迅的思想状态非常相似"①。

此外，山田敬三在《鲁迅的世界》中关于鲁迅在接受马克思主义世界观的过程中同厨川白村、郁达夫等人思想上的异同点的比较，也是较有启发性的。

三　对鲁迅后期思想和作品的分析

以竹内好、增田涉为代表的鲁迅研究，把鲁迅看作新旧之间的"过渡时代的人"，说他"一生非常艰苦地不断探索从旧社会到新社会的道路。因此，鲁迅本身就是这种矛盾的集合"②。这种看法当然不无道理。但问题是竹内好相当忽视了鲁迅后期的马克思主义观点，以至于得出一个结论说，鲁迅的致命伤是没有"理想"，"换句话说，鲁迅没有意识到确定的目标、行为的准则。气质大不相同的周作人吸收了北欧的自由思想，形成了具有特色的个人虚无主义哲学。与此相比较，鲁迅的生活始终是文学家的。正因为这样，他身上有着缺乏理论思维训练的十八世纪的味道"③。基于这种看法，竹内好认为，在鲁迅的作品中，《故事新编》的价值不如《野草》，而且觉得中国现代文学中小品文的兴起是作家急于应付形势的发展而思想不成熟的反映，说这"正可以窥见出中国现代文学的脆弱性"④。

随着研究的不断深入，有些日本人逐渐开始反对竹内好的这种见解，人们越来越把注意力转向鲁迅后期的思想和作品。尽管大家仍然同意竹内好所说的鲁迅的题材多是过去的农民和没落的知识分子这样的观点，但更注意从"革命时代的文学家的观点来看鲁迅"了。例如桧山久雄就表示："鲁迅在青年时代体验过深重的挫折。挫折在革命时代是不可避免的。我要探寻鲁迅怎样在这种挫折中逐渐成为革命的文学家，以及他的

---

① ［日］山田敬三：《鲁迅的世界》，第201页。
② ［日］竹内好：《鲁迅的读法》，载《（新编）鲁迅杂记》，第218页。
③ ［日］竹内好：《鲁迅论》，载《（新编）鲁迅杂记》，第7页。
④ 同上书，第10页。

思想发展过程。"①

出于这样一种想法，近几年来日本人已就鲁迅后期的文艺思想进行研究和分析。其中之一是关于 1928 年革命文学论争的起因问题。桧山久雄在《鲁迅和漱石》中认为，这原因首先在于"当时是无产阶级文学理论传入中国的初期。还未和中国的现实密切结合的理论，不能不是抽象的观点"。"在这样的时期，那些新兴的无产阶级文学派把鲁迅选为主要的批判目标，并没有明确的理论根据。仅仅从提倡过艺术至上主义，后来自以为代表革命文学主流的创造社和鲁迅之间旧的矛盾是不能说明两者论争的原因的。"② 他结合第二次世界大战前日本的无产阶级文学的弱点，认为这次论争的起因是"鲁迅文学的那种特有的革命性和与之相对的无产阶级文学派输入的理论之间的矛盾"③。例如，李初梨对鲁迅的不恰当的批判，从根本上说，是与当时中国革命运动中的左倾教条主义倾向有十分密切的关系的。但另一方面，桧山久雄也认为，"鲁迅的反驳中也不能说没有容易招致误解的话"④。尽管他没有说明鲁迅为什么要说和说了哪些"容易招致误解"的话，但他这种顾及当时的时代条件来解释革命文学论争的意向是有道理的。

至于山田敬三，他在《鲁迅的世界》中谈到过对鲁迅的《革命时代的文学》一文的理解问题。他认为，人们应该注意到，鲁迅这次讲演的地点是军官学校，讲演的对象是参加实际革命斗争的军队骨干，他们对文学的作用一般是忽视的。鲁迅在讲演中以这些人的口吻批判了"革命地区文学家"的傲慢。不过，鲁迅的"文学无力论从根本上说并非文学无用论。文学如果有真正自觉的思想就能发挥它的作用，只不过它的有用不表现在实际行动上"⑤。山田敬三还认为，鲁迅说首先要做革命人，革命文学倒无须急急，即是说，"鲁迅归根结底强调的还是革命"⑥。他觉得，总体来说，鲁迅"对马克思主义文艺观的理解与其说是系统的，不

---

① ［日］桧山久雄：《鲁迅和漱石》，第三文明社 1977 年版，第 232 页。
② 同上书，第 202 页。
③ 同上书，第 203—204 页。
④ 同上书，第 207 页。
⑤ ［日］山田敬三：《鲁迅的世界》，第 248 页。
⑥ 同上书，第 247 页。

如说是非常具体的。正如他谈论阶级性问题、政治性问题、艺术性问题、作家问题、同盟者问题时表现出来的那样，他想抓住一个个具体的问题，并且要做出自己能够理解的结论"。① 譬如说到鲁迅的文学观点，山田敬三认为，他"绝不是仅仅停留在'真情的流露'这种现代文学的观点上。对他来说，变革现实——革命——这个命题是毫无疑问必须肯定的。这是组成他的文学观的至高无上的东西。而表现作家个人的存在，是其次的事。这是鲁迅与低于他的水平的人之间的根本差别"②。

另外值得注意的是，竹内好还在《鲁迅的远景》一书中着重分析了鲁迅和徐懋庸关于两个文学口号争论的通信。竹内好看到了，鲁迅在答徐懋庸的信中说，也可以有一种既非"国防文学"，亦非"汉奸文学"的某种"中间的文学"。这是"既不写'国防文学'，也不和日本妥协、向日本屈服的文学"。竹内好认为，如果和1932年鲁迅对"第三种人"的折中主义立场的尖锐批判相比，这是他后来在"理论上的转变"的反映③。虽然作者没有把这两个批判的条件加以区别，但他无疑意识到了鲁迅晚年思想方法的丰富性这个特点。

以上所说的是近年来日本的鲁迅研究中出现的新趋势，这仅仅是开始，要取得相当的成果还要做很大的努力。

（选自《国外社会科学》1981年第9期）

---

① ［日］山田敬三：《鲁迅的世界》，第266页。
② 同上书，第268页。
③ ［日］竹内好：《鲁迅的远景》，田烟书店1978年版，第175页。

中国的语言学研究[*]

〔苏〕A. Л. 谢米纳斯　　　王明铭 译

一　词汇学现状

在中国，词汇学研究是从 20 世纪 70 年代末开始恢复的。"文革"期间，中国的语言学研究处于完全停滞状态，既不搞学术研究，也缺乏同其他国家学者的交流。这就向中国学术界提出一项任务：批判地吸收国外语言学在这一期间所创造的一切成果。

当代中国语言学的一个特点是致力于创造性探索，用非传统的方法去解决词汇学问题。在一些文章、演讲、讨论及专著中都强调必须提出新问题。目前对于语言现象的研究，无论从广度和深度看，都超过了"文革"前的水平。中国语言学家已经不局限于对语言的外表现象进行分类和描述，而是试图揭示其结构的内在规律并加以理论阐释。他们的著作谈到了对各种现象进行综合的和多方面的分析的重要性，因为这种分析能揭示语言各个方面的内在联系。通过涉猎国外学者的著作充实了有关语言结构构成的概念。

著名中国语言学家周祖谟在一篇文章中，[①] 对当代中国词汇学家所面临任务的性质作了十分明确的描述，他认为，这项工作应在下述三个领域展开：

---

[*]　作者于 1985—1986 年在中国进行学术考察。

[①]　周祖谟：《当代中国词汇研究》，载《语文研究》1982 年第 2 期。

（1）理论问题的确定——应从系统观点出发；研究词汇形成和运用的规律，为当代中国词汇学奠定基础；

（2）研究词汇教学的实际问题，以便提高大学生的语言知识水平；

（3）研究适应社会需要的词典的编纂方法。

长期以来，中国轻视理论词汇学和实践词汇学的研究。论述词汇语义学的工作自古以来被看成是词典学家的事，而他们并不总是将词汇研究同理论问题的提出与研究结合起来。但是，词典学论述方面的成就为理论词汇学领域著作的出现创造了前提。最近几年来，词汇在中国成了学术探讨的对象，一些与语言词汇研究的理论和实践有关问题的书籍也应运而生。张永言的《词汇学简论》曾引起人们的极大关注，作者在该书中从普通语言学立场出发研究中国词汇学。他引用了大量的国外资料，将汉语的词汇特征同20种语言（其中包括英语、德语和俄语）的相应特征加以比较。同时，作者还对词汇学的一些关键问题发表了独特见解。张永言一书的价值在于：涉及词汇发展规律和普通词汇学理论课题的许多问题在中国文献中首次被提出并得到了讨论。这本书"堪称普通词汇学导论，了解汉语词汇学问题的一把钥匙"。

张永言提出了关于建立最新汉语词汇学的思想。他凭借现代科学方法，揭示了词的内部结构，研究了它的形式与内容，并根据与其他词的聚合关系和组合关系，确立了词在系统中的地位。由于批判地接受国外语言学家的思想和运用丰富的实际资料，使得作者能以新的眼光看待词汇学问题。在以往的词汇学著作中，对于词汇的论述一般局限于根据不同特征加以分类，然而分类——这还不是系统。作者前进了一步，他分析了词汇的结构组成并将语义系统看作词汇系统的基础。该书的优点是确立了词汇的系统观点。

《词汇学和词典学问题研究》[①] 一书涉及了重要的词汇学问题，该书作者是南开大学现代汉语教研室主任刘叔新。该书论述的问题十分广泛。作者认为，词汇学和词典学是由共同问题相联结的两个相互联系的语言学领域。该书的突出特点（同时也是它的积极意义）在于，对词汇学所持的观点是通过词典学加以阐释的。作者并未简化基本问题的实质内容，

---

① 刘叔新：《词汇学和词典学问题研究》，天津，1984 年。

而是试图根据自身提出的理论去解决它们。

该书反映了理论原理与实用性任务的内在统一和联系。刘叔新更加明确了词汇的界限及其组成，在定义"词"的概念时揭示了它的实质和特征。作者所依据的是词的单一性和同一性标准，及其词汇特征和语法特征。这个关键问题过去并未得到满意的解决，这一点反映在辞书编撰工作的质量方面。

中国语言学所面临的任务是提高汉语词汇的教学与研究水平。为此，必须具有适应当代要求的教学参考书和教材。在这方面，武占坤和王勤的《现代汉语词汇概要》① 是饶有兴趣的。这部书所包括的词汇学问题十分广泛。作者根据词素是构词材料的观点，不仅把词和成语，而且把词素都看成词汇学的客体和词汇的基本单位。可以用汉语语素的特点、它的独立性、语法的完整性和语义的限定性对类似的观点做出解释。

1985 年，北京大学出版社出版了符淮清的《现代汉语词汇》教科书，该书是作者在给中国语言文学系学生讲授这门课时所写的讲稿的基础上加工修改出来的。教科书是按照传统模式写成的。

符淮清没有使用像语素分析这样的现代词汇研究方法，在他看来，这种方法只适用于有限的几类词，他认为，个别词典的词义是词的义项。该书特点是广泛吸收词汇材料，作者使用词释义的目的是指明各种词义之间联系的规律及词义的发展变化形式。

目前，有关词汇学的参考书和教科书在中国尚不多见。然而，戈弋等撰写的《语言学概论》② 中的"词汇"一章值得重视，其有趣之处在于试图用新的观点论述词汇，将重点放在词的类别及词义的分类上；在词汇部分采用了语素分析法去分析词义。

词汇学家和修辞学家王希杰（南京大学）和王德春（上海外语学院）的著作也探讨了研究词汇的新观点。他们将主要注意力集中在词汇的语义研究上。任学良（杭州师范学院）在自己的著作中分析了复合词的结构语义模型。贾彦德在《语义学导论》③ 一书中则首次系统论述了汉语的

---

① 武占坤、王勤：《现代汉语词汇概要》，呼和浩特，1983 年。
② 戈弋等：《语言学概论》，呼和浩特，1984 年。
③ 贾彦德：《语义学导论》，北京，1986 年。

许多语文实例。他所阐发的理论是在参考西方语言学家研究成果的基础上形成的。

除了理论词汇学方面的著作外，近年来在中国还涌现出许多实践词汇学方面的书籍。这里首先应提到金绍智编纂的教科书《词汇》（北京语言学院，1983 年版），它是供二、三年级外国学生使用的，是现有专业词汇教科书中最完整的一部。

近 10 年来，中国学者的注意力日益被吸引到对词汇的数量分析上，这首先产生于实际需要：必须选择现代汉语中使用频率最高的词，从而提高教学效果，保证各种教科书、文选和手册的质量。此外，还有一个问题，即在中国高等院校学习各类专业的外国学生必须掌握的最低词汇量的确定问题。

二　中国的辞书

近 10 年来，中国的辞书编撰工作取得了相当大的成就。这项工作包括两个方面：一是编辑能容纳所有词汇的完整的大型辞书，如《汉语大词典》和《汉语大字典》；二是编辑某些分类词汇系统的字典。

10 卷本《汉语大词典》的编纂工作是中国文化界和学术界的一件大事。这部词典的第一卷已于 1986 年问世，其余各卷拟于 1990 年以前出齐（每年计划出两卷）。近千人参与了这项工作，参加编辑和审订工作的是一些著名的语言学家，如罗竹风（主编）、吕叔湘、王力、叶圣陶、朱德熙、陈原、张世禄、周有光、周祖谟、俞敏、倪海曙等（以上均为学术顾问）。在准备过程中共积累了 500 万张词汇卡片，高质量的编辑与校订集体保证了这部计有五千多万字的高水平的词典。它将是现有词典中最完整的一部。

中国报刊用了四个字来强调这部词典的独有特征，即大、全、新和高。从反映本国语言完整画面的角度来看，它堪与著名的牛津英语辞典相媲美。其丰富的词汇和插图资料，远远超过了所有其他汉语词典，其中包括日本出版的汉语百科辞典《中文大辞典》。由于词典中的词汇是在宽泛的时间范围之内，并依时间先后顺序加以论述的，因此可以显示出所有词汇从古至今的发展轮廓。这部词典的特点在于对词的语义发展过程进行了详细研究，并指出了新词义产生的时间。在现有词典中，尚找不出一部词典能以这样的水平去表现汉语词汇发展的历史画面。

目前正在进行《汉语大字典》的编纂工作，它将由八卷组成，主编是中国著名学者徐中舒。它将是世界上收集汉字最全的字典。

当前，中国辞书编纂方面的另一个特点是出现大量的、读者对象不同（如中学生、大学生、农民）和知识领域不同（如政治经济学、文学、语言学、医学）的各种词典。还陆续出版了方言词典、同义词词典、反义词词典、同音异义词词典、固定词组词典、习惯用语词典、谚语词典以及某些断代词典和作家词典。

应当指出，到目前为止，在已出版的词典中，将主要注意力放在字义的语义化方面，而很少谈及词义的应用特点。为了填补这一空白，近年来开始出版有关词的语法特点及词的搭配的词典。例如，1984年出版了有关动词搭配的词典。

与此同时，中国学者自己也指出，当前中国辞书工作的缺点是新词语的汇集工作比较落后。这给当代文学及报刊的读者在解释和翻译新词时造成了很大困难。因此，急需一些介绍近几十年来汉语词汇中新词汇现象的出版物。并且，只有少数语言学家在从事新词、新词义和新用语的收集与研究工作。例如，在《辞书研究》杂志上经常报道一些带例句的新词和新词义。北京语言学院教授赵景明发表的一篇文章指出了新词、新义的出现与社会发展的联系。人们正期待着新词语词典的问世。

三　汉语教学

1985年8月13—17日在北京召开了第一届国际汉语教学讨论会，参加本次会议的有二十多个国家的代表，会上共听取近300篇报告。

北京语言学院院长吕必松在开幕词中指出，随着国际联系的扩大，对于汉语专门人才的需求也在提高。目前在50多个国家的大学里教授汉语，而其中有些国家把汉语列为中学的外语课。越来越多的外国人来中国学习，仅1986年，全国就有60所高等院校在为外国人开汉语课。

会议期间还举办了在中国和外国出版的汉语教科书和教材展览。在这种国际会议上首次用汉语作为工作语言。

1987年8月召开了第二届国际汉语教学讨论会，与会者交流了教学经验，讨论了以计算机为基础的、最新的汉语教学手段。

在中国的教学中心和科研中心，对于语言学问题和汉语与外语的教学方法问题十分关注。在这方面应提到北京语言学院教师刘月华等撰写的《实用汉语语法》。1984年11月，这个学院成立了语言教学研究所（所长是王还教授，顾问是著名学者吕叔湘和朱德熙）。研究所的主要任务是：提出有关对外国人进行汉语教学的实际建议，对汉语和外语进行比较研究，对国外的语言学理论和语言教学法做出评价，以及研究外语教科书的编写原理。研究所还成立了汉语、语言类型学、第二语言教学法和语言学理论、词典和教材以及情报等研究室。

中国语言学界的专家正在广泛讨论中学的语言教学问题，同时强调了研究现代（而非古代）语言的重要性。尽管中学毕业生在他们今后的工作中一般用不上古代汉语，但目前中学生在这方面却花费了太多的时间。

在普及大众文化知识方面，每年都在扩大的函授教学起着重要的作用。例如，1982年4月中国"逻辑和语言"科学协会创办了逻辑和语言函授大学。中国的语言学家们强调指出了这所大学在语言学教学中巨大的社会作用。数百万听众参加了电视大学学习。

四 中国的语言政策

中国所实行的语言政策的重要环节是在全国范围内推广普通话。这项普及工作是从50年代开始的，从那时起已经过去30年，在这方面取得了显著的成绩，然而普通话还远未得到普遍推广。中国报刊宣称，由于中学语言教学水平不高，致使中学生毕业后仍使用地方语言，不仅不能正确和清晰地表达自己的思想，在书写汉字时也往往出错。在许多地区普通话并未应用于服务、宣传工作等领域，在这些地区认为讲地方话更体面。正像报刊所指出的，这不利于社会主义建设的共同事业，因为它妨碍交际、交流思想及宣传党的方针。

推广普通话运动的重要方面就是要使普通话规范化及确定它的读音和语法规则。中国学者对于下述现象表示担忧：破坏语言规范、滥造新词以及编造无根据的、往往没有新意的词语。青年、未受教育的人、文盲使用语言相当随便，往往破坏了固有的词法与语法规则。在使用复合词时，他们不考虑其语法特征，破坏它们的完整性等。

有一个问题亦应引起注意，即电台、电视台播音员的发音不标准，缺乏明确的是非界限。规范化问题不仅涉及发音，也涉及书写。

推广普通话运动最初是同汉字改革运动密切相关的，推行了汉字简化工作，简体字也得到应用。与此同时，近年来出现了一种现象：喜欢用繁体字代替简体字，认为用繁体字书写书籍、出版物的名称、电影广告、字幕等显得"漂亮"，有时也兼用这种或那种字体。此外，还经常发现随意造简化字和错误的写法。据对 6 个城市 13 条街道的 684 个商品招牌的调查，不规范的字占 6%，其中，繁体字占 51%，不规范简化字占 25%，异体字占 4%，错字占 20%。

目前中国的发展和建设，要求拥有越来越多的有文化和精通语言的干部。

1986 年，北京语言文字工作委员会组委会宣布，到 2000 年，大学教师、大学生、企业职工、党政机关和交通、商业部门的工作人员应学会讲一级普通话（即在语音、词汇和语法方面没有明显错误的标准普通话）。委员会通过决议，各类高等院校的教师和学生要在 5 年内掌握一级普通话，而党政机关、企业和服务部门的工作人员掌握二级普通话（即在词汇和语法方面不出现大错误的相对标准的普通话），而边远农村的居民要掌握三级普通话（即学会讲一般的普通话）。10 年内，城市所有居民要达到能讲二级普通话水平，经过 15 年要求达到一级水平。

（选自《国外社会科学》1989 年第 1 期）

韦伯与中国宗教研究

[美] F. K. 弗林* 杨 深 译

马克斯·韦伯曾打算研究所有主要世界宗教的社会心理：印度（印度教与佛教），中国（儒教与道教），犹太教，基督教和伊斯兰教。他的意图是要建立一个结构模式，通过它可以将一种宗教取向与其他宗教取向相比较，同时可以使之与社会的、经济的以及文化的实在联系起来。在《新教伦理与资本主义精神》中，韦伯从一个较小的主题开始研究，即信仰清教的中产阶级内在良心的产生是其后欧洲工业资本主义发展的一个决定性的因素。为了检验这一假说他又研究了印度和中国的宗教。韦伯完成了关于中国宗教（《中国宗教：儒教与道教》）和犹太教（《古犹太教》）的详尽研究。按照韦伯的看法，中国宗教是一种调和的人世的宗教，它反映了"那些具有世俗理性主义特征和文学教养的，人们的分位伦理"。相比之下，犹太教自从大放逐以后一直是"一个城市中'被遗弃的民族'的一种宗教"。

虽然《新教伦理与资本主义精神》是韦伯在其宗教研究中的一个突破口（假如不能说是唯一的突破口的话），但是他从未完成对于基督教（包括它的最早期和中世纪）的系统考察。按照韦伯的看法，基督教起初只是"走江湖手艺工匠们的一种教义"，然而当它成为城市与市民的宗教时，它就变成了一种塑造世界的力量。

---

* 弗兰克·K. 弗林是美国新基督教研究会高级顾问。——译者

一　比较的构架：理想类型

韦伯声明他的方法是一种"理解的社会学"（verstehende soziologie）。很难把德语单词"verstehen"（理解）翻译成其他语言。威廉·狄尔泰将"理解"与"说明"（erklaren）对照区分开来，"说明"是一种由实验观察所支持的解释性阐明，它是自然科学所特有的方法。对韦伯来说，"理解"同时意味着认识与解释（understanding and interpretation）两个方面，这两方面或许可以包容在"理解"（comprehension）这一英文术语中。社会学必须是理解性的，因为社会学家所分析的社会资料并不是未加工的"原始"资料，而是经过了"预先消化的"，也就是经过这些资料所由之发源的社会母胎的预先解释（后来，研究所谓"客观的"科学的理论家们，例如托马斯·库恩，发现自然科学本身也不能免除这种预先理解）。韦伯所寻求的是用来分析具体实在的富有启发性的工具。

韦伯的理解社会学从"理想类型"的构架受益匪浅，他的比较研究工作正是围绕着这些理想类型的轴心而展开的。理想类型并不是一些具体事例的一个平均数，也不是一个假说，甚至也不是一种对现实描述的，它是为了进行分析比较而建立的关于具体历史实在的某些本质特征的一种鲜明突出的思维构成物。建构这些类型的目的是能够决定一个历史现象在类型学上的位置。为了从宗教社会学上阐明这一点，韦伯展示了一些辩证的成对理想类型：神中心世界观与宇宙中心世界观，世界肯定论与世界否定论。这些类型是对社会中的宗教进行辩证分析的启发式的工具。

（1）神中心主义与宇宙中心主义。在韦伯看来，宗教动机背后的一种最重要的原动力就是对财富分配不平等的感受。不论对意义的寻求是否起源于群众对特权阶级的愤恨（如尼采所断言的那样），宗教所提供的正是：意义。当宗教本身日益合理化为一种行为伦理学时，对意义的需要就愈益增长。

"随着关于世界合理性的观念日益发展要求对人间财富分配的'意义'作出一种合乎伦理的解释的需要也不断增长。随着对于世界的宗教与伦理的反思日益合理化，随着原始巫术的概念被消除，关于受苦的神正论就遇到日益严重的困难。不公正的个人灾难的光临过于频繁，'好'人倒霉，'坏'人得志……"

这种反差不仅产生了神正论，而且产生了要求越来越大的意义的伦理学、形而上学和宇宙论至上的命令。一个部分（受苦受难的个人）缺少意义这一事实要求整体（宇宙图景）拥有更多的意义。

韦伯概略地描绘出两种有关世界图景的基本宗教取向，一种是普遍盛行于西方的世界观，另一种是在东方占支配地位的世界观。东方与西方的宗教都以不同的方式企图解答现世不公正的苦难这一基本问题。虽然神中心主义与宇宙中心主义两个概念已经通常被用来描述对今世苦难及其意义的这两种取向，不过，超越（于宇宙万物之外）的与内在（于宇宙万物之中）的这两个概念可能更为准确。

韦伯发觉，在西方那种驱策信徒行动起来的"密使"预言式的宗教与"一个超越于世界之上的、人格的、盛怒的、宽宥的、慈爱的、苛求的、惩罚的造物主"的观念之间存在一种"有选择的亲合性"。由于神及其意图远远超出信徒的认识范围，因此超验的宗教提倡一种行动的伦理，借以使信徒通过变为上帝意志的"工具"来求得神恩的降临。另一方面，东方内在的宗教培育出一种"示范性的"预言。宗教人物通过弃绝情感的冷漠或迷狂的出神使自己成为宗教观念的化身和典范。这里的"有选择的亲合性"则存在于一种内在于世界之中的神圣秩序，与一种将宗教自我作为负载神性的"容器"的观念以及一种自我启发的伦理（不同于行动的伦理）之间。在东方式的宗教信仰中，人们不求实现一个隐秘的神的意志，而是寻求通过神秘的"附体"（possession）而参与神圣的秩序。

韦伯承认在西方也有一些"东方式"神秘主义的特例（如：伊斯兰教苏菲派托钵僧，迈斯特尔·埃克哈特），而在东方也有一些西方思想成分（如中国的实用主义）。然而，禁欲行动的伦理与神秘参与的伦理分别界定了西方与东方宗教取向的基本差异。

（2）肯定世界论与否定世界论。肯定世界论与否定世界论的问题紧密联系着禁欲主义与神秘主义的辩证法。否定世界论有主张救世的激进宗教的特色，在某种意义上说这类宗教是二元论的。否定世界论可以建立在两种根据之上。首先，与一个超越的永恒的主（来世）相比，世界作为一个转瞬即逝的秩序（今世）而被"否定"，其次，世界作为纯粹的幻象（maya）和拼凑物而被否定。两者都是否定，但是前者转向在世界之内的积极行动的禁欲主义，甚至统治世界；而后者却导致逃离拼凑物的世界。

（3）禁欲主义与神秘主义。第三组社会宗教的范畴或许对于行动来说是最为重要的，它们是神秘主义类型与禁欲主义类型。关于禁欲主义与神秘主义之间的基本对比已在上一节谈到了。两者之间的本质差别是对于世界的伦理取向，韦伯举出老子作为神秘主义者的典型实例，并把老子与人世的清教禁欲主义者对照起来。

我们在老子那里可以看到，神秘主义者的典型态度是特别压抑的谦卑，行动减少到最低限度，一种隐居于世界之中的宗教生活方式。他以反对（against）世界、反对他在世界中的行动来证明自己。相反，人世的禁欲主义通过（through）行动证明自己。

虽然西方也产生了一些神秘主义，东方（尤其是远东）也有一些禁欲主义的思想成分，但从整体上看，西方宗教的标志是一种对于人世的禁欲主义的有选择的亲合性，而东方宗教则以出世的神秘主义为标志。

（4）沉思论与适应论。韦伯第四个二分法是对世界的沉思与相反的对世界的适应。在韦伯心目中最能说明这一对类型的例子是希腊与中国。否定世界论同时为禁欲主义者征服世界和神秘主义者逃避世界提供了根据，与此相似，肯定世界论也同时为对世界进行理性沉思和在实践上适应世界提供了根据。中国人与希腊人肯定世界的倾向是由以下事实中推演出来的：双方的伦理都建立在现世的基础之上（在中国是五伦）双方都未经验到一个神秘莫测、超越现世的神与生物的有限性之间的极端紧张关系，双方都缺少一种原罪感，缺少本土的密使预言及伴随而来的关于在超越的彼岸才得以赎罪的宗教。

中国与希腊的不同之处在于他们对于世界进行宗教肯定的取向不同。希腊人能够在理论与实践运用之间做出清晰的区分，并且其理论生活——亚里士多德的术语是 biostheoretikos（理论的生活方式）——按照理性沉思的方向决定了理智宗教生活的方向。这种理性形式的沉思不应与印度人神秘主义的冥想（沉思）相混淆，后者导致逃避世界。希腊的肯定世界论走上了理性沉思的方向，而中国的肯定世界论则走上了实用主义的适应论的方向。儒教与道教学说的核心是"道",道要求在天与人、人与世界之间保持和谐、宁静与平衡。儒教的理性主义不亚于希腊的理性主义,但儒教的理性主义以一种现世的态度沿着适应世界的实践方向向前发展。

韦伯以对肯定世界的希腊沉思论和中国适应论的探讨完成了他对世界主要宗教的比较分析的图式。这一图式可以同每一个宗教传统的合理化潜力的高低配合起来(应该指出,哈贝马斯的模式是有缺陷的。他将希腊的沉思论和儒教的适应论都置于合理化的"认识的"维度之下。而韦伯并不是从认识的维度而是从实用的和伦理的维度来论述儒教的。其次,哈贝马斯将犹太教、基督教和印度教一起都置于合理化的"伦理的"维度之下。而韦伯始终把印度教置于理智主义和沉思论也即认识的范畴之下)。

按照哈贝马斯的看法,上述分析中有意义的一点是,这两种宗教哲学传统容许世界合理化与客观化的最高形式出现于西方。根据韦伯的看法,这两股潮流(伦理的与认识的合理化,或实践的与理论的合理化)的发生与汇合,对于现代资产阶级工业资本主义的兴起具有决定性的作用。

有必要在第一部分中作出进一步的评论。韦伯认为,在中世纪晚期,发展现代工业社会的物质条件(科学发明,社会资源,等等)在欧洲、印度和中国是大体相等的(人们甚至可以对非洲贝宁文化做出同样有效的论证)。所不同的是,使内在人格的合理化,生活行为的合理化,以及生活世界的客体化——精神与物质的现代化的三个条件——得以产生的变异因素,在本质上正是宗教伦理,即新教伦理。韦伯并没有将其结果(现代化)看作新教伦理的原来意图。正如黑格尔曾说过"历史的狡狯"一样,韦伯也讲到"意外结果的佯谬"。曾经产生过"兄弟之爱的伦理"的同一种合理化宗教力量,最终带来了截然相反的结果——"冷酷无情统治世界",这丝毫不是什么佯谬。

二 合理化与现代化:儒教与新教

一些学者在韦伯的分析图式中发现了一个研究宗教与社会演进的模

式。毋庸赘言，在一个事物演进图中，印度教、儒教和道教——东方与远东的宗教——将被置于标尺上紧靠"原始宗教"的一端。值得称赞的是，贝拉可能根据韦伯在新教中看到的现代化倾向加以类推，从而指出在日本的教派中也有现代化的倾向。尽管韦伯并没有回避宗教演进的问题，例如，从巫术活动到有目的的合理行动的演进，然而他的主要兴趣却集中在研究使解除迷幻与合理化得以发生的诸条件的结构问题。仍然有必要区分解除迷幻与它的后继者——非神话化、合理化和现代化。

韦伯的一个主要论点是，宗教合理化是现代化（把理性还原为工具手段的核算，把行动还原为照章行事的官僚政治行动）和世俗化（例如，以"社会俱乐部"代替教派集会）的前提条件，而不是简单的先发事体。韦伯以经验主义方法确定，上述宗教合理化逐步发展的各阶段在西方宗教中实际获得了最清晰明确的表现形式，但他并没有以结构上的理由排除在东方出现现代化的可能性，在东方同样产生了类似清教的教派。实际上，他恰恰把"太平天国"看作出现在中国的现代化的可能性，尽管那场克伦威尔式的革命被西方列强扑灭了。值得着重指出的是，合理化与现代化的进程先从巫术——仪式阶段发展到伦理—道德阶段，最后达到技术—工具阶段。

韦伯在考察现代化的实际进程时，在其研究《中国的宗教》的结论部分，对儒教与清教做了详细比较。认真研究一下这一比较是有教益的。首先，对儒教与清教所做的对照与比较是韦伯留给我们的最为详尽的比较研究成果。其次，研究儒教与清教之间的关系对韦伯来说是合乎逻辑的，因为他的主要注意中心——伦理的与实践的活动集中于儒教与清教。最后，与任何其他的比较研究相比，这种对照更加注重研究阻碍或促进现代化的各种关键要素。

（A）儒教与清教之间的主要反差与儒教中的"巫术残余"有关。韦伯概括儒教时写道："儒教与佛教相似，仅仅由伦理学组成，儒教中的'道'相当于印度的'法'（dharma）。然而，若与佛教仔细对照起来，儒教仅仅阐述了一种排他性的俗人入世的道德。儒教意味着适应世界及其秩序和习俗。归根结底，它仅为上流社会有教养的人们提出一套庞大的政治准则和社会礼仪规范。"

（B）适应论的伦理与服罪论的伦理之间的第二个本质差别存在于人

格形成领域。韦伯相信，内在良心的形成同个人与世界之间的紧张关系成正比。这种紧张关系是伦理预言及其超越现世的上帝的成果。中国的流行信仰处于无数的神灵与祖先的支配之下。韦伯论证道，繁文缛节的束缚从外部限定了人格，并且无从显示出"一个内在核心的，一种来自某种集中自主的价值立场的统一生活方式的"现代性格。换言之，自我的形成取决于一个作为先决条件的超越的自我。

（C）统治世界的清教伦理与适应世界的儒教伦理之间的另一个差别在于增加紧张与减少紧张的对照："彻底的世界乐观主义的儒教体系成功地消除了存在于世界与个人超越现世的命运之间的悲观主义的基本紧张关系。"在西方基督教中，这种紧张关系十分显著并且渗透一切。存在于"自然与神、伦理要求与人类弱点、有罪意识与需要拯救、尘世行为与来世补偿、宗教义务与社会政治现实"之间的差别变得越来越明显。

（D）儒教与清教之间的最后一个差别与"亲属关系系统"有关。儒教的虔敬行为基于一种对神灵，特别是对死去祖先的神灵的信仰。因此，宗教义务既是有限的，又是个人的，这种宗教义务强化了血亲或亲属系统的传统纽带。对比之下，清教伦理则将个人置于一种与一位超验的神的普遍而唯一的关系中，这个神的最深的意图是神秘莫测的。由于这种伦理责任，信仰团体（或某地区的全体教徒）变得甚至比家庭本身更为重要。一切世俗纽带和物质关系都不过是实现拯救的手段。伦理关系被提高到普遍的水平（平等对待一切人：不论是朋友还是敌人），同时这些伦理关系又是非个人的。这为社会的官僚政治化铺平了道路，这种官僚政治化所根据的原则不是感情和个人的联系，而是合理的效率。

韦伯简洁地概括了以儒教为基础的文化与以清教为基础的文化之间的差别："儒教理性主义意味着合理地适应世界；清教理性主义意味着合理地统治世界。"这一差别正是前现代社会与现代社会之间的差别。

下面我们将就韦伯对清教统治世界的伦理与儒教适应世界的伦理所进行的比较研究提出了一些问题。

首先，韦伯指出，"中国人的灵魂从来没有被一位宗教先知加以革命化"。太平天国起义领袖洪秀全可能是一个例外。义和团起义也可能被归入先知预言式一类，但是在韦伯看来，后者更应归入一种巫术训练团体。然而，意味深长的是，毛泽东把这二者都看作1949年革命的先驱。共产党革命对于中国宗教遗产的全部影响尚须拭目以待。毋庸赘言，从"文化大革命"反宗教的边缘向后退却意味着对儒教和道教遗产的某种重新评价。人们自然会提出一些有趣的问题，并且只能从中国历史发展的前后关系中去求得解答。在打倒"四人帮"以后的时期中已变得温和的革命，现在是否作为先知预言式的火星正在点燃中国现代化之火呢？宗教在这一进程中扮演什么角色呢？有一件事似乎是清楚的：曾经推动西方现代化第一次浪潮的精神与物质的彻底分裂似乎不再是仿效的榜样。

我们可以合理地提出疑问，被韦伯看作西方现代化之关键的那些极端的紧张关系和分裂是通向现代化的唯一道路吗？理查德·泰纳·帕斯卡尔与安东尼·G.阿瑟斯指出，西方的组织原则为分离独立的势力范围发展出各自独立的机构制度，比如教会与政府。马基雅弗利在《君主论》里第一个提出，人们可以将道德与组织分开。在工业时代，劳工作为生产过程中的一个物化零件，其生产角色是与他的社会及精神存在相分离的。结果产生了被韦伯敏锐地描述的官僚制度。然而，帕斯卡尔与阿瑟斯论证了，在中国和日本没有发生过势力范围的分离或划分，至少没有大到西方那样的规模。他们说，精神及社会生活与在劳动场所的生产活动之间的协调一直是日本工业成功的一个关键因素。远东的现代化过程正在超越西方现代化的经典形式，而且并没有发生宗教与世俗的彻底分离。一位评论中国台湾社会宗教情况的评论家发现，在中国台湾普遍流行的儒教与韦伯认为导致现代化的禁欲主义原则之间有一种相容性。中国大陆在这一问题上的当前形势则需详细研究。虽然当前的形势要求对韦伯关于儒教与现代化的观点做一些修正，但是他的开拓性研究仍旧构成这一讨论的框架。有一件事是显而易见的，世界的轴心已经转移到环太平洋地区，现代化进程的转变将在这里发生。许多敏锐的学者声称，宗教与伦理正在扮演并且在现代化的下一个阶段仍将扮演一个关键性的角色。

（选自《国外社会科学》1989年第12期）

日本的中国现代思想史研究

[日] 后藤延子　陈　捷 译

　　日本的中国研究者，从对 1945 年 8 月 14 日其战败的深刻反省出发，至今一直在探求正确研究中国的观点和方法。客观、科学、批判地审视中国，建立一个符合事实的中国形象，这对于日中两国之间建立真正平等的世代友好关系，是十分重要的。

　　但这项研究对于那些无法理解中国人民内心深处的民族主义精神，狂妄地沉醉于"大东亚共荣圈"的幻梦而侵略过中国的日本人来说，绝不是一件轻而易举的事。这一工作还意味着对日本战败前那些歪曲地、主观地认识中国的学术、思想和文化的方向，从根本上进行检讨，因此，它也是关系到日本人的自我认识的问题，这就更增加了研究的难度。

　　在这篇文章中，我想描述一下 1945 年以来日本人在中国近代思想史这一研究领域中进行探索的轨迹，并对现有的观点和方法加以概括地介绍。

一

　　竹内好《现代中国论》一书的观点，对 1945 年以来，特别是中华人民共和国成立以后日本的中国研究，产生了决定性的影响。竹内好对战后日本人心中存在的两点疑问给予了明确的回答，为很多人指明了研究的方向。这两点疑问的第一点是：作为亚洲一员的日本为什么会走上侵略其他亚洲国家的道路？明治维新以来的日本现代化进程中有哪些重大缺陷？今后日本作为获得新生的、和平的民主国家，有必要在哪些方面进行反省和改变？

第二个问题是，应该如何理解 1949 年中国革命的成功以及迅猛发展的新中国建设。对于当时的日本人来说，蒋介石的国民党被中国人抛弃而逃到中国台湾、中国共产党取得胜利并统治了大陆，这是一件无法想象的事。中国共产党坚持以"三大纪律、八项注意"为象征的高度的伦理性，因而赢得了人民的支持和爱戴。在党的领导下，曾经被视为愚钝、疲弱、自私、狡猾、肮脏、无可救药的中国人民，满怀着当家做主的热情，大力扫除文盲、小偷、娼妓和老鼠、苍蝇、蚊子。这种使中国面貌焕然一新的巨大努力，实在令人难以置信、深感震动。因此，当时日本人对中国共产党表现出极大关注也是很自然的事：领导了震惊世界的中国革命的胜利、使中国人民发生巨变的中国共产党是个什么样的政党？它的高度的道德感由何而来？它的思想与同是信奉马克思列宁主义的苏联共产党有何不同？

竹内好对以上两个问题做出了如下回答。即现代化过程存在着转向型和回心型两种模式，日本属于前者，而中国属于后者。日本在现代化过程中，将新的与正确的视为一体，回避了与本国传统的深刻斗争。明治维新以来，日本一味地模仿和追赶西方文化，断绝了与历史的联系，没有进行自我革新，因而所进行的是一种平静的和表面的现代化。中国的现代化则不然。西方文化的传入受到了顽强的抵抗，通过这种抵抗，产生了与本国传统文化完全对立的现代化。这种现代化产生于本国内部，它使与之尖锐对立的传统文化中的精英得以复苏，因而是一种能够重新唤起民族的生命力的现代化。以往那种认为在现代化方面日本为先进国而中国为落后国的看法，是完全错误的。1945 年日本现代化体系的破坏、1949 年中国解放并向社会主义迈进的历史事实，正显示出中国是现代化的先进国家而日本为落后国家这一真实情况。这就是竹内好的回答。将日中两国的现代化加以对比，可以看出中国在现代化方面更加彻底、更为深刻。这一见解，与 1919 年 5 月经由日本访问中国的杜威的看法相似。竹内好自己也不否认受到了杜威的影响。

无论如何，竹内好这种把中国的现代化在作为理想、尖锐地指出日本现代化的缺陷的议论，为在战败以后的思想混乱中探求出路的日本知识分子，提供了认识自我的有力的理论根据。与此同时，它也成为很多中国研究者认识中国的指南。从此以后，对中国共产党的高度道德感和群众路线作风，批评与自我批评方法和对思想改造的重视以及农村包围城市的独特的革命道路等问题的探讨，就成了中国现代思想史研究的主要课题。一言以蔽之，对中国革命的特点和性质的解释，成了此后的主要论题。

因此，把中国现代思想史当作中国革命思想史，这种带有强烈的政治倾向的研究方法，很快就成了研究的主流。在这种情况下，中国共产党的创建者之一、最早在中国系统地介绍马克思主义的李大钊的思想，被当作中国共产党作风的渊薮和中国马克思主义的原型而备受关注。其他思想家如谭嗣同、章炳麟等，作为李大钊、鲁迅和毛泽东思想的先驱者，也受到重视。

不过，既然把中国现代思想史缩小成中国革命思想史，那么，非革命、反革命以及革命队伍中的落伍者等与中国革命特点的形成无关的思想家们，自然被摒除在研究对象之外。除了用政治标准分析问题以外，几乎没人从其他角度研究和解释中国现代思想史。需要指出的是，日本的中国现代思想史研究的这种状况，除了上述竹内好的影响以外，还有另一个重要原因。

这个原因就是，在日本可供利用的中国现代思想史资料极端缺乏。因此，研究者们不得不依靠来源于中国的资料。于是，凡是中国研究较多的思想家，日本研究得也比较多。这就意味着受中国的观点、方法的不可避免的影响。当然，利用中国台湾的资料来源也并非不可能。但是，出于对蒋介石国民党政权的厌恶和对人民共和国的赞赏，研究者们对利用中国台湾以及中国香港的资料，怀有一种心理上的抵触。

下面，我想介绍一下战后日本中国现代思想史研究的发展状况。对作为先驱者的李大钊的研究的历史，可以拿来做一个最合适的例子。

二

野原四郎是在 20 世纪 40 年代末期开始着手研究中国现代思想史的。他曾经发表有"胡适与儒教"（1948）、"中国的人道主义传统"（1957）、

"民本主义者孙文"（1957）、"无政府主义与五四运动"（1960）、"五四运动与日本人"（1963）等论文。

野原认为，中国共产党对马克思主义的创造性发展在于提出了在改造社会经济组织的同时完成思想改造的任务这一课题。因此，他对李大钊在"'少年中国'的少年运动"一文中提出的"物心两面改造""灵肉一致改造"的主张，给予了高度评价。野原的这一观点，后来得到许多研究者的赞同和接受。

三

1957 年，里井彦七郎发表了题为"李大钊的起步"的论文。里井对那种认为李大钊是由激进民主主义者转变为马克思主义者的观点提出了疑问。里井认为，青年李大钊是在辛亥革命之后才在思想上刚刚起步的。在当时中国的社会环境下，他并不是直接地成为一个激进的民主主义者的。

里井指出，李大钊在 1914 年出发去日本留学以前，曾站在拥护袁世凯的立场上批判国民党，这种做法显然是出于让老百姓过上幸福和平生活的主观愿望。所以，当袁世凯压迫人民、否定革命的本质暴露出来以后，主观愿望与客观作用之间的矛盾使李大钊陷入了困惑。为了认识这一问题，必须学习社会经济理论，提高自己的思想水平。正因为如此李大钊才决心去日本留学。

里井的意图是分析李大钊思想的内部矛盾。不过，里井的方法仍然存在着一个致命的缺陷，那就是把主观意愿与客观作用对立起来，而对二者之间的一致性——如拥护袁世凯乃是其主观意愿的必然结果——这一方面，却未能予以充分关注。因此，里井没能指出《言治》杂志时期李大钊的主观意愿中潜在的弱点和问题，也未说明李大钊去日本留学之后是如何克服这些弱点的。

四

60 年代在李大钊研究中十分活跃的西顺藏继承和发展了野原四郎的

观点。他发表了"中国近代思想中的人民概念"（1960）和"李大钊"
（1961）两篇文章。

在前一篇文章里，他探讨了康有为、谭嗣同、章炳麟、孙文和李大
钊的人民观。他的结论是，到李大钊时代，才出现了人人都具有主体性
的思想的人民总体这一全新的人民概念。按照西顺藏的观点，李大钊提
出的人民概念把在"天下的世界体制"中处于最下层的人民这一概念颠
倒过来，这在后来转化为中国共产党的让人民当家做主的群众路线。在
后一篇文章中，西顺藏指出，对于李大钊来说，没有以精神解放作为基
础的人民解放运动是不可能的。重视思想解放这一点，是李大钊革命理
论中独具特色的地方。西顺藏关于李大钊思想的两个特色的见解为政治
思想史研究者野村浩一所接受。野村进一步把它作为中国马克思主义的
特点加以普遍化。野村指出：中国马克思主义——即在中国的思想传统
基础上接受并加以创造性发展的马克思主义——的特征，首先是重视精
神解放、重视主观能动性。他认为李大钊提出的"物心两面改造"就体
现了这一特征。其次，他指出，李大钊在马克思主义中找到了人民是创
造历史的主体这一理论，这是他接受马克思主义的一个重要导因。

野原四郎的观点使李大钊"物心两面改造"的主张受到广泛关注。
在"我的马克思主义观"和"'少年中国'的少年运动"两篇文章中，
李大钊将这一主张进一步发挥为："以人道主义改造人类精神，同时以社
会主义改造经济组织。"但在 1920 年秋天之后，这一主张在李大钊的文
章中几乎消失了。所以，这个观点应该看作李大钊向马克思主义者转变
和过渡时的思想。当时的李大钊处于一方面确信马克思主义的真理性，
另一方面又尚未把握其实质的时期。因此，这一主张在李大钊思想形成
过程中究竟占什么位置？它是否真能代表李大钊的思想？我想，首先有
必要对这些问题加以全面地考虑。

其次，李大钊认为俄国革命开创了世界历史的新纪元，因为这是一
场工人掌握了政权的社会革命。从世界历史意义上把俄国革命视为 20 世
纪的革命，这与他在 1916 年的"民彝与政治"一文中提出的民众是政治
与历史的主体这一民主思想是一致的。李大钊在这种民主思想的基础上
又吸收了以工人即庶民为政治主体的俄国革命思想，由此形成了其社会
主义的民主主义思想即"平民主义"。

问题是，能否把他的"平民主义"思想看作中国马克思主义的特色，换言之，能否将它与毛泽东思想紧密相联？如果这是可能的话，那么其中不会没有任何中介。那就需要细致地考察有哪些中介，并对其思想及社会基础，做出具体说明。

五

稍后一代的丸山松幸和近藤邦康在 60 年代就开始研究李大钊。几乎与里井彦七郎同时，丸山松幸在 1957 年发表了他的大学毕业论文"李大钊的思想及其背景"，他的观点引起了学术界的关注。丸山松幸指出，李大钊思想的形成是基于变革中国社会的实践目的，李大钊对马克思主义的理解是以中国的现实为背景的，因而难免有偏颇之处，但这种理解却远远超越了教条主义的正统解释。此后丸山松幸于 1969 年出版了《五四运动思想史》一书。在该书中丸山松幸把五四运动说成青年学生反对"徒具形式的民主"的运动，并将当时青年学生的思想状况与"文化大革命"中的红卫兵以及 60 年代末资本主义国家的校园运动中的大学生的思想状况相比较。丸山松幸认为，李大钊相信由民众自发参加的运动才是真正的革命运动，这一点使他的思想具有浓厚的无政府主义色彩。丸山松幸注意到"文化大革命"中存在的无政府主义状况，他 70 年代后又研究了清末无政府主义者刘师培以及毛泽东思想中的无政府主义因素。

丸山松幸研究的特点，是以当代日本的社会问题为背景来看待中国现代思想的，也正因为如此他才在研究中具有如此敏锐的洞察力。丸山松幸的研究应该说还是成功的。但在后来的《五四运动思想史》中，他的解释由于带上了明显的当代日本社会的印记而与 1919 年中国的五四运动的实际情形相去甚远了。五四运动到底是反对"徒具形式的民主"呢？还是反对专制的中国政治？能把"五四"时期的青年学生与"文化大革命"中的红卫兵及西方校园运动中的大学生相提并论吗？此外，李大钊果真是那种崇拜自发的民众运动的虚无主义者吗？

丸山松幸实际上是借着李大钊的名义阐述自己的思想，因而带有浓厚的主观色彩。近藤邦康的研究则更加极端化，几乎全部都是他自己的主观独白。

如前所述，战后日本的中国研究的基本特征是：将中国的现代化模式和中国革命的成功作为理想，以中国为鉴，对照日本现代化的缺陷。所以，这种研究对中国现实的评论多有主观臆断和溢美之词。这一情形，对1945年以前中国研究中那种带着蔑视中国的成见、无视中国民众内心深处的民族主义激情的状况，可以说是矫枉过正了。可见，对日本人来说，把中国作为科学认识的对象而予以客观研究，并非易事。

当然，应当指出，中国现代思想史研究还有思想史学这一学术领域中的特殊困难。思想史研究是人文科学的一个学科，其不可或缺的要素之一是与对象之间保持一定距离的客观态度。对资料和事实的收集与考证是必不可少的，但思想史研究又不能停留于对有关资料和情况的了解。

这种思想史研究，把已成为历史的思想家作为对象，将客观观察与主观分析结合起来，因而是在过去与现在、主观与客观的矛盾中建立起来的学问。在这种研究中，研究者一方面不应将自己的主观想法强加于对象，借以往思想家之口阐发自己的思想，另一方面也不应陷入对象中，失去批判对象的能力而反过来崇拜研究对象。

六

1966年，"文化大革命"开始了。日本的中国研究中那种对中国的公式化报道不加分析地接受、完全相信社会主义建设顺利发展的缺点暴露无遗。"文革"的爆发使很多日本的中国研究者和知识分子陷入困惑。下面，我介绍一下"文化大革命"开始以来直到现在的李大钊研究情况。

1967年，森正夫的第一部李大钊传记出版。森氏以一个历史研究者的实证主义态度，根据他能够得到的材料，对李大钊生活的时代背景以及他寻求中国变革道路的奋斗生涯进行了探讨。他对李大钊在早稻田大学留学时的学籍簿和成绩单的发掘，完成了一项早就应由日本学者来完成的研究。

与此同时，在1970年先后发表了关于李大钊的研究论文的还有后藤延子和齐藤道彦。这二人都以"文化大革命"作为研究的出发点，并对"文革"及其社会思想基础提出了独立的见解。后藤在"李大钊过渡时期的思想"一文中指出，唯意志论、精神至上论及道德主义的倾向，是亚洲共产主义者接受马克思主义时相当普遍的特点。文章还探讨了李大钊建立在主观唯心主义以及精神与物质二元论的基础上的"物心两面改造"的观点，阐述了李大钊向马克思主义者转化过程中的过渡思想。

1974 年，政治思想史研究者藤谷博发表了《'共和主义'与'民彝'思想》一文。他指出，在日本留学期间学习了欧美政治思想的李大钊，重新改造了中国传统的"民彝"概念，把它作为考察现代政治社会的一般概念，在克服了同盟会政体论的共和思想并建立国民主权理论的同时，找到了批判政治现实的根据。

同是在 1976 年，后藤发表了"李大钊的'世界史'之发现"。后藤认为，李大钊的哲学论文《青春》，是为回答五四新文化运动时期的两个思想问题而写的：一是解释当时的青年们在人生观上的疑虑，一是否定那种认为中华民族行将衰亡的预言，而他的结论是，中国的再生是历史的必然。文章指出，用历史的发展的观点构成其自我论与人生观，这是《青春》的宇宙论的特点。在《青春》的续篇《"今"》中，李大钊探讨了整个宇宙中的空间与时间的连续性问题，这使他有可能认识到俄国革命的世界意义。

1977 年，后藤发表了"李大钊的东西文化论"。文章探讨了李大钊对这一问题的独特见解。李大钊在《东西文明根本之异点》中试图找到东西方文化差异的客观原因，最后的结论是地理环境决定论。他期待着综合东西两种文明的长处而产生的"第三"文明能够成为未来世界文化的方向，这是使他瞩目于俄国革命的一个重要原因。到了"由经济上解释中国近代思想变化的原因"的阶段，他折中了地理环境决定论和唯物史观，产生了新的想法，即各国因各自不同的历史而形成的现状，决定了"世界无产阶级"和中国无产阶级应当探求自己的解放道路。

70 年代末的 1979 年，青年研究者富田升发表了"李大钊日本留学时代的事迹及背景"。富田指出，李大钊在 1915 年 2 月 21 日的留学生大会后所写的"警告全国父老书"与他同年 6 月的"国民之薪胆"比较，两者在对袁世凯的态度上有明显的不同。

七

进入80年代之后，1981年，藤谷写了"马克思主义在中国的传播与发展"，分析了李大钊在各个时期对马克思主义理解的特点。他指出，李大钊接受了马克思主义的世界观及基本原理，但是在确定中国革命的基本方向和探索中国社会变革的独立道路这一点上，则表现出他自身思想的丰富性。不过，在另一方面，在革命的战略战术方面，还存在着思考不够成熟的弱点。

1983年，后藤也发表了"马克思主义在中国的传播"。后藤指出，在"问题与主义"论争阶段，李大钊对马克思主义的理解，带有唯物史观的经济决定论与注重阶级斗争的唯意志论的双重性。在1920年秋天开始的社会主义论争中，与陈独秀等人不太有说服力的社会主义必要论相反，李大钊从世界革命的角度说明中国实现社会主义的必然性的见解，成了这次论争的先导。李大钊的观点缺乏关于国内经济条件方面的证据，所以还停留在外因论上。不过，经过李汉俊和周佛海对唯物史的深化理解，克服了这一缺点。文章对这一经过也做了追述。文章还指出，在中国学者对马克思主义的理解中，拒斥唯物史观的经济决定论而转向注重阶级斗争的唯意志论的倾向越来越明显。

到后藤这篇论文的阶段，日本的李大钊研究或许可以说是摆脱了从前的成见。后藤认为，与同时代其他思想家的相比较的方法，能刻画出李大钊思想的独特风貌，所以她有意识地采用了这一方法。

1976年"文化大革命"结束了。中国的学术研究重新开展起来。齐藤道彦1983年撰写的《李大钊研究史备览·中国篇》对"文化大革命"前的七十余篇及"文革"后到1982年10月为止的六十余篇关于李大钊的研究论文、回忆录及其他文章进行了评论。

以上就是1966年"文化大革命"开始以来日本对李大钊研究的概况。从中可以看出几点与以前大不相同的特色。第一，以森正夫和富田升为代表，出现了通过收集资料详细探讨李大钊在日本留学期间事迹的研究。第二，由于后藤延子和齐藤道彦的努力，挖掘出了李大钊所依据的日语文献。在五四时期的思想家中，几乎没有一个人像李大钊那样不懈地关注着日本的政治、社会和思想的动向。对于李大钊与日本的关系，以及他在日本期间事迹的研究，仍有待深入。第三，以藤谷一博和森正夫为代表，从政治思想史和社会科学的角度，对李大钊所使用的特有的概念进行了精细的分析。第四，后藤采用了在将李大钊与同时代思想家们进行比较的基础上探讨他独特之处的方法。第五，由于日中邦交的恢复和中国的对外开放政策，与中国学者进行学术交流已经成为可能。特别是进入80年代以后，中国出版了《李大钊年谱》《李大钊生平史料编年》等著作。从1985年青年研究者村田雄三"李大钊与'孙吴合作'"中可以看出，参考中国学者的成果推进研究已经成为可能。这一点使日本学者受益匪浅。

八

经过"文化大革命"痛苦的教训，到了80年代末的今天，日本的中国现代思想史研究从1945年战败以来一直无法企及的客观的、科学的、批判的研究态度——既不是把中国作为理想的镜子照出现代日本的缺陷，也不是为了证明中国的落后去贬损它，从一切先人之见和主观想法中解放出来，按照中国的本来面貌来观察和研究的态度，到现在才刚刚形成。应当指出的是，在这一过程中，我们也从相邻学科，特别是中国现代史领域对"文革"以前的观点、方法的检讨以及因此取得的新的进展中学到了不少东西。下面不妨试举几例。

横山英在出版于1976年的《辛亥革命研究备览》中探讨了辛亥革命是资产阶级革命这一说法的来历。他认为，这一说法是20世纪三四十年代为证明新民主主义革命纲领的正确性而做的规定。横山英进而提出，辛亥革命是新洋务派掌握着主动权的以半封建半殖民地社会为目标的专制主义革命。

野沢丰在《中国国民革命史研究》（1974，合著）序论中指出，将中国现代史与中国革命史混为一谈的看法，实际上是把中国现代史归结为中国共产党史，进而归结为毛泽东路线形成史；这一看法忽略了中国现代史发展的多种可能性，因而是片面的。野沢丰的评论把研究者们从中国革命史框架中解放出来：既不向中国共产党史一边倒，也不同于中国台湾的向中国国民党史一边倒。于是，把中国现代史视为具有多种发展可能性的实证研究的方向，变得更加明确了。

中国现代思想史领域，也摆脱了以往的中国革命思想史框架。对某个思想家的深入调查和从多角度接近对象全貌的新的研究陆续出现。小林武对章炳麟的全新研究（1979 年的"读章炳麟——语言及其世界——"1982 年的"关于章炳麟——做为方法的言语"、沟口雄三对洋务派的新评价（1983 年）的"歪曲的近代中国像——洋务和民权以及中体西用与儒教"、1986 年的"一个'反洋务'派——刘锡鸿"等），都是这一系列成果的一部分。我们并不急于对这些观点和方法做定评，但应该说，目前的研究情况，的确已经显示出广阔而良好的发展前景。

（选自《国外社会科学》1990 年第 5 期）

日本汉文小说的研究现状与研究理路

孙虎堂*

在历史上，中国曾长期在东亚地区扮演着文化宗主国的角色，以汉字为主要媒介的汉文化给予周边地区以巨大而深刻的影响，以至形成了一个界限较为明确的文化区域，现通常称为"汉字文化圈"。除中国外，汉字文化圈还主要包括历史上的朝鲜半岛、日本列岛及越南等地。近20年来，这些区域以汉字为载体的古代典籍再度受到了国内外学者们的关注。目前，古代典籍主要指韩国、日本和越南三国的汉文典籍，包括诗文、小说等文学作品以及其他种类的作品，学术界现称为"东亚汉籍"。在东亚汉籍中，文学作品为一大宗，而小说则又是这些作品中非常重要的一部分，现被称为"东亚汉文小说"。在现阶段，东亚汉文小说主要包括韩国汉文小说、日本汉文小说和越南汉文小说三大块。由于这些小说都是当地国作家用汉字书写的作品，其很大一部分又受到了中国古代小说的深刻影响，因此它们理所当然地成为当今中外比较文学、汉文学领域的研究对象。有鉴于此，现在国内外学界相关领域的学者，纷纷把目光投向东亚汉文小说，法国的陈庆浩教授，韩国的丁奎福教授、崔溶澈教授，中国台湾省学者王三庆教授、陈益源教授、王国良教授、郑阿财教授等都是代表人物，他们做出了相当大的成绩。在大陆学术界，以孙逊教授为代表的一批学者也展开了对这类小说的搜集、整理和研究。最近几年，笔者对日本汉文小说做了初步和较为系统性的研究，在对日本

---

* 孙虎堂，男，1977 年生，山东理工大学文学与新闻传播学院讲师。

汉文小说研究的现状进行梳理的同时，提出"重建文化语境"和"还原创作场景"的研究理路。

一

当前，针对韩国、日本和越南三国汉文小说的搜集、整理和研究工作，当地国、我国台湾省和大陆学术界都投入了一定的研究力量。客观地说，当地国的学者尤其是台湾省学者用力尤勤，成绩也最为显著。可喜的是，近年来大陆学者对这些小说的整理和研究也推出了一些成果。

现在看来，相对于韩国、越南汉文小说而言，学术界对日本汉文小说的搜集、整理和研究较为薄弱。考察表明，最先关注它们的是日本本国学者，其研究从20世纪20年代持续至今，取得了不错的成绩。中国学界在这方面的拓荒者是中国台湾成功大学的王三庆教授。他于1987—1988年在日本天理大学讲学期间，通过多种渠道获得奈良、平安、江户、明治各个历史时期的汉文小说作品数十种。从1998年起，他又与中国台湾中正大学庄雅州教授、法国科研中心中国文化研究所陈庆浩教授等人，共同主持了"中日法合作研究日本汉文小说研究计划"，在计划实施期间，他们得到日本筑波大学内山知也教授的协助，又搜求到作品数十种，连同以前所得，共收集小说近70种。2003年10月，台湾学生书局出版了由他们4人主编的《日本汉文小说丛刊》第一辑。这部丛书共5册，收录了《啜茗谈柄》等36部（篇）小说作品，考订、校注均达到了一定水平，富含史料价值与文学价值。此外，他们又开列多种待收书目，并继续加强对作品的访求、整理和出版工作。在大陆学界，以上海师范大学孙逊教授为代表，学者们也通过多种方式逐步对包括日本汉文小说在内的东亚汉文小说进行了整理和研究。例如，孙逊教授主持了国家社会科学基金项目"域外汉文小说整理与研究"，李时人教授目前正在主持上海市社会科学规划项目"中国古代小说在东亚的传播影响及东亚汉文小说研究"。近几年来，孙逊教授又依托上海师范大学，联合韩国高丽大学、越南汉文研究院等机构，与陈庆浩、王三庆诸教授联手，合作推出了包括东亚汉文小说和西方传教士汉文小说在内的《海外汉文小说全集》出版计划，预计未来数年内将陆续出版。自然，无论是整理还是研究，日本汉文小说都是重要的一部分，一些大陆学者通过单篇文章、学位论文等形式，陆续对这些小说做了不同角度、不同层次的研究。

二

严格来说，日本学者对本国汉文小说的研究最早可追溯到 1926 年小说家永井荷风的《关于柳北仙史的〈柳桥新志〉》（『柳北仙史の柳橋新誌につきて』）一文，文章对明治文人成岛柳北及其汉文小说集《柳桥新志》作了较为全面深入的介绍。① 该文的发表迈出了日本汉文小说研究的第一步，此后至 40 年代，代表性的研究成果出自著名学者长泽规矩也和石崎又造之手。1933 年，长泽规矩也发表了《江户时代支那小说流行之一斑》（『江戸時代に於ける支那小説流行の一斑』）一文，较为详尽地描述了江户时代中国通俗小说在日本的传播及其影响，且在文末提到了江户名儒中岛棕隐的汉文艳情小说集《春风帖》，他认为这本小说集的产生与中国艳情小说在日本的传播有很大的关系。② 1940 年，石崎又造的《近世日本支那俗语文学史》（『近世日本に於ける支那俗語文學史』）由京都弘文堂书房出版，作者以相当的篇幅论述了中国古代通俗文学作品（主要为明清小说）在近代日本传播的情形，以及日本文人受此影响而写作和文体与汉文体通俗文学作品的情况，其中多处论及汉文小说的创作。概而言之，这一时期的重点乃在以中国古代小说在日本的传播与影响为中心的文化语境的研讨，同时也开启了作家、作品研究的范式。从 20 世纪 50 年代开始，探讨汉文小说的论文逐渐增多，作者主要有德田武、前田爱、山敷和男等人。在第一个十年里，汉文艳情小说仍然吸引着学者们的目光，此期间的代表作主要有广田魔山人的《〈大东闺语〉杂考》和

---

① ［日］永井荷风：《关于柳北仙史的〈柳桥新志〉》，盐田良平编：《明治文学合集》第 4 卷，筑摩书房 1969 年版，第 395—398 页。

② ［日］长泽规矩也：《江户时代支那小说流行之一斑》，《长泽规矩也著作集》第 5 卷，汲古书院 1985 年版，第 131—147 页。

斋藤昌三的《谁是〈春㘗拆甲〉的作者》两篇文章，两位学者在文中分别对《大东闺语》《春㘗拆甲》两部艳情名作做了介绍和考论，实证色彩颇为浓厚。①

至 20 世纪 60 年代，德田武针对"世说体"经典汉文小说《大东世语》的研究引人注目，他在 1969 年、1970 年两年中连续在《东洋文学研究》《中国古典研究》杂志上发表了《〈大东世语〉论（一）》《〈大东世语〉论（二）》《〈大东世语〉论（三）》三篇论文，对《世说新语》对于江户中期著名文人服部南郭撰写的《大东世语》的重要意义、作者所表现出的文学审美意识等问题做了深入探讨，堪称该领域的研究力作。自 20 世纪 70 年代始，花柳风俗小说一跃而成为研究的热点，前田爱与山敷和男是研究这类小说成绩最为突出者。前田氏较早的一篇相关论文为发表在《国语与国文学》杂志 1973 年 8 月号上的《寺门静轩——无用之人的轨迹》（『寺門静軒——無用之人の軌迹』）一文，他介绍了《江户繁昌记》的作者寺门静轩的生平；此后，他又有《艳史、传奇的残照》（『艶史・傳奇の殘照』）一文，对明治初期的汉文传奇体小说、章回体才子佳人小说与笔记体花柳风俗小说做了简要精辟的论述，《〈板桥杂记〉与〈柳桥新志〉》（『板橋雜記と柳橋新志』）一文则首次论证了清代余怀的《板桥杂记》一书对成岛柳北创作《柳桥新志》的影响。②另一位学者山敷和男堪称大手笔，他于 20 世纪 70 年代初在《中国古典研究》杂志 1973 年 19 号上发表了《〈柳桥新志〉之无赖派性格》一文后，至 20 世纪 90 年代初，几乎以每年一篇的速度在这一杂志上发表了 10 余篇相关论文，焦点集中于明治时期以服部抚松和三木爱花为代表而创作的花柳风俗小说群，系列研究中贯穿着强烈的小说类型意识。可以说，经由他的研究，日本国内的汉文小说研究才逐渐有了一定的规模和影响。

除上述之外，至 21 世纪初，赖惟勤、森铣三、浅川征一郎、中野

---

① ［日］广田魔山人：《〈大东闺语〉杂考》，［日］斋藤昌三：《谁是〈春㘗拆甲〉的作者》，《近世庶民文化》1954 年第 26 号。

② ［日］前田爱：《艳史、传奇的残照》，［日］诹访春雄、［日］日野龙夫主编《江户文学与中国》，每日新闻社 1977 年版，第 166—182 页；《〈板桥杂记〉与〈柳桥新志〉》，《前田爱著作集》第 1 卷，筑摩书房 1989 年版，第 498—499 页。

三敏、日野龙夫、内之崎有里子、小岛久代、黑岛千代、内山知也、有泽晶子等学者还陆续针对其他的汉文小说作家及其作品进行了研讨，取得了一定的成绩。总的说来，日本学术界针对本国汉文小说的研究已经形成了一定的态势和范式，特别是自20世纪80—90年代以来，在中国学界的呼应之下，日本学者对该领域愈加重视，内山知也教授在东京号召成立了"日本汉文小说研究会"，定期召集国内学人聚会研讨，公开发表研究成果，类似的学术活动无疑大大推动了此项研究在日本的开展。

中国学者研究日本汉文小说，近20年来也取得了不小的成绩。中国台湾省学者起步较早，王三庆教授在作品的搜集、整理和研究方面均是开拓者，其《日本汉文小说研究初稿》一文，不仅介绍了他所关注的小说作品，还探讨了中日交通史、日本汉学史与这类小说的密切关系，并从内容、文体和思想三个方面分析了它们的总体特征，该文对于推动国内的相关研究具有较大意义；此外，他又撰有《明治时期的汉文小说》《日本汉文小说词汇用字之分析研究》等文章，从具体层面做了进一步的研究。① 其后，李进益教授撰写了以《明清小说对日本汉文小说影响之研究》为题的博士学位论文，从与明清小说做比较的角度，分别对日本汉文小说中的艳情类、才子佳人类、花柳风俗类、"虞初体"、话本体作品做了初步的、较为系统的探讨，颇多创见；另外，他还撰有《日本汉文小说的艺术特色》等文章，均有一定的发现。② 除此之外，中国台湾省学者谢瑞隆、美国华裔学者钱南秀曾分别针对日本近代汉文笑话集、"世说体"汉文仿做过专门研究。③ 近年来在大陆学界，

① 王三庆：《日本汉文小说研究初稿》，《域外汉文小说论究》，台湾学生书局1989年版，第1—27页；《明治时期的汉文小说》，世界华文作家协会编：《文学丝路——中华文化与世界汉文学论文集》，1998年，第121—131页；《日本汉文小说词汇用字之分析研究》，台湾东吴大学中文系编：《域外汉文小说国际学术研讨会论文集》，1999年，第1—61页。

② 李进益：《明清小说对日本汉文小说影响之研究》，1993年6月，台湾中国文化大学，博士学位论文；《日本汉文小说的艺术特色》，世界华文作家协会编：《文学丝路——中华文化与世界汉文学论文集》，1998年，第112—120页。

③ 谢瑞隆：《日本近世汉文笑话集研究》，2005年6月，台湾云林科技大学，硕士学位论文；钱南秀：《〈大东世语〉与日本〈世说〉仿作》，张伯伟主编：《域外汉籍研究集刊·第一辑》，中华书局2005年版，第251—266页。

越来越多的学者开始涉足这个领域。早在 1982 年，严绍璗教授就在《日本古代小说的产生与中国文学的关联》一文中论及日本汉文小说的问题，但真正就具体作品展开研究则始自孙逊教授。他的《日本汉文小说〈谭海〉论略》一文对作者依田百川的生平、文学创作活动，以及小说题材、文体等方面的特色做了详尽深入的介绍和论证，可谓开风气之先。① 其后，杨彬、孙虎堂分别从不同角度对日本汉文小说做了或宏观或微观的研讨，均有创新之处。②

　　总的来说，国内学界针对包括日本汉文小说在内的东亚汉文小说的研究热潮方兴未艾，在此期间，有两项学术活动值得称道：其一，大陆一些专业的权威学术期刊陆续发表了陈庆浩、孙逊等人关于域外汉文化研究、汉文小说研究的多篇总论和访谈，对相关研究的开展起到了引导的作用；③ 其二，自 20 世纪 80 年代中期以来，中国台湾省学界举办了一系列关于域外汉籍、域外汉文学和汉文小说研究的国际学术会议，出版了多部论文集，逐渐加强了交流并扩大了影响。可见，东亚汉文小说研究已经成为一个学术前景非常广阔的拓展领域。

三

　　长期以来，日本汉文小说研究的范式往往局限于单个作家、作品的研究，学界对之缺乏整体、宏观的研究。现阶段，在基本文献的搜集和整理取得较大进展的基础之上，针对这些小说展开系统、整体的研究变得越来越有必要。但是，学界至今尚未有人对此提出符合实际的研究理路，我们尝试提出"重建文化语境"和"还原创作场景"的观点来

---

① 严绍璗：《日本古代小说的产生与中国文学的关联》，《国外文学》1982 年第 2 期；孙逊：《日本汉文小说〈谭海〉论略》，《学术月刊》2001 年第 3 期。

② 孙虎堂：《日本汉文小说述略》，2006 年 6 月，上海师范大学，博士学位论文；《日本唐话学者冈岛冠山及其汉文小说〈太平记演义〉述论》，《外国文学》2009 年第 1 期；杨彬：《"翻案"与日本古代小说创作方式的演进》，《中国比较文学》2008 年第 4 期。

③ 陈庆浩：《推动汉文化的整体研究》，《国外文学》1988 年第 4 期；刘倩：《汉文化整体研究——陈庆浩访谈录》，《文学遗产》2003 年第 3 期；孙逊：《东亚汉文小说研究：一个有待开掘的学术领域》，《学习与探索》2006 年第 2 期；段江丽：《文化大视野下的文献整理与文本研读——陈庆浩研究员访谈录》，《文艺研究》2008 年第 5 期。

探讨。

任何一种文学文本的形成都必然是各种关系之合力作用的产物。就日本汉文小说而言，作者所面对的种种文化资源、所属阶层的思维方式与价值观念、所在文人群体的创作观念、特定读者群的阅读需求等，都会对其创作施加综合的、复杂的影响。这一切因素所形成的特定文化氛围、创作环境正是各种小说作品产生、存在以及实现意义的必要条件，这就是"文化语境"，宏观文化语境中影响到作者个人创作的各种具体因素所构成的创作空间，可以称为"创作场景"。我们研究的主要目的就是揭示作品产生的过程、存在的状态及其文学与文化的意义，而这些只有落实到具体的文化语境和创作场景中才能得以确定。因此，尽可能地"重建"文化语境和"还原"创作场景显得至关重要。

那么，如何重建文化语境、如何还原创作场景呢？真实存在过的特定文化语境、创作场景都已不可复原，这是事实，但其种种线索却能够在其他文化文本中被保留下来，我们可以借助各式文本保留下来的线索，尽可能地连接当时的语境和场景，从这个角度看，重建语境和还原场景的意义，实际上就在于将研究对象置于一个模拟性质的坐标系中，并使它在与坐标系其他文化文本的相互关联中得以把握。因此，重建与还原的途径，就是对历史的、思想的、艺术的、民俗的文化文本进行深入分析，确定特定历史时期之文化环境的基本样态，进而在研究对象和其他文化文本的相互关联中把握它的基本生成过程、外在形式与内在思想的特征、文学和文化的意义等。关于这种方法论对于研讨日本汉文小说的重要意义，我们可以通过对《本朝小说》（1799）的研究展示出来：《日本汉文小说丛刊》第一辑的编纂者认为，川合仲象的《本朝小说》"文中穿插中国诗词联语，乃模仿张鷟的《游仙窟》或《剪灯新话》体例的游戏作品"。[①] 日本前辈学者石崎又造研究后认为，这部小说实际上是日本古代戏曲形式——净琉璃的一部脚本的汉译本，其韵散结合的文体形式

---

① 《〈本朝小说〉中文出版说明》，见王三庆、庄雅州、陈庆浩、内山知也主编《日本汉文小说丛刊》第一辑第五册，台湾学生书局2003年版，第45页。

乃是承袭脚本而来。① 进一步研究可以发现，诗词韵语的穿插方式与前述两种中国小说中诗词韵语出自小说人物之口的方式也有所不同，而且从设置篇首诗、篇尾诗等其他文本特征来看，将此小说看作一篇体制特殊的话本体小说似乎更为妥当，而非与《游仙窟》《剪灯新话》相类似的传奇体小说；研究者继而考察作者自序的内容和文中诗词的来源，又可以发现，这部小说的创作明显受到了江户中期以来在日本盛行的《唐诗选》（明李攀龙编）等汉诗读本的深刻影响；在思想内容方面，小说蕴含着浓厚的佛家思想与本土武士道思想，体现出了作者欲借助小说劝善惩恶的创作意图。所有这些都表明，特定文化语境中的戏曲文本、诗歌文本、社会思想文本、本土小说文化文本等都与《本朝小说》的产生、存在具有密切的关系，若忽视它们对小说创作的作用和意义，则很难得出这些合乎事实的结论。再比如，熊阪台洲的《含饧纪事》（1792）是享保（1716—1735）以降儒学余技化、儒者艺术生活趣味化的产物，冈岛冠山的《和汉奇谈》（1718）中两篇小说其实是作者为以荻生徂徕为首的萱园文士所编的唐话教科书里的例文，宝历元年（1751）以后汉文笑话集的兴盛，除了受到本土笑话文学传统和中国笑话书籍传入的影响外，主要是为迎合当时儒者、文人学习唐话的实际需求而作。这些例子都可以说明，对文化语境、创作场景的关注对日本汉文小说研究具有极为重要的意义。

当前，人们在研究包括日本汉文小说在内的东亚汉文小说时，通常还会持有一种单向影响的观念，即认为东亚汉文小说作品从外在的语体形式、文体形态到内在的创作思维方式、价值观念都受到了中国古代小说作品与小说文化的影响。这种观念从深层来说是比较研究观念的自然延伸，其作为预设的理论前提无疑是正确的，而且切中时弊。不过问题在于人们往往容易对这种观念的理解狭隘化，乃至导致研究实践的表层化。这种现象主要表现为两种情况：其一，单纯强调作品所受到的中国古代小说和小说文化的影响，而在一定程度上忽视了其产生、存在的本土因素，以致带来研究结论上的偏失；其二，轻率地在作品与中国小说

---

① 石崎又造：《近世俗语俗文学书目年表》，见《近世日本支那俗语文学史》，弘文堂书房1940年版，第425—426页。

的某篇（部）作品之间预设一种影响关系，从而得出臆想的结论。实际上，前者是以作品产生、存在的部分必要条件替代了全部必要条件；后者则过分强调了作品个体之间的关系，实际上这种关系除了适用于极个别情况外，多数属于无确凿材料证明的臆断。这里，提出"重建"文化语境和"还原"创作场景的研究理路，目的就是对那些流行的做法纠偏。

<h2 style="text-align:center">四</h2>

古代东亚各国（或地区）文人用汉字撰写或翻译的小说作品，是历史上中国与该国（或地区）文化交流的产物，理应纳入东亚汉文学史的范畴。然而，其处境在今天却颇为尴尬，当地国学者认为它们不是本国文学史的重点，往往予以轻视，中国学者又认为它们不属于中国文学的范畴，对其不甚关注。其实，摒弃从所在国家和民族出发的狭隘眼光，站在东亚历史文化交流的角度去看，对东亚各国汉文小说的搜集、整理和研究又何尝不是中国学者和当地国学者应共同承担的文化责任！国家之间的文化交流和传播，往往有着种种不可预期的偶然性，仅就文学交流而言，作品的接受与经典的形成常常是各种机缘的巧合，而创作上的模仿活动也会随着具体语境的变化而变化。因此，东亚汉文小说作品之产生、存在和影响的状况不宜单纯用文学研究的思路来考察，其意义也难以用单纯的文学标准来衡量，在文化研究的视野下提倡遵循"重建文化语境"和"还原创作场景"的理路来研究这些小说，不仅有助于我们从一个侧面认识历史上中国与东亚各国（或地区）文化交流的图景，还能够对当代中国与东亚各国的文化交流实践提供有益的启示。

（选自《国外社会科学》2010 年第 4 期）

俄国汉学：儒佛道研究

郑天星[*]

俄国汉学走过了草创、形成和发展阶段。从18世纪下半叶至19世纪上半叶为草创阶段，这个阶段的研究骨干是俄罗斯东正教北京传教士团的成员，他们大多数原在俄国外交部亚洲司、喀山大学从事翻译和教学工作，其早期著作纯属介绍性质，只触及中国宗教文化的皮毛；19世纪上半叶为形成阶段，以瓦·帕·瓦西里耶夫（1818—1900）为代表；20世纪初为发展阶段，以苏联汉学大师瓦·米·阿列克谢耶夫（1881—1951）为代表。20世纪60年代以后俄国汉学得到长足发展，培养出一大批汉学家。

一　综合研究

所谓综合研究，是指把中国古代宗教、儒教、佛教、道教、民间宗教的历史与现状合在一起研究，这样会对中国宗教有一个完整认识，了解各教相互之间有什么关系以及它们在古今中国社会中的地位和作用。

这方面的代表人物当推莫斯科东方学研究所的列·谢·瓦西里耶夫博士。他生于1930年，1953年莫斯科大学历史系毕业，后获历史学副博士、博士学位，专门研究中国的文明史，著述很多，主要有《中国古代的土地关系和村社》（1961年）、《中国古代青铜器起源和殷朝》（1964

---

* 郑天星，男，1937年生，大学，中国社会科学院世界宗教研究所编审。

年）、《中国文明的起源问题》（1970 年）、《中国国家的起源问题》（1983 年）等。他有两本关于中国宗教的著作，有必要详细介绍。

第一本是《祭祀、宗教、传统在中国》（1970 年初版，1989 年第 2 版），全书分 6 章，分别论述了中国的古代宗教、儒家、儒教、道教、佛教、混合宗教。

第一章《中国古代的宗教观念、崇拜和仪式》具体阐述了图腾崇拜、万物有灵论、亡灵崇拜、生殖崇拜、殷周宗教信仰的变化、最高神上帝、天崇拜、地崇拜、巫术与萨满、仪式和器具、礼仪象征、上帝像问题、宗教传统与婚姻家庭规范和礼仪、国家社会政治生活中的宗教仪式等问题。

第二章《早期儒教：原理、崇拜、仪式》探讨了孔子及其时代、孔子的社会理想、孔子的社会秩序、孔子的道德和宗教。孔子学说中的天与国君和天与"革命"、祖先崇拜、孝道说、家庭与氏族崇拜、家庭与婚姻、家庭中的妇女、夫妻之爱、守寡和离婚、家庭中的子女：小辈和长辈、死：最早的葬礼以及安葬与服丧、祖先墓、祖先祠、祖祠中的仪式和集会、礼仪中的音乐与舞蹈等方面。

第三章《儒学——官方国家意识形态》，内容涉及孔子与法家、法家与秦始皇、儒学与法家混合、儒学的变化、孔子作品崇拜、识字与教育崇拜、学校与教学制度、国家考试制度、文官崇拜、儒家文明崇拜、孔子崇拜、儒学崇拜。

第四章《道教》论及道教的起源、老子和道的学说、庄子与列子、道教的"无为"原则、道家哲学和道教、中国古代神话、道教神话的变化、长生不死说、成仙的基本手段和方法、护身符与炼金术、占星术与占卜术、土卜、巫术与医学、道教与黄巾起义、道教徒的神权国家、道教与佛教、中国中世纪的道教思想和理论、民间道教与道教诸神及神仙、道教衰落与变化等内容。

第五章《中国佛教》论述了佛教的产生和佛陀传说、佛教徒的最初社团、佛教僧人与僧伽、佛教的经典与教理、大乘佛教、佛教在中国的产生、风土化的困难、佛教中国化、道安与弥勒佛崇拜、慧远和中国净土宗的开始、鸠摩罗什、中国佛教繁荣、弥勒佛崇拜、阿弥陀佛崇拜、观音崇拜、民间佛教、中国佛教的学派和教派、禅宗、中国的佛教寺院、中国寺院与经济、唐代的反佛教活动、中国佛教的衰落、佛教与中国文化。

第六章《宗教混合主义与中国文化传统》研究了三教的关系，涉及儒学在中世纪中国的演变、新理学、新理学与中国复兴问题、儒学、道教和佛教的混合、宗教混合主义体系的特点、国家（帝王）崇拜、全国全民的崇拜、地方的崇拜、家庭的崇拜、纸神崇拜、自然崇拜、河川崇拜、动植物崇拜、鬼与驱鬼术、来世观念、巫术与占卜和迷信、求愿崇拜、礼仪象征和宗教与艺术创作的相互影响、中国的传统和以新代旧等内容。

第二本是《东方宗教史》（1983年初版，1990年出修订版），改动不大。

该书是作者为莫斯科国际关系学院撰写的教科书，目的是描述和分析东方宗教的产生和成熟过程以及对东方社会和文化的影响。全书共21章，其中第15、第16、第17、第18、第19和第21章分别对中国的古代宗教、儒教、道教、佛教和藏传佛教做了扼要论述。这本书实际上是对前一本书的总结，理论性较强。作者在提出儒学是不是宗教问题时回答说，在中华帝国的具体条件下，儒学曾起到了主要宗教的作用，它履行官方国家意识形态的功能，把社会伦理和个人道德完善观放在首位。儒学虽不是真正意义上的宗教，但它比宗教更重要。儒学还是政治、行政体系、经济和社会过程的最高调节器。总之，它是整个中国生活方式的基础、中国社会组织的原则、中国文明的精髓。在2000多年中，儒学形成了中国人的思想和感情，影响了他们的信念、心理、行为、思想、语言、知觉以及风俗习惯和生活方式。从这个意义上说，儒学一点也不逊于任何世界宗教，甚至还超过它们。至于道教，他认为道教把所有古代崇拜和迷信、信仰和仪式以及所有神灵、英雄和仙人都折中地交织在一起，很容易满足居民各种各样的需求。谈到佛教与中国文化的关系时作者指出：佛教在中国存在近2000年，此间它在适应中国文明的过程中变化很大并形成中国佛教。佛教对中国传统文化影响巨大，突出表现在艺术、文学和建筑上。佛教寺院成为中国文化的主要中心之一。佛教的形而上哲学在形成中世纪中国自然哲学中起到了自己的作用。禅宗对中国的哲学思想影响更大，它对朱熹的新理学哲学的影响也很明显。作者还论述了三教之间的关系，认为儒教、道教和佛教长期共处，并逐渐密切起来，而且每一种教都在中国宗教混合主义体系中找到了自己的位置。儒教在伦理—社会—家庭关系范围内占有优势。道教及其巫术、形而上学、众多神灵属于感情范围，弥补了儒教的枯燥性和唯理性主义缺欠。佛教祈求神灵，产生和支持美好未来的幻想。第21章概述了喇嘛教的起源、宗喀巴的活动、达赖喇嘛与转世制度、喇嘛教的理论基础、伦理、巫术实践、神灵、寺院、喇嘛和礼仪、喇嘛教与当代等方面的问题。

瓦西里耶夫教授近年来一直从事中国古代史研究，以"古代中国"命名，这是一部多卷本学术著作，1995年由东方图书出版商行出版了第一卷：《史前史商殷；西周（公元前8世纪）》，对中国古代宗教有全面分析交代。

《伦理和礼仪在传统中国》，1988年科学出版社出版，是列·谢·瓦西里耶夫教授负责编辑的一本论文集，共收文11篇，专门探讨了各种伦理和礼仪规范在中国社会及其生活的整个历史中所起的作用，展示了传统中国在三大宗教哲学学说——儒教（卡拉别季杨茨、瓦西里耶夫、马尔蒂诺夫、克恰诺夫文）、道教（托尔奇诺夫文）、佛教（A.M.卡班诺夫、马利亚文）；社会意识基本形态——宗教（克留科夫、齐宁、托尔奇诺夫、马利亚文、卡班诺夫文）、哲学和科学（科布泽夫文）、道德（瓦西里耶夫文）、法（克恰诺夫文）、政治（马尔蒂诺夫文）中实现伦理—礼仪标准的具体机制。作者们阐述了古今中国这个问题的各个方面，认为探讨这个问题有助于揭示和理解传统在现代中国起作用的机制。

在综合研究方面，引起汉学界重视的是莫斯科大学亚非国家学院的年轻汉学家康·马·捷尔季茨基的两卷本专著：《中国人：在当代世界中的传统价值》。该书是他在自己1992年副博士论文《当代中国人的传统价值体系（70年代末至80年代）》的基础上加工而成的，1994年由莫斯科大学出版社出版，全书由前言、三大章和结论、参考书目组成。《前言》指出，现代中国人的传统价值体系和与此相关的宗教及社会现象的状况是本书研究的主题，这些现象属于中国文化的基础，同时从思想、行为和社会机制上探讨了伦理、宗教和社会三种类型的价值观。第一章的题目是《当代中国个人思想和行为中的传统社会文化评述》，第二章为《当代中国人的宗教》，第三章为《当代中国传统社会文化的机制与规范》。第一章分析中国人个人价值体系状况，探讨下列问题：（1）传统型价值和传统文化心理现象在个人思想中处于什么位置；（2）它们如何影响个人；（3）现代中国人如何估价传统价值范畴；（4）传统价值在中国人社会化中起什么作用；（5）传统观念如何影响中国人的变态心理过程。第二章考察当代中国人的宗教文化和宗教意识状况，分析了下列问题：（1）制度化宗教（佛教和道教）；（2）基督教；（3）混合宗教（教派）；（4）混合民间信仰；（5）中国大陆、中国台湾、中国香港、中国澳门和新加坡的"选择性"宗教信仰。第三章研究中国大陆、中国台湾、中国香港、中国澳门传统中的社会文化机制现状（部族和建筑在民族结构和秘密社会基础上的生产组织）。这三章都连续探讨了民族自我意识在中国人与外族的共同体及其文化交互作用中所发挥的功能。《结语》得出了关于现代中国人传统文化成分和规范状况、关于文化与现代条件下民族自我意识的相互关系的结论。本书采用社会学研究方法，引用了大量证据和数字，是一部研究中国宗教现状的力作。

另据报道，亚罗斯拉夫国立大学于 1995 年出版了一本题名为《佛教、道教和儒教》的教科书，作者为塔·玛·加甫利斯托娃。原书笔者没有看到，《书评报》也没有具体介绍，但有一点可以肯定，从书名上看，这本教科书是把"三教"放在一起论述的。

二　儒教研究

关于中文中的"儒教"和"儒家"，俄国汉学家把它解释为"儒者学派"，"最古老的哲学体系和远东同道教与佛教并列的三大伦理—宗教学说之一"，"儒"原没有指出其创立者——孔子的名字，符合后者的出发点"述而不作，信而好古"。

俄国汉学史始于 18 世纪，不过当时还算不上研究，处于草创阶段，主要翻译中国经典和编纂小册子，属于收集资料性质，但这为后来的研究奠定了基础。欧洲其他国家也是如此。从事这项工作的大多是俄国驻北京传教士团的成员，外交部亚洲司的译员和喀山大学东方学系汉语教研室的教师，以后增加了圣彼得堡大学的东方系。最初的汉学就是由这三个中心率先展开的。最先翻译儒教经典的是阿·列·列昂季耶夫

（1716—1786），他的俄译本有《格言》（1779 年）、《四书集注》《中庸》（1784 年）等。19 世纪和 20 世纪开始出现对原著有研究的作品，如克·马·卡尔亚金的《孔子，他的一生和其他人的格言》（1987 年），帕·斯·波波夫（1842—1913）的《孔子及其弟子和其他人的格言》（1910 年），《中国哲学家孟子》（1904 年），阿·依·伊万诺夫的《中国哲学资料引言，法家，韩非子》（1912 年），瓦·帕·瓦西里耶夫（1818—1900）的《东方宗教：儒教、佛教、道教》（1837 年），谢·米·格奥尔吉耶夫（1851—1893）的《中国的生活原则》（1888 年）和《中国人的神话观和神话》（1892 年），埃格塞－巴尔捷克的《中国和中国人：现代中国的生活、风俗、习惯》（1892 年），尼·亚·比丘林（1777—1853）的《学人宗教述记》（1900 年）和译作——周敦颐的《通书》、《太极图说》（1832 年）及《四书》译稿。影响较大的是帕·阿·布兰热和托尔斯泰合作编著的《孔子生平及学说》（1903 年），这本书中还附有托尔斯泰的文章“中国学说复述”。需要指出的是，在俄文中“学说”有时也指“宗教”“教义”，如“三教”就是这样。

十月革命后，俄国进入苏联时期，这个时期的汉学研究以瓦·米·阿列克谢耶夫（1881—1951）为代表。他是最著名的汉学家，从事中国文学研究，师从法国汉学家沙畹（1865—1915），1906—1909 年和 1912 年曾来到中国，足迹遍及大半个中国，收集到大量中文图书资料，著作甚丰，其中《中国文学》（选集，1978 年）内有他的译作《论语》（前 3 章），被誉为俄译范例。他的最大功绩是培养出一大批杰出的汉学家，这些人后来都是学科带头人，如尤·康·休茨基（中国名楚紫气）（1897—1946）著有《易经译注》（1960 年），阿·什图金（1904—1963）著有《诗经译注》（1957 年），维·阿·什泰因（1890—1964）著有《管子译注》（1959 年），维·阿·维尔古斯（1922—1980）著有《诗品论诗人司空图》。这些人才在不同时期都受到过不公正的对待，有的被投入监狱，有的无辜被判刑。如尤·康·休茨基，于 1937 年 6 月刚通过博士论文“中国古典易经”答辩，8 月就以“参与兰鬼教派”的莫须有的罪名而被捕入狱，第二年 2 月被判刑，后获释。他的这部传世之作直到 1960 年才见天日。其《中国古典易经》被誉为“欧洲汉学中无与伦比的有重大价值的学术著作”，1979 年被译成英文在美国、英国出版。他的导师阿列克谢耶夫称《易经》是众经之经、中国的《圣经》。休茨基认为这部经是一部百科全书，涉及哲学、占卜、历史、政治、逻辑等 19 个方面。这部巨著当时仅印刷了 1400 本，进入 90 年代已成为稀世珍本，经过东方学所的尼·维·科布泽夫博士修订，补上了中文原本，增加了不少新的注释，于 1993 年出了第 2 版，篇幅从 423 页扩大到 604 页，发行一万册，满足了广大读者对《易经》的迫切需要。

米·列·季塔连科博士的专著《中国古代哲学家墨翟及其学派和学说》（1985 年）探讨了墨子的哲学、社会政治、伦理观点，考察了墨家学派的产生和衰落。全书共分 6 章，作者在第五章《墨家学派的社会政治观点》的最后一节《宗教观点在墨子和早期墨家学说中的地位和作用》中指出，墨子学说不是真正意义上的宗教，墨家创立者不是神学家也不是宗教领袖，明鬼天志论点是时代的传统观点和迷信影响的反映，还说墨子学说之所以不是宗教，是因为他没有崇拜体系，没有成套的仪式，所以不能认为墨家学说具有宗教色彩。

东方学研究所的阿·伊·科布泽夫博士著有《王阳明的学说与中国哲学》（1983 年），根据中国哲学史基本问题首次探讨了王阳明（1472—1529）的学说及其对中国和整个远东的社会思想发展的影响，书中包括王阳明的生平和对其世界观的分析，认为他的综合学说在中国文化中占有重要地位，揭示了儒、佛、道三教相互影响的机制，批判地评价了中国和西方学者对王阳明的评价。他特别重视王阳明与道教和禅宗的关系。这几年来他发表不少文章，不过大都涉及中国的神秘文化，在《周易》研究方面则下了很多功夫。

关于儒教（家）的研究集中反映在两本文集《儒学在中国：理论和实践问题》（1982 年）和《传统中国学说中的人的问题》（1983 年）中。前一本书收入论文 12 篇，专门分析了儒学历史发展的不同阶段，探讨了中国传统思想的哲学根据、它的术语概念、儒学经典分析问题、社会政治实践中实现儒家原理问题、儒家与法家相互关系问题、人的本质解释问题、20 世纪初中国反孔运动的内涵等，认为中国、亚洲和欧美的哲学家和史学家对孔子及其学说问题的研究虽已经过几代人的努力，但不能说彻底解决了。

后一本文集收入论文 20 篇，研讨了过去很少涉及的课题，即佛教、道教和儒教中的"人与世界的关系问题",认为按《礼记·中庸》,中国人的观点是"中也者,天下之大本也;和也者,天下之达道也。致中和,天地位焉,万物育焉",即"中和"。这在"三教"中都有充分体现。

近年来,学界又掀起"儒学热",这在远东研究所尤为突出。列·谢·佩列洛莫夫教授(1928—)著有《孔子:生平、学说、命运》(1991年、1993年由蒋经国学术基金会赞助再次出版),该书在批判性分析原本的基础上,利用丰富的中国注释文献,探讨了孔子及其学说对古今中国的精神生活和政治文化的影响。这本440页的巨著从公元前4世纪一直谈到公元20世纪90年代,回顾了孔子和儒学的历史命运。他还有一本书《孔子之道》(1992年),其中分析了中国智慧的源头和内容、其科学与伦理结构——儒学对形成中国民族文化和在东亚地区的意义。作者认为自己在读者面前有道德义务感,因为其父是中国人,母亲是西伯利亚人,自取中国名嵇辽拉,这就自然使他进入汉学领域,与中国历史结下了不解之缘。

同所的弗·维·马利亚文博士著有《孔子传》(1992年),由青年近卫军出版社作为"名人传丛书"的第72种出版,印数1.5万册。这是俄国图书中第一本专讲中国哲人孔子(公元前551—前479)的一生和世界观的著作。在中国,孔子是"万世师表",为此作者努力揭示孔子遗产生命力的秘密,显示其思想和个人命运的全人类意义。这本书于1996年再版,印数达2万册。

埃·斯维特洛夫系已故东正教神学家,法名亚历山大·缅,著有《在缄默门旁——遵照祖先的遗训》,最初在比利时布鲁塞尔出版,《在国外》杂志1990年第40期选登了其中的一节"孔子一生",提出孔子不能视为严格意义上的宗教的奠基人,虽然他的名字常和佛陀、琐罗亚斯德的名字一起被提到,但实际上宗教信仰问题在孔子的世界观中占据很小的地位,《论语》始终是关于这位哲人及其学说的唯一可靠证据。

也有持相反观点的。苏联宗教学家谢·阿·托卡列夫(1899—1985)在《世界各民族历史上的宗教》(1976年版)第14章《中国的宗教》一节中谈到儒教问题。他说:中国现代知识界认为儒学并非宗教,儒家学术一则为哲学体系,再则为国家和个人道德规范,这种见解不可取。儒家确也不乏某些经典,蕴含着关于超自然范畴、精灵、彼岸世界的观念;

另一方面，孔丘对宗教仪礼虔诚以待，并力主恪尊敬守。孔丘殁后，即被奉为神圣，甚至历代帝王亦顶礼膜拜。20世纪初叶，中国有孔庙1500多座，儒术作为宗教，有其不可忽视的根本特点。自汉朝独尊儒术以来，其体系渐臻完备，并独具一格，儒家的种种礼仪，最重者莫过于祭祖，这虽没有列为中国的正式宗教，但实为中国宗教信仰和礼仪的主体。这本书已有中译本（1985年），有不少内容涉及儒佛道三教。

不过从总体上看，大多数人持儒学非教的观点，至多称其为宗教伦理体系或中国哲学体系之一。关于这个问题没有展开过讨论，学者们只是在自己的著作中略有提及而已。

三　佛教研究

最先接触中国佛教的俄国人是两位第十二届俄国驻北京传教士团（1840—1849）的成员——古里（1812—1882）和巴拉第（1817—1877），前者向寺院和尚求教，对佛教受戒礼仪有具体了解，后撰写"佛教徒的界和中国的受戒礼仪"；后者根据汉文《大藏经》资料，得知佛陀的详传，然后写出"佛陀传"，两篇文章均收入《俄国驻北京传教士团成员著作集》（1852年第一辑）。巴拉第还编纂《华俄大辞典》（内有不少佛教词汇），"古代佛教历史概况"一文则收入第二辑（1858年）。但中国佛教研究的真正奠基人是瓦·帕·瓦西里耶夫（1818—1900），他也是随第十二届传教士团来华的，居京十年，回国后成为科学院通信院士和院士，著有《佛教：它的教义、历史和文献》（1857年）、《东方宗教：儒教、佛教、道教》（1873年）、《中国文学史纲要》（1880年）、《佛教及其原理》（1891年），还撰写了《佛教术语词汇》（手稿保存在现圣彼得堡东方学研究所手稿部）。1903年成立了以院士谢·费·奥登堡（1863—1934）为首的"俄国研究中亚与东亚委员会"，以探险队的名义于1909—1910年和1912年两次到中国西北，窃走大量敦煌文物，故俄国成为有敦煌学研究的主要国家之一，涌现出几个著名的敦煌学家。

进入苏联时期，最初的彼得堡佛学派（小乘和大乘）曾盛行一时，出现了费·伊·谢尔巴茨柯依（1866—1942）、奥·罗森堡（1888—1919）、阿·马·波兹德涅夫（1851—1920）、戈·采·齐比科夫

（1873—1930）等一批知名的佛学家。但大乘佛教研究有所减弱,一方面不少学者受到政治迫害,另一方面研究带有明显的政治色彩,也仅限于西藏佛教。齐比科夫是位旅行家兼佛学家,在海参崴东方学院任教,著有《佛教香客在西藏圣地》（1918 年）,他曾于 1899—1902 年去西藏旅行,收集到不少西藏人撰写的宗教史、语法、哲学和医学著作,至今保存在圣彼得堡东方学所藏文手稿部。俄罗斯学者真正展开中国佛教研究是从 20 世纪 60 年代开始的,现分述如下。

1. 敦煌佛教文书研究

1957 年原列宁格勒东方学分所成立敦煌研究小组,最初只有 3 人,到 1964 年,增至 20 人,并开始整理、分类、翻译、出版沉睡了长达 45 年之久的沙俄时代窃来的敦煌文书。在国际上享有一定声誉的是列·尼·缅希科夫,自取中国名孟列夫。他生于 1926 年,1952 年在列宁格勒大学东方系毕业,师从著名汉学家阿列克谢耶夫,后获语言学副博士、博士学位,从事变文研究。他著有《维摩诘变文十吉祥变文》（1963 年）、《双恩记变文》（1972 年）、《法华经变文》（1984 年）、《敦煌中文写本佛教俗文学文献》（1963 年）,上述著作都包括真迹复制、研究、注释、表格等内容。他还为伊·萨·古列维奇的《百喻经译注》（1986 年）写了一篇导读序文。1994 年翻译并出版《搜神记》,除全部俄译文外,还有长篇导读文,附有详细的注释和索引。此外他还指导青年学者的中国佛教文学研究。

除孟列夫外,列·约·丘古耶夫斯基也表现不凡,著有《敦煌学》（1970 年）及大量论文。

2. 佛教文学研究

比较突出的当推孟列夫的学生米·叶·叶尔马科夫,自取中国名叶马克,1989—1990 年来华进修一年。他于 1993 年 10 月以《中国民间佛教文化中的世界观综合体》一文获哲学博士学位,该文章 1994 年易名为《中国佛教世界（根据 4—6 世纪短篇小说资料）》,由圣彼得堡安德列耶夫和子孙出版社作为“世纪智慧”东方丛书出版。全书由《引言》、第一章《中国民间佛教的基本定向》、第二章《地狱与天堂:中国民间佛教的彼岸世界》、第三章《中国民间佛教的经典》、第四章《众神、和尚、俗人》、第五章《奉献物崇拜》和《结论》构成。作者试图通过这样的框架来构建4—6世纪中国庶民佛教传统的世界观思想和价值观体系，所用资料取自《冥祥记》《宣验记》《旌异记》之类的佛教短篇小说。

作者曾用数年的时间研究《梁高僧传》，计划出三卷俄译本，第一卷已于1991年由科学出版社出版。这一卷的内容包括"高僧传是中国佛教传体文学文献""高僧传译经""注释""附录"，共251页，其中导读文就占98页，论述了作者对《梁高僧传》的整体看法。这是苏联时期中国佛教研究中未曾有过的现象。学者们如今重视基础研究，抛弃了以往教条式的科学研究，变得较为务实了。

3. 佛教禅宗研究

这方面的研究以科学院西伯利亚总分院布里亚特社会科学研究所东方学研究室主任尼·维·阿巴耶夫博士为代表，他发表过诸如"佛学禅宗中的理论与实践关系""佛教禅宗对秘密宗教会社的影响""佛教禅宗与武术"等论文。1983年初版和1989年第二版的《佛教禅宗与中世纪中国的文化心理传统》一书的前两章论述了儒教和道教与文化心理活动的关系，后两章阐明了佛教禅宗和禅宗心理文化，其结论分析了现代条件下利用传统心理训练方法的可能性，书末附录《六祖坛经》《临济录》《大乘起信论》。他还主编出版了《佛教与东方民族的文化心理传统》（1990年）。

此外还有研究禅宗与文学相互关系的，如格·鲍·达格达诺夫的《王维作品中的佛教禅宗》（1984年）；也有论及佛教与白居易、苏东坡的论文，涉及佛教与中国诗歌、小说的相互关系的论文就更多了，作者大多是研究中国文学的。

4. 华严宗研究

布里亚特社会科学研究所的列·叶·扬古托夫著有《华严宗学派的哲学学说》（1982年）一书，全书除引言和结论外，共分三章："华严宗学派的形成""华严宗学派的哲学学说"和"中国历史中的华严宗学派"，书末附有杜顺的《华严法界观》和法藏的《华严金师子章》的部分中文经文和俄译文。最后是中文、俄文、英文参考书目。1995年扬氏新作发表，题为"中国佛教哲学中的统一、同一性和和谐"。

5. 藏传佛教研究

对中国佛教哲学这方面的研究主要集中在布里亚特社会科学研究所。

克·马·格拉西莫娃（1919—）著有《喇嘛教崇拜体系中的西藏人传统信仰》（1989年），这本书用三章的篇幅探讨了喇嘛教崇拜及其世界观基础和西藏人传统信仰的变化，认为喇嘛教崇拜体系具有混合主义性质，在中世纪社会的管理制度中发挥意识形态的功能；宗教观念的内容与其反映在象征、崇拜对象和礼仪行为特征上的形态有着密切的关系。著作采用了两种历代阅读古代崇拜事实的语意：分析神学诠释和科学的起源性分析即恢复早期宗教形式起源的原初意义。

维·桑·狄雷科娃著有《西藏文学纲要》（1990年），这是继佛学家安·伊·沃斯特里科夫（1902—1937）的《西藏历史文学》（1962年）后又一本西藏文学史。书中叙述了西藏文字的出现和佛教的传播，特别注意到梵文佛经的藏译、西藏哲学术语和文学语言的形成；还描述了《藏文大藏经》的宗教经文、古代印度佛教哲学家的作品和古代印度的艺术作品，以及有关医学、语法学、雄辩术、诗学和其他学科的作品。

列·叶·普巴耶夫（1928—1991）是该所高级研究员，他的《松巴堪布〈如意宝树史〉》（1981年）从史料学和史学上分析了1748年由松巴堪布（1704—1788）撰写的西藏历史文献，考察了诸如这部文献的研究历史、结构、版本学、年代学和史学以及印度、西藏、中国、蒙古国从古代到18世纪40年代的历史。他于1988年还编辑出版了《居希（四部医典）——中世纪西藏文化作品》。

1995年两本涉及西藏佛教的著作出版：一是尼·维·阿巴耶夫任责任编辑的《西藏佛教：理论和实践》，新西伯利亚科学出版社出版，共254页，发行2100册；二是由"双星"出版社出版了俄译本《西藏度亡经》，共223页，发行3万册。在此之前《科学和宗教》杂志在1990年第10期、第11期、第12期和1991年第1期连续发表了该书俄译本，译者为叶·拉扎列夫，并附有必要的注释，从印数看颇受读者欢迎。

6. 佛教与国家关系研究

这是苏联时期宗教研究的主要内容。在中国佛教研究方面有两本文集：《佛教与社会在中世纪中亚和东亚国家》（1982年）研讨了佛教在中亚和东亚国家的社会、经济、文化生活中的作用，提供了在研究过程中作者所获得的新鲜资料。书中有关中国佛教的论文是叶·伊·克恰诺夫的"佛教在唐代国家中的法律地位"、列·约·丘古耶夫斯基的"敦煌寺院下属的俗人佛教"、鲍·瓦赫京的"佛教与中国诗歌"、阿·斯·马尔蒂诺夫的"佛教与儒生：苏东坡（1037—1101）和朱熹（1130—1200）"。阿·斯·马尔蒂诺夫在序言中说，佛教渗透到所谓文化的"上层"引起了很多问题，绘画、诗歌、散文、哲学思想等文化领域无不受到佛教的巨大影响。佛教深入艺术创作和哲学思考的基础——个人创作心理中，进而提出了诸如灵感和知识的问题，沉湎于佛教的诗人和艺术家达到了把灵感和禅画等号的地步。

《佛教与国家在远东》（1987年）试图明确表达佛教社会与国家相互关系的一般原理。全书分两部分，一部分论及僧伽与国家的实际相互关系，另一部分则从理论上解决这个问题。有关中国佛教的论文有：科米萨罗娃的"'沙门不敬王者论'——取自4—5世纪中国佛教辩论"、叶·伊·克恰诺夫的"佛教与唐初（7—8世纪）宫廷"、米·叶·叶尔马科夫的"中国官方史学家观念中的佛教活动家（根据《晋书》和《高僧传》资料）"、叶·伊·克恰诺夫的"国家与西夏佛教（982—1227）"。阿·斯·马尔蒂诺夫在代前言中写道，官方性的史料显示，儒教虽占统治地位，但"三教"中的另两教的社会与精神意义并没有被化为乌有，君主依然把这个三位一体视为统治的辅助成分，而不得视为一种奇怪的一个正统和两个异端的总和。这一点清代雍正帝下过明确诏令（见《三教平心论》）。

7. 佛教哲学研究

1984年布里亚特社会科学研究所编辑出版了一本名为《佛教的哲学问题》的书。这本文集收文12篇，有关中国佛教的占了7篇：列·叶·扬古托夫的"中国佛教的范畴"、托尔奇诺夫的"试析《金刚经》的汉译本"、С. П. 涅斯捷尔金的"禅公案的一些哲学心理方面"、尼·维·阿巴耶夫和波尔什涅娃的"佛教禅宗对罗清（16世纪）学说的影响"、阿·伊·科布泽夫的"王阳明与佛教禅宗"、谢·索罗金的"王维（701—761）的诗歌与佛教禅宗"、利·阿·尼科利斯卡娅的"吴承恩小说《西游记》中的佛教动机"。文集研讨了哲学与宗教、哲学与宗教实践的相互关系、佛教哲学在佛教传播地区的变化、佛教哲学对东方各国文化的影响等问题。该书篇幅不大，只有124页，值得仔细阅读。作者大都是目前俄国佛学界最活跃的人物，反映了圣彼得堡、莫斯科和乌兰乌德三个中心的不同学风。

8. 佛教现状研究

1998 年 2 月俄罗斯科学院远东研究所以《信息通报》第二期的形式出版了一本名为《20 世纪（10—90 年代）中国历史上的佛教团体》的著作，全书 162 页，除导言和结论外共分 4 章：第一章"僧伽的地位和基础（大乘传统的佛教寺院）"，第二章"20 世纪上半叶佛教在中国的复兴"，第三章"佛教协会的创立史，50—60 年代它在中华人民共和国社会生活中的作用"，第四章"佛教团体在中华人民共和国和台湾地区当代社会中的作用"。这是俄罗斯汉学中第一部有关佛教团体历史的专著，书中比较了佛教在社会不同历史时期的作用，特别以大篇幅阐述了佛教协会的现状。作者斯·阿·戈尔布诺娃 1949 年生于莫斯科，1972 年莫斯科大学历史系毕业，1980 年获历史副博士。该学者最初研究中国共产党的统一战线的历史，后到科学院远东研究所工作，担任汉学协会的秘书。1988—1989 年在复旦大学见习，收集到不少中国佛教资料。1997 年 11 月下旬至 12 月初到北京做学术访问，曾以"中国历史上的佛教联合组织"为题与中国社会科学院世界宗教研究所的同人们进行座谈。

9. 编写佛教辞典

1992 年，莫斯科共和国出版社出版了一本袖珍本《佛教辞典》（286 页），总编为娜·利·茹科夫斯卡娅博士、阿·尼·伊格纳托维奇副博士和弗·伊·科尔涅夫博士。辞典由 22 人撰稿，编写中国佛教辞目的有 А. М. 卡班诺夫、阿·捷连季耶夫、阿·尼·马利亚文、托尔奇诺夫、Е. Д. 奥格涅娃和伊格纳托维奇。

四　道家道教研究

关于俄国研究道教的情况，我在中国社会科学出版社 1995 年版《中国道教大辞典》中有过介绍，这里再就近年来的情况作些补充。

阿·叶·卢基杨诺夫系莫斯科大学哲学博士，著有"东方哲学的形成（古代中国和印度）"（1986 年）及"道德经：前哲学和哲学"（1989 年）、"中国第一位哲学家（老子自传片断）"等论文，论述了道教的起源问题。1991 年各族人民友谊大学出版社出版了他的另一部专著《老子（早期道家哲学）》（164 页）。本书探讨了中国古代最早的哲学家老子（前 6—前 5 世纪），研究了道家的前史和老子的道论，分析了老子的《道德经》经文，从复原中国天下及其和谐的宇宙开创论法来考察道的"物质""精神""理想"的范围，根据《道德经》及其相似作品《德道经》来构造老子的传记。

本书依据《道德经》《大学》《易经》《列子》《论语》《淮南子》《庄子》《山海经》《诗经》《书经》等中国经典来分析早期道家哲学，其中《易经》和《道德经》的资料占有相当的比重，按照"道家的历史哲学地位""道的概念""《道德经》不是废物堆集"三个大问题来展开，认为《易经》对《道德经》起到了某种哲学入门的作用。通过论证，作者认为，中国古代哲学发展的所有主要阶段，包括儒家和法家都反映在道家的起源及其古代世界观系统"黄帝—老子—庄子"中。道家为自己取名（或者被给予）为道，而道则是整个古代中国哲学文化的象征。所以，如果把儒家和法家视为纯中国学说，那么道家在世界舞台上代表了中国哲学，通过道开辟了联系其他民族哲学文化的世界渠道。在儒家和法家存在道的情况下，自印度而来的佛教通过道家扎根于道教概念体系的基础之上。道家植根于神话—礼仪禁忌化的氏族意识，这种意识的再生机制完全是建筑在客观的、阴阳循环存在的宇宙和天下的协调基础上。天下所有自然和人类的体系都是按道的节律调整的，并在自己的循环中再生道的物质、精神和理想的形象。所以，道拥抱天下并把它调整到统一的生活方式上，按统一式样展开无机的、有机的、社会的、精神的生活。整个天下就是一个物质的、精神的、理性的文化，这对文化具有统一的意义内容及每一瞬间和每个空间点的价值。

叶·阿·托尔奇诺夫是科学院东方学研究所圣彼得堡分所高级研究员，1993 年 12 月以论文"道教：历史宗教学试述"在圣彼得堡大学获哲学博士学位，并调入该校。他最初在原列宁格勒国立宗教历史博物馆工作，专门研究道教，也研究中国佛教（主要是俄译汉文佛经）。已出版两部专著：《道教：历史宗教学试述》（1993 年初版，1998 年第二版）和《悟真篇译注》（1994 年）。这两本书是当前俄国汉学界研究道教的代表作。

《道教:历史宗教学试述》由引言、正文（两章）、结论、参考书目组成,现根据博士论文提要作简要阐述。

"引言"阐述了研究道教的目的和任务及道教的史学史问题。目的是构建历史发展中道家和道教的思想体系,深入研究道家（教）传统的产生、形成和发展。这一目的具体反映在以下任务中:分析道教研究的主要方法论问题和探讨解决这些问题的可能性途径;阐明道教教义和宗教哲学基本论点的内容,确定道教的特征和道教最重要的世界观特点;按历史顺序考察道教学说演变的主要阶段;提出经科学论证的道教历史分期;确定哲学在道教学说中的地位。

第一章"道教研究的基本问题"专门研讨道教宗教哲学和道教历史的主要方法论问题:（1）道家道教的统一;（2）道教是中国的民族宗教;（3）道教与民间信仰;（4）道教与国家;（5）发展规律:道教与道家;（6）道教与炼丹术在传统中国;（7）道教学说的总评价;（8）道教中的宇宙起源论和宇宙论。

第二章"道教史概念"科学地描述了道教从形成到现在的主要历史阶段:（1）道教的起源问题;（2）前帝国和早期帝国的道教;（3）公元2—3世纪的天师与道教教会;（4）公元4—6世纪天下分裂时期的道教;（5）唐宋时代的道教:混合与变形;（6）道教的改革及其后果;（7）公元14—19世纪的晚期道教。接着概述了道教从辛亥革命至今的情况。

"结论"中作者根据以上提出的道教历史分期,列举了涉及道教发展规律的主要结论。

本书有许多新意:探讨了道教研究的一般问题:道教道家传统的统一问题;合理地认定道教是中国的民族宗教;道教与传统中国的国家、民间信仰的关系;科学地论证了道教在发展古代和中世纪中国传统科学形式中的作用;探讨并回答了道家和道教的相互关系问题;以道教的宇宙起源论和宇宙论观念为例,分析了道教世界观的基本特征,并提出了早期道教宇宙起源论体系的结构;分析了道教的起源、中心宗教学说的基本内容——关于获得长生不死的学说;首次在俄罗斯提出从观念上论证和描述道教的历史及其历史分期;引入学术讨论中未曾研究过的中文原文资料。

《悟真篇译注》由圣彼得堡东方学中心作为《东方文化作品》第一辑

出版。本书译自《道藏》，选用董德宁的注本《悟真篇正义》，认为董本曾参考过翁葆光、戴起宗、薛道光等人的注本，因此比较可靠。俄文版《悟真篇》包括全部俄文，译本附有详细的术语和宗教学注释，以及带有研究性的（有关道教长生不死学说）导读长文，此外译文中还附有《道藏》版中的版画以及明清时期的民间画 60 余幅。书末附有参考书目：中文资料、俄文图书与翻译资料；日文资料；西文资料。译文包括悟真篇原序，上、中、下各卷和原后序，把董德宁注本自序及其"外篇"删去不译。俄译本注释结合董注本注释重新编译俄文注释，略有增删。

导读文论述了以下几个问题：首先，为什么说"成仙"是道教的核心宗教学说？它是如何产生的？它与古代宗教信仰有什么关系？佛教传入后对道教的成仙说有什么影响？成仙说形成的主要阶段。作者认为研究成仙教义对汉学东方学以及宗教学都具有重要意义。

除研究成仙教义外作者还研究仙道，即成仙的途径，自然把成仙与道教的内外丹联系起来，提出诸如炼丹术的界定；炼丹术的起源及其历史分期；炼丹术与其他学科的关系，与道教的关系；中国炼丹术与其他地区炼金术形式（印度和阿拉伯）的异同。此研究综合了英美学者对中国炼丹术的研究成果（如英国的李约瑟和美国的西文）。

《道教伦理学》1993 年由莫斯科法布拉出版社出版，是弗·阿·克利弗左夫教授的专著，包括作者多年研究的部分成果。本文根据大量原著资料探讨了道教的哲学，以及古代中国哲学思想的神秘主义方面。

《中国哲学·百科辞典》由莫斯科思想出版社 1993 年出版，科学院远东研究所所长米·列·季塔连科博士主编。这是首次用欧洲文字编撰的中国哲学史综合性著作。全书词目分 5 部分：术语（概念）；作品；哲学题目和派别；人物；中国哲学研究者（其中有不少道教、佛教的内容）。参加辞典撰写的人员，除俄国的汉学家外，还有中国的学者。辞典附有按俄汉字母和笔画顺序编排的术语、人名和名称索引。

《太极中国的世界模式及其在文化和文学中的派生物（1—3 世纪）》1995 年由莫斯科东方图书出版社出版，共 164 页。作者基·伊·格雷金娜生于 1935 年，系东方学研究所高级研究员，著有《中世纪前夕的中国散文》（1983 年），本书是她的新作，为核对和收集资料作者曾来京做短期学术访问。书中把"太极"这个术语作为比喻用来表现奠基于中国的世界模式和民族存在概念的可能性和极限，描述了这一模式及其新理学的基本特点，提供了从根据神话和仪式产生形象和情节的阶段到以短、中篇小说形式发展的小说性散文的广阔全景。作者试图思考中国的文学过程，并提出自己的中国中世纪文学类概念。书中包含丰富的有图例说明的材料。

据报道，《中国哲学百科辞典》出版后，以季塔连科博士为首的编委会又有新的构想，认为这只是一部哲学辞典，还不足以囊括全部中国文化，所以决定编辑一部《中国哲学与文化辞典》，使之成为民族精神世界的窗口，起到文化交流的作用。中国文化在远东和东南亚国家有着广泛影响，因此这部详解辞典将成为对中国哲学乃至东亚区域文化基础的扼要叙述。目前出版准备工作已完成，中国社会科学院哲学研究所和复旦大学的部分专家学者应邀参加编撰工作。有消息说，该辞典即将出版。为了宣传这部辞典，远东研究所刊《远东问题》开辟了"中国哲学与文化辞典"栏目，1993 年第 2 期刊登了托尔奇诺夫、尤尔凯维奇和扬古托夫三人合写的"儒教""道教""佛教"三个词条的释文，行文简明扼要，反映了俄国学者对中国"三教"的基本观点。

（选自《国外社会科学》2003 年第 2 期）

澳大利亚中国文学研究 50 年[*]

［澳］雷金庆[**] 刘 霓[***] 摘译

  1953 年，澳大利亚国立大学设立了第一个中文教授职位，到 2003 年正好 50 年。紧随其后，悉尼大学和墨尔本大学分别于 1955 年和 1960 年设立了中文教授职位。从这些教授职位的确立开始，澳大利亚的中国文学研究日益多样化并因其创新性而赢得国际声誉。在此后的数十年中，一些成立于 20 世纪 60 年代和 70 年代的大学也设立了中文或亚洲研究的教授职位，以此表明这一此前"神秘"的研究领域在这些学校中得以规范化。数十年间，在澳大利亚独特的文化基础上，一种澳大利亚的视角逐渐形成。澳大利亚人口的多文化交融以及最近以来与中国发展关系的热情都有助于加强澳大利亚这一研究领域的力量和新奇感。

  在 50 年代和 60 年代，有关中国文学的学术研究几乎完全集中于古典文学、语文学和语言学。相应地，澳大利亚第一批中国文学教授也全部是由中国历史专家所组成。澳大利亚国立大学任命的第一位中文教授是一位历史学家，即来自瑞典的毕汉思（Hans Bielenstein）。他在澳大利亚

  * 文章原题目为"澳大拉西亚中国文学研究 50 年"（From Orientalists to Bent Bananas：Australasian Research in Chinese Literature in the Last 50 Years），因文章以介绍澳大利亚的情况为主，为便于读者理解，故译文题目稍作改动。——译者。原文刊载于《澳大拉西亚大学语言与文学协会杂志》（AUMLA：Journal of the Australasian Universities Languages & Literature Association）2003 年第 100 期，本译文摘自 http：//www. anu. edu. au/asianstudies/chinakoreacen/csaa/Louie. pdf。

  ** 雷金庆（Kam Louie）教授系澳大利亚国立大学亚洲研究学院中国与韩国研究中心主任。

  *** 刘霓，女，1957 年生，中国社会科学院文献信息中心研究员。

仅工作了几年，短暂的任期限制了他对正在形成中的领域的影响。瑞典语言学家马悦然（Göran Malmqvist）是毕汉思的继任者，同样只是在澳大利亚旅居了几年的时间。马悦然在他的祖国继续其学术事业，目前是瑞典皇家学院唯一的一位中国学专家。在马悦然之后，随着第三任中文教授，接受过正统教育的学者柳存仁（Liu Ts'un-yan）于 1966 年得到任命，这种学术带头人快速更替的局面得以结束。柳存仁在澳大利亚国立大学工作了近 30 年。

柳存仁曾在北京大学学习，在英国完成了他的研究生课程。他的主要研究兴趣是传统文学，但他的特长是小说而不是诗歌，他最为关注的时期是中国清朝（1644—1911 年）而不是更早的其他朝代。在进入国立大学之前，柳存仁完成了以下研究工作，即有关佛教和道教影响中国小说方面超自然现象所起的作用。在国立大学期间，柳存仁继续从事教学、研究和翻译传统小说的工作。在他的辅导下，一些澳大利亚学者陆续成为他们各自领域中的杰出研究人员。例如在文学领域，马克林（Colin Mackerras）于 1974 年成为格里菲斯大学的首位亚洲研究教授，撰写了多部有关中国社会各层面的著作，他早期有关京剧的论著在当时是首创性的，在今天仍具有影响。

同时，在悉尼大学，来自英国的教师 A. R. 戴维思（A. R. Davis，既是中文诗词的翻译者也是日文诗歌的翻译者）从 1955 年开始一直担任东方学教授，直到 1983 年去世。1956 年 A. R. 戴维思创建了澳大利亚东方学会，由此显示出他在这一领域中的领导地位。在这之后的 25 年中，柳存仁和 A. R. 戴维思共同左右了中国文学研究的思路和方向。A. R. 戴维思对古典作品最为感兴趣，而他个人的中国经验是非常有限的，他从未在中国生活过，仅做过一次随团旅游。另外，柳存仁出生于中国，早年接受过古汉语教育。戴维思接受的是彻头彻尾的英国教育，他的出版物大多是对古代著名诗人（如杜甫和陶渊明）的作品的翻译和注释。正像当时欧洲的许多中文教授一样，A. R. 戴维思得到了华裔同事的帮助，例如刘渭平博士（Liu Weiping）。刘渭平所受的是中文教育，在进入悉尼大学之前曾供职于中国外交部门，他也从事中国古诗词研究，他还是最早涉足华人在澳历史的作家之一。

在澳大利亚开展中国文学研究的前 25 年，多数学者关注的是"传统"文化的诸方面，而不是当今时代的文学和艺术作品。的确，他们各自系别的名称贴切地反映了他们本身和他们同代人的兴趣和认识论。他们所信奉的是按照传统规范进行翻译，他们对辉煌的历史文化充满热情，而对这一文化的当今表现形式却毫无兴趣，就此而言，这一代中国文学专家是一些东方学家。他们的工作仿效旧派的中国学者，全神贯注于注释和翻译经典篇章或完成这些经典作者的传记。在一定程度上，这一东方学方法论的生生不息源自这样一个事实，即从20世纪50年代中期到70年代中期，中国是对外隔绝的，对于中国以外的学者来说，很难与中国的同行接触。这一限制到1976年才被打破，从那时起，澳大利亚的学者很难再将中国的作家及其作品作为东方的产物来对待。在世作家和当代的作品迅速成为学术研究的对象。

这一环境的变化对第二代澳大利亚中国学学者的影响不可低估。在对当今时代中国文学的探索中，在严肃地思考中国风格的社会主义现实主义所表现出的对创造性文学和宣传手段之间联系的挑战中，新一代学者瓦解了东方学有关中国和中国文学的基本原则。东方学的思想体系以及传统规范的优势在这一新的时代被改变了性质，哲学上的"百花齐放"还反映在开展中国文学研究的各个系的名称上。到70年代中期，这些系还有着诸如"东方学"之类的头衔，在70年代后期和80年代，它们纷纷更名为"亚洲研究"。这一承认当代亚洲文化价值的新趋势在1976年澳大利亚亚洲研究协会（ASAA）的成立上也得以体现。此外，随着澳大利亚越来越重视中华人民共和国，学生们也需要更多的能够传授给他们有关中国文化和语言的课程。自60年代开始，学习中文的学生数目每10年都有稳步的增长，相应地，这一领域学者的人数也在增多。1987年，中国学学者的数量已足以保证成立澳大利亚中国研究协会（CSAA）。悉尼大学教师、现代文学专家陈顺妍（Mabel Lee）被选举为CSAA的首任主席。

自20世纪70年代以来，澳大利亚的中国学研究开始发生转变，其速度要比欧洲相应的学术发展快得多。即使在今天，欧洲对"东方人"这一专有名词还恋恋不舍。例如在2003年5月13日，一位斯德哥尔摩大学的研究生发给 H-ASIA①一封电子邮件，提到他所在的系像许多其他系一样，正在考虑将东方语言系更名为亚洲语言系，他将系里就此开展的讨论划分为两个阵营，支持改名的人包括年轻人、亚裔人、低职称教职人员和研究生，那些反对的人包括年长者、白人、教授或副教授。

这一则短信在全世界引起广泛的反响。如意料之中的，一些回应者指出，大量杰出的和原创性的研究一直在东方学系中开展，名词只是小事一桩，根据这一逻辑，改名纯属多余。另一些人认为，整个"东方"的概念已经过时，在大众心目中它不过是旨在进行推销的具有"异国情调"的商品名称。讨论还牵涉到亚洲研究作为替代名称是否合适和有效。针对这一问题，一些人认为"亚洲"也是一个过于含糊的概念，根据使用它的人而表现出不同的意识形态含义：在英国，亚洲人通常被理解为来自南亚，而在北美和澳大拉西亚，"亚洲人"则指来自东亚的人们。

在澳大利亚，尽管改变院系名称没有引起此类公开的争论，但向现代研究的过渡同样遇到了类似的意识形态的和政治的论辩。1972 年澳大利亚与中华人民共和国建交，作为结果之一，新的一代中国研究学者涌现出来。随着越来越多的青年汉学家在澳大利亚大学中接受培训，以及相当数量的青年学者抓住新出现的机会前往中国国内学习，他们回到澳大利亚时，带回了新的有关"中国"和"中国文化"的观念，而这些观念与他们年长的教授们所珍视的观念截然不同。在 70 年代末，官方学生交流计划开始运作之后，越来越多的澳大利亚学生到中国生活和从事研究。当时中国的知识分子正处于他们的实验期，因此一些新潮作品纷纷问世。当这一新的写作潮流被诸如白杰明（Geremie Barm）和雷金庆（Kam Louie）这些年轻人给予翻译和分析时，那些澳大利亚国内外更资深的学者对于这些新作品是否值得进行学术分析或翻译持保留态度。

不久，渐趋完美的文学和艺术作品迅速在中国出现，吸引了一些资深学者的注意，如 A. R. 戴维思的学生，并在后来留校从事研究的杜博妮（Bonnie McDougall）。杜博妮有着非同一般的经历，50 年代她作为青年学

---

① H-ASIA 成立于 1994 年，是通过电子手段开展讨论的国际性学者团体，主要目的是使历史学家和其他亚洲学者就他们当前的研究和教学兴趣进行方便的沟通，探讨新的论文、书籍、方法和分析手段，尝试新的想法并分享对有关教学的评论和指点。——译者注

生曾在中国学习过，之后她在悉尼大学接受了大学阶段的教育。虽然她的第一部出版物是将西方的文学理论介绍给中国，但她后来的著述则更多地对当代文学给予关注，她也是最早向西方介绍"文革"后新涌现作者的学者之一，通过她的大量的翻译和评论文章，人们更多地了解了诸如诗人北岛、小说家阿城（Ah Cheng）和王安忆，以及电影导演陈凯歌。在杜博妮担任爱丁堡大学中文教授之后，她和雷金庆（1993—2002 年任昆士兰大学中文教授）合作撰写了《20 世纪的中国文学》（*The Literature of China in the Twentieth Century*），这部书获得了国际声望，被认为是一部最为恰当和综合的历史著作。陈顺妍是 A. R. 戴维思的学生，她最初的中国文学研究对象是 20 世纪前 20 年的中国作家，例如鲁迅，然而在翻译了高行健（Gao Xingjian）的《灵山》（*Soul Mountain*）之后，她愈加关注于当代文学。

　　这些研究者之所以重要，是因为他们是第一代完全由澳大利亚培养的从事中国文学研究的学者，澳大利亚终于开始在这一领域中创造其自己的学术成就。在新西兰，这一领域的本土化也开始出现。康浩（Paul Clark）是第一位出生于新西兰的中文教授，1993 年开始任职于奥克兰大学，其前任一直是英国出身的学者——道格拉斯·兰卡希雷（Douglas Lancashire）和闵福德（John Minford）。兰卡希雷的主要著述集中于晚清时期的小说，而闵福德对汉学最重要的贡献是他翻译了清朝文学名著《石头记》（*Story of the Stone*）的后半部分，此外，他还翻译了许多当代作家的作品。在中国和美国完成了研究生学业之后，康浩回到了他的出生地新西兰，他不仅带回了他对当代中国的了解，还带回了有关电影研究和流行文化方面的专门知识。毫无疑问，在数十年间，来自美国、欧洲和亚洲的学者陆续在澳大拉西亚担任教职，并丰富了这一地区的中国文学研究。例如，在墨尔本大学，美国出生的贺大卫（David Holm）为研究具有共产主义文艺思想的作品注入了新的见解；而在新南威尔士大学，美国出生的乔恩·科瓦利斯（Jon Kowallis）将他的古汉语知识和现代汉语知识结合起来，形成了现代文学的新的解读方法；在莫纳什，另一位美国学者布鲁斯·雅各布斯（Bruce Jacobs）与中国出生的欧阳昱（Ouyang Yu）一起翻译在澳华裔作家的作品，推进了中文作品在澳大利亚文学界中"正统化"的进程。一些地区性小型大学中的研究者也对澳大利亚的中国文学学识有所贡献。例如在纽卡斯尔大学，中国出生的李侠（Li Xia）始终在关注中国的当代诗歌。在新英格兰大学，另一位新近来自中国的学者吴存存（Wu Cuncun）为澳大利亚文学界带来了对性别和古典文学的新的理解。在新西兰，中国文学研究同样扩大到一些小型的地区性大学中。在怀卡托大学（Waikato University），出生于英国的玛丽亚·加利科夫斯基（Maria Galikowski）和出生于中国的林敏（Lin Min）一直在翻译和评论当代中国的作家。更重要的是，中国文学的范围正在开始扩展，不仅包括在中国国内写作的作品，也包括其他华人社会中涌现出的作品。例如，来自加拿大的哈玫丽（Rosemary Haddon）在任职于梅西大学（Massey University）后，便开始出版有关中国台湾地区文学的研究成果。"中国"文学概念的扩展将不断加强这一领域并使其多样化，而国际学术研究与澳大利亚大学间的互动无疑将有助于促进这一发展。

当"外来者"不断扩大澳大利亚从事文学与艺术研究的汉学家学者队伍时，相当数量的本土培养的学者也成长起来。例如，在澳大利亚国立大学，白杰明继续从事翻译和评论来自中国的先锋派文学作品，同时还翻译和介绍现代文学家和艺术家丰子恺；在格里菲斯大学，玛丽·法夸尔（Mary Farquhar）出版了有关儿童文学的研究成果；而在墨尔本大学，安尼·麦克拉伦（Anne McLaren）的著述集中于对明清小说和早期出版业的详尽研究。

从 20 世纪 90 年代初开始，来自新西兰的年轻学者也参与并加强了澳大利亚的中国文学研究领域。如在莫纳什的米里亚姆·兰（Miriam Lang）专门研究中国台湾地区的作家三毛和琼瑶。在 1998 年一份提交给澳大利亚人文学院的有关亚洲语言与文学的报告中，哈里·埃夫林（Harry Aveling）指出，路易丝·爱德华兹（Louise Edwards，目前在澳大利亚国立大学）以她对清代名著《石头记》（Story of the Stone）的评论文章，不仅对亚洲研究而且对女性研究做出了贡献。埃夫林的报告之所以提到爱德华兹，其意在于强调：在过去 20 多年间，澳大利亚学者逐渐改变了他们研究亚洲文学的方式，不再单纯地阅读和翻译孤立的作品，而是越来越广泛地与新的人文学科的学术研究相结合。

例如，在拉特罗布大学，裴开瑞（Chris Berry，目前在 UCLA）强调中国电影的重要性，而马嘉兰（Fran Martin）不仅研究电影，还研究中国台湾作家的酷儿小说。与此同时，雷金庆出版了第一部系统分析中国人男性气质的论著，他还与其他澳大利亚的研究者一起，如王一燕（Wang Yiyan）、西敏（Simon Patton）和吴存存，共同从文学和文化的角度探讨中国人男性气质的特性。在中国文学领域，特别是表演艺术领域，如吴存存这样一些年轻学者，正在对传统中国故事中和舞台上的娇柔之风与同性恋特征进行研究并发表成果。多数这些学者，即使他们来自中国或别的什么地方，都在澳大利亚完成了他们的研究生培训，而他们对中国研究的参与也使这一领域超越了其最初的东方学窠臼。他们既对从理论上探讨作品感兴趣，也乐于为西方的读者翻译这些作品。

更为重要的是，这些作品本身不再仅仅是写作于中国，或在东亚和东南亚的华语地区，自 80 年代以来，还出现了写作于澳大利亚的作品。作为中国变革的成果之一，好几万"中国学生"来到澳大利亚，他们中的许多人接受过很好的教育，他们在阅读的同时也从事写作。许多出自他们之手的小说和短篇故事得以出版，通常是以连载的方式发表在近 20 年来创办的报纸和杂志上。90 年代，仅在悉尼就至少有 4 种中文日报、4 份周刊和各种其他中文杂志出版。还有一些专门的文学刊物，如 1996 年由欧阳昱在墨尔本创办的《原乡》（*Otherland*），以及由澳大利亚华语作家协会（Australian Chinese Writers´Association）昆士兰分会在布里斯班创办的《澳华月刊》（*Chinese Community Monthly*）。

一些澳大利亚华裔作家现在不仅用中文写作，也使用英文。许多人仍在追忆他们在中国的生活，但是有些人已经开始记录他们在澳大利亚的经历。此外，来自华语圈的周边地区，如新加坡和马来西亚的创作型作家越来越多，他们中的许多人生长在澳大利亚，于是他们就成了外貌像华人却有着西方思维方式的"香蕉人"。以前这些作者仅是从事澳大利亚研究的学者们认真研究的对象，但目前他们更多地吸引了中国学学者的目光。

从对唐朝或更早的古诗词的翻译开始，中国文学研究在时空两个方面都取得了相当大的发展。与此同时，研究媒介也发生了相当大的变化。在过去半个世纪中，中文文学作品经历了戏剧性的变化，从文言文到现代的白话文，文学学者在过去 50 年中发现他们阅读的资料大多已使用标准的中国北方的口头语言（普通话）。随着中国文学走出中国，并进而进入澳大利亚，其语言已不仅是中国大陆与东南亚华语的综合，事实上，已经出现以英文写作但仍然讲述"中国的事情"的作品。

当诸如电影等非文字的材料也被拿来作为研究的文本时，情况就更为复杂了。现在，不少中文系都有专人研究并开设有关中国大陆、中国台湾地区和中国香港地区电影的课程。如果一部电影是由来自如澳大利亚这样一些国家的讲汉语的制片人和导演制作的，演员既讲英语也讲汉语，那么这些影片就可作为中国文化分析赖以依据的恰当资源。

21 世纪的发展对中国文学研究的未来提出了许多问题。中国研究是否丧失了它的主要关注点？在迅速全球化和语言融合的世界中"中心"何在？如果汉语和"中国制造"的标签不再是必需的，如何定义中国文学和艺术创作？很明显，给予中国文学研究过于宽泛的限定是不妥当的，这样将使中国文学研究的称号变得毫无意义。当前，中国文学研究的中心要素仍然是要具有与中国文化诸方面的相关性，不管是在中国国内还是在国外，讲汉语还是操其他语言。这样一种关注与其他学科和区域研究兴趣的重合只能说明中国学者自身的全球化方式以及他们对语言学和文化边界不断变化的意义的认识。

就一般的中国文学的概念而言，该如何评价澳大利亚中国文学研究在国际舞台上的地位呢？对于一个仅有约 2000 万人口的国家，开展严肃的中国文学研究刚刚 50 年，我们做得已经相当不错。除了中国、中国台湾地区、日本和美国，我相信我们取得的成就要远高于多数其他国家，包括那些美洲和欧洲的国家。澳大利亚因为有来自亚洲、美洲和欧洲的"外来者"加入其亚洲研究系而获益匪浅，受益于此的并不仅仅是文学研究领域，还包括与中国研究有关的所有其他学科。我们与中国的相邻以及中国对地区文化影响的不断扩大对澳大利亚具有持久的重要性。我们可以期望未来在澳大利亚高等教育部门中中国文学研究将得到不断加强。

（选自《国外社会科学》2004 年第 4 期）

西方传教士汉学的分支:传教士汉文小说研究现状

宋莉华*

　　传教士汉文小说,简而言之就是西方来华传教士为了宣扬教义或改变中国人的观念,用中文写作或翻译的小说。它们往往具有浓厚的宗教色彩,是明末以来中西文化交流的特定历史语境下所产生的特殊文学作品。

　　传教士汉文小说之所以引起我们的关注,是因为在时间上,它们比19世纪70年代出现的中国人翻译的福尔摩斯短篇小说、林纾翻译的《茶花女》等更早,数量也更多,对中国小说产生了直接的影响,使中国小说新的子类得以确立。① 这些原本作为传教士宣教之用的文学手册,却无意中承担了最初译介国外小说的职责,成为将外国小说引入中国的一个要素。此外,传教士对小说文体和白话文的自觉提倡与运用,对白话文小说的探索性实验,开启了白话文运动的先声,在中西文学和文化、宗教和文学之间展开了多重的碰撞与交流,具有重要的学术研究价值。

　　传教士译介小说的活动,最早可以追溯到明代万历、天启年间,意大利耶稣会士利玛窦(Matteo Ricci, 1552—1610)在《畸人十篇》

（1608）、西班牙耶稣会士庞迪我（Didaeusde Pantoja，1571—1618）在《七克》中（1614）介绍并翻译了《伊索寓言》的部分寓言故事。明代天启五年（1625年）法国传教士金尼阁（Nicholas Trigault，1577—1628）译、中国传教士张赓笔述的《伊索寓言》单行本《况义》问世。17世纪还出现了一些宗教题材的作品，包括天主教传教士龙华民（Nicolas Longobardi）编译的《圣若撒法始末》（1602年韶州刻本），现存隆武元年（1645年）张赓修订本；巴多明（Dominique Parrenin）编译的《德行谱》（1726年北京刻本），以及1629年的《圣人行》、1631年的《圣母行》等。由传教士原创的白话文小说，目前所能见到的最早的作品是1729年法国耶稣会士马若瑟（Joseph de Prmare，1666—1736）的章回体小说《儒交信》。1819年第一部新教传教士汉文小说——伦敦差会米怜（William Milne，1785—1822）所创作的《张远两友相论》问世，此后新教传教士的汉文小说作品便络绎不绝。其发展大约以19世纪50—60年代为界分为两个时期，此前以原创型的小说为主，在体例上模仿中国传统的章回体小说，内容多是面向成人的教义争辩，大多以单行本出版；此后，主要面向儿童，淡化、抛弃中国传统小说的体例，内容也由宗教题材转向更广阔的范畴，往往先由期刊连载，再出版单行本，译介的作品多于原创。尽管很多学者不主张把翻译小说纳入中国小说的研究范畴，在编纂书目时往往不予收录，然而，正如樽本照雄所指出的，"清末民初时期如果排除了翻译小说，则就无法把握近代小说的所有内涵"①，同时也难以全面考释近代传教士的文学贡献。还有一层重要的原因，即传教士的翻译小说往往并非直译，它至少包括了译述、改写、重写、缩译、转述、调整文字风格等做法，译者自我发挥的成分颇多，以至于难以判断是翻译还是创作。这些译作不完全是宗教题材，还引进了西方文学，对中国文学的发展产生了重大影响。

　　传教士汉文小说的产生与西方传教士在华的具体传教策略密不可分。"一种外国宗教要在任何社会中取得进展，它必须适应该社会成员的需要。它怎样适应（如果它要适应的话）和对谁适应，这是一些异常困难

---

　　① ［日］樽本照雄：《新编增补清末民初小说目录》，"新编前言"，齐鲁书社2002年版，第7页。

的问题，对它们的解答要看下列因素如何而定：新宗教的教义和习俗相对来说是否格格不入；它出现时的历史环境如何；宣传它的方式如何"。①传教士汉文小说正体现了传教士们为传播宗教而采取的文化适应政策。他们试图从被最大多数中国人认同的儒家学说中寻找有力的思想资源以及支持的依据，作为基督教进入中国读者内心的通道。传教士小说中大量引用儒家经典，以儒教来解释基督教，而且常常采取简单而醒目的方式，即将儒家论点直接与《圣经》教义并列，表明二者持论相同。在翻译宗教术语时，尽量从儒家典籍中寻找对应的词语。同时尽量尊重中国的文化传统、民族习俗及礼仪。为迎合中国读者的阅读习惯与审美需求，传教士们模仿传统章回体小说，用白话写作小说，如添加回目、楔子，熟练地使用说书人的套语，如"且说""却说""话说""不知林翰林后来如何，且听下回分解"等。马若瑟作为耶稣会《旧约》索隐派神学的代表人物，坚信中国古经中史实的可靠性，认为可以从中国典籍中发现原始宗教启示的痕迹，寻找到基督教信仰的奥秘。他的小说《儒交信》试图在天主圣教与儒学之间实现一种调和，以便建立一种更适合于中国民众的传教方式。他的书写策略体现了对异文化的包容，使耶稣会感到了他的威胁，在教会内部引起很大争议，因而未能加以推广，导致《儒交信》始终未获出版，直到最近几年才被学者发掘出来，2003 年由北京大学宗教研究所整理出版。19 世纪以来，随着大批新教传教士来华，他们比天主教传教士采取了更为灵活主动的策略去适应中国本土文化。在传播宗教时与世俗文化活动相结合，尤其注重文字，等等。他们认为小说具有改造社会的功能，容量较大，篇幅可长可短，便于充分、灵活地解析教义。同时因其叙事性和语言特色，更易于也更乐于为普通读者所接受，对传播福音颇为奏效，因而广泛采用小说文体从事写作。这也是为什么我们今天所看到的绝大多数传教士汉文小说都出自新教传教士之手的原因。

传教士汉文小说从其诞生之日起，便不受中国读者特别是学者的重视，其中的原因是多方面的。首先，这些作品所包含的强烈宗教色彩以

① ［美］费正清、刘广京编：《剑桥中国晚清史》（上卷），中国社会科学出版社 1985 年版，2007 年第 3 次印刷，第 543 页。

及近代中国特殊的历史语境，使传教士小说不能被当时中国的知识阶层普遍接受。正如1880年李鸿章毫不客气地向李提摩太（Timothy Richard，1845—1919）指出的那样，当时的教徒无非吃教，一旦教会没钱养活他们，自然叛教。中国教徒中并没有真正的读书人。因此，尽管传教士们想方设法提高汉语的表述能力，请中国助手协助润色文字，但鲜有高层次的文人被吸引阅读小说，更谈不上对这些小说进行评论、研究和收藏。传教士汉文小说长期被文学研究者和小说研究者忽略，这种局面至今没有得到明显改观，现有的重要书目对传教士汉文小说几乎都未加著录。其次，传教士汉文小说散佚严重。很多小说尤其是新教传教士的早期作品，是向民众免费赠阅的。作为免费读物，传教士汉文小说的收藏价值和研究价值被大打折扣，致使散佚无存。由于原作不易获得，因而难以展开研究。最后，创作主体的特殊身份以及题材的特殊性也使得相关研究驻足不前。其作者既然是西方传教士，那么作品应归入文学还是宗教范畴？是属于中国小说还是外国小说？这使得小说研究者颇感困惑。而对于宗教研究者来说，传教士的汉文小说只不过是宣扬教义的辅助性、补充性的文学读物，文学色彩过浓，因而也对它们绝口不提。这样，传教士汉文小说几乎成为一个学术研究的边缘地带甚至空白地带而无人问津。

　　但这并不意味着传教士汉文小说在当时缺少读者。从发行量来看，传教士汉文小说的数量并不少。《张远两友相论》在数十年间不断修订重印，版本多达30余种，这足以说明它受欢迎的程度。韩国崇实大学的吴淳邦教授还发现了传教士汉文小说的韩文译本，再次表明传教士汉文小说的流传并不局限于为数不多的少数中国教徒圈内，而是在更大范围甚至在韩国长期流传，这应该引起我们的注意。在考察传教士的著作时，费正清提出学者需要探索的几个问题。第一个是向研究中西思想交流的学者提出的问题，即传教士传布的内容清晰到什么程度？传教士编纂的东西能被看懂到什么程度？而且它们在多大程度上表达了编辑者想要通过它们来说明的问题？第二个问题是向思想史学家提出来的，即传教士传布的内容究竟为何物？传教士翻译者自以为传递了西方文明的精髓，但是由李提摩太翻译的《泰西新史揽要》，尽管在读者中流传最广，但该书却是对科学成果和学说的庸俗赞颂，科林伍德把这样的著作描述为

"第三流的历史著作中最叫人恶心的渣滓"。第三个问题是谁接受了传教士传布的内容？传教士译著的读者范围，在社会上和地域上究竟有多大？读者的类型在那些年代是怎样发生变化的？只有对这些问题做出回答，才能较准确地估计传教士的非宗教性著作所产生的影响的程度和性质。①我们想知道的是，传教士到底创作了多少汉文小说？它们具体被哪些读者所接受？又接受到什么程度？对中国近代社会和文学到底产生了怎样的影响？这些有价值的探索正是研究传教士汉文小说所要解决的问题。

自 2000 年 12 月哈佛大学韩南（Parick Hanan）教授在《哈佛亚洲研究学报》（*Harvard Journal of Asiatic Studies*）上发表论文《19 世纪中国的传教士小说》（The Missionary Novels of Nineteenth-Century China）以来，关于传教士汉文小说的研究开始缓慢起步。这篇论文后来由徐侠译成中文，收入在韩南的论文集《中国近代小说的兴起》中，2004 年由上海教育出版社出版。自此，国内学界也开始关注这一新的研究课题。法国国家科学研究中心的陈庆浩教授、韩国崇实大学的吴淳邦教授、复旦大学的袁进教授以及笔者，都在着手进行作品的调查和艰难的搜集整理工作。陈庆浩目前的工作，主要是在法国搜集天主教传教士的汉文小说。正是他在法国国家图书馆发现了马若瑟的章回体小说《儒交信》。此外还有天主教传教士龙华民（Nicolas Longobardi）编译的《圣若撒法始末》（1602 年韶州刻本）、现存隆武元年（1645 年）张赓修订本；巴多明（Dominique Parrenin）编译的《德行谱》（1726 年北京刻本），以及 1629 年的《圣人行》、1631 年的《圣母行》等。在 2005 年中国台湾嘉义大学召开的中国小说与戏曲国际学术研讨会上，陈庆浩发表了论文《新发现的天主教基督教古本汉文小说》。韩国学者吴淳邦致力于研究传教士汉文小说的韩文译本。在第三届中国古代小说国际研讨会（2006 年 8 月 13—18 日，哈尔滨）上，他发表了最新研究成果《19 世纪传教士中文小说在韩国的传播与翻译》，提供了《张远两友相论》《引家当道》《赎罪之道传》等传教士汉文小说的韩文译本，并发现了李提摩太编译的《喻道要旨》。复旦大学的袁进则试图寻找传教士汉文

---

① ［美］费正清、刘广京编：《剑桥中国晚清史》（上卷），中国社会科学出版社 1985 年版，2007 年第 3 次印刷，第 565 页。

小说与晚清白话文运动和五四白话文运动的内在关联，认为西方传教士对中国近代文学变革的影响被大大低估了，需要重新调整现代文学的研究视野。① 中国台湾成功大学王三庆发表的论文《东西交流史上汉文小说所表现的文化冲突》，也论及了传教士汉文小说，但并无新的发现，主要是引述了陈庆浩、吴淳邦及韩南的研究成果。② 笔者近年来一方面对牛津大学、大英图书馆、哈佛大学图书馆、上海图书馆、中国国家图书馆等展开调查，进行书目文献的搜集整理，另一方面从具体的历史文化语境出发解读传教士汉文小说，并对具体文本展开个案研究。笔者先后发表了《19 世纪传教士小说的文化解读》《第一部传教士中文小说的流传与影响——米怜〈张远两友相论〉论略》《19 世纪中国的独特文化存在——郭实腊的小说创作与评论》《19 世纪西人小说中的白话实验》等论文。③

　　毫无疑问，韩南的论文《19 世纪中国的传教士小说》仍是目前研究这一课题的最重要的基础文献，但是其不足之处也是显而易见的。此文限于篇幅，只能粗陈梗概。韩南把论述的年代严格限制在 19 世纪，只关注长篇小说，对短篇小说忽略不计："在这篇报告中，我将忽略难以计数的短篇小说，聚焦于长篇小说。"此外，由于文献的不足，他没有涉及天主教传教士的作品，这是一个缺憾。他的论述"集中于新教徒传教士的作品，因为资料来源容易得到"。④ 天主教传教士小说较为罕见，有其客观原因：天主教出版制度较为严格，需经层层审批，学术传统又比较严谨，传教士中写作白话文小说的人确实较少，即便作品写成，也未必能公开出版。但韩南也承认，"这并非意味着天主教传教士

---

　　① 袁进：《重新审视欧化白话文的起源》，《文学评论》2007 年第 1 期。

　　② 王三庆：《东西交流史上汉文小说所表现的文化冲突》，《成大中文学报》2007 年第 17 期。

　　③ 宋莉华：《19 世纪传教士小说的文化解读》，《文学评论》2005 年第 1 期；《第一部传教士中文小说的流传与影响》，《文学遗产》2005 年第 2 期；《19 世纪中国的独特文化存在——郭实腊的小说创作与评论》，[韩]《中国文化研究》2005 年第 6 期；《19 世纪西人小说中的白话实验》，《学术月刊》2006 年第 4 期。

　　④ [美]韩南：《中国近代小说的兴起》，徐侠译，上海教育出版社 2004 年版，第 68、72 页。

就没有写过这类作品"。① 由于上述种种原因，韩南估计的传教士汉文小说总数约在 20 种，这个数字显然较少。即便是长篇，韩南也仅仅提到了其中极为有限的几种。《19 世纪中国的传教士小说》一文的意义和学术价值，更多地恐怕还在于论者提出了传教士汉文小说这样一个新的研究课题，而不是进行书目文献的整理，使我们能够了解其全貌。正因为如此，我们有必要重新统计传教士汉文小说的数量。它们在 19 世纪末 20 世纪初达到了高潮，既与前期作品一脉相承，又出现了一些新的特征，其中有一个倾向值得注意，即女性传教士在这一时期成为相当重要的创作群体。

目前对于传教士汉文小说进行研究的最大障碍来自文献，因而对传教士汉文小说进行书目和文献整理已经成为一项紧迫的工作，是进一步展开研究的基础和前提。事实上，19 世纪后期已经出现了一些传教士中文著作的编目：伟烈亚力（Alexander Wylie）编《新教传教士中文目录：出版物清单及死者讣告，附详尽索引》（*Memorials of Protestant Missionaries to the Chinese：Giving a List of Their Publications，and Obituary Notices of the Deceased，whit Copious Indexes，Shanghai：American Presbyterian Mission Press，*1867）；《中华基督教文字索引》（华英合编）（*A Classified Index to the Chinese Literature of the Protestant Christian Churches in China*）；此外还包括两部在世界博览会上展出的书目。编纂传教士汉文小说目录，第一是对近代来华的西方传教士所创作的汉文小说进行初步的书目整理；第二是对现有小说书目及文学史料起到补缺和补遗的作用。例如米怜（William Milne）的《张远两友相论》虽然有多种书目收录，但大都只收录了 1 种。樽本照雄另外收录了圣教书局光绪十二年（1886）的版本《长远两友相论》。笔者搜集的版本则达 34 种之多，补充了各书目的不足，反映了这部小说长期以来的流传情况。第三在于订正现存书目中的某些讹误之处。比如阿英的《晚清戏曲小说目》、樽本照雄的《新编增补清末民初小说目录》、陈鸣树主编的《二十世纪中国文学大典》都收录了小说《扣子记》，编译者都作"狄丁氏"，

---

① ［美］韩南：《中国近代小说的兴起》，徐侠译，上海教育出版社 2004 年版，第 72 页。

显然是把狄丁氏（Mrs. AdaHaven Mateer）与狄文氏（Mrs. R. M. Mateer）混淆了。狄丁氏是美国传教士狄考文的继室夫人，狄文氏是狄考文的三弟——神学博士狄乐播（Rev. R. M. Mateer，D. D. ）的夫人。二人有亲属关系，且都著述颇丰。《扣子记》为后者所作。又如关于安徒生童话的中译本，胡从经先生在《浮槎东来几春秋——安徒生在中国》一文中，订正了以往的说法，即1926年《小说月报》发表的译文是其最早的中译，应当是1914年发表于《中华小说界》第7期刘半农所译的"滑稽小说"《洋迷小影》，并在"附记"中称已穷尽了相关资料，无重要史料可资修订。殊不知上海协和书局早在1910年已出版楚尔教授（Prof M. E. Tsur）翻译的《安氏寓言选译》（*Tales from Anderson*）。

综上所述，传教士用中文编写的小说应该被纳入汉文文学史的范畴。它们在今天处于较为尴尬的学术地位，甚至一度成为学术盲点，既不属于本国学者的研究范畴，又不属于传统汉学的研究对象。对它们进行整理与研究，是各国学者的责任，也是中国文化研究者的责任。① 任何文化的交流与传播都不是简单地复制和移植，其结果都会导致不同文化主体一定程度的变异。在此前提下考察由西方人创作的汉文小说，有助于我们认识汉文化的流传，同时更为全面地思考和厘清中国近代文学、现代文学发生的源流，从而也使我们更加客观地评价五四白话文运动的得失和历史地位。

（选自《国外社会科学》2008年第5期）

---

① 刘倩：《汉文文学史与汉文化整体研究》，《中国社会科学院院报》2008年1月29日。

专题五

各国的中国学

俄苏中国学概况[*]

孙越生[**]

一 苏联中国学的渊源——俄国中国学

任何国家的中国研究，客观上都受本国和中国社会历史发展状况及两国关系的制约，同时，也受科学本身的内在发展逻辑和传统特点的影响，对这两方面的认识，正是理解该国中国学发展特点与水平的锁钥。

现代苏联的中国学，有源远流长的社会历史与学术思想的传统作为自己独特的基础。这种历史渊源，可以追溯到俄国的中国学，即从俄国作为一个向资本主义过渡的民族国家最终形成的 18 世纪开始（1721 年彼得大帝统一全国，建立俄罗斯专制帝国）到 20 世纪初为止这 200 年中发展起来的中国研究。当然，这并不妨碍更远地追溯到 15 世纪末确立的以莫斯科为中心的俄罗斯多民族封建农奴制国家时期，乃至从 9 世纪起的基辅罗斯时代。但是，17、18 世纪以前的好几百年的历史线索，只能作为俄苏中国学的史前史时期的资料来探究。据目前所知，以俄罗斯文献而论，其中最早提到中国的是十四世纪的编年史中关于蒙古人征服中国的寥寥数语的实录，以及 15 世纪末尼基京在《三海航行记》中对中国的极为简略的记闻。中国《元史》中也只记载了蒙古大汗以俄虏为禁卫军

[*] 本文摘自《俄苏中国学手册》的前言，该书于 1986 年由中国社会科学出版社出版。——编者

[**] 孙越生，中国社会科学院文献情报中心研究员。

之一部（即"宜忠斡罗思扈卫亲军"）驻屯京北及数次增补兵员的情况。因此，这段巨大的历史空白，还有待于考古学的发现予以填补。

就俄国中国学的发展过程而言，它大体经历了下列几个阶段。

准备阶段：17 世纪是俄国中国学形成期以前的准备阶段。当时俄国的资本主义因素开始产生和发展，俄国中央集权民族国家逐渐形成。俄国封建农奴制中央政权为寻求向东扩张的陆路通道而开始注意中国，其目的在于了解中国的地理交通与政治经济情况，以便与中国建立直接的联系，探索进行经济和政治扩张的可能。据史籍记载，约在中国明末清初之际，俄国官方开始设法获得有关中国情况的第一手资料，如哥萨克伊万·裴特林于 1618—1619 年出使明廷所写的《一览》和费·裴可甫于 1654—1657 年出使清廷后所著的《实录》，以及 1668 年对戈诺夫组织学习蒙、藏语情况的报道，1675 年斯帕法里和 1686 年维纽科夫出使清廷的报告等。当 1689 年签订中俄尼布楚条约，将两国关系固定下来后，俄国马上派遣了第一个商队来华进行贸易。所以，这些了解中国情况的资料今天看来，当然主要只有地理学上的价值，相当于西欧原始资本积累时期航海家们地理发现的意义。

引进阶段：彼得一世于 1724 年关于成立帝国科学院的谕旨和从德国聘请东方语文学家、欧洲第一部汉语语法作者拜耶尔等任帝俄科学院院士，以帮助俄国移植西欧化的中国学研究的历史事实，应该认为是俄国中国学形成期的引进阶段的开始。俄国中国学的形成在时间上晚于西欧和企图借助西欧的科学来加速本国中国学的建立，完全符合世界史的行程和科学发展的常规，也符合当时俄国上层社会先进部分接受近代化的潮流。在这个阶段，不仅俄国人借助西欧的语言工具、著作和方法了解中国，甚至俄国中国学家的某些成就，也常常是在西方首先得到承认，然后才在国内引起重视。1730 年俄国科学院最早的一批中国图书，就是瑞典人洛伦茨·郎喀代表俄国出使中国时从西方传教士手中获得的，它奠定了俄国满、汉文图书馆的基础，后来发展为世界著名的中国学图书中心之一——亚洲博物馆中国部，即今天苏联科学院东方学研究所的前身。这种引进阶段，通常总是由促进作用开始而以桎梏作用结束来表明自己历史任务的完成，从而为俄国与西欧间的相互交流所代替。所以，俄国中国学的引进阶段与本国中国学民族学派的形成阶段，在时间上必然有一个相互交错和此消彼长的推移过程，很难划出一条截然的界限。

僧侣阶段：俄国中国学民族学派形成与发展为一个独立的认识体系，也像西欧、日本和以后的美国一样，经历过一个僧侣阶段。但是，它表现得要比西欧的同类阶段更加典型和突出。这不仅因为经过宗教改革和启蒙运动的欧洲，学术的世俗化和民主化的空气比较浓厚，中国学研究没有必要完全集中在教会，还因为沙俄的专制官僚政恰治的集权程度一般比欧洲更加彻底，而沙俄资本主义发展的落后性又无法使民间的中国研究有像样的开展，所以，官僚政治密切依靠教会了解中国以便为其对外扩张开路的规律在沙俄表现得特别充分。俄国从 1727 年根据恰克图条约第五条规定，俄国东正教驻北京传教士团每届可派遣一定名额的学员以后，到 1860 年俄国在中国设立公使馆为止的一个多世纪里，在北京的俄国传教士团实际上既是沙俄政府常驻中国的外交使团，又是有组织有计划地培训中国学家队伍的大本营，一身而三任焉。它同时接受沙俄外交委员会亚洲司、西伯利亚总督、科学院和东正教教会的严密控制与领导，是沙俄官僚政治的一个特殊的涉外机构。在这一百几十年中，先后有 14 届传教士团共 60 多名学生、医生、画家和近百名神职人员在这里进行中国学的学习与研究。俄国东正教驻北京传教士团已成为俄国中国学民族学派形成与发展期的主流。

在这一阶段，中俄双方都经历了社会、政治和经济的巨大变化。中国方面，清廷官僚政治恰处在盛极而衰的过程，官、商、高利贷和地主四位一体的统治机制对内压迫剥削的加深，终于导致了 1850 年以太平天国起义为代表的广泛的农民运动；对外的卖国投降，导致了以 1840 年鸦片战争为序幕的一系列帝国主义武装入侵和不平等条约的签订。从此，中国沦为半封建半殖民地社会达一个多世纪之久。俄国方面，在这一阶段，正是资本主义关系逐渐形成，封建农奴制渐趋瓦解的时期，特别从 18 世纪下半叶开始，新兴的商品货币关系迅速发展，资本主义的经济统治已经确立，对华进行贸易扩张的需要日益迫切（1762 年沙皇政府因此被迫放弃对华贸易的官营垄断局面），但是，沙俄官僚政治的腐朽性，远不能适应本国资本主义与列强劫夺中国的需要，只是由于中国清廷的极端腐朽，才使沙俄趁火打劫攫取了中国的大片领土与权益，鸦片战争后半个世纪，沙俄劫夺了中国 150 多万平方公里的国土。

　　沙俄官僚政治对内阻碍资本主义关系的迅速发展，对外无力抗衡列强的角逐竞争，这种落后性不能不同时在北京传教士团对中国研究实行保守落后的组织领导方式上表现出来，使俄国中国学民族学派中反映资本主义学术思想要求的内容同封建僧侣的组织领导形式发生越来越大的矛盾，最后终于以僧侣阶段完全过渡到学院阶段而告终。

　　俄国中国学僧侣阶段的特点，从学术方面看，最主要的是如下4点。

　　1. 由于俄国中国学民族学派的建立在时间上处于满族入主中原之后，在地理位置上处于中国的北疆，在实用目的上出于帝俄对中国华北、东北、西北进行政治经济侵略的需要，因此，它与各国中国学相比最大的特点是18世纪中叶在传教士团内部诞生的满洲学处于世界的领先地位。这种领先地位首先表现在优先注意满语，搜集最珍贵的满文原始文献，并大量加以译注。其次表现在满语必须与汉、蒙语同时学习与研究，这时期的俄国满洲学家都是兼通汉、蒙语的专家，他们做了编纂满俄与满汉俄辞典的大量工作。最后是对满文文献的研究同研究满族的历史、文化、社会、经济、生活方式等状况相结合。这一时期的满洲学家有 И. 罗索欣、Ф. 巴克舍耶夫、A. 弗拉德金、A. 列昂季耶夫等，他们同时也是第一批汉学家。与此有关，对蒙古学、藏学以及中国西北边陲杂处民族的研究也有一定优势。

　　2. 由于北京传教士团是沙俄君权与神权结合的产物，所以它培养的中国学家最感兴趣，除作为基础的汉、满、蒙、藏等语言外，主要的是上层建筑和意识形态，即对哲学、政治学与历史学，对中国的儒家学说及其伦理政治，对补强儒教的佛教等花费了相对多的时间，而对更深层的社会经济过程则显然关注不足。

　　3. 整个僧侣阶段的主要学术成就虽然基本上没有超出大量从事翻译注释与情报资料的范围，而且在组织领导上有严重的官僚主义保守落后性，但是，在接受资产阶级自由主义思想的中国学家中，如比丘林、巴拉第·卡法罗夫，乃至利波夫佐夫、列昂季耶夫斯基、切斯特诺伊、扎哈罗夫、斯卡奇科夫、贝勒士奈德、佩休罗夫等，则竭力企图改进学习与研究方法，直接根据中国原文文献与现实来扩大了解中国的范围，概括和总结历史事实，扬弃西欧中国学的影响而形成自己独立的见解，从而使俄国中国学具有自己独特的面貌，在世界中国学重要行列中占有一席不可替代的地位，并为以后学院阶段的发展打下了基础。

4. 与此有关，由于官僚政治的腐朽性与物质条件的恶劣等因素，这时期沙俄中国学家的学术成就基本上取决于个人自我奋斗是否成功。个人因素对整个中国学的面貌起着相对大的影响。少数几个主要代表人物的成就与特点常常给本国中国学打上划时期的烙印。

学院阶段：所谓学院阶段，从组织形式上说，就是中国学的教学与研究从传教士团完全向大学教研室转移；从内容上说，就是中国学的教学与研究从俄国封建主义官僚僧侣精神向沙俄资本主义学院精神过渡。因此，它的开始，必然会与僧侣阶段有一个时间上的交错过程。这个过程的开始，基本上可以1855年彼得堡大学成立东方系这个全俄最大的中国学中心为主要的标志。当然，除此之外，1837年喀山大学成立汉语教研室（1855年起并入彼得堡大学东方系），1865年在库伦和1884年在伊犁开设翻译学校，1898年在海参崴成立东方学院，乃至1900年成立皇家东方学学会（1909年改组为俄国东方学家协会），1903年由俄国科学院、大学及有关学会的东方学家组成俄国研究中亚和东亚委员会，1906—1909年创建实用东方研究院等同类机构的先后建立，也都是这个阶段形成的标志。但是，这个交错过程结束不久，还没有等学院阶段充分展开与成熟，十月社会主义革命就终止了俄国的历史行程，从而也中断了俄国中国学的历史行程，而由新兴的苏联中国学来承续科学发展的步伐。所以，从19世纪下半叶到20世纪初这半个多世纪，只能理解为是俄国中国学学院阶段的脱胎期或序幕，它带有浓厚的官僚僧侣阶段的影响是不足为怪的。因为，资产阶级科学的学院阶段的成熟，从组织上说，不仅要以教育与教会的分离为特征，而且要以教育与官僚政治垄断的分离为特征；从学术上说，不仅要以资产阶级思想体系取代封建主义思想体系占统治地位为特征，而且要以一个被哲学所左右和以翻译为主干的浑沌学科分化出许多独立的科学部门为根本的特征。用这些标准来衡量俄国中国学的学院阶段，除教育与宗教在形式上分离之外，其他特征显然一个也没有达到成熟的标准。例如，真正触及中国社会经济根本问题的，只有以《满俄大辞典》（1875）和《满语语法》（1897）驰名的满文大师И. 扎哈罗夫（杂哈劳）一人，他的手稿《中国西部领土记述》是俄国和欧洲第一部研究中国土地制度的著作。这种僧侣阶段残余的顽强性与学院阶段发展的萎缩性，不能不影响到继之而起的苏联中国学的特点。纵观世界上有一二百年以上悠久历史的资产阶级中国学的各个地域中心，也只是到了第二次世界大战后的现代科学技术革命时代，才有意识地利用社会科学与人文科学乃至自然科学的成就来推动中国学这个落后的部门走上全面分科化发展和在分科化的基础上进行新的综合的道路。就俄国中国学学院阶段最大代表者瓦西里耶夫和卡法罗夫来看就非常清楚，他们不折不扣地是这两个阶段之间承前启后的过渡人物。甚至连他们的嫡传弟子在内，在沙俄时代，也始终没有脱离僧侣师门的窠臼。尽管瓦西里耶夫等个别代表人物毕生从事中国学，勉力克服官僚政治加诸他们的各种困难的物质条件，编撰了大量译作与著作，按他们个人的造诣来说，绝不亚于当时西方的同行，甚至若干方面还有过之而无不及，但是，他们的活跃的学术思想却经常受到沙俄官僚政治的高等教育总政策的百般压制与取缔，他们的手稿堆积如山，而出版的数量却寥寥无几。而且，他们对教学法的改进、课程的设置和参考书的选择，依然一仍旧贯地陷于中国学基本上没有分科化以前的落后状态。学术思想的自由交流也往往被披着世俗外衣的宗教信仰主义的烦琐议论所代替。他们归根结底没有来得及把僧侣阶段所塑造的俄国中国学的独特面貌作出重大的改变，这种重大的改变只是在苏维埃时代才开始出现。因此，沙俄中国学的某些传统优缺点也不能不同时作为遗产影响到苏联的中国学。

在总结苏联中国学的渊源——俄国中国学的时候，不应忘记，无论僧侣阶段的中国学，或带着僧侣阶段很深胎记的学院阶段中国学，都是两国学者在官僚政治压迫下处于无权地位的产物。所以，总的说来，它客观上都是为沙俄官僚政治向中国进行封建性资本主义扩张侵略服务的工具。特别是 19 世纪下半叶开始到 20 世纪初期，更是沙俄帝国主义向陷于半封建半殖民地的中国进行鲸吞蚕食最为猖獗的时期。这个阶段的俄国中国学实际上是在资本与专制的魔掌控制下蘸着中国人民的血泪写成的。但是，就俄国中国学家每个个人的学术思想来说，则必须考虑到他是否受当时俄国人民的先进社会思潮的影响与影响的程度，是否关心政治与如何关心，以及本人的世界观与方法论的具体情况进行具体分析。在俄国中国学家中，200 年来，固然有自觉为虎作伥者，但也有同情中国和中国人民，并且按照科学要求如实地描述中国情况的人物和言论，例如，比丘林一贯反对对中国"总爱用阴暗的笔调把情况描写得一团漆黑"的欧洲作家。瓦西里耶夫在晚年放弃了自己早先主张把伊犁据为俄国所有的意见，认为"五亿六千万人的民族，也就是人口最多、最勤劳、最细心的民族怎么不会强盛起来"。K. 斯卡奇科夫在日记中表示同情太平军起义和反对外国侵略者时说，"在这个国家里专制主义到处压迫着全中国的老百姓""新朝代很可能会给他们开创一个欢乐、太平的前景""在他们眼里，外国人是在他们家里的寄生虫，他们迟早要摆脱这些寄生虫的"。同情义和团起义的 Ⅱ. 柏百福（茂陵）在 1902 年发表了抨击沙俄外交政策的大胆讲演，谴责沙俄随着俄中关系进入新的阶段以后，"却开始了一个极不理智的、绝不能予以原谅的掠夺者的节日"，等等。这些观点与当时俄国先进人士如列·托尔斯泰和门捷列夫等谴责沙皇政府侵华政策的进步言论是一致的。

俄国中国学中的这种两重性，这种个人见解与官方政策的背离，科学精神与政治需要的矛盾，乃至个人理论与实践的脱节，始终贯穿在整个俄国中国学的发展史上，当然也同样贯穿在世界各国中国学的发展史上，对此，我们不应予以抹杀，而应予以足够的重视。学术中的科学性与人民性因素永远在克服种种障碍为自己开辟前进的道路。

二　苏联中国学的形成与发展

苏联中国学的形成与发展史，进一步受到社会政治变动和科学进化趋势两方面的强有力的影响，而中国学家的个性因素对它的影响则相对地越来越显得逊色。从社会政治因素的影响特点来看，它大体上也可以分为下列 4 个阶段，即孕育阶段、革命阶段、友好阶段和破裂阶段。

孕育阶段：苏联的中国学，不仅继承了俄国中国学的传统，而且也直接继承了俄国和国际马克思主义的传统。例如，被列宁誉为马克思主义的国际主义者米·帕夫洛维奇（魏特曼）在 20 世纪初曾发表了一系列文章评论中国革命的形势。至于马克思、恩格斯、列宁论述东方和中国问题的文章则更是苏联中国学的直接前驱，为新的中国学奠定了方法论的基础，提出并深刻研究了中国社会发展的一些根本性问题。例如，早在 19 世纪 50 年代，马克思开始深入研究东方社会，与恩格斯多次通信探讨东方社会的性质，先后在《资本主义生产以前各形态》《〈政治经济学批判〉序言》《资本论》等著作中提出并论证了亚细亚生产方式问题；当帝国主义列强侵略中国，特别是帝俄吞并中国大片领土时，马克思和恩格斯都义愤地加以谴责。列宁著作中直接涉及中国问题的有 80 多篇，其中 50 多篇都是在革命前写的。列宁的著作如《中国的战争》《亚洲的觉醒》《落后的欧洲和先进的亚洲》等痛斥了资本主义列强和沙俄政府在中国推行的帝国主义政策，指出中国革命同世界无产阶级革命的相互联系，阐述了中国社会经济发展的关键问题。

俄国中国学传统同马克思主义传统在十月革命后的逐渐结合，开始孕育出世界上独树一帜的苏联中国学。

革命阶段：所谓革命阶段，既指用马克思主义对俄国中国学传统进行革命性的改造，促使以 B. 阿历克谢耶夫、鄂登堡等老一代中国学家积极参与创建苏联中国学学派的工作，力图使新的中国学建立在革命的唯物史观的科学体系之上，又指当时苏联中国学把中国革命问题作为自己的研究重点，最后还指有些中国学家以革命实践家的身份直接参加中国的革命运动。这个阶段大体从 20 年代持续到 40 年代。

当时，苏俄为了扩大十月革命的影响，唤起毗邻各国劳动人民进行民族、民主和社会主义革命，从组织上与学术上加强了对周边地区包括中国的研究。列宁一贯重视中国问题，这对创建中国学的教研中心与协调机构有重大的意义。根据列宁的指示，1920 年在彼得堡和莫斯科成立了东方学研究所，1921 年成立了全俄东方学家学会。东方学刊物活跃起来，出版了《新东方》（莫斯科）、《新远东》（海参崴——今符拉迪沃斯托克）、《东方》（列宁格勒）等讨论中国革命问题的刊物。许多从事远东外交工作的党的干部、党报记者和东方战线的政工人员，以及派驻共产国际的有关工作人员，积极开展了对东方各国民族解放运动问题和中国革命问题的研究，出现了第一批用马克思主义方法论写成的中国学著作。这些人很多成为苏联中国学的创建者。他们的社会经历和工作使命，不能不给新的中国学深深打上革命狂飙时期的烙印。它的最突出的特点就是宣扬中国的民族民主解放斗争的意义同发达国家工人阶级的社会主义革命运动的国际主义联系，同情并支持中国人民巩固和发展独立的政治经济生活的愿望。这些中国学家不仅在报刊和书籍中，而且在政府外交机构和共产国际驻中国代表及孙中山政府顾问的实际工作中，履行自己的国际主义义务，按照俄共的经验和共产国际的路线力图促进中国人民的社会解放斗争，在孙中山提出联俄联共和扶助农工的三大政策、改组国民党和建军北伐上起了重大的作用。当然，毋庸讳言，他们对于中国革命赖以成功的指导思想的理论基础，如对于中国社会经济和各阶级特点的分析，对于中国传统官僚政治的运动规律的认识等，都不够深刻与全面，从而在设想中国革命的方针、路线和战略策略上有时不免发生重大的失误与摇摆。克服这些消极的影响，使中国革命由失败走向胜利，正是以毛泽东同志为代表的中国共产党人的不朽功绩。

随着苏俄克服重重困难进入建设的轨道和中国大革命暂时失利后一个理论探索高潮的到来，使苏联中国学也随之向学术的深度发展。1925年亚洲博物馆举行了中国书籍史展览会，展出了中国学的大量研究成果。同年，在莫斯科成立了中山大学（后改称以孙中山命名的中国劳动者共产主义大学）。1928年以该校中国学教研室为基础成立了中国问题科学研究所，这是当时主要的中国学中心之一。1903年在列宁格勒成立了苏联科学院东方学研究所。此外，出版了《中国问题资料》（1925）、《中国问题》（1929—1935）、《革命的东方》（1927）、《殖民地民族问题资料》等刊物。新一代的苏联中国学家们以中国近现代史为主回溯到中国的中古与远古史，以中国社会经济问题为中心旁及其他科学领域，相当广泛地研究了中国革命和社会经济制度等方面的问题，组织了好几次关于中国社会性质和亚细亚生产方式等问题的大规模讨论，连不是中国学家的社会科学工作者如瓦尔加等许多学者也卷入了争论。它甚至引起了国际上包括中国和日本等国学术界的广泛而持久的反响。这一切导致了苏联中国学以马克思主义的社会经济形态学说为基础构筑了自己独立的体系。

在这方面发挥了积极作用的有 M. 沃林、Π. 马季亚尔、A. 伊文、Π. 米夫、M. 科金、Г. 帕帕扬、B. 库丘莫夫、Г. 卡拉一穆尔扎等。

与此同时，以 B. 阿历克谢耶夫为代表的跨时代的老的中国学家，一方面继续发扬俄国中国学的传统，对中国进行综合研究，包括它的悠久的历史、文化、语言和对外关系及中国毗邻各国的今昔状况，另一方面积极尝试以马克思主义方法论来改造传统，使新旧中国学传统有机地结合起来。

作为这两条历史发展线索相结合的范本的，就是 B. 阿历克谢耶夫、Л. 杜曼、A. 彼得罗夫主编的《中国：历史、经济、文化和争取民族独立的英勇斗争》（1940）。这是一部马克思主义中国学各学科的百科全书式的教科书，它反映了当时苏联中国学在世界中国学中的独特面貌与高水平的地位。

与此同时，作为中国学发展水平的重要标志的中国学史的研究，在这一时期也取得了划时期的成就。俄国东方学史鼻祖 B. 巴托尔德在 21 世纪初出版了他编的四大卷《东方语言系史料》及稍后的《欧洲和俄国研究东方的历史》，这些都是研究俄国中国学史的出发点，到了这一时期，П. 斯卡奇科夫同他的老师巴托尔德和阿历克谢耶夫，以及 N. 克拉奇科夫斯基、δ. 弗拉基米尔佐夫合作，于 1932 年出版了当时最全的《中国书目》，对 200 年来的俄文中国学文献进行了系统整理（该书于 1960 年出增订版，搜集文献的时间延长了四分之一个世纪，资料增加了一倍）。此外，斯卡奇科夫在这一时期还着手进行《俄国中国学史略》的写作（其初稿于 60 年代中期完成，后由他的同事和学生于 1977 年出版），这是一部划时期的总结性著作。这以后苏联中国学史家尼基福罗夫和米亚斯尼科夫等又继续开展了这方面的工作。

从 1917—1949 年的 30 多年中，苏联中国学界共出版了近 100 部书籍。如果不是苏联肃反扩大化和卫国战争，这一阶段的中国学出版物本来可以大大超过此数。

友好阶段：从中华人民共和国成立到两国关系破裂以前的 10 余年是苏联中国学的黄金时代。两国的友好互助合作使苏联中国学家的队伍迅速扩大，并且获得了空前广泛的活动场所和史无前例的丰富的资料来源。

在这十余年中，已经展现分科化趋势的苏联中国学，在上述种种空前有利条件的作用下，又朝前推进了一大步，最终建立起了一个拥有众多分支学科的中国学科学，形成了空前繁荣的局面。当时，莫斯科东方学院中国部、莫斯科大学和列宁格勒大学的有关系科都扩大招生，塔什干大学和其他许多高等院校都开设了中国学课程，列宁格勒东方学研究所、莫斯科太平洋研究所、莫斯科东方学研究所、莫斯科中国学研究所等大力开展了研究工作，1958 年还出版了专门的中国学杂志《苏联中国学》，苏联科学院出版的其他有关杂志，尤其是《东方学问题》，都增加了中国问题论著的篇幅，很多加盟共和国的科学院也相继建立了中国学研究机构。国立远东大学、莫斯科大学东方语言学院、赤塔州立师范学院等先后重新担负起培养中国学家的任务。在这一阶段，苏联中国学已建立起一支约有 800 名学者的空前宏大的队伍，其中有苏联科学院院士、通讯院士、教授和近 50 名博士、几百名副博士。从 1950—1965 年的十余年中，共出版了 1014 种书籍，与前一阶段比较，这一阶段一年的成果相当于前一阶段的 20 年。在历史长河中，十余年不过一弹指间，但在世界中国学史上却留下了令人难忘的印象。

破裂阶段：从 60 年代起，中苏两党两国的关系已从意见分歧走到了破裂和冲突的阶段。这种状况严重地影响到苏联中国学的性质与面貌。

1971 年 11 月 29 日至 12 月 1 日，在莫斯科召开了有史以来第一次全苏中国学家学术会议。从这一次大会到 1982 年 1 月 25 日至 27 日的第二次中国学家大会的约 10 年中，苏联出版了 550 多种中国学书籍，答辩了 200 篇副博士和博士论文，发表了数千篇文章。与此有关，苏联中国学中研究中国边疆史、中俄中苏关系史、中国国际政治史、中共党史、中国革命史、中国历史与考古、中国各项现行政策问题与指导思想的研究特别地活跃起来。

当前最主要的中国学机构是 1966 年建立的苏联科学院远东研究所，它是全苏中国学的协调中心。它的第一个对象国就是中国。它的机关刊物是《远东问题》杂志。此外，为了政治需要，还加强了对学术空气向来较为浓厚和培养中国学干部较有成效的东方学研究所和列宁格勒分所、莫斯科大学的东方系和亚非学院、列宁格勒大学的东方系等的控制，加强或设立了与中国邻近的各加盟共和国和地区的中国学研究机构，如远东学术中心的有关机构，西伯利亚、乌兹别克斯坦、塔吉克斯坦、吉尔吉斯斯坦等的中国学研究机构。

（选自《国外社会科学》1986 年第 5 期）

澳大利亚和英国的中国学比较[*]

［英］ 韦立德^{**} 刘 霓^{***} 摘译

不管是在总体趋势还是在相关部门所面临的困难方面，澳大利亚与英国的中国学研究都有许多相似之处。然而，由于澳大利亚得益于其地理和政治地位的优势，因此它在中国学，特别是对现代中国的研究方面更领先一步。

一 共同点

两个国家的中国学研究呈现出一些共同的特点：同美国相比，两个国家的相关研究都处于一种边缘状态；两国政府都给予了实际的但并不充足的支持；两个国家都与中国建立了越来越多的联系，但在如何应对不断增多的母语是汉语的学生和学者方面都存在问题。

首先，与中国学在美国所处的中心地位相比较，澳大利亚和英国的中国学都显示出其边缘性。英国中国研究学会（British Association of Chi-

---

* 本文是作者为在上海举办的世界中国学论坛（2004 年 8 月 20—21 日）提交的论文，宣读于论坛议题之五："传统与现代——中国之道"专题研讨会上。本译文已获得作者授权，翻译中略作删节。此外，文中原有大量注释，这里限于篇幅未能一一列出，但为保证读者理解，其中个别注释给予保留。——译者

** 韦立德（Tim Wright）教授系英国谢菲尔德大学东亚研究学院院长、中国学教授。2000 年以前他曾在澳大利亚从事中国学教学与研究工作，于 1996—1997 年任澳大利亚中国研究协会主席。目前他的主要研究兴趣是中国现代社会经济史、商业史以及当代中国的政治经济。——译者

*** 刘霓，女，1957 年生，中国社会科学院文献信息中心研究员。

nese Studies，BACS）约有 180 名成员，而澳大利亚中国（Chinese Studies Association of Australia，CSAA）的成员人数上下波动，最少时约 120 人，最多时达 250 人。相比较，在美国亚洲研究协会（Association for Asian Studies，AAS）中，仅将研究方向定为中国历史的学者就超过 1700 名，研究中国文学的则有 700 多人。从学术的角度而言，主要的学术趋势往往也发源于美国。然而，两份重要的中国学杂志《中国季刊》（*China Quarterly*）和《中国研究》（*China Journal*）却是分别在伦敦和堪培拉出版的。但尽管如此，两份刊物都与美国保持着紧密的联系，而且近来担任编辑的多数学者都来自美国，此外大多数投稿人也身处美国：在 2001—2003 年《中国研究》各期刊登的 48 篇论文中，60% 的作者在美国从事研究，13% 在澳大利亚，2% 在英国，25% 在世界其他国家。《中国季刊》在同一时期刊发的 115 篇论文中，美国学者的成果占 45%，英国占 10%，澳大利亚占 3%，来自其他地区的论文占 42%。

不管是英国还是澳大利亚，政府都曾间或地认识到在大学中开展对中国学的深入研究对于国家经济和政治利益的重要性，并拨付相应的资源以支持其重要的研究项目。但这两个国家的政府都未能就此有足够的认识并建立一个健全的体制。两国的中国学研究都是被作为更宽泛的亚洲研究或东亚研究的组成部分来对待的。

从斯卡巴勒报告（Scarborough Report，1945）开始，到后来的海特报告（Hayter Report，1961）、帕克报告（Parker Report，1986）、霍德·威廉斯报告（Hodder Williams Report，1993）以及最近的（1999）英格兰高等教育拨款委员会（HEFCE）有关中国学的倡议，英国曾有过一系列的创新计划。最后一份报告的产生是出于"对英国高等教育系统未能做好应对英国和中华人民共和国之间贸易和政治关系扩展之准备的不断增长的忧虑"。近期，也就是在 1999—2004 年，英国政府每年提供不少于 100 万英镑的特别资助，所有重要的中国学中心都获得了相应的经费。但是，由于资助是根据这样一种判断，即存在着大量未被满足的对分修课式中国学转专业硕士学位的需求，因此获得资助的学校被要求设置诸如此类的课程，而没有采取其他的措施来刺激需求。

澳大利亚的情况也大致如此。政府也曾发表过一系列的报告：奥克马蒂报告（Auchmuty Report，1970）、菲茨杰拉德报告（Fitzgerald Report，

1980)、英格尔森报告（Ingleson Report，1989）、亚洲研究理事会（Asian Studies Council）的"国家战略"（National Strategy，1988）以及拉德报告（Rudd Report，1994）。在澳大利亚，政府采取一系列更为系统的措施来支持中国学（以及亚洲）研究。尽管澳大利亚没有像英国那样的由英格兰高等教育拨款委员会对这一领域提供的直接资助，但因亚洲研究曾一度成为国家重点，因此相当数量的奖学金被投入这个领域。

尽管如此，斯蒂芬·菲茨杰拉德（Stephen Fitzgerald）的呼吁——"极大地增强有关中国和汉语的教育"，这对于"我们所生活的这个社会在下一世纪长久的独立与生存"是必要的——一直没有得到政府的充分回应。1995 年，政府宣布亚洲研究不再作为国家重点，而澳大利亚亚洲研究奖（Australian Awards for Research in Asia）也中断了。一年之后，国家亚洲语言奖学金计划（National Asian Language Scholarship Scheme）也遭遇同样命运。1996 年霍华德政府执政后，情况更是如此，对亚洲研究的直接支持进一步萎缩。作为教育成本高，而学生需求通常较小的领域，亚洲和中国学研究也受到了高等教育部门总体削减的影响。英国和澳大利亚两个国家的政府都没有适时地确立在长时期内确保中国学健全发展的机制。而鉴于澳大利亚的地理位置，其政府的失误就更应受到指责。

因此，在两个国家中，中国学领域一直并仍然存在广泛的危机感。这种感觉在多大程度上反映了现实则是一个复杂的问题。对于感觉和现实之间可能存在的差异有这样一种解释，即中国学领域的扩展主要表现为在一些学校中新增加了汉语教学，因此，尽管学习汉语的学生总数有所增加，一些有较长历史的系却可能承受着低入学率和资金不足的威胁。虽然不能完全归咎于入学人数少，但 2003 年德拉姆大学（Durham University）作出了关闭其东亚研究系的决定就是这类系科面临问题的最突出的例子。这一决定使英国丧失了它历史最悠久和最大的中国学系之一，并严重削弱了这一领域的整体实力。

与中华人民共和国成立后的最初 30 年相比，过去 20 年来英国和澳大利亚与这个国家的联系急剧扩大。直到 20 世纪 70 年代末，不管是英国还是澳大利亚，与中国的直接学术联系都很少；今天，它们与中国在各方面的联系都在加强。作为交流协议的一部分，两个国家中以汉语为专业的大多数学生现在都可以在中国居住一年；一些学校从中国政府在这方面提供的支持中获得很大好处。此外，中国档案馆和图书馆的开放——尽管尚不完全——也已改变了开展中国学研究的方式，并为中国学研究者提供了大量的新机会。现在与中国学者（包括中国台湾地区）的合作已属平常，并将变得更加普遍。

最后，两个国家都必须在各个层面上平衡母语为汉语的学者和母语为英语的学者们的贡献与要求。在这方面，所有层面上的问题都很复杂。从学生的角度而言，中国学领域需要面对各种不同的学习者，从那些没有一点汉语背景的学生，到有广州话或闽南话（Hokkien）背景，但写作能力参差不齐的学生，以及来自中华人民共和国或中国台湾地区、母语是普通话或接近普通话的学生。在可能的情况下为有语言背景的学生设置特别的课程——对这种需求的认识已经日益明确，不过有时会出现资金问题。而更进一步的问题则是背景知识的水平与类型存在差异。

在较高层面，那些在大学才开始学习汉语的有志向的大学生正面临着来自在中国接受过教育（至少是初级教育）的学生的职位竞争，这些学生显示出很强的英语和汉语的综合技能，而且由于不必在大学期间学习汉语，他们通常还获得了更好的学科方面的培养。这些来自中国的学者极大地强化了中国学领域，并加深了我们与中国相关的知识，同时，也对有志向的非汉语母语的学生攻读中国学的研究生造成影响，他们需要考虑在长期和昂贵的研究生学习之后是否有机会获得一份学术工作？

二　不同点

尽管以上陈述了一些相似点，在两国的中国学研究中还有着许多差异。总体而言，在部门的规模上，英国的中国学要比澳大利亚的中国学规模小得多；在英国，中国学较为集中，而澳大利亚的中国学研究则散布在全国各地；在英国，中国学对于整个学术活动而言更加边缘化，而在澳大利亚，中国的重要性已确保中国学至少已经开始向学术中心迈进；英国中国学的重点更为偏重于人文学科，澳大利亚中国学则更重视社会科学；最后，英国中国学研究更趋向于对传统中国的研究，而澳大利亚中国学研究更坚决地锁定当代中国。

不管如何将两国的中国学进行比较，都必须考虑到这样一个事实，即英国的大学系统在规模上是澳大利亚的三倍，因此一个澳大利亚的部门，其教员人数如果与英国相类似，那么实际上其在整个高等教育体系中的比重则要大得多。

如前所述，澳大利亚中国学研究协会的会员人数与英国中国研究学会的人数有时大致相等，有时达其两倍。此外，澳大利亚汉语教师联合会（Chinese Language Teachers Federation of Australia）有几百名成员，这一数字主要包括中学教师；而英国汉语教师协会（British Chinese Language Teachers Association）只有大约 50 名成员。英国和澳大利亚都有着大量的教职人员从事与中国有关的研究，但他们只被归入某一学科，而不是一个领域或协会。例如，在两个国家都有许多中国学者和研究生研究经济问题，但他们与中国学领域几乎没有联系。

在学生的情况方面有着更为明显的差别，尽管这一差别随着教育等级的升高而逐渐缩小。在澳大利亚，有 500 多所中小学校开设相关的语言课，学生达 8 万名。与此相对照，在英国，在专业语言学院系统建立之前，除了个别学校之外，这类教学几乎没有。专业语言学院系统建立于 20 世纪 90 年代末，任务是教授非欧洲语言。到 2003 年，有 64 所语言学院讲授汉语，汉语教学明显增多。在这两个国家，接受汉语教育学生中的大多数或是有讲汉语的背景，或是有中国血统，因此，在向大量的非汉语人口扩展汉语教学方面仍然存在问题。

就大学生而言，在英国，过去 3 年中将汉语学习作为学位或双荣誉学位的一部分的学生人数一直在 300—350 人；在澳大利亚，有 1300 多名等同全时学生（EFTSU—full time equivalent students）在学习汉语。这两个数字不能进行直接的比较，但是在英国大学中，正式学位计划之外的汉语教学非常有限，因此，在澳大利亚学习汉语的学生要比英国多得多。研究生的规模更加难以判断，舒尔曼的数字[①]表明在这方面英国的总体表现反映了其具有更大的规模：在 1976—1990 年，英国有 497 名博士学位获得者是以中国作为主要或第二位的研究重点，而在澳大利亚这一数字

---

① Shulman, Frank, 1998, *Doctoral Dissertations on China and on Inner Asia*, 1976—1990: *An Annotated Bibliography of Studies in Western Languages*, Westport, Conn: Greenwood Press, p. 885.

是 196 人。在 90 年代情况是否仍然如此尚可存疑。胡珀①曾报告说，在澳大利亚，与中国有关的研究生论文有了显著增加，从 1983—1987 年的 63 篇（平均每年 12.6 篇）增加到 1989—1996 年的 267 篇（平均每年 33.4 篇）。

在澳大利亚，中国学部门的规模更大，并且广泛分布在各所大学中。虽然两个国家的学术体系有着一些重大的差别，但在澳大利亚开展的中国学和汉语的研究要比英国广泛得多。随着德拉姆大学东亚研究系的关闭，在英国只有 7 所大学可以授予汉语的正规"单荣誉"（single-honours）学位，即剑桥、爱丁堡、利兹、牛津、谢菲尔德、伦敦大学亚非学院（SOAS）和威斯敏斯特。学生在威尔士大学（兰彼得）、诺丁汉大学、纽卡斯尔大学、约翰·莫瑞斯大学（利物浦）和中兰开夏大学也能参加一些汉语课程，但是这些学校加在一起也仅占高等院校总数的 10% 多一点。

与此形成对照，绝大多数澳大利亚大学都提供某种形式的汉语主修科目。最近澳大利亚亚洲研究协会的报告详细描述了其 28 所大学讲授汉语的情况，以及三所大学通过校际计划为学生提供语言培训的情况。在"道金斯之前"（"pre-Dawkins"，即 1988 年之前成立的大学）的大学中，只有弗林德斯大学（Flinders）从未教授过汉语，然而它是那些利用校际计划的学校之一。很不幸，作为"道金斯之前"大学中中国学研究先驱学校之一的默多克大学（Murdoch University）已经终止了汉语教学，两所新的大学——南克罗斯大学和巴拉腊特大学（Southern Cross and Ballarat）也是如此。但无论如何，总体而言中国学在澳大利亚要比在英国更加稳固地植根于其大学体系中。

至少在最近，在将中国学研究与主要学科门类结合起来，而不是仅作为基于语言的"区域研究"来讲授，澳大利亚要比英国做得更好。正如斯蒂芬·菲茨杰拉德写道的："我们的确急需语言学家和大量掌握不同语言技能的其他人才。但是所有澳大利亚人应该了解他们所生活的这个地区的历史、地理、经济和政治，而通过其他各学科来开展亚洲研究恰

---

① Hooper, Beverley, 1998, Chinese Studies, in The Australian Academy of the Humanities, *Knowing Ourselves and Others*: *The Humanities in Australia into the 21st century*, Canberra: Australian Government Publishing Office.

恰可以做到这一点。"①

最明显的例子是历史学。在20世纪80—90年代，澳大利亚几乎每一个历史系中都有一名教师讲授中国历史并利用中文资料从事中国历史研究。不幸的是，现在的情况已大不如前，但大多数历史系仍然保持有一名中国学专家。

相比较，英国的历史系中几乎没有中国学专家，一些系之所以涉及中国，是借助于"欧洲的扩张"或类似主题的课程，有学者利用英文文献资源从事有关中国研究的系非常。即使是利兹大学，它在海特报告发表后于60年代设置了一个中国学职位，但在最近这位学者退休之后，其历史系也没有安排一位研究中国的历史学家来接替他（该校的东亚研究系也没有研究中国历史的专家）。除此之外，布里斯托尔大学、埃塞克斯大学、纽卡斯尔大学和沃里克大学在其历史系中都拥有真正的中国学专家，而诺丁汉大学和谢菲尔德大学，还有利兹大学都有来自其中国或东亚研究部门的学者对历史学教学提供帮助。英国绝大部分攻读历史的学生是在没有任何机会获得对中国和东亚的深入了解的情况下完成他们的研究的。

政治学的情况与此非常相似，尽管澳大利亚政治学系中的中国学专家不像历史系中那么多。在英国，虽然在一些区域研究系中有一些研究中国政治的专家，但仅有个别的政治学系有人专攻中国政治（比如格拉斯哥大学、伦敦经济学院、诺丁汉大学和沃里克大学）。

经济学的情况有所不同。在两个国家中，针对中国的经济研究都是在经济学系中进行的。南澳大利亚的阿德莱德大学就是一个突出的例子。然而这些研究主要依靠的是来自中国的毕业生。由于经济学的主流话语一直是集中于数学的应用，因此他们对教学课程的影响很小。最后，这些经济学家倾向于采用非常正统的经济学技巧研究中国经济，并且对非经济的中国学研究或与他们的中国学领域中的同事开展互动没有兴趣。

在传统的人文科学系中，中国所占的比重不大，只有历史学是个例外。在澳大利亚，哲学和语言学领域仅有极少的中国学研究，文学系则更是如此。这种状况现在开始发生变化，在正在兴起的文化研究领域中，中国出现的频率越来越高，特别是在电影方面。

---

① Fitzgerald, Stephen, 1997, *Is Australia an Asian Country*? NSW: Allen and Unwin, p. 92.

从学术的角度而言，当英国的许多研究中国历史和古汉语的学者感觉受到威胁时，与澳大利亚相比较，他们仍然处于更中心的地位。澳大利亚的侧重点更偏向于现代和当代中国的社会科学研究，英国则更偏重于人文学科和古代中国的研究。在澳大利亚，只有在悉尼大学，古汉语在课程表中占有较大比重。其他大学的中文系，如墨尔本大学、昆士兰大学和澳大利亚国立大学，虽然是沿袭汉学模式而建设的，但是都倾向于向现代汉语的方向发展。其他新的大学，如默多克大学和格里菲斯大学，则从其中文系建立之始就将重点放在现代汉语和当代中国方面。

在英国，剑桥大学、牛津大学和伦敦大学亚非学院，以及某种程度上在达勒姆和爱丁堡等大学，古汉语仍然是教学重点。然而正像在澳大利亚感受到的压力一样，对古汉语教学以及更严重的、对培养研究力量的威胁正成为一个越来越令人忧虑的问题。

两个国家的差别还反映在教学人员研究的层面上。表1显示了过去三届 CSAA 大会和过去 4 次 BACS 大会论文的粗略的学科分布，为加强对比，过去三届欧洲中国学协会（European Association of Chinese Studies, EACS）大会的信息也包括在内。的确，欧洲的中国学较之英国更加偏重于人文学科和近代之前的中国，而在这方面，EACS 大会更是与澳大利亚的大会形成明显对照。

表1　　　　CSAA、BACS 和 EACS 大会研讨会论文的学科领域　　单位:%

学科领域	各领域全部论文的百分比		
	CSAA, 1997—2001	BACS, 1989—2002	EACS, 1998—2002
现代与当代：社会科学	45.3	17.6	18.5
现代史	8.8	19.8	6.8
现代与当代：人文学科	24.8	37.4	34.8
前现代	11.3	23.1	37.0
其他	9.9	2.2	2.9
N =	274	91	454

上表反映了总体的趋势，显示出论文在学科分布上的明显差别。在澳大利亚的大会上，50%以上的论文是有关当代社会科学或现代史，是欧洲此类论文的两倍。比较而言，在欧洲的论文中，与近代之前的中国和现代文学有关的论文大约占70%，是澳大利亚同类论文的两倍。

三　前景以及未来的问题

有些人可能会指出，澳大利亚中国学的现状就是英国中国学的未来，而且确实，澳大利亚的中国学似乎与实现英格兰高等教育拨款委员会中国学报告提出的目标更加接近。但无论如何，英国的地缘政治状况与澳大利亚是不同的，而 HEFCE 报告所引证的也不是澳大利亚的情况，而是以其他欧洲国家的做法来作为调整其失误的基础。但是欧洲中国学要比英国更倾向于关注人文学科和近代以前的中国，而较少关注当代社会科学。

在澳大利亚和英国，中国学都获得了支持并有所扩大；但是两个国家都还没有赋予中国其所应具有的显著地位——不管是根据中国目前在经济和政治上的重要性，还是依据其文化对世界做出的历史性贡献。未来的发展也会由这样一些因素所主导，诸如中国经济的增长、与中国的经济关系、中国的政治和流行观念，以及投资于语言学习的必要性。

中国经济的增长，更重要的是中国和英国、澳大利亚经济关系的发展，至少能够改善中国学毕业生的职业前景并扩大对中国学的需求。但中国日益扩大的重要性并不仅限于经济。在英国，对中国学投入增加的一个主要推动力来自外交部门——外交及联邦办公厅（Foreign and Commonwealth Office）。在文化领域，中国也变得日益重要，过去20年最突出的是在电影方面。更广泛地以及在政治上洞见中国的重要性也对决定中国学未来需求水平至关重要，例如，澳大利亚1996年大选后的政府就对澳大利亚的未来有赖于亚洲的观点不那么感兴趣，导致其国内中国学呈现弱化。

对中国的研究与这个国家的重要性不相一致，一个主要障碍是语言。汉语可能不是一种非常复杂或在概念上非常困难的语言，但是学习汉语要比学习使用罗马字母的一种欧洲语言或亚洲语言（比如印度尼西亚语）

要投入多得多的时间。因此，在母语不是汉语的人中掌握汉语的人非常之少。在英国仍然有很大的空间扩大学习汉语的人数，但是为了实现这一发展，系统和长期的政府支持将是必需的。

更宽泛地讲，更多地要有赖于中国和中国人还准备在多长时间内使用英语（或其他外语）做生意。许多讲英语的商人觉得不需要掌握汉语技能，坚定地相信用英语就足够了，即使是派驻中国的新闻记者有时也不具备任何语言知识。

总之，尽管有一些困难，中国学在英国和澳大利亚仍然会有一个成长与发展的未来。

（选自《国外社会科学》2004 年第 6 期）

荷兰中国研究的历史发展

郑海燕[*]

荷兰是较早从事中国研究的西方国家之一，最早可以追溯到 17 世纪初。荷兰的现代中国研究是在传统汉学研究的基础上逐步发展起来的。数百年来，荷兰涌现出不少致力于中国研究并取得杰出成就的知名学者。

一 荷兰早期的汉学研究
（17 世纪初到 19 世纪后期）

荷兰早期的汉学研究是伴随着荷兰在东亚商业活动的发展和殖民扩张的需要而逐步形成和发展起来的。

在 17 世纪，荷兰逐渐取得海上霸权，成为殖民强国。特别值得一提的是荷兰东印度公司，荷兰在 17 世纪"黄金时代"的繁荣在很大程度上受惠于这个远洋贸易公司。荷兰东印度公司成立于 1602 年，主要从事航海和贸易，是当时世界上最大的远洋贸易公司。这个远洋贸易公司的商船不断来往于欧洲与亚洲之间，它们不仅将中国的大量瓷器、丝绸、工艺品、茶叶以及一些书籍源源不断地运往欧洲，也使中国的文化艺术开始对欧洲产生影响，以至于在 18 世纪末出现了一个"中国热"。

当时的荷兰殖民政府出于对中国进行掠夺和控制的目的，迫切需要精通汉语和了解这个陌生的东方古国的人才，因而促使一些荷兰人开始

---

* 郑海燕，中国社会科学院文献信息中心研究员。

学习汉语，研究中国的文化和风俗，荷兰传统的汉学便是在这样的背景中逐渐形成和发展起来的。

在 17—19 世纪的漫长岁月里，对中国产生兴趣并进行研究的荷兰人主要是一些航海家、旅行者、传教士、医生、外交官和翻译等，他们对中国的社会、伦理、道德以及文学产生了兴趣，并发表了一些有关中国的纪实性报告，介绍他们在中国的所见所闻。在这个时期，荷兰人对于中国的关注主要集中在文化、宗教和风俗等方面。

此外，一些荷兰人也开始重视对中国相关文献资料的收集、整理和翻译介绍。这些活动对于中国文化在西方的传播产生了一定影响，并直接影响到西方人对中国的认识。

总体来看，在 17 世纪初到 19 世纪后期的漫长岁月里，荷兰研究中国问题的人数不多，其研究大多比较粗放，还不属于专业性的学术研究。

二 荷兰汉学地位的确立和发展 （19 世纪后期到 20 世纪中期）

从 19 世纪后期到 20 世纪中期，荷兰的中国研究领域发生了几个具有重要意义的事件。首先是 1876 年莱顿大学设立了第一个汉学教授职位，举办中国语言和文化讲座；其次是 1890 年荷兰和法国学者共同创办了国际性汉学刊物《通报》（*T'oung Pao*，每年 5 期），由莱顿的布里尔出版社出版，主要刊登汉学家的文章和书评，包括中国的传统文化以及有关文学、科学和艺术等方面的论述；最后是 1930 年莱顿大学建立了汉学专业研究机构——汉学研究院，专门从事汉学研究及人才培养。

汉学讲座和汉学专业刊物《通报》的出现标志着荷兰汉学研究学术地位的确立，汉学在荷兰学术界开始成为一个独立的研究领域。而汉学专业机构汉学研究院的出现对荷兰中国研究的发展具有更为深远的影响，它不仅成为荷兰的中国研究和人才培养的中心，而且标志着荷兰的汉学从早期非专业性研究进入专业化研究阶段。此后荷兰涌现出一批享誉世界的汉学家和汉学研究成果。

在 19 世纪后期到 20 世纪中期，荷兰中国研究领域的代表人物大多有一个类似的经历，即早年在荷兰殖民政府部门工作，尔后进入学术机构从事汉学研究。与那些早期从事中国研究的人相比，他们的研究兴趣比较广泛，研究的成果大大增加。施古德、哥罗特、戴闻达和高罗佩就是这一时期的几位比较典型的代表人物，他们对荷兰汉学研究的发展做出了重要贡献。

施古德（Gustaaf Schlegel，1840—1903）是一位在荷兰汉学学术地位确立的过程中发挥了关键性作用的学者。在1858—1872年，施古德曾先后在荷兰驻厦门领事馆和荷属东印度巴达维亚民政局任中文翻译和中国事务官员，并在巴达维亚工作期间开始研究中国。他的研究兴趣广泛，涉及中国的社会、风俗、语言、文学和地理等广泛领域。1872年，施古德开始在莱顿大学讲授中文，并在1876年成为莱顿大学汉学讲座的首任教授。施古德对荷兰汉学研究的一个重要贡献是与法国汉学家高第（Henri Cordier，1849—1925）于1890年共同创办了汉学专业性刊物《通报》，这个刊物至今在国际学术界中仍有重要影响。

施古德汉学研究的主要成果有《天地会：中国和荷属东印度华人的一种秘密结社》（1866）、《中国娼妓考》（1886）、《〈书经〉之劫难》（与奥地利汉学家癯乃德合著，1890）、《汉语—雅利安语研究》（1872）、《星辰考源：中国星辰学》（1875）等。他编纂的《荷汉辞典》（1882—1891）和《汉荷辞典》（1882—1891）在很长时期内一直是一部荷兰汉学家必备的工具书。此外，施古德还发表过考证中国古籍中有关外国地名的著作《地理学方面的问题》（1892—1895）和《地理考》（1898—1899）等。

哥罗特（Jan Jakob Maria de Groot，1854—1921）是施古德的学生，毕业于莱顿大学，而后到荷兰殖民政府部门工作，曾先后在中国厦门、荷属东印度爪哇等地任中文翻译，同时研究中国问题。1890年，哥罗特任莱顿大学教授，讲授荷属东印度地理学、民族学；1904年他接替施古德任莱顿大学汉学讲座教授；1912年接受柏林大学聘请，离开荷兰到柏林大学任教，直至去世。施古德和哥罗特的学生大多以中国问题专家的身份进入荷兰殖民政府部门工作。

哥罗特汉学研究的主要成果有《厦门人的年节与风俗》（1881）、《中国的宗教制度》（6卷本，1892—1910）、《〈大乘经〉在中国：对僧侣生活和世俗社会的影响》（1893）、《中国的信教自由》（1901）、《宗教史中的一页：中国的教派和宗教迫害问题》（三卷本，1901—1904）、《中国人的宗教》（1910）、《中国的宗教：天道观——研究道教和儒教的关键》（1912）、《汉学讲座与汉学图书馆》（1913）、《天道观：中国的宗教、道德、国家制度及其基础》（1918）等。

此外，哥罗特还是欧洲较早地研究中国少数民族史的人类学者，他的两部关于中国少数民族史的著作和译著都是在他去世后出版的，一部是《公元前的匈奴人：关于亚洲史的中文原著第一部分》（1921）；另一部是《公元前的西域诸国》（1926）。

戴闻达（Jan Julius Lodewijlk Duyvendak，1889—1954）在推动荷兰汉学研究进一步专业化方面做出了重要贡献。戴闻达早年在北京的荷兰驻华公使馆任中文翻译；1918 年回国；1919 年任莱顿大学中文讲师；1930 年任莱顿大学汉学教授。戴闻达与法国汉学家伯希和（Paul Pelliot，1878—1945）共同主编过《通报》，他在 1929—1946 年还兼任过美国哥伦比亚大学客座教授和美国普林斯顿高等研究所研究员，并在 1948 年担任荷兰社会研究院第一任院长。

戴闻达对荷兰汉学研究的突出贡献主要表现在他 1930 年创办了莱顿大学汉学研究院。1919—1953 年，戴闻达对荷兰汉学研究的发展起了明显的主导作用。① 莱顿大学汉学研究院能够成为欧洲汉学研究的中心，也与戴闻达的努力分不开。

戴闻达十分重视对中文原始文献和中文工具书的直接利用，积极鼓励中西方学者间的交流，这些主张已与荷兰早期由航海家、外交官和传教士等所进行的汉学研究有了显著的区别。在第二次世界大战期间，莱顿大学被迫关闭，戴闻达仍以其特有的方式继续从事教学和研究。②

戴闻达汉学研究最著名的成果是翻译了中国古代法学名著《商君书》（1928），该译著的出版使他在欧洲汉学界获得了中国文献学家和中国古代哲学家的声誉。他的另一部重要译著是《道德经》（1953）。戴闻达的专著《中国对非洲的发现》（1949）已于 1983 年被译成中文出版。

---

① Idema, Wilt Lukas, 1997, Chinese Studies in the Netherlands, http：//csf. colorado edu/ forums/ipe/nov97/0025. html.

② Ibid. .

戴闻达为《通报》《中国》等刊物和一些丛书撰写了许多有关中国的文章，例如《一位中国哲学家的复活》（1922）、《中国政治的发展》（1922）、《中国的文艺复兴》（1923）、《荷兰早期的中国研究》（1936）、《中国大学的重要作用》（1938）和《荷兰文学中的中国》（1938）等，这些文章的内容涉及中国的哲学、宗教、文化、文学和教育等方面。

高罗佩（Robert Hans van Gulik，1910—1967）是一位对中国文化情有独钟，而且在欧洲极负盛名的荷兰汉学家。他幼年时曾随父（当时在爪哇的荷属殖民地工作）在中国和印度等东方国家生活过，并对中国产生了浓厚的兴趣。1929年他进入莱顿大学学习政治学、法学以及中国语言和文学，1935年获哲学博士学位，随后进入荷兰外交部工作。在长达30多年的外交生涯中，高罗佩曾先后供职于荷兰驻东京、重庆、南京、华盛顿、新德里、贝鲁特、吉隆坡等地的领事馆。

高罗佩精通中文、日文、藏文、梵文等15种语言，尤以汉语最为精深，并对东方历史和文化有比较深入的研究。他利用在荷兰驻华领事馆工作的机会（1943—1946），了解中国的社会和文化，并与中国的一些知名学者，如郭沫若、田汉、苏渊雷等有过接触，为其后来的研究打下了良好的基础。

高罗佩的汉学研究和资料收集工作即使在第二次世界大战期间也没有停止过。他利用在中国担任外交官的机会，购买了大量中文书籍（约2500种，一万余册），其中大多数是有关中国文学、历史、绘画、书法和古典音乐方面的书籍。这批书后来成为莱顿大学汉学研究院图书馆的珍贵藏书。①

高罗佩的代表作是他在20世纪40—50年代陆续发表的15部描述中国唐代名臣狄仁杰断案故事的侦探小说，后来汇集成130万字的文学巨著《大唐狄仁杰断案传奇》（以下简称《狄公案》（*Judge Dee*））于1953年在新加坡南洋印刷社出版。《狄公案》出版后立即征服了欧洲的读者，在欧洲风行一时，狄公也从此成为欧洲家喻户晓的传奇人物。

高罗佩的多才多艺以及在中国文学、艺术、法律和社会等方面的渊

---

① The Library of the Sinological Institute at Leiden University, http：//www. iias. nl/iiasn/iiasn7/eastasia/library. html.

博知识在他的小说中得到了充分体现，《狄公案》和高罗佩的其他有关中国古代文化著作中的插图，均由他本人精心绘制，他对中国古代木刻插图艺术模仿得惟妙惟肖。

高罗佩对中国的古琴演奏、篆字雕刻、佛教、医学以及古代性文化等也有研究，著有《琴道》（1940）、《东皋禅师集刊》（1944）、《书画鉴赏汇编》（1958）、《秘戏图考：中国彩印春宫版画》（1961）、《中国古代房内考》（1961）以及译著《棠阴比事》（1956）等。其中，《琴道》被认为是中国古代琴学研究领域的权威之作，《东皋禅师集刊》被认为是中国佛学史的补缺之作。

三 荷兰现代中国研究的兴起
（20世纪中期以来）

第二次世界大战后，荷兰的汉学研究发生了重要变化，主要表现在现代中国研究在传统汉学研究的基础上迅速发展起来，莱顿大学汉学研究院现代中国文献研究中心的设立成为荷兰现代中国研究兴起的重要标志。导致这种变化出现的主要原因是东西方之间力量的消长和国际关系的变化，尤其是荷兰汉学原有的殖民主义色彩逐渐消退和新中国的成立，不仅吸引了一些荷兰学者的目光，而且使他们产生了突破以往汉学研究的局限，从新的角度研究中国的愿望。

第二次世界大战之前，荷兰是一个殖民强国。直到1949年，到巴达维亚殖民政府部门工作还是荷兰中文专业毕业生首选的就业目标。为了能更好地适应殖民政府部门工作的需要，许多学生在汉语学习的基础上还重点选修了法律课程。但是第二次世界大战后，殖民地的纷纷独立和荷兰殖民体系的迅速瓦解，使荷兰的东方研究（包括汉学研究）在20世纪50年代一度陷入低迷和后继乏人的状态。殖民地的丧失使许多荷兰人认为，东方研究已失去了其存在的必要。直到20世纪60年代，随着荷兰大学生数量的激增，东方研究才开始缓慢地恢复起来。[1]

第二次世界大战之后，尤其是20世纪80年代以来，中国改革开放所

---

① Idema, Wilt Lukas, 1997.

取得的惊人成就使一些荷兰学者意识到，传统的汉学把中国当作一个静止的社会进行研究，忽视了对中国社会内部的变化以及对中国整体性、战略性问题的研究。因此一些荷兰学者开始加强对中国现代政治、经济、社会、法律和对外关系等问题的研究，并注意与中国学者进行交流与合作。这使荷兰中国研究的领域迅速拓宽，出现了一批有专业学科知识基础，并以中国现实问题为主要研究对象的专家，他们不仅关注中国经济的飞速发展及其面临的问题，也希望了解这种发展对中国以及世界的政治、社会和文化的影响。

在这一时期，荷兰从事现代中国研究的主要代表人物有何四维（Anthony Frangois Paulus Hulsewe）、许理和（Erik Zurcher）、弗美尔（Eduard B. Vermeer）、赛奇（Tony Saich）和施耐德（Axel Schneider）等。他们的一个突出特点是大多毕业于莱顿大学，而后成为荷兰中国研究领域的骨干和带头人。

何四维（1910—1993）毕业于莱顿大学中文系，1956 年接替去世的戴闻达任莱顿大学汉学研究院院长，并兼任莱顿大学汉学研究院的汉学讲座教授。何四维在其 20 年的教授生涯中指导了众多的课题研究，内容涉及中国古代佛教、中国古代数学、中国古典小说以及中国的马克思主义文艺理论，但他本人的研究兴趣一直是秦汉史，尤其是秦汉法律和制度以及中国史学研究方法。

何四维的主要学术研究成果有《中亚汉代文献最新研究综述》（1950）、《汉律残篇》（1955）、《中国社会史研究》（1956）、《中国共产党人对中华帝国起源和创建的论述》（1968）、《荷兰的中国学和日本学》（1969）和《秦律残篇》（1985）等。

许理和（1928—）1953 年毕业于莱顿大学汉学研究院，之后留在汉学研究院从事教学和研究工作，主要讲授现代汉语和古汉语；1962 年任莱顿大学汉学研究院新增设的东亚问题讲座的首任教授；1975 年接替何四维任莱顿大学汉学研究院院长，并于当年当选为荷兰皇家科学院院士；1975—1993 年，与法国著名汉学家谢和耐（Jacques Germet，1921—）共同主编国际汉学刊物《通报》。

许理和对荷兰中国研究发展的重要贡献突出表现在为适应荷兰政府、研究机构、公司以及社会各界对当代中国信息的需要，于 1969 年在莱顿大学汉学研究院建立了现代中国文献研究中心，① 使现代中国问题的研究在这个具有浓厚汉学研究传统的机构内迅速发展起来。许理和的主要研究领域是中国早期佛教、宋代至明代的社会发展以及当代中国的经济和社会问题。

许理和的主要研究成果有《佛教对中国的征服：中世纪前期佛教在中国的传播和适应》（1959）、《佛教的起源及其通过文字和图画的传播》（1962）、《中国第一次反基督教运动》（1970）、《天主和魔鬼》（1985）、《中国文化的时空》（1995）、《中国的现代化、西方化和文化适应》（与K. W. 拉特克和 T. 赛奇合编，1993）、《当代中国对传统文化的重新认识》（1963）、《中国明朝末年的儒教和基督教信仰热》（1997）、《中国思想史和中国与外部世界的早期联系》（1966）等。

弗美尔（1944—）是一位社会经济历史学家，他于 1969 年和 1972年先后在莱顿大学获得历史学和汉语博士学位。从 1969 年至今一直在莱顿大学从事中国经济和历史的教学与研究工作，曾任莱顿大学汉学研究院现代中国文献研究中心主任，并兼任《中国信息》和《亚洲太平洋商业评论》的编辑，欧洲现代中国研究基金会主任和北京大学荣誉教授。

弗美尔的主要研究兴趣是当代中国经济发展，尤其是落后地区的经济及土地开垦。他曾赴中国大陆的一些山区以及中国台湾地区进行考察，并多次参加有关中国问题的应用项目研究：1986 年参加欧盟的"中国乳产品发展项目评估"项目；1988 年参加欧盟的"中国教育管理项目评估和系统阐述"和"欧中农产品加工交流中心项目设计"等；1990 年参加"中国的城市污染治理和环境保护部门调查"和"中国的乳产品发展项目（EU）中期评估"项目；1991 年参加中国社会科学院的"对中国陕西地区社会经济发展调查"项目；1994 年组织福特基金会资助的"关于中国集体和自愿互助组织的国际会议"；1995—1998 年参加中国国家科学技术委员会和荷兰教育科学部的"宁夏畜牧业和草原法的实施研究"项目；1998 年组织欧洲有关中国农业和农村发展的会议等。

弗美尔的主要学术成果有《广州经济史（1930—1980）》（1987）、《中国地方经济的发展：1930 年以来的陕西省经济》（1988）、《中国地方

---

① Sinologlcaial Institute, Leiden University, http：// www. tcc. leidenuniv. nl/.

史：来自福建的宋元明清时期的石碑文》（1991）、《泉州农业经济史》（1998）、《中国的股份合作制》（2000）、《中国的社会保障系统》（1979）、《当代中国农业发展模式》（1979）、《农业中国的收入差距》（1981），《中国农业经济改革与中国政府的作用》（1982），《中国的农业与生态》（1986）、《中国化工业对外国技术的需求》（1987）、《广州的集体化和非集体化》（1987）、《中国的劳动力政策和新的劳动合同法》（1987）、《中国土地开垦的历史》（1988）、《中国对环境污染的治理：问题与政策》（1990）、《中国的工厂管理者与环境污染》（1991）、《巴山贫困地区的经济发展》（1994）、《试论福建泉州的农田开垦与经营方式》（1996）、《环境污染的损失：经济可持续增长方面的问题》（1997）、《中国的新型农业组织》（1998）、《股份合作制：产权分析》（1999）等。

赛奇（1953—）在莱顿大学获博士学位，1976—1977 年在中国从事过研究，1986 年在莱顿大学汉学研究院现代中国文献研究中心创办国际学术性刊物《中国信息》，1994 年以前曾任莱顿大学汉学研究院院长，1994—1999 年任福特基金会驻北京办事处首席代表，目前是美国哈佛大学肯尼迪政府学院的教授。

赛奇是荷兰莱顿大学汉学研究院培养出来的著名中国问题专家，他的研究重点是中国现代问题，这使他与荷兰许多著名的汉学家形成明显对照。赛奇的研究重点可以从他的学术成果中清晰地反映出来。

赛奇在中国研究领域的主要学术成果有《中国的政治与政府》（与 A. J. 塞奇合著，1981）、《中国 80 年代的科学政策》（1989）、《中国人民的政治运动》（1990）、《共产主义和后共产主义政治体系概论》（与 S. 怀特、J. 加德纳和 G. 肖夫林合著，1990）、《中国改革的十年》（1992）、《文献与分析》（与 B. 杨合著，1996）、《中国国家社会主义的新前景》（与方德万等合著，1997）、《中国的政府与政治》（2001）等。①

施耐德（1962—）为德国籍，于 1994 年在德国波鸿大学获博士学位，现任莱顿大学汉学研究院现代中国文献研究中心主任，现代中国研究教授，《东西方历史研究》刊物的主编。

施耐德的主要研究领域是现代中国历史和中国政治，他在这方面的

---

①　Tony Saich, http://ksghome. harvard. edu/—. asaich. Academic. KSG/home. htm.

主要学术成果有《德意志联邦共和国关于中国共产党历史的研究》
(1990)、《朝鲜战争与中国台湾地区的未来：书目评论》(1995)、《中国
台湾地区的政治改革（1990—1995）：原因、结果和影响因素》(1995)、
《真理与历史：寻求中国现代同一性的两位中国历史学家》(1997)、《缩
小差距：构筑中华人民共和国"新的"历史文化同一性》(2001)、《道
教与历史：寻求中国现代同一性的两位历史学家》(2001) 等。

（选自《国外社会科学》2005 年第 3 期）

北欧中国学追述（上）

萧俊明[*]

　　关于北欧的中国研究，丹麦中国学家柏思德（Kjeld Erik Brodsgaard）在 1996 年的一篇文章的开篇这样写道："30 年前，当代中国研究在斯堪的纳维亚基本上是一种无人知晓的现象。"[①] 柏思德所言并非单纯是一种事实陈述，而是具有多重含义，或者说蕴含着多个值得关注的问题。首先，虽然说作者没有在"汉学"（sinology）、"中国学"（Chinese studies）与"中国研究"（China studies）之间做出严格的区分，但是他至少提示我们关于中国的研究已经发生了一种从传统人文学科到跨学科的地域研究的范式转变；其次，这一转变最直接的效果是体制结构方面的变化，也就是说，由于研究课题的改变，在学科设置上也出现了相应的变化；最后，范式转变也使学术谱系发生了变异，更具体地说，当代的中国学家与传统的汉学家虽然在学术谱系上还同属一脉，但是在学术背景和知识结构上已截然不同，有的与"中国问题专家"几乎没有什么差别。

　　在一定意义上，以上三个问题构成了我们考察的聚集点，我们不妨以此为主线对北欧中国学的当代衍化作一追述。

---

　　[*] 萧俊明，男，1955 年生，中国社会科学院文献信息中心研究员。

　　[①] Brodsgaard, Kjeld Erik, 1996, Contemporary China Studies in Scandinavia, *The China Quarterly*, *No.* 147, *p.* 938.

一　研究范式的转变

从传统汉学向当代中国研究的转移是具有多重背景的。首先，名称上的变化就足以说明一些问题。从"sinology"的构词词根来讲，"‐ology"表示"学问"或"学科"的意思。在西方学术发展史中，凡可称为"‐ology"的学问无疑在学术体制上获得了一种合法性地位。那么汉学于1814年在法国被正式确立为一门学科说明它在西方学术殿堂中已经有了一席之地，也就是说，凡是有资格被称为汉学家（sinologist）的人都是在学术上有相当造诣的学者。相比而言，"studies"虽然也是指"学科"或"课程"，但最初并不具有传统意义的学科地位，它更多的是一种跨学科甚或反学科的综合性研究，在相当长的一段时间处于边缘地位。尤其是自20世纪60—70年代以来，西方学术界出现了一批以"studies"为名的跨学科研究实体，如女性研究、文化研究等，都是在既定的学科体制下寻求一种合法性地位。"当代中国研究"作为一种跨学科研究无疑也是顺应了这一潮流。

具体就北欧的情况而言，在一些著名汉学家的行文使用中，也可以隐约地感觉到从事"中国研究"者涵盖面较宽泛，并非限定在学术圈或汉语教学领域；从事"汉学"研究者则限定在一定范围，强调其学术资格；"中国学"和"中国研究"的含义限定性不强，在使用中二者之间的界限划分也不太明确；"中国学"包容"汉学"，在一定意义上是对"汉学"的一种扩展了的称谓，在许多情况下，其实是指"中国语文"，尤其是大学里的中文系或中文学院，其英文名称中多用"Chinese studies"。换个角度讲，"汉学"，尤其是传统汉学专指性较强，与"当代中国研究"有着比较明显的界限，在概念和内涵上都完全不同。

另外，在相当一段时期内，关于当代中国的研究一直为那些传统意义上的汉学家所不屑一顾，传统汉学家大多追求学问上的精深，他们研究的是历史语音学、古典宗教、哲学和语言学，而对于像"当代中国研究"这种学术地位并不明确的研究多少带有一定的蔑视，认为那是一种浅显的"热点问题"（preoccupation）研究，应该留给记者和外交家去做。①

然而，关于当代中国的研究虽然不是恪守人文传统的汉学家的领地，但是也绝不是一些中国问题专家进行"时政评论"的舞台。值得注意的是，自60—70年代以来，一些发展经济学家、政治学家以及社会学家开始涉足这个领域，这说明北欧学者的兴趣已经不再停留在中国古典人文传统，而是要从政治、经济、社会、文化等领域对当代中国展开多层面的研究。就这个意义而言，传统汉学由于自身的局限性显然无法担当这个任务，那么当代中国研究的悄然兴起也就顺理成章了。

这种从传统向现代的转移，并非标志着一种颠覆性的更迭，而恰恰是传统的延续与扩展。换句话说，在面对一系列新的课题的情况下，传统汉学虽然已感无力应对，但是它却能凭借学术体制上的优势将新的课题包容进去，这样不仅延续了自身，而且得到了扩展和充实。荷兰学者卡雷尔·范德莱乌（Karel L. van der Leeuw）在界定汉学时这样写道："汉学或曰关于中国的学术研究是一个奇特的领域。它开始是作为关于汉语和中国文学的研究，后来扩展为关于凡是与中国有关的事情的研究：国家自然地理、经济、历史、政治结构、哲学、科学以及文学等。"②

汉学这个领域之所以奇特，其中一个重要特征就在于它的宽泛性和包容性，可以"随机应变"。瑞典汉学家罗多弼（Torbjöim Loden）关于汉学的定义问题曾做过颇有见地的阐述。③ 他认为汉学的定义是变幻不定、可宽可窄的，但是，无论宽窄，所有汉学定义的一个共同特征就是跨越了大学学科的界限，将语言、历史及文学等不同学科包容其中，那么随之而来的问题是，汉学是否不一门真正的学科，它是否有其自己的概念框架和理论。对此罗多弼列举了两种解释。一种解释认为，中国的文化传统与欧洲的文化传统在本质上有着根本的差别，因此研究中国历史或文学所采用的概念和理论必然不同于研究欧洲历史或文学所采用的

---

①　Brodsgaard, Kjeld Erik, 1996, p. 938.

②　Leeuw, Karel L. van der, 1999, The Study of Chinese Philosophy in the west: A Bibliographic Introduction, *China Review International*, Vol. 6, No. 2, p. 333.

③　Loden, Torbjöim, 1998, Swedish China Studies on the Threshold of the 21st Century, the paper Presented at The Chinese Umiversitg of Hong Kong on 28 Sep. 1998.

概念和理论。从这个角度来看，把汉学视为一门学科是很自然的事情，尽管还可以把它进一步分为各种亚学科。实际上，这种解释还是要把汉学套入西方的学科体系，使之成为一门规范的学科。

另一种解释认为，尽管人类经验表现为不同的文化形态，但是在根本上有着某些统一性，因此可以用一些普遍的历史或文学理论，或者至少可以用某些基本范畴来分析和解释不论是中国的还是欧洲的历史和文学。从这个角度来看，"汉学"作为一门学科与历史、文学以及人类学等并存，是相当奇特的。显然，这种解释与前一种解释是对立的，它强调以一种宏大的普遍理论而非学科体系作为进路来界定汉学。

在罗多弼看来，这两种解释都不可取，因为它们寻求的是最终的答案，这种做法无疑是愚蠢的。罗多弼认为，问题的关键是一种具有价值偏向的选择，即强调相似性还是差异性。罗多弼本人赞成从相似性而非差异性的角度来看待汉学。他认为没有什么理由非要用与欧洲的经验完全不同的范畴来解释中国的经验，进一步讲，没有必要把汉学界定为一门有别于其他学科的专门学科，有着根本不同的概念框架。那样一来，很容易在汉学领域四周筑起高高的围墙，在中西方文化之间设立一道屏障。而汉学所应做的是拆除这道屏障，而非以差异性为理由维系这道屏障。

那么，如果否认中国文化的差异性是否意味着不应专门有一个汉学系，是否应让研究中国历史的汉学家转到历史系，研究中国文学的汉学家转到文学系？罗多弼的回答是有可能，但不是必然。其实，罗多弼的这种模棱两可的回答蕴含着另一重要意思。他指出："在我看来，人文科学和社会科学中真正令人感兴趣和富有成果的研究在越来越大的程度上超越了传统学科的界限。我不敢肯定，这是否意味着传统的学科划分正在变得过时，但可以肯定的是，为那些并非自然属于任何学科的研究创造空间是重要的，这里我看到了中国学的机遇，我非常希望看到中国学变成一个欢迎和吸引跨学科进路的领域。"①

其实，传统汉学本身就不是一个单一学科，而是一个由多门学科构

---

① Loden, Torbjöim, 1998.

成的领域，跨学科研究进路，对它来说不仅是适宜的，更是它所需要的，而且汉学史上的一些重要突破恰恰在于采用了"跨文化杂交"，即将西方的方法应用于中国的材料，这本身就有跨学科研究的意味。

所以说，从"sinology"到"China studies"的转变并非使前者遭到淘汰，传统的人文学科在被置于一种地域研究的结构中时反倒使它获得了新的生机。北欧的汉学也正是在这样一种研究领域的转向中更加兴盛起来。

二　学术谱系的嬗变

关于中国的研究在北欧成为一门正式学术学科是 20 世纪初的事情，其创始人是瑞典学者高本汉（Bernhard Karlgren，1889—1978）。高本汉在北欧汉学界享有非同一般的地位，这不仅是因为他在学术造诣方面令后人尊崇，更是因为他对整个北欧的汉学发展起到了无可替代的奠基性作用。

高本汉是在瑞典南部的斯莫兰长大的，青少年时代就对方言学感兴趣，1908 年年仅 19 岁的他在方言研究方面便有了成果，发表了一篇题为"用当地方言记录的特维塔和摩县的民间故事"，次年又发表了"瑞典南部与中部方言分界（附地图）"。高本汉是在 1907 年秋进入乌普萨拉大学学习的，专业是俄语。他的老师斯拉夫语学者 J. A. 隆代尔（J. A. Lundell）对他日后的学术发展产生了很大的影响。隆代尔在语音学方面的贡献是毋庸置疑的，他设计了一套用于方言注音的语音文字，同时极大地推动了比较历史语音学研究，吸引了一批有才华的青年学子，高本汉便是其中之一。

不过，高本汉并没有照搬老师的套路，而是另有突破。他决定把这些在欧洲语言和方言研究基础上发展起来的方法应用于汉语研究。是什么使他产生了这样的想法，目前尚无充分的资料可供考证。但无论如何这对日后汉学的建立起到了一种积累的作用。1909 年高本汉大学毕业后获得了一笔资助，前往圣彼得堡学习汉学。经过短期的汉语培训之后，他又获得了一笔资助去中国研究方言。1910 年 3 月他启程前往中国，1912 年 1 月返回欧洲。这期间他最大的收获是在汉语方面取得了惊人的进步，汉语水平达到能进行实地考察和搜集语音学资料的程度，可以对24种方言进行语言描述。

回到欧洲之后，高本汉先是在伦敦逗留了数月，后又去了巴黎，在那里学习了不到两年（1912年9月到1914年）。这段时间无论对他本人还是对北欧的汉学无疑都是一个非常重要的时期。期间他师从法国汉学泰斗沙畹（Edouard Chavannes，1865—1918），还结识了伯希和（Paul Pelliot，1878—1945）和马伯乐（Henri Maspéro，1883—1945）等法国汉学界举足轻重的人物。法国汉学历来被誉为海外汉学之正宗，第二次世界大战之前在国际汉学界一直占据统治地位，高本汉选择在法国学习可以说是得到了汉学真传。从国际汉学的格局来看，虽然可以划分为英美与欧洲两大派系，但是英美汉学实际上并不属于真正意义上的汉学，英国汉学偏重于考古学，而美国汉学则造就的是一批"中国问题专家"，主要是为官方对华战略提供咨询。其中费正清可算是一个典型，他本人不懂汉语，他所从事的中国研究其实不如说是对外关系研究。以法国为主导的欧洲汉学则注重人文学科尤其是文献学方面的研究，也可以说是一种考据训诂之学。虽然沙畹之后高本汉自立门户，在欧洲汉学界形成了巴黎和瑞典两派，但他毕竟师承沙畹，始终维系着一种人文传统。

1915年5月，高本汉在乌普萨拉大学获得博士学位，博士论文即他的巨著《中国音韵学研究》的第一部分。这部著作在1926年全部完成，在国际汉语研究领域享有盛誉。中国著名语言学家罗常培认为它是20世纪科学研究汉语语音的第一部宏伟著作。[①] 这部著作的重要意义在于，高本汉在应用从欧洲语言研究中发展起来的比较音韵学原理的同时吸收了中国清代以来的一些音韵训诂学大师的研究成果，重新构拟了一套更为精准的语音系统，弥补了汉语语音系统的某些不足。至今，《中国音韵学研究》仍是这一领域的必读之书。更值得一提的是，直到这部著作的中译本问世之后，中国的语言学家才开始使用双语拼音，赵元

---

① 王蔚桦，1996，《根深叶茂，硕果累累——瑞典汉学概述》，《贵阳师专学报》，第4期，第21—25页。

任设计的第一套罗马拼音字母方案就受到高本汉研究成果的直接影响。[①]

对于中古和上古汉语进行语音系统的构拟工作无疑是高本汉学术研究的核心部分。在完成了《中国音韵学研究》这部主要以中古汉语为研究对象的著作之后，他继续从事上古汉语即公元前一千年的汉语的语音构拟工作，并于1940年将其关于中古和上古汉语的研究成果汇编成《汉文典——汉字与日文汉字的字形与读音》。这部著作其实是一部古汉语字典，收录了先秦古籍中所使用的汉字，标出这些字的上古字形，分别注上这些字的上古、中古和现代读音，并用英文解释字义。该书出版后，经过修订，1957年以《汉文典·修订本》作为书名再版。1954年，他的《中上古汉语音韵纲要》出版，书中记述了他从事语音构拟工作所采用的材料、方法以及取得的成果。至此，他关于汉语音韵学的研究达到了个人最高成就。

1918年9月，高本汉出任哥德堡大学东亚语言与文化教授，讲授汉语和日语。从年龄上来看，当时他还不到30岁，以这个年龄在瑞典这个对于教学职位限制非常严格的国家担当教授，这本身就能说明许多问题。然而更重要的是，这无疑是北欧汉学的一个标志性时刻，至少汉语教学已经作为一门课程在教育体制中获得合法地位。1931—1936年，高本汉任哥德堡大学校长。1939年他离开哥德堡前往斯德哥尔摩，任远东博物馆馆长和斯德哥尔摩大学东亚考古学教授。

1939年高本汉初到斯德哥尔摩大学时，并没有为他设定任何教学计划。1945年洛克菲勒基金会提供了一笔经费，让他为斯堪的纳维亚地区培养一批汉学家。自此他在斯德哥尔摩大学教授汉学长达20年之久，直至1965年。这期间他不仅为瑞典而且为北欧培养了一批后来在各自国家担当学术带头人的汉学家。其中有瑞典的马悦然（Göran Malmqvist），他从1965年起接替高本汉任斯德哥尔摩大学汉学教授；丹麦的易家乐（Soren Egerod），他于1960年创立了哥本哈根东亚研究院；挪威的韩恒乐（Henry Henne，1918—2002，又译翰汉乐、何亨利），他在1966年建立了

---

① 王蔚桦，1996，《根深叶茂，硕果累累——瑞典汉学概述》，《贵阳师专学报》，第4期，第21—25页。

奥斯陆大学东亚研究系。从 20 世纪 50 年代后期起直至 90 年代，正是这些学生在北欧汉学的发展中发挥着主导作用。

如果说高本汉是北欧汉学的开拓者，那么这一代学生无疑是继承北欧汉学传统的第二代人物。他们的研究重点也是古典研究，或者说其研究领域并未脱离传统汉学的范围，主要以历史语音学、古典宗教与哲学以及语言学为研究课题。

然而，在第二代与第三代的交替过程中，也就是从中国的"文化大革命"开始，情况发生了变化。柏思德把从 20 世纪 60 年代中期到 90 年代中后期出现的研究中国的学者划分为三代或三个阶段，第一个阶段为"文革"十年时期，第二个阶段是后毛泽东时代，第三个阶段是 1989 年以后。[①] 实际上，这一划分是指当代中国研究在北欧的发展脉络，与传统汉学谱系的延续并不完全吻合。以瑞典为例，作为第二代汉学家领军人物的马悦然从 1965—1990 年始终活跃在汉学研究第一线，而第三代的中坚人物罗多弼于 1980 年获得博士学位，直到 1990 年才接替马悦然的位置。显然，传统汉学的学术谱系从中国"文化大革命"起发生了某些始料不及的变化，这样便给学术谱系的追述造成诸多不便和混乱，因而有必要做出更加细化的厘清。

从汉学学术谱系的角度来讲，从 20 世纪 60 年代到 80 年代末应该是第二代汉学家学术生涯的鼎盛时期，同时也是第三代汉学家开始崭露头角的时期。进入 90 年代，第三代汉学家开始全面替代第二代，或者说到第三代传统汉学与当代中国研究已整合为一体。柏思德的划分无疑为我们了解这个交融过程提供了更加清晰的框架，同时也把传统汉学置于当代中国研究这个更广阔的学术背景之中。更具体地说，北欧汉学从第二代到第三代的过渡中已经发生了某种转向，使得第三代的构成更为复杂，他们甚至已经不是纯粹意义的汉学家，而是研究中国问题的学者（China scholars）。

作出这种澄清之后再来看看柏思德的划分，他所说的当代中国研究的第一代或第一个阶段我们称为"66—76 一代"；第二个阶段称之为"76—89 一代"；第三个阶段称为"89 以后一代"。"66—76 一代"的

① Brodsgaard, Kjeld Erik, 1996, p. 938.

主要构成是发展经济学家、历史学家、政治学家和左翼知识分子。这一代人最突出的特点是绝大部分人不懂汉语，他们研究的课题主要是政治和经济问题，而且往往是根据中国人自己的理解来从事研究，或说是被中国"文革"时期的某些宣传所蒙蔽，因此，不如说他们是一批比较左倾的"中国问题专家"。这种情况的产生自然有其原因，罗多弼在论述瑞典的中国研究时曾指出，"瑞典中国研究的这种重新定向应该置于60年代左派运动的语境中来理解，这个运动一般而言将其关注点落于第三世界，具体来讲是印度支那和中国的'文化大革命'。我本人是在1968年开始学习汉语的，当时左派运动正处于高潮"。① 左派运动固然产生了种种不良效应，使中国研究出现了某些偏差，但从积极的方面来讲，它激发了一些学生和学者对于现代中国文化和社会的兴趣，在某种程度上推动了当代中国研究的发展，使之从几乎无人知晓成为青年学生关注的热点。

到了第二个阶段即"76—89一代"，情况又有所变化。一般来讲，这一代人都在传统的汉学院系受过训练，并作为交换学生到中国学习过。其中大多数既受过正规汉语培训，又有很好的社会科学理论功底，而且能把二者结合起来。不过，当时除瑞典之外，并没有把语言训练和社会科学与方法结合起来的正式博士研究生项目，所以他们中的大部分人对于社会科学理论和方法的掌握基本是靠自学。他们的研究课题和分析框架也与上一代不同，发生了一种范式转变。这种转变的根本在于，他们的研究已经摆脱了中国官方的自我描述，并且开始质疑"66—76一代"的研究工作的某些基本假定。② 更具体而言，他们拒斥了"两条路线斗争"这种简单的二元对立观点，越来越意识到中国政治的复杂性，同时更加关注70年代发生的一些政治事件，特别是1978—1979年所谓的民主运动。经济问题仍然受到关注，不过不再只是停留在事实性描述，而是试图系统化地理解中国话语。文学研究仍然处于优先地位，一些从事中

①　Loden, Torbjöim, 1998.

②　例如，参见柏思德对于毛泽东和中国发展战略的重新评价。Brodsgaard, Kjeld Erik, 1983, Paradigmatic Change: Reform and Readjustment in the Chinese Economg, *Modern China*, Vol. 9, No. 1 - 2.

国文学研究的学者还进行了大量的翻译工作。从 80 年代中期开始，方法论问题又成为新的关注点，特别是对所掌握资料的可靠性和有用性展开了讨论。这种对于学术研究的理论框架和经验基础的注重在 80 年代中期以后和 90 年代表现出更强的势头。① 进入 90 年代，这一代学者开始转向一些新的课题，例如，中央与地方的关系，国家、社会和个人，市民社会，私营企业家和私营部门，政治文化，"文化大革命"以及地方志编修等。在研究方法上他们与"66—76 一代"更是形成了鲜明的反差，强调实地考察和档案研究，一般来讲与中国人自己的理解保持距离。从学术研究的角度来讲，此时的中国研究似乎又回到了正轨。

第三个阶段即"89 以后一代"显示出这一研究领域的日趋成熟。这一代主要是由在 80 年代获得博士学位、受过系统而严格培训的青年学者构成。他们的研究课题与"76—89 一代"相比并未出现范式转变，但明显地不再关注诸如经济发展和经济改革等宏观经济问题，而呈现出一种多样化的趋势，更多地注重于研究一些比较具体的问题，如政治机构和地方政府在经济发展中的作用，某些政策领域中的政策制定与实施，妇女的政治参与和计划生育政策的实施等，同时还出现了一些新的课题，如民族性、民族和文化认同以及市民社会和私营部门的作用等。② 尤其是在 90 年代，他们的研究得到了进一步的发展。

以上是对北欧汉学和当代中国研究的发展脉络的大体勾勒，下面则根据这一脉络分国进行追述，重点放在代表人物、体制结构以及研究方向的变化。

三 瑞典的中国学

瑞典对于中国的兴趣可溯源至 1654 年，当时有一位名叫尼尔思·马森·席欧平（Nils Mattson Kiöping）的瑞典人跟随一荷兰商人兼外交官来到中国，回去之后写了一部游记，于 1677 年发表。1694 年，尤那·罗克纳尔斯（Jonas Locnaeus）在乌普萨拉大学完成了他的博士论文《长城简

---

① Brodsgaard, Kjeld Erik, 1996, p. 955, note 69.

② Brodsgaard, Kjeld Erik, 1996, p. 956.

述》，这是瑞典，当然也是北欧的第一篇以中国为论题的学术论文。在这之后，不断有关于中国的学术论文、考察报告、游记等多种形式的出版物发表，其间出现过高潮和低潮，但是终归作为一条脉络延续下来。①

关于中国的研究真正上升到学术研究的地位是在 20 世纪初。尽管高本汉是瑞典和北欧汉学的开创者，但是第一位用现代科学方法从事有关中国研究的瑞典人应该是斯文·赫定（Sven Hedin，1865—1952）。作为一位地理学家和探险家，赫定从 1893 年开始曾先后三次到中亚考察，他的研究成果主要是考察报告。特别是他第三次考察的结果以《1927 年至1935 年在斯文·赫定博士领导下对中国西北省份进行科学考察的报告》为总题目分卷出版，从 1937 年开始出版，目前已出版了 56 卷。②

另一位近现代中国研究的开拓者是约翰·古纳·安特生（Johan Gunnar Andersson，1874—1960）。安特生是一位地质学家，1914—1924 年，他接受邀请出任北京北洋政府农商部地质调查所顾问。从汉学研究的角度来讲，他的最大贡献莫过于他在 1929 年创办了《远东古物博物馆通报》（*Bulletin of the Museum of Far Eastern Antiquities*，*BMFEA*），并担任首任主编。后来证明，这份刊物对于汉学的发展起到了不可低估的作用，一些著名汉学家如高本汉、马悦然等都曾在《通报》上发表过他们的主要著述。

以上两位开拓者与高本汉同属一代人，在各自领域也都很有成就。然而，他们与高本汉的最大差别就是没有衣钵传人，而高本汉却是桃李满天下，后来瑞典所有与中国研究相关的重要角色几乎都由高本汉的学生担当，形成了一个"学术家族"。也就是说，另外几位开拓者虽然在中国研究方面颇有造诣，但并没有形成学术谱系，后继无人，唯独高本汉开创的汉学形成了谱系，他的弟子们不仅继承了老师的事业，而且能够发扬光大，使瑞典的汉学获得了长足的发展。

这里我们仅选几位具有代表性的加以简略的介绍，从中也可以了解

---

① Loden，Torbjöim，1998.

② 英文书名为 *Reports from the Scientific Expedition to the North-Western Provinces of China under the Leadership of Dr. Sven Hedin. 1927 - 1935*，这是一个文库系列，由多位学者撰写，每卷署名为著者。

到这一代人的研究趣向和瑞典汉学研究的基本构成。

　　一位是毕汉思（Hans Bielenstein），专攻东汉史，成名作为《汉朝的中兴》。这是一部4卷本的鸿篇巨著，历时26年完成。书中对于两汉的覆灭、王莽新政的兴衰及东汉政权的建立作了全面的评述，并且从经济、文化关系等多重角度论述了朝代更替的发生机制，尤其是对王莽和刘秀两个关键人物的评价颇有独到之处，但是中国史学界也有人认为他的论述有故造新论之嫌，是国外汉学界研究中国史的一个通病。这部著作还附有160多幅历史地图，可见在史料搜集上所下功夫之深。不过，毕汉思作为高本汉最早获得博士学位的学生，并没有在瑞典寻求发展。1953年他在斯德哥尔摩大学完成博士论文之后，便去了澳大利亚堪培拉大学任东方语言学教授和东方研究院院长。1961年他移居美国，任哥伦比亚大学中国史教授至今。在国外中国史研究领域，毕汉思无疑是汉史方面的顶尖人物，曾参加《剑桥中国史》汉史部分的撰写。

　　林西莉女士（Cecilia lindqvist）是高本汉的一位极为出色的女学生，她在治学方面走的是一条完全不同的路，但是成就却是同样卓著。林西莉获得博士学位后并没有因循学院派的路子在高等学府寻求发展，而是大胆倡议在中学普及汉语，并且去了一所中学担任汉语教员。严格地讲，林西莉对于传统的学究式的汉语研究兴趣并不大，她完全是被中国文化、历史以及语言的魅力所吸引，认为研究汉字是一件非常有意思的事情。实际上，她对汉字乃至中国文化有着自己独特的审美观，她在向学生教授汉字的时候总是把汉字同中国的文化联系起来，学生们学起来如同听故事那样兴趣益然。凭着自己多年的教学经验和对中国文化的感悟，她用8年时间写成《汉字王国》一书。这部著作挑选了150个最古老和最核心的汉字，用讲故事的方式叙述了汉字的起源形态及其背后的文化渊源。林西莉认为，当从汉字的象形结构去理解汉字的来龙去脉，就能从汉字的形象中悟得其意蕴，也就能更好地理解和记忆汉字。林西莉对于中国文字的研究和见解得到了中国学者的肯定，认为达到了许多本土研究者都未达到的高度。其实，按照林西莉本人的说法，她本无意写书，写这本书的动机也是出于"好玩"。没料想，这部著作1989年在瑞典出版时引起轰动，当年就被评为年度最佳著作，之后很快被译成英文、法文、德文、挪威文、芬兰文等文字，1998年以《汉字王国——讲述中国人和他们的汉字的故事》（山东画报出版社）为书名译成中文，目前各种版本的总发行量已高达百万册。1990 年瑞典教育部根据她的突出贡献特别授予她汉学教授职称。

在高本汉的所有学生当中，马悦然无疑是名气最大的，他甚至被誉为瑞典汉学研究中可与高本汉相提并论的一位巨擘式人物。[①]

马悦然最初（1944 年）在乌普萨拉大学攻读希腊文和拉丁文，后对汉语发生兴趣，1946 年转入斯德哥尔摩大学师从高本汉学习汉语。在高本汉门下，他在古汉语和音韵分析方面受到了全面系统的训练，不仅在古汉语和中国古代文化知识方面打下了牢固的基础，且更继承了老师的治学方法。在他早期的学术成果中，多少能窥见其老师的影子。1948—1950 年，他到中国四川搜集方言资料，其间曾居住在峨眉山的一座寺庙学习中国古代诗词，后又去西藏旅行，回来后住在一位中国教授家中学习汉语，1950 年与这位教授女儿陈宁祖女士结婚。

根据所搜集的资料，马悦然完成了《两种四川方言简释》一文。他的学位论文分别为《四川方言句法》和《西南官话音韵研究》，其中后一篇论文在汉学界极受称道，为他赢得了声誉。在此之后，他因循高本汉开创的传统，对《公羊传》和《穀梁传》进行了细致的文本研究。这些研究成果于 70 年代以系列论文的形式发表，题目是《〈公羊传〉和〈穀梁传〉评注研究》，分为三篇。关于《公羊传》和《穀梁传》的研究可以说是为他对《春秋繁露》进行 68 文本分析所做的前期工作。关于《春秋繁露》，一般认为是董仲舒所著，但是马悦然根据他对现存文本所作的语言学分析断定，这部书的很大一部分其写作年代不可能早于魏晋南北朝时期，他未将其研究成果付诸发表，大概也因此缘故。

从马悦然早期的研究成果来看，他完全是继承了高本汉的古典汉学传统，只是研究的课题有所不同。不过，在从事汉学研究的同时，他还开展另一项极其重要的工作：译介中国文学作品。早在 1948 年，他就翻译发表了陶渊明的《桃花源记》。10 年后，即 1958 年他发表了第二部译作，老舍的一篇短篇小说。这期间，他曾任瑞典驻华使馆文化参赞（1956—1958 年），并与老舍、冯牧等中国作家结为至交。1965 年，他的

---

①　罗多弼，1997，《汉学研究在瑞典》，《学术研究》第 3 期。

第三部译作一卷本唐诗问世。70 年代以后，他的翻译工作进入了高产期，我们将在下文详细介绍。这里需要指出的是，马悦然并非只是从事单纯意义上的翻译，实际上他在进行某种意义上的文化交流，同时蕴含着对于汉学的某种新的理解，在一定程度上为汉学后来的转向埋下了伏笔。

1965 年是马悦然学术生涯的一个重要转折点。这一年他辞去澳大利亚堪培拉大学中文教授的职务，回到斯德哥尔摩大学接替高本汉任汉学教授。自此之后，瑞典汉学开始进入了一个新的时代，研究方向开始转向中国现代文化和社会。这固然与马悦然本人的学术研究不无关联，更多的则是迎合了当时学术界的潮流。

从马悦然本人来讲，70 年代以后他除了承担教学任务之外，几乎专注于中国文学的译介工作。从 1970—1984 年他就有 33 部译作问世，其中包括《水浒传》全译本，分 4 卷先后在 1975—1984 年出版；《毛泽东诗词》（共 38 首）以及 4 卷本 20 世纪中国诗歌和散文选集。

1984 年以后，马悦然的翻译事业更是进入了辉煌时期。1987 年他翻译出版了沈从文的《边城》，一年以后又翻译了一部沈从文的作品集。1987 年他的翻译重点开始转向毛泽东时代以后的中国文学作品。实际上，从 1983 年起他就开始译介一些"文革"后出现的中国年青一代的现代派诗人及作品，例如翻译了北岛已发表的全部诗作。后来他又翻译了高行健的小说《灵山》及其他作品，李锐的一些短篇小说，以及完成了一项巨大工程——《西游记》全译本。

至少从表面上看，马悦然似乎已经远离传统的汉学研究，完全成为了一位文学翻译家。实际上，他开启了一种新的汉学研究。所谓新的汉学研究，其实是一种研究范式的彻底转变，即从"知识解惑"式的传统汉学转向主要作为"文化相互渗透"（cultural interpenetration）的代理式的汉学研究。这种转变一方面顺应了当时西方学界"走出象牙塔"的时代潮流，另一方面代表了对于像汉学这样的研究领域的新的理解。从整个西方学界来讲，学者之间的国际交流在 70 年代以后越发成为一种趋势，原来那种"闭门造车"的模式几乎被废弃，尤其文化研究的重镇文化人类学很早就非常重视"田野工作"（实地考察）及"参与观察"等方法。70 年代以后根据实地考察撰写论文更成为一种趋势。马悦然早期关于四川方言的研究其实在一定程度上也是采用了田野工作的方法。那么，70 年代以后他显然并不满足于停留在这种治学方式上，而是寻求新的突破。从马悦然的个人特质来讲，他具有一种常人难有的将敏锐的分析力与审美感受力结合起来的特点，大概也因此而对汉学有着一种独特的理解。基于这种理解，他将汉学研究的着重点落于跨文化沟通。

具体而言，他从事的文学翻译并非单纯的翻译，而是担当学者兼文化中介的角色。尤其是在翻译中国当代文学作品的过程中，他结识了所译作品的作者，与他们进行交流，达到一种文化上的相互了解。作为翻译家，他充当了两种文化之间的双向中介的角色；作为学者，他是在具体的文化语境中来解读文本。换句话说，他把汉学研究从一种研究者对研究对象的关系即主体与客体的关系升华到一种主体间交往的关系，这样汉学研究便可以在多元文化的语境中达到一种高层次的文化融合。

在教学方面，马悦然同样是成就卓著，在他担任斯德哥尔摩大学汉学教授的 25 年间，他的学生中先后共有 13 位在斯德哥尔摩大学获得了博士学位，至少还有三位在美国获得了博士学位。他们的博士论文选题范围也很广：从古文献训诂、现代历史和政治到现代文学和文化理论。从这些选题中也可以看出瑞典汉学研究领域的扩大和研究方向的转变。

1990 年，马悦然退休，由他的学生罗多弼接任斯德哥尔摩大学中文教授。在此之前，即 1989 年，隆德大学新设了一个中文教授席位，马悦然的另一位高徒罗斯（Lars Ragvald）获得了这个位置。这样，瑞典汉学研究两大重镇的领军人物都是马氏传人。

罗多弼 1968 年开始学习汉语，1970 年到香港中文大学进修，一年后回到瑞典攻读历史哲学，重点研究中国马克思主义学者关于中国古代史断代问题的讨论，后因到瑞典驻北京大使馆任文化参赞而中断了研究。任期期满后他重回马悦然门下攻读博士学位，1980 年获得博士学位，论文题目为"中国关于无产阶级文学的论争：1928—1929"，目前任斯德哥尔摩大学东方语言学院中文系讲座教授，斯德哥尔摩大学亚洲及太平洋研究中心主任，北欧孔子学院院长等职。

罗多弼的特点是研究领域十分广泛，涉及哲学、文化、文学以及意识形态领域。虽然看上去杂乱，但实际上他是从多个层面探索中国社会文化的发展轨迹，在探索的过程中又不断有新的发现，自己的认识也随之不断深化。按照罗多弼自己的追述，他对 20 世纪初的中国意识形态领域比较感兴趣，曾撰写过一部专著，后来因认识到中国传统文化的重要性，转而研究戴震，发表了一些文章。[①] 他研究戴震的代表作是一篇题为"戴震与儒家思想的社会动力"的论文和一部译作"戴震的《孟子字义疏证》"。戴震作为新儒学的批判者，强烈抨击作为官方意识形态的儒学。罗多弼以他作为切入点研究儒家思想显然与他关于中国意识形态的研究有着紧密的关联。他对儒学的研究并非停留在一种单纯意义上的学术研究，在更大程度上是透过儒学的历史发展和应用，探索这一精神和思想传统在当今所产生的作用和关联。这一点在他的新作《重新发现儒学：东亚的人生哲学》中表现得更为明确。这部著作对作为一种思想和信念体系的儒学在三千年中的衍化进行了概述和评价，尤其对儒学为什么至今还具有强大的生命力进行了探讨。罗多弼认为，儒学对于东南亚人来说不仅仅是一种人生哲学，更重要的是它始终作为国家的主导意识形态，不仅在中国帝制时期如此，对于当今的新加坡和韩国政府而言同样如此。

实际上，罗多弼对于中国社会文化的探索是以古代和现代作为双重坐标来展开的。在 20 世纪 90 年代后期，他完成了《从毛泽东到财神：现代中国的思想与政治》一书。这部著作涉及内容广泛，探讨的问题包括马克思列宁主义和毛泽东思想的来源以及在中国的地位与作用、关于马列主义和毛泽东思想的官方解释、80 年代以来的中国文学、回归传统的某些迹象、中国文化的商业化以及中国知识分子的角色等。

与其前辈比较而言，罗多弼的研究显然更具总体性，治学方式也有着明显的不同。从某种意义上讲，他的研究已经完全脱离了传统汉学的模式，但也不是一种地域研究，而是以某一课题如中国文化为聚焦点，从多个层面展开全面综合的、完全脱离于学科束缚的研究。当然，这与他对汉字的理解不无关系（如上文所述），同时也说明他能够在前人业绩的基础上开拓一条新路。他认为，马悦然倡导的研究方式固然扩大了研

---

① 罗多弼在《汉学研究在瑞典》这篇学术报告中说自己的处女作是《20 世纪初的中国》，但是未查到这部著作的原文书名和出版年代。从网上查到的资料来看，他在 1972 年出版过一部题为《中国马克思主义先锋李大钊的三篇文章》的著作。

究的领域，但也使得研究过于分散，学者之间无法就各自的课题展开有意义的讨论，久而久之汉学研究必然发生退化。为保持汉学研究的活力，罗多弼的做法是在一段时间内以某一课题作为主要研究领域，90 年代在保持古典研究的同时则以中国文化为主要研究方向。这种方式的主要作用在于创造一种能够激发活力的"临界质量"（critical mass）。[1] 由此可见，罗多弼对于汉学的理解较前人又上升了一个层次。

与罗多弼形成呼应之势的罗斯则在瑞典汉学研究的另一重镇隆德大学东亚语言系担当领军人物。东亚语言系是由克里斯蒂娜·林代尔（Kristina Lindell）在 70 年代创建的，目前由罗斯任讲座教授。与罗多弼相比，罗斯似乎更侧重于语言教学，他不仅普通话讲得好，而且能用流利的客家话和粤语进行交流。他在隆德大学专门开设了粤语课。90 年代以后，罗斯主持了一项重大工程：编纂第一部大型《汉瑞词典》。罗斯的研究同样比较广泛，最初重点侧重于当代中国文学批评，对李希凡、蓝翎及俞平伯都有过专门研究，博士论文则选择了更具政治色彩的姚文元作为论题，题目是"作为文学批判家和理论家的姚文元：中国日丹诺夫主义的出现"。之后，其研究领域进一步拓展，着眼于中国文化和社会研究。他凭借语言上的优势，曾到广东各地特别是顺德地区进行实地考察，写过若干篇文化学和民俗学等方面的论文。

值得注意的是，随着研究方向逐渐转向当代中国，瑞典的汉学研究在机构设置上也发生了一些重大变化。1984 年，斯德哥尔摩大学建立了亚洲及太平洋研究中心，目的是促进有关亚太地区的政治、经济、社会及文化发展的学术研究。1992 年，郝德馨（Thomas G. Hart）任中心主任后，研究重点显然向当代中国倾斜，他本人专门研究中国内外政策，是瑞典的中国问题专家。郝德馨是美国人，在美国读本科生时其专业是社会科学、人文地理学和教育；后到斯德哥尔摩大学从师高本汉学习汉学，1962 年获硕士学位。或许由于不懂汉语的缘故，他攻读博士学位时选择的专业是政治学和国际关系。其代表作是《革命动力学：一种关于现代社会革命动力的控制论理论及中国革命的意识形态变化和组织动力研究》，主要是从一般系统论、控制论以及结构功能主义等实证主义观点来

---

[1]　Loden, Torbjöim, 1998.

论证中国革命的动因，与普遍偏重于人文研究的瑞典汉学家形成了鲜明的对照。这也许是汉学家与中国问题专家的差别所在，郝德馨也因其研究进路的不同被视为汉学圈外的研究中国的学者。① 该中心在 1988 年创办了《斯德哥尔摩东亚研究杂志》（*Stockholm Journal of East Asian Studies*），用英文出版，弥补了由斯德哥尔摩大学东方语言学院建立的东方研究协会以瑞典文出版的会刊《东方研究》（*Oriental Studies*）的某些不足。

在隆德方面也发生了类似的变化。1997 年，隆德大学建立了东亚和东南亚研究中心，由沈迈克（Michael Schoenhals）任中心主任。其实，隆德大学原本有一政策研究所从事当代中国研究，尤其侧重于中国的科学和技术，但是到 80 年代中期，由于主要研究人员先后离开，研究事业也就日渐衰落了。沈迈克也是马悦然的学生，原本在斯德哥尔摩大学亚洲及太平洋研究中心任副教授，在 50 年代出生的这一代中国学家中他无疑是佼佼者。作为这一代的代表人物，沈迈克的特点也是很鲜明的。从语言上讲，他的普通话讲得极好，几乎与中国人没有差别，但是在古汉语方面却略显不足。他的研究领域主要集中于当代中国政治，博士论文为《跳跃式的社会主义：毛泽东与 1958 年大跃进》，后专门研究"文化大革命"。

汉学教学和研究在瑞典的分布，主要集中于斯德哥尔摩大学和隆德大学，这两所大学除开设本科生课程外，还设立硕士研究生和博士研究生项目。哥德堡大学的东方语言系开设了一个汉语本科班，乌普萨拉大学则开设了一个为期一年的汉语本科班。目前瑞典共有中文教授 6 位，副教授 26 位，中国学博士 30 余位。② 无论在规模上还是在研究和教学力量方面，无疑居北欧四国中的首位。

四　丹麦的中国学

丹麦有关中国的研究虽然也很久远，但却缺乏连续性。第一位在丹麦大学教授汉语的丹麦人是克特·沃夫（Kurt Wulf, 1881—1938），可以

---

① Brodsgaard, Kjeld Erik, 1996, p. 942.

② 王蔚桦，1996。

算是丹麦的第一位汉学家。同那个时代的汉学家一样，沃夫的学术生涯也是从语言学起步的。他不但通拉丁文、希腊文、英文，还懂古土耳其语、马来语和梵文。1921 年他到北京学习汉语，1926 年回国后任教哥本哈根大学，专门从事语言学研究和中国古典作品翻译，译著有《聊斋志异》《老子》等。①

遗憾的是，沃夫于 1938 年去世，丹麦大学一级的汉语教学也就此中断了将近 20 年的时间。直到 1957 年，易家乐（Soren Egerod）归国承担了汉语教学这一重任，丹麦的汉学研究才得以恢复。易家乐不仅是高本汉的学生，还曾在著名汉学家戴密微（Paul Demiéville，1894—1979）和中国著名语言学家赵元任门下学习过。② 他到哥本哈根大学执教的第一年任副教授，从第二年即 1958 年起任教授，直至 1993 年。易家乐的研究领域是古汉语、汉语语言学、东南亚语言学以及中国哲学和宗教，在汉语方言学、语音学、东南亚诸国语言以及中国宗教等方面都有著述（由于查不到原文目录，在此不一一列举）。他通梵文、藏文、马来语、泰语以及中国方言粤语、客家话等，还翻译过道家经典《庄子》。

1960 年，哥本哈根大学建立了丹麦第一所东亚研究学院（该院 1993 年改为亚洲研究系）。在易家乐的主持下，东亚研究学院得到了很大的扩展，从教职人员和学生的数量上来讲都属斯堪的纳维亚地区最大的院系之一，主要从事传统汉学的教学与研究。直到 80 年代后期，该学院才设置了一个专门从事现当代中国研究的终身教职。目前亚洲研究系共有终身教职 9 个，研究中国的有 3 个，其中易家乐退休后所留下的教授席位始终是空缺，无人顶替，而其他两个是副教授。从另一层意义上讲，易家乐之后传统汉学这一领域已无领军人物。

对于这种情况，可以从两方面来理解：一是关于中国的研究已经在很大程度上从传统汉学模式转为地域研究；二是教育体制方面的原因，也就是说，汉学应该是独立存在还是归入某一院系。关于这两点我们在下文中会附带地做一些说明。

关于亚洲研究系的中国研究，有两个具有代表性的人物应该提及。

---

① 张台萍，1996，《挪威的汉学研究》，《汉学研究通讯》，第 16 卷第 2 期。

② 同上。

一位是李来福（Leif littrup），1998—2001 年他在亚洲研究系担任系主任，在此之前曾担任过东亚和东南亚研究中心主任（1983—1986），奥胡斯大学东南亚研究学院院长（1982—1985），目前是高级讲师（reader），丹麦文是 docent。1969—1970 年李来福曾到中国台湾大学学习过，后多次来中国大陆和台湾从事研究工作。1978 年他在澳大利亚国立大学获博士学位，论文题目是"山东的地方自治政府，1550—1600"，后改写为专著《中国明朝时期的下级官僚政府——关于 16 世纪的山东省的研究》。他的主要研究领域是从 15 世纪到近现代的中国历史以及中国的世界史研究和比较史学，就此发表过多篇论文。从 2001 年起，他不再担任亚洲研究系主任的职务，而转到历史系继续做高级讲师。从另一个角度讲，他所从事的研究虽然是以中国历史为课题，但并未使他立足于传统汉学领域，最终还是被归入历史系。

另一位是柏思德（Kjeld Erik Brdsgaard），从他的学术生涯可以清楚地看出其研究从传统汉学到当代中国研究的转变过程。柏思德最初也是学历史出身，大学本科专业是历史，硕士研究生专业是历史和政治，分别在哥本哈根大学和奥胡斯大学完成。之后他到中国南京大学进修中国现代史。再后来到哥本哈根大学攻读博士学位，专业为中国现代史与政治，1989 年完成博士论文，题目是"中国经济的调整与改革，1953—1986"。目前他在哥本哈根大学亚洲研究系任副教授；在哥本哈根商业学院国际经济和管理系任客座教授，亚洲研究中心主任；在奥胡斯大学东亚研究院任客座研究员。此外，他还经常应邀做客媒体，在电视台新闻频道就中国和东亚问题进行评论。

实际上，柏思德在读博士学位期间其研究方向已经完全转向当代中国研究，更具体地讲，主要集中于如下几个领域。（1）中国与全球经济，主要从三个方面进行探讨，一是从中国国内政治和经济角度来看中国与世界经济的接轨；二是中国转型过程的社会和环境影响；三是从中国的贸易和投资以及大公司的竞争力来看中国的地区和全球地位。（2）中国的国家、政党以及商业环境的变化，重点探讨中国共产党在治理国家中担当的角色，他认为中国共产党能够通过强化其组织机器，掌控新的社会阶层特别是新生的私营企业家阶层而重新激活自身，并且对组织程序、干部管理国家和社会的能力以及人事制度改革等进行更细化的研究。

（3）海南研究，以海南经济特区的政治经济改革为案例，重点探讨"小政府大社会"改革实验可能对中央与省以及省与地方的关系产生的影响，对于中国经济特区的形成与发展进行深层次研究。

在这三个领域，柏思德取得了相当丰硕的研究成果，著有专著多部，主编论文集多部，学术论文及文章数百篇，至少从数量上在丹麦乃至北欧地区是屈指可数的。就柏思德本人而言，他应该介于他所划分的"76—89 一代"与"89 以后一代"之间，或者说这两代人的特点他兼而有之。从学术背景来讲，他作为历史专业的硕士研究生曾到中国大学进修过，"76—89 一代"普遍都具有这样的经历，同时他又接受过正规和系统的博士研究生教育，而这又是"89 以后一代"才能享有的，因为丹麦在 80 年代实行了教育改革，规定必须获取博士学位，才能获得教职。从研究趣向来讲，他的著述更能说明他本人的这种特点，这里不妨列举一二。他与人合编的《重建 20 世纪的中国：国家控制、市民社会与民族认同》一书围绕着三个关键问题探讨了邓小平时代的中国改革与重建，即（1）国家对于经济、社会及文化生活的控制程度与限度；（2）脱离国家控制的市民社会的发展前景；（3）考虑到中国民族多样性的中国民族认同。显然，仅就研究的课题而言，看不出这两代人有多大的差别，唯一的差别也就是以柏思德为代表的一代的研究进路表现为宏观与微观同时并举而稍偏重于宏观。

柏思德还有其他一些著述，这里就不一一列举。接下来我们从他的学术生涯来窥度汉学研究和当代中国研究在丹麦教育体制下的发展和变化。柏思德虽然在哥本哈根大学亚洲研究系任有教职，但是他关于当代中国的研究却是在其他研究机构进行的，也可以说是兼职进行的。

哥本哈根大学的当代中国研究在很大程度上是随着东亚和东南亚研究中心的筹建过程而展开的。1981 年，哥本哈根大学准备设立一项二年制的地域研究课程，于是从各人文和社会科学院系选派了一些代表组成了一个工作小组进行筹备工作。但是最终教育部决定将这个项目设在奥胡斯大学，不过工作小组并未因此而解散，反而日渐壮大，1984 年正式取名为东亚和东南亚研究中心，以定期活动的方式安排各种研讨会和学术会议。1987 年，柏思德当选为中心的新一届主任，同时中心归校长办公室直接领导。1989 年中心有了自己的办公场所，也就是说研究人员有了自己的家园，可以从事越来越多的有关当代中国的研究项目，其中许多研究项目后来的成果形式是博士论文。在丹麦有关当代中国研究的 8 篇博士论文中有 5 篇出自与该中心相关的学者，其中包括柏思德 1989 年完成的博士论文。① 另外，中心还举办了"哥本哈根东亚和东南亚研究系列讲座"以及一些学术会议和研讨会，并分别于 1987 年和 1988 年创办了国际性刊物《哥本哈根亚洲研究杂志》（*The Copenhagen Journal of Asian Studies*）和《哥本哈根讨论稿》（*Copenhagen Discussion Papers*）。② 在短短的几年时间内，这个中心便发展成为一个拥有 8 名研究人员，在丹麦当代中国研究领域是具有举足轻重地位的研究机构。

遗憾的是，这样一个在当代中国研究领域中发挥着重要作用的学术研究实体在 1999 年由于体制原因而解体了。按照柏思德的解释，解体的原因主要在于校方的官僚体制，③ 而实际上是教育体制的改革所造成的结果。1994 年，哥本哈根大学决定，对于校内的各个跨学科研究中心，或者关闭或者并入相关院系。这意味着东亚和东南亚研究中心实际上在 1994 年被撤销了，各种研究项目和活动被转回到各个院系，特别是转到亚洲研究系和北欧亚洲研究院进行。从另一个意义上讲，这中间涉及的问题正是上文所提到的，即汉学或中国研究是应该按照传统的学科分类归入各个不同的院系，还是应该有一个专门的汉学系。显然，哥本哈根大学的决策人更愿意沿循传统的体制，而研究人员则更强调跨学科研究和跨学科研究实体的必要性。

而在奥胡斯大学，情况则有所不同。在奥胡斯大学，汉学研究开始于 20 世纪 60 年代后期，当时是在语言系设立了一个汉学教职。到了 1973 年，汉学在奥胡斯大学获得了相当的发展，于是在葛兰恩（Else Glahn，高本汉的学生之一）的主持下，建立了一个独立的学院——东亚

---

① 关于这 5 篇论文的题目，见 Brodsgaard, Kjeld Erik, 1996, p. 944, note 20。

② 前者是丹麦唯一一份有关现当代中国研究的刊物，创办者和现任主编是柏思德；后者是将一系列未定稿（working papers）印发出来供学者讨论。后来由于体制方面的变化，《亚洲研究杂志》转交亚洲研究系主办，《讨论稿》则停办了。

③ Brodsgaard, Kjeld Erik, 1996, p. 944.

研究学院。① 从体制上讲，东亚研究学院与哥本哈根大学的亚洲研究系没有太大的差别，而且在建立之初也主要是从事传统汉学方面的研究。但是自 70 年代中期以后逐渐转向专门从事当代中国研究，目前三位研究中国的学者全部是研究现当代中国问题。② 1981 年，东亚研究学院成立了中国信息办公室，主要作为一个文献中心为商业团体提供服务。1984 年东亚研究学院与奥胡斯政治学院合作设立了一项东亚地域研究项目。目前东亚研究学院的终身教职席位一共有 4 个。

从丹麦的总体情况来看，与中国有关的研究的重点显然已从传统汉学研究转到现当代中国研究，尤其随着新一代学者在 90 年代末的崛起，这种势头更是有增无减。造成这种情况的一个重要原因在于，有关当代中国的课题更能吸引学生，也能获得外来的资助，而传统汉学院系虽然依旧希望保持一支重点放在古典研究的师资队伍，但主要是靠一种惯性来维系。在某种程度上，传统汉学只能依托于人文科学院系（如语言学、历史学等）来延续，或者说它自身的独特性开始逐渐地消融于相关的人文学科，无法再独立存在。相比之下，现当代中国研究由于依托于地域研究的框架，能够摆脱学科体制的束缚而凌驾于其上，它能够获得长足的发展也是势在必然。与瑞典的情况相比较，丹麦的中国研究在传统汉学与当代研究之间似乎缺少一种平衡。

（待续）

（选自《国外社会科学》2005 年第 5 期）

---

① Clausen, Soren; Starrs, Roy & Wedell-Wedellsborg, Anne（eds.），1995 *Cultural Encounters*: *China*, *Japan*, *and the west*: *Essays Commemorating 25 Years of East Asian Studies at the Uaiversity of Aarhus*, Aarhus: Aarhus University Press.

② 关于这三位学者的研究课题及其成果见 Brodsgaard, Kjeld Erik, 1996, p. 945, note 21。

北欧中国学追述（下）

萧俊明[*]

五 挪威的中国学

较之瑞典和丹麦，挪威的汉学研究起步较晚。汉学作为一门学科在挪威得以建立和发展，从根本上讲还是受惠于高本汉当年为整个北欧地区培养新一代汉学家所付出的努力。如果说在高本汉之后瑞典汉学界的领军人物是马悦然，丹麦是易家乐，那么挪威则是韩恒乐。在一段时期内，高本汉的这三位高徒支撑着整个北欧地区的汉学研究。

韩恒乐出生于挪威的卑尔根。20 世纪 40 年代初期也就是刚入大学时他本打算学习欧洲语言，特别是俄语。1945 年高本汉受洛克菲勒基金会资助，在北欧地区挑选优秀学生进行培养，韩恒乐有幸被选中。1946 年秋，韩恒乐前往斯德哥尔摩大学师从高本汉学习汉语。他的汉学研究也是从方言入手。1948 年他前往中国从事田野工作，但是由于战争原因他不得不离开中国前往中国香港学习客家话。之后他又去了日本学习日语，并到美国加利福尼亚大学伯克利分校受教于著名语言学家赵元任门下，在那里学习日语、汉语、朝鲜语、泰国语以及越南语，为日后的研究打下了坚实的语言基础。

1951 年，韩恒乐返回挪威在奥斯陆大学教授汉语。1958 年在斯德哥

＊ 萧俊明，男，1955 年生，中国社会科学院文献信息中心研究员。

尔摩大学通过了博士论文答辩，随后作为奥斯陆大学的交换学者前往日本东京国际基督教大学讲授语言学课程，期间从 1963—1965 年还曾去美国康奈尔大学进行短期授课。也就是在这个时期，在挪威著名语言学家约翰·沃格特（Johan Vogt）的筹划和多方奔走之下，奥斯陆大学准备建立东亚研究系。1966 年，东亚研究系正式成立（1991 年该系与其他几个系合并成立了东欧与东方研究系），韩恒乐也于当年成为挪威第一位东亚语言教授。自此，挪威的汉学研究在奥斯陆大学正式启动。韩恒乐先是开设了汉语课程，后又增设日语课。他的汉语研究主要集中于语言学方面，与他的两个学生共同撰写了《中国语言结构手册》。这部著作受到了国际学界的极大关注，在中国台湾甚至还被盗版。除此之外，韩恒乐撰写过一些有关东亚的通俗读物和文章，还将"文革"期间的《毛主席语录》翻译成挪威文。

韩恒乐初任教授时，全系只有他这一个教职，经过他多年的不懈努力，汉学研究在挪威取得了长足的发展，1970 年系里增设了专门讲授"中国历史地理"的高级讲师教职，1979 年又增设了"中国语言与文学"的教职，目前东欧与东方研究系的教职已增至 8 个，学习汉语和东亚语言的学生有 100 多人。1980 年，韩恒乐回到家乡卑尔根，继续从事日语和越南语教学，何莫邪（Christoph Harbsmeier）接替他任东亚语言和文学教授。

何莫邪是德国人，1946 年生于德国的哥廷根。1966 年他入牛津大学默顿学院攻读汉语，1969 年获学士学位，1973 年获硕士学位。1973—1976 年他在马来西亚槟城大学任教，其后返回北欧继续从事中国语言方面的研究。1980 年他获得哥本哈根大学哲学博士学位，博士论文的题目是"古汉语语法四论"。

从何莫邪的研究方向来看，他是一位典型的传统汉学家，如果说瑞典的传统汉学主要集中于音韵学研究，那么何莫邪则以研究古代和现代汉语语法见长，同时在中国修辞学、逻辑学、古代哲学等方面也颇有建树，而且有些著述是相当有分量的。其中特别值得一提的是，李约瑟的著名系列巨著《中国科学技术史》第 7 卷的《语言与逻辑》分册便是由他撰写的，他在汉学方面的学术造诣和学术地位由此可见一斑。关于中国哲学经典，他著有《历代庄子评注选粹》。实际上，他对庄子的研究是从他的两篇译作《逍遥游》和《齐物论》开始的,这方面当然不及他对汉语语法的研究。此外,何莫邪对中国的幽默文学和漫画文学也很感兴趣,尤其热衷于从这些文学样式中探索其文化和思想意义,他著有《解析中国人的笑———一部关于中国文人的放肆、厚颜及闲混的文化史》以及《漫画家丰子恺:佛教徒面孔的社会现实主义》。

从80年代末起,何莫邪在汉学研究方面又上升到一个新的高度。他的学术研究逐渐从个人研究转变为一项巨大的系统工程。他以前以某个领域作为切入点的研究现在已经上升为一种总体研究,已经从对个别领域的探索发展为宏大的综合。这项工程就是由他担任主编,北京大学语言学教授蒋绍愚任副主编,在欧美及中国汉学研究领域众多专家学者通力合作下完成的《新编汉文典:一部关于汉语概念框架的历史和比较百科全书》。①

《新编汉文典》的问世实际上经历了一个相当长的孕育时期。早在80年代末,出于教学和研究的需要,何莫邪开始收集、整理、校订大量的古汉语文献,并将文献数字化,建立了自己的电子数据库。1993年他开始制作所需文献的中西文对照版本。经过这个资料调研阶段,他从1994年起着手汇编古汉语同义词综合词典,并制成格式化文件供学生使用。大约在这个时期,他的这项工作得到奥斯陆大学校方的支持,由校方提供资金立项为《古汉语类义文典》(Synonyma Serica Comparata,SSC),由何莫邪担任主编,蒋绍愚任副主编。这项课题的主要内容是编纂一部电子版的古汉语同义词和反义词对照分析词典,也可以说是《新编汉文典》的前期工程。

《古汉语类义文典》的主要目的是要将高本汉在北欧建立的汉学传统进一步发扬光大。一直以来,高本汉当年编纂的《汉文典·修订本》是北欧汉学界必备的参考书,《古汉语类义文典》则是在这个基础上进行补充和扩展,使之成为一个数据库。

然而,《古汉语类义文典》既不是传统意义上的类书的电子版,也不

---

① 关于《新编汉文典》的详细内容,参见叶正直博士记《新编汉文典》:《一部探究汉语概念范畴网络的历史和比较类书》,载于《汉学研究通讯》第23卷第3期(总91期),2004年8月,第23—28页。

是单纯的资料汇编式的数据库，而是一个兼有多种功能而又独具特色的学术文库。这样的设计思路固然与何莫邪对汉语乃至中国文化的理解不无关系。在他看来，要深刻理解古汉语典籍，首先必须把握其引导先人思维的古汉语概念框架。所以编纂《古汉语类义文典》的目的就是对比参照古拉丁语和古希腊语的概念发展，系统地探索古汉语概念框架网络。这种探索选择同义词作为切入点也是出于一种对汉语的深刻理解。也就是说，要想准确地理解一个古汉语词，就必须了解为什么在同样的语义场或同义词组中选择这个词而不选择别的词，通过比较对照同义词之间的细微差别可以探寻汉语认知概念之间的微妙关系，进而系统地考察中国古代思想发展的脉络。

从 2001 年起，《古汉语类义文典》改为《新编汉文典》，内容和范围进一步扩大，尤其是收录了一批音像资料。到 2003 年，《新编汉文典》虽然没有全部完成预定计划，但已可以投付使用。至此，这项历时 15 载的系统工程终于告一段落。期间，来自十多个国家和地区的各个不同领域的专家学者先后参加了编纂工作。这项工程在学科跨度、研究深度、合作广度诸方面都可以说是当今世界汉学界之最。从这个意义上讲，何莫邪教授不仅是挪威而且应该是北欧国家汉学研究的领军人物之一。

韩恒乐和何莫邪实际上是两代人的代表人物，二人虽无师生关系，但何莫邪继承和发展了高本汉的汉学传统。在一定程度上，起步较晚的挪威传统汉学研究呈现一种后来者居上的势头。

东欧与东方研究系（更确切地说，应该是东亚研究系），培养出的第一位博士生是一位女士，名字叫伊丽莎白·艾笛（Elisabeth Eide），她的博士论文的题目是"中国的易卜生：从易卜生到易卜生主义"，探讨了从1917—1935 年这位挪威著名戏剧家对中国戏剧作家以及这一代知识分子所产生的重要影响。艾笛在系图书馆工作，专门从事中国语言文字的收集整理工作以及比较文学研究，曾专门研究过萧乾的长篇小说《梦之谷》，也因此与萧乾长期保持着联系。实际上，她在完成博士论文之前就有了相当的积累，1979 年就曾为研究易卜生对中国的影响专程来华，还探望了萧乾先生。1994 年，她的新作《我们对中国人的片面观点》问世，书中论述了中国人在斯堪的纳维亚人心目中的形象。目前她在挪威国家图书馆工作。

在挪威新一代汉学家中，艾皓德（Halvor Eifring）无疑是佼佼者。艾皓德 1960 年出生于挪威，大学期间主修普通语言学，1982 年开始学习汉语，1987 年获语言学硕士学位，一年后获奥斯陆大学奖学金，得以继续深造，1993 年成为东欧与东方研究系的第二位博士生。他的论文题目是"汉语中的子句组合"，后经修改于 1995 年作为专著出版。1995 年，他担任了该系中国现代语言和文学教授，以这个年龄在北欧担任正教授足见其学术水平非同一般。

艾皓德的研究领域主要是挪威方言和俚语以及中国语言和文学。在完成博士论文之前，他曾编著了一本《百喻经引得》。他的代表作《汉语中的子句组合》是一项关于现代汉语中复合句的语义特性和句法行为的研究。在援引大量的文献资料的基础上，该书探讨了语言变异的程度，共时性与历时性之间的关系，语法化、普遍性及渐变性的性质，以及句法分析的非独一性。全书分为两个部分，第一部分提出了一种关于子句组合和子句关联词的新分类；第二部分是对具有非常语义特性的复合句的案例研究。

在文学研究方面，尤其在《红楼梦》研究方面，艾皓德也有所成就。1999 年他主编出版了一部文集《传统中国文学中的心与心态，中国文学和心理学研究》，其中有他一篇从社会心理学的角度研究《红楼梦》人物面目特征的论文。2004 年，他主编的另一部文集《传统中国文学中的爱与情》问世。这部文集以"情"作为关键词，探讨了"情"字在不同时代和不同文学体裁中的意义，揭示了它在传统中国文化中复杂的历史发展。

艾皓德除了从事汉学方面的研究，对中国宗教也很感兴趣。他从 16 岁便开始学习静思，目前是雅肯静思学校的高级教师，曾到多个国家进行演讲和授课，教过的学生达上千人之多。可见这位教授不仅在学术上研究中国文化，而且在身体力行中感悟中国文化。

在东欧与东方研究系里，还有一位让中国人格外钦佩的汉学家，即易德波女士（Vibeke Bordahl）。易德波是丹麦人，1972 年毕业于哥本哈根大学，获汉学硕士学位，毕业后即在奥胡斯大学东亚研究学院任副教授至 1981 年。后因嫁给挪威夫婿，她从 1982 年转到奥斯陆大学东亚系任副教授至 1986 年。1991 年她获哥本哈根大学博士学位，现在哥本哈根的北欧亚洲研究院任高级研究员。

易德波学习汉语乃至后来专门从事中国文学研究颇有些戏剧性。据她自己讲述，她高中毕业后到法国巴黎学习法语，有一次到一家中国餐馆吃饭，结识了一位热情幽默的中国老板，由此对中国文学产生了兴趣。她的研究最初起步于中国方言研究，重点研究扬州方言语音系统，写过一篇题为"扬州方言的音位与音位结构"的文章。同时她还从事中国古典小说翻译，将《三国演义》《水浒传》《西游记》《金瓶梅》《红楼梦》《儒林外史》的某些章回译成丹麦文介绍给北欧读者。在这个过程中，她发现章回体小说与传统说书有着密切的关联，加之她又从事扬州方言研究，这为她日后研究扬州评话埋下了伏笔。

1986年易德波终于来到了中国，在一个星期的时间里，她拜访了南方评话和北方评书的一些著名艺人，他们对扬州评话的艺术品位给予了很高的评价。特别是扬州评话名家李信堂给她说了一段书，名家的精彩表演让她即刻喜爱上这门艺术。回国后她开始反复研究李信堂送给她的说书录音带，并由此与扬州评话结下了不解之缘。

1989年易德波再度来华，这一次在中国住了三个月。她在上海见到了著名作家汪曾祺。汪曾祺是扬州高邮人，对扬州曲艺自然别有一番情感，于是向她推荐了对扬州曲艺比较有研究的陈午楼和陈汝衡。通过这两位学者，易德波得以结识和拜访了扬州评话界的一大批著名艺人，并且将许多名家的说书都录了音。

1990年，易德波在所获得的录音资料的基础上完成了她第一篇关于扬州评话的论文"扬州说书人的故事里的书面语和口头语形式"，在汉学界引起不小反响。同一年，她还完成了一部关于中国文学理论的专著《沿着广阔的现实主义道路——秦兆阳的作品世界》。

之后，她多次来到中国，搜集了大量的第一手录音资料，仅《武松打虎》这个段子她就搜集了不下10个版本，并且偏重研究"王派"《水浒传》的代表人物王少堂的继子王筱堂的表演。易德波以语言学为进路对扬州评话展开了严谨的研究，特别是对扬州评话口头叙述中的"说口"进行了更加细化的研究，她提出"说口"中最重要的有两种，即"方口"与"圆口"，并对其音韵特点、彼此的关系以及语法特点提出了自己的见解。1994年，她在中国语言学权威杂志《方言》上发表了"扬州评话中的‘方口’与‘圆口’”一文，有关专家对此文给予了相当高的评价。

1996 年是她事业的一个辉煌时期。这一年，易德波完成了她的哲学博士论文①“扬州评话的口头传统”，这也是她研究扬州评话的第一部专著。《亚洲民俗研究》杂志载文评论说，这是“迄今关于长江三角洲一带传统口头叙事的最具深度的英文著作……她对艺术的热情与热爱显露于字里行间”。②

同年 8 月，由她作为召集人，北欧亚洲研究院在哥本哈根举办了《现代中国口头文学国际专题讨论会》，特别邀请了 5 位扬州评话名家，即王筱堂、李信堂、费正良、惠兆龙和戴步章以及几位从事扬州评话研究的学者参加。会议期间，扬州评话艺人在丹麦国家博物馆演出了传统段子《武松打虎》，引起轰动。在易德波看来，丹麦观众虽然听不懂汉语，却能理解这门艺术，正说明扬州评话是一门伟大的艺术，是非常有价值的艺术。这也是中国扬州评话艺人第一次在欧洲展示自己的艺术，在其发展史上留下了浓重的一笔。

在此之后，易德波一发而不可收，先后撰写和编著了多部研究扬州评话的著作。1999 年与罗爱德女士（Jette Ross 摄影）合作编著了《中国说唱文学》（一译《永远的说书人：现代中国说唱文学》）一书。2002 年再度与罗爱德合作，出版了《扬州古城与扬州评话》。2004 年，《扬州评话》（*Large-scale Registration of Chinese Storytelling*）VCD 光盘制作完成。这是易德波主持的一个重大项目，即将 4 位扬州评话名家戴步章、费正良、高再华和任继堂的传统段子录制成长达 360 小时共计 300 多张光盘。这项工程用高科技手段将濒临消亡的口头艺术保存下来，为后人留下一份宝贵的无形文化遗产。这套资料一共制作了 4 套，分别赠送给中国社会科学院图书馆、丹麦民俗档案馆、美国国会图书馆以及中国台湾“中研院”图书馆。在此基础上，她又编著了《扬州评话四家艺人》。2005 年，《扬州评话的口头传统》一书经过修订和补充后的中文版将面世，书名为《扬州评话探讨》，由人民文学出版社与北欧亚洲研究院出版社合作出版。

---

① 丹麦的学位分 5 种，最高为哲学博士（Dr. Phil.），博士（Ph. D.）次之。

② Asian Folklore Studies（L Ⅵ：1997）.

易德波关于扬州评话的研究可以说是一个系统工程。从她的研究成果来看，她在治学上严谨、细致、深入、全面，而且在许多方面很有独到之处。具体地讲，首先，她先后多次（7—8 次）来扬州进行实地考察和参与观察，搜集了大量的第一手口头和书面资料，因而得以对扬州评话的源流、发展及谱系传承进行全面而系统的梳理。其次，她在语言学、方言学和文学理论方面的研究也达到了相当的深度，加之在中国古典文学方面具有一定的积累，因此她能够以中国说书艺术中的口头传统与书面传统的相互关系作为切入点展开其研究，尤其是从理论和实践的双重层面上对说书艺术乃至口头文学进行了非常有价值的探索。再次，她对扬州评话的研究并非只停留在这一研究对象本身，而是将其置于扬州地域文化这个背景下来分析这个曲艺门类兴盛与衰落的深层原因。最后，她以文本记录与影像录制相结合的方式将一门"活的艺术"保存下来，它的意义不仅在于给后人留下一份宝贵的文化财富，而且可以使之最大限度地产生语言艺术和表演艺术的双重效果。特别是这项工作所需经费全部是由她筹集的，更是值得国人反思和敬重。

挪威的中国学一直偏重于传统汉学研究，甚至像艾皓德这样新一代的代表人物也在相当程度上延续着前人开拓的传统。挪威的中国学研究几乎全部集中于东欧与东方研究系，只有这个系设有专门从事中国学教学和研究的终身教职（目前有 4 个），而在各门社会科学学科中则不设专门研究中国的教职，只是卑尔根大学比较政治学系开设了有关中国政治的课程，由托斯廷·谢罗姆（Torstein Hjellum）① 负责组织，同时他还指导一些硕士研究生撰写有关当代中国的论文。至少到 90 年代中期，挪威中国学方面的 5 个博士研究项目全部设在东欧与东方研究系，而其中只有一项关涉当代中国研究。

由于这样的缘故，近些年来虽然挪威的中国学研究的范围有所扩大，走出了传统汉学的圈子，但有关当代中国的研究大多是在这个圈子范围以外进行的。例如，艾安立（Odd Ame Westad，又译威斯塔德，魏士安）和白肯（Borge Bakken），前者是一位国际史专家，曾在挪威诺贝尔研究所任职；后者属于奥斯陆大学社会学系，他在攻读研究生期间，大部分

---

① 谢罗姆著有一部有关当代中国历史和政治的教科书《中国政治》。

工作是在中国和澳大利亚完成的，1993 年完成其哲学博士论文，题目是"模范社会：中国的人的改变、社会控制及现代性的危险"。下面重点介绍一下艾安立。

　　艾安立是在奥斯陆大学完成本科学业，后去了美国北卡罗来纳大学攻读博士学位，博士论文的题目是《冷战和革命：苏美对峙和中国内战的起源，1944—1946》。1991 年艾安立担任诺贝尔研究所研究部主任和奥斯陆大学历史学副教授，1998 年转到伦敦经济学院任高级讲师（reader），2004 年成为教授和国际史系主任，现在担任伦敦经济学院冷战研究中心主任，《冷战史》（*Cold War History*）杂志主编，也是正在撰写中的三卷本《剑桥冷战史》的编者之一。他的主要研究领域是国际冷战史和东亚当代史，已发表了多部著作。他关于中国的研究也是在国际和冷战研究这个大框架下展开的。有关中国的著作除了上述的博士论文，还著有《大决战：中国的内战，1945—1950》。目前他的研究重点转向从"文化大革命"到改革开放时期的这段历史。

　　此外，谢罗姆、白肯、艾安立以及在奥斯陆和平研究所任高级研究员的汉学家勃克曼（Harald Bockman）① 组成了一个中国研究网络（Network for Research on China）。

　　总体来看，挪威的汉学研究在何莫邪教授的主持下取得了相当大的发展，培养出了不少人才。进入 20 世纪 90 年代以后，东欧与东方研究系开始与校内其他系，如历史系、地理系、人类学系、教育学系、环境保护工程系寻求合作，以扩大研究领域。尤其值得一提的是，奥斯陆大学和卑尔根大学与奥斯陆商学院合作在复旦大学建立了一个北欧中心。中心 1995 年 11 月开始启动，来自斯堪的纳维亚的学生通过这个中心可以在复旦大学学习现代汉语的基础课程，课程的安排与其本国大学的汉学课程是一致的，同时中心也为中国学生提供有关斯堪的纳维亚历史和政治方面的课程。由此看来，挪威中国学的发展前景是相当令人乐观的。

---

　　① 勃克曼是挪威华裔汉学家刘白沙的丈夫，主要研究中国云南少数民族语言和历史。

六　芬兰的中国学

与北欧其他三国相比，芬兰的中国学研究显得相对薄弱。其中一个原因在于，芬兰掌管东亚外交事务和经贸关系的人士更加信赖经济学家和政治学家，而对地域研究专家则不大重视。也就是说，地域研究的价值和潜在效用还有待官僚层和商业圈的承认。严格地讲，芬兰在相当一段时期内从事的是东方学研究，特别是在闪米特和阿尔泰研究方面颇有传统，这大概与芬兰语不属于印欧语系而属于乌拉尔语系有一定的关系。1987年，赫尔辛基大学成立了东亚研究系，不过直到1995年才正式设立了一个东亚语言和文化教授的席位，由约哈·严呼能（Juha Janhunen）担任。在此之前，这个教职分别由三位代理讲座教授担任。严呼能主要从事有关蒙族和满族的语言学和民族志研究，这也是芬兰的传统优势项目。

东亚研究系在教学和研究上亦有其自己的特色。从传统上讲，赫尔辛基大学的优势在阿尔泰学研究，而且在国际上也很有影响，所以以往有关中国的研究主要集中于汉文化圈以外的少数民族研究，如藏族、新疆维吾尔族、蒙族、满族以及朝鲜族等，并且提供这些少数民族语言的教学。由于研究领域扩大到整个东亚，尤其是以中、日、韩为研究重点，传统的教学和研究框架不得不改变。在这个过程中，由于日本提供了资金支持，1995年该系便专门另设了一个日本研究讲座教授的席位，日本研究也因此成为一个独立的研究领域。这样，东亚语言和文化教授实际上主管三个领域，即中国学、朝鲜学和阿尔泰学。然而，虽然说是三个领域，但近些年来呈现出偏重中国学的倾向，东亚研究系所招收的学生绝大多数选择学习汉语和中国文化，而选择以朝鲜学和阿尔泰学作为专业的学生寥寥无几。

在教学方针方面，大学阶段主要采取基础语言训练与基本学科知识相结合的教学方法，也就是说，大学本科生在学习语言和文化这些学以致用的"实学"的同时，还要掌握一些基本学科（如语言学、人类学、社会学、历史学、地理学、政治学等）的理论和方法，但只要求他们具备解决相关领域的理论和实践问题的能力，而不要求他们过早地选择专门化研究领域。到了研究生阶段，学生才从事较高程度的专门化研究，不过在这方面无论是导师资源还是学生资源都很有限。目前，东亚研究系共有 8 名教职人员，其中有一位汉学教授和一位中文讲师。另外，在土尔库大学的当代史、土尔库经济和商业管理学院以及赫尔辛基经济和商业管理学院也有学者从事关于当代中国方面的研究。

其实，在更早些时候，芬兰就出现了一位名叫盖玛雅（Marja Kaikkonen）的汉学家。盖玛雅 1949 年出生于芬兰赫尔辛基，1966—1967 年在美国留学，1969 年入赫尔辛基大学学习英语、俄语、瑞典语以及社会学，1973—1974 年曾在北京语言学院学习汉语，1975 年在北京大学学习中国文学，据说普通话讲得相当好。1977 年毕业于赫尔辛基大学后，盖玛雅便去了瑞典寻求发展，先是从事翻译、导游以及汉语教学等工作，1983 年她到斯德哥尔摩大学东方语言学院任教，1986 年转到乌普萨拉大学教授汉语。对于盖玛雅来说，她到瑞典的最大收获应该是有幸成为马悦然指导的博士研究生之一。她专门研究中国北方民间曲艺，特别是相声，1990 年完成了博士论文，题目是《逗人发笑的宣传：寓教于乐的现代相声》。这部专著的最大特色表现在资料收集上，有些资料恐怕中国本土的研究者也不大熟悉。书中全面系统地考察了中国著名相声演员及其经典相声段子，追溯并介绍了相声的源流和表演流派。在此基础上，她将相声进一步分类为宣传型和娱乐型以及介于两者之间的混合型，尤其对娱乐型相声评价甚高，认为它应该在世界艺术史上占有一席地位。她后来的研究领域转向中国通俗文学，撰写过一些论文。目前盖玛雅在斯德哥尔摩东方语言系任副教授。

就芬兰本土而言，它的大学在 20 世纪 90 年代以前是否设立有关中国研究的博士研究生项目，尚无资料可供查证。目前只知道 80 年代芬兰学者完成的有关汉学的博士论文有两篇。一篇是聂培德（Nikkila Pertti）的《从〈论语〉中的若干关键词看早期儒学和所传承的思想》，从题目给予的信息来推断，这篇论文应该是他的同名专著的第一卷，第二卷完成于 1992 年。有趣的是，他所获得的学位不是汉学博士，而是神学博士，也就是说，他的论文应该是在神学系完成的。聂培德 1966 年在赫尔辛基大学获得道学硕士学位，他的研究领域是系统神学、宗教及文化。毕业后，他先后到英国塞利奥克学院（1967 年）和中国香港新亚书院（1968—

1969 年）学习语言，此后一直来往于香港和芬兰两地从事传道工作，并于 1976 年获神学传道资格，直到 1991 年，他才到赫尔辛基大学从事语言和文化方面的教学工作，并在 1991—1992 年担任东亚研究系代理讲座教授。1997 年他任北欧中国学协会主席。2001—2002 年他又到芬兰的土尔库大学从事研究工作。不过，从 2003 年起他又回到神学界，到香港信义宗神学院任副教授。他关于汉学方面的著作除上述的一部，1997 年又出版了一部同是关于《论语》的专著《〈论语〉中的偏好与选择》。

　　另一篇是由考库·赖提能（Kauko Laitinen，按照标准译法，应译为考科·拉伊蒂宁，现用的译名是不是他的中国名字，尚不能肯定）在 1985 年完成的，题目是"中国晚清的民族主义：反清宣传家章炳麟"。不过，这篇论文并不是在芬兰大学完成的，而是在日本东京大学完成的。赖提能 1975 年在赫尔辛基大学获政治学硕士，1975—1978 年曾在北京语言学院、北京大学和南京大学学习过汉语和中国历史，1980—1985 年在东京大学所学专业是国际关系，之后在芬兰驻日本使馆工作了两年（1985—1986 年）。1987—1990 年他担任北欧亚洲研究院院长，1991—1992 年他在芬兰驻北京使馆任翻译，1992—1995 年在赫尔辛基大学任东亚研究系代理讲座教授，之后从 1996—2000 年再次到芬兰驻日本使馆工作，任文化参赞。从 2000 年起他又回到赫尔辛基大学，担任人文学院亚太研究项目协调人。从赖提能的背景资料来看，他显然不是一位严格意义上的学者，更谈不上汉学家，倒是一位中国和日本问题专家。他的研究领域侧重于中国和日本的社会、政治、历史、文化、国际关系等方面，目前研究的课题是中国如何看待 1904—1905 年日俄战争以及东亚媒体文化。

　　直到 20 世纪 90 年代中期，芬兰的土尔库大学政治历史系才又有一篇有关现代中国研究的博士论文完成，即米科·沃拉（Mikko Uola）的《芬兰与中国：芬兰与中华民国的关系，1919—1949》。不过，土尔库大学当代史系有一位专门研究当代中国的学者，即毛日大女士（Marita Siika），她的研究领域是 1949 年以后中国与北欧国家的对外关系，就此发表过若干论文。①

---

　　① 参见 Brodsgaard, Kjeld Erik, 1996, p. 947, note 37。

另外，1996 年在芬兰教育部的提议下，这个系建立了"芬兰全国东亚和东南亚研究大学网络"（Finland National University Network for East and Southeast Asian Studies），芬兰全部 20 所大学都加入了这个网络，其主要目的是利用互联网技术来促进有关东亚和东南亚方面的教学、研究和人员交换。毛日大目前是这个网络的协调人。2002 年为推进芬兰的汉语教学她专程来北京访问了中国国家对外汉语教学领导小组办公室，就在芬兰开设暑期汉语强化班和在芬兰 20 所大学的互联网上介绍中国语言、文化、历史、社会等方面的情况与相关负责人进行了商谈。由此可见芬兰对于中国的重视程度在 90 年代中期以后有了大幅度的提高。

从 20 世纪 90 年中期以后，芬兰中国学方面的博士研究生项目增加到 8 个，其中有 5 个是研究当代中国的项目。另外，赫尔辛基大学设立了一个关于汉文化圈地域整合的博士研究生项目。但是，中国学在发展上也同样面临一个普遍存在的问题，即资金来源问题。政府方面虽然对诸如中国学这类地域研究在态度上是积极的，但在资金支持上却很有限。因此，一些教学和研究项目在很大程度上要依靠外来资金，比如说在古汉语教学方面得以聘用高水平教师主要靠中国台湾蒋经国基金会的资助。总的来看，芬兰的中国学研究虽然尚未形成规模，但是从发展前景来看，还是令人欣慰的。

七　北欧的跨国合作

由于地域、语言以及文化诸方面的原因，北欧国家之间的跨国合作又成为这一地区中国学的一大特点。

这种跨国合作研究形式发端于 20 世纪 60 年代。1964 年 9 月，斯堪的纳维亚文化委员会建议在哥本哈根建立一个斯堪的纳维亚亚洲研究院（Scandinavian Institute of Asian Studies，SIAS）。于是北欧各国的教育部部长和文化部部长委派一个委员会负责具体实施。委员会由丹麦的克里斯托夫·格拉曼（Kristof Glamann）和易家乐、芬兰的彭蒂·阿尔托（Pentti Aalto）、挪威的乔治·莫根斯蒂纳以及瑞典的高本汉组成。1967 年斯堪的纳维亚亚洲研究院正式成立，首任院长为格拉曼（后担任嘉士伯基金会主席），1969 年由易家乐接任直至 1986 年。

斯堪的纳维亚亚洲研究院是一个由丹麦、芬兰、冰岛、挪威以及瑞典5国政府提供资助的独立研究机构，其宗旨是促进北欧国家人文社会科学领域中的亚洲研究，并作为北欧学者与其他国家学者之间的沟通渠道。易家乐曾担任院长达18年，期间由于同时还在哥本哈根大学东亚研究学院任讲座教授，所以凭借体制上的地位他对丹麦乃至北欧的中国学产生了巨大影响。易家乐本人的研究趣向偏重于考据训诂式的东方研究，因此亚洲研究院最初在研究项目和人员配置上也偏重这方面。70年代末，这种倾向开始有所改变，6位终身研究员中有两位是研究当代中国的。到了80年代中期，易家乐主张的研究方向显然已不适应时代的需要，更需要的是对当代亚洲展开社会科学研究，亚洲研究院也因此进行了重组。

重组的斯堪的纳维亚亚洲研究院更名为北欧亚洲研究院（Nordic Institute of Asian Studies，NIAS），研究重点转向东亚和东南亚，减少了有关近东和南亚的研究。所有学术职位都改为任期制，研究人员增加到13人，其中大部分人［包括院长托米·斯文森（Thommy Svenson）］都从事东南亚研究，只有两位从事有关中国方面的研究，一位是芬兰的白肯，另一位是人类学家奥勒·布鲁恩。这也意味着传统汉学研究实际上在北欧亚洲研究院已近乎消失了。

不过这种重组确实给北欧亚洲研究院带来了更大的发展，使之得以在社会科学以及自然科学与人文科学交叉的框架下展开研究。

北欧国家在中国研究领域的合作，随着北欧中国学协会（Nordic Association for Chinese Studies，NACS，又译"北欧中华研究会"）在1991年6月成立而进入了一个新的阶段。这个组织的建立完全是由一批从事中国研究的学者发起，不具有任何官方色彩。它的团体会员是北欧4国的相关学术机构，具体包括：丹麦的奥胡斯大学东亚研究系，哥本哈根商业学院以及哥本哈根大学历史系；芬兰的赫尔辛基大学东亚研究系，赫尔辛基大学亚太研究项目，以及芬兰全国大学东亚和东南研究网络；挪威的奥斯陆大学东欧与东方研究系和卑尔根大学；瑞典的哥德堡大学、伦德大学、斯德哥尔摩经济学院、斯德哥尔摩大学以及乌普萨拉大学。个人会员共有60多位，分别来自北欧4国的10所大学，其中有些会员的研究领域是自然科学、法律和商学。建立这个协会的主要目的是使北欧各国属于中国学研究领域的学者、教师及学生有一个自己的学术网络，以促进人文社会科学领域中有关中国的研究和教学,同时加强从事中国研究的学者与学生之间的信息交流和联系。它的主要活动是每两年组织一次学术会议,并且半年出版一期通信,提供与中国学研究相关的信息。1994年6月协会曾组织了一次有关现代中国历史和社会的研究培训班,北欧各国从事现当代中国研究的博士研究生大多参加了这次活动。从近几年的情况来看,传统汉学似乎已不属于它探讨的范围,向每两年召开一次的学术会议提交的论文基本上来自人文社会科学的不同学科,传统汉学方面的论文竟无一篇,也就是说,这个协会已完全转向当代中国研究,与传统汉学几乎分为两家。而且政治学方面的论文占了将近一半。2004年协会在复旦大学组织了一次为期7周的硕士培训班,讲授的课程是中国政治。从这些活动中也可以看出北欧中国学的某些走向。

该协会的首任主席是柏思德(1991—1993年),勃克曼(1993—1995年)和聂培德(1995—1997年)曾先后担任过主席,现任主席是赫尔辛基大学人文学院的蒂娜·H. 艾拉克西宁(Tiina H. Airaksinen)。①

北欧各国的合作还表现为一些新的形式,即一些学术网络的相继建立。所谓学术网络其实就是一个联系网,在体制上并不属于一个正规的实体,有的从其名称上也看不出个究竟。例如,"欧洲中国农业和农村发展大会"(European Conference on Agricultural and Rural Development in China, ECARDC)就是一个由欧洲学者组成的中国农业研究网络,最初由奥胡斯大学的约恩·惠尔曼发起建立,到目前已出版了两卷会议文集。再如,柏思德在丹麦人文科学研究委员会的支持下建立了一个"东亚的国家与社会"(State and Society in East Asia)网络,其构成人员是30位来自欧洲、美国及亚洲21所一流大学和研究所的学者,目的是促进丹麦研究人员之间的合作,从而提高有关东亚研究方面的知识水平和研究能力,以及在丹麦研究人员与国外著名学者和相关研究机构之间建立起联系。这个网络还出版了一份通讯,即《〈东亚的国家与社会〉研究通讯》,另外还组织过网络会议。

---

① 艾拉克西宁2003年在伦敦大学东方与非洲研究学院获得博士学位,博士论文题目是"在南京路上爱你的国家:英国与上海的五四运动"。她的主要研究领域是中国近代史、中西方关系、亚洲秘密会社、跨文化交流等。

　　诸如此类的网络还有上文所提到的"中国研究网络""芬兰全国大学东亚和东南亚研究网络",以及由哥本哈根大学的柯马兹(Mads Kirke-baek)和奥斯陆大学的伊丽莎白·艾笛发起建立的有关中国与斯堪的纳维亚关系研究的网络,等等。

　　进入21世纪,这种以网络为形式的合作研究规模更见壮大。如2001年瑞典成立瑞典亚太高级研究学院(Swish School for Advanced Asia-Pacific Studies,SSAAPS),这是一个以网络为形式的学术研究项目,由瑞典的两个基金会支持。这个学院的建立主要是瑞典政府采取加强瑞典与亚洲的全面合作的新战略的结果,也就是说完全是为了形势的需要。

　　再如,2003年北欧7所大学与中国研究相关的院系共同建立了"北欧中国学网络"(Nordic Network for Chinese Studies,NNCS),其目的主要是加强各院系之间的合作。

　　这种情况的出现,其动力除了要为北欧学者加强自身之间以及同国际学术界之间的交流提供一个平台之外,更重要的原因在于北欧中国学研究的格局和现状已无法适应形势的需要。首先来讲,北欧的中国学研究,尤其是当代中国研究,除哥本哈根大学、斯德哥尔摩大学以及奥胡斯大学外,大多形不成规模,在许多院系中只是一两个人从事零散的研究。其次,大学普遍削减教学和研究经费,这迫使相关学术机构或研究人员不得不另谋出路,以合作研究的形式来寻求外来的资金支持。再次,一些传统汉学研究机构在是否全面转向当代研究的问题上始终是犹犹豫豫,因而造成传统汉学与当代中国研究的不平衡发展。也就是说,当代中国研究的体制合法性始终是一个问题,这方面解决得比较好的是斯德哥尔摩大学东方语言学院,它建立了一个亚太研究中心,使得两个方面的研究可以齐头并进,也因此而取得了显著的成就。而在哥本哈根大学,由于东亚和东南亚研究中心被校方解散,不仅使传统汉学与当代研究相分离,更让从事当代中国研究的学者处于一种流离失所的境地。最后,或许是一种传统偏见使然,当代中国研究往往被认为应该属于东亚研究系或学院的范围,因而一些社会科学院系并不愿意聘用专门研究中国的学者。

　　尽管如此,北欧的中国学研究特别是当代中国研究仍然显现出一种有增无减的势头,一批新人正在成长之中,但是传统汉学是否会出现后继无人的情况，也是一个令人担忧的问题。

八　结束语：简单的评论

作为结语，下面仅就北欧中国学的总体特点再作一点补充。

正如上文所说，高本汉开创的传统汉学以法国汉学为其学术渊源，承继着一种人文传统。这种人文传统之精神就在于治学严谨，功底扎实，从无投机取巧之弊。而学术功底之根本又在于掌握语言的能力，也就是说，要具备正确理解第一手资料即原文文献的能力。在北欧著名汉学家当中，没有一位是自己不懂汉语而靠翻译资料著书立说的。而欧美的某些汉学名家对汉语几乎只字不识竟写出鸿篇巨制，结果自然是引据谬误极多。

这种人文传统的另一种表现在于，重视中国学者研究成果，加强同中国学者的沟通与交流。在高本汉那个时代，无视中国前贤及同时代学者的成果的西方汉学者不在少数，而高本汉则责成自己追随清代学者的开路工作，再将西方语言学方法应用于他们所搜集的材料，同时他时时关注和追踪中国同行的研究，认为只有爱护本国文物历史而从事研究的中国学者是其真正的知音。中国学者评价他说："高本汉先生之成此大业有其自得之方法，然其探讨接受吾国音韵学家之结论，实其成功主因之一。"①

至少从瑞典来讲，高本汉开创的这种治学之道一直延续至今。罗多弼在展望中国学在 21 世纪的发展时曾强调了 4 项工作重点，其中有两点可以说是对高本汉治学思想的现代诠释，一是强调汉语语言能力的提高，特别是说和写的能力；二是扩大与中国同行的合作，他认为，"在某种意义上讲，中国同行永远是我们的老师"。②

北欧中国学的另一特点是在选题上极少出现重复。无论就传统汉学抑或就当代中国研究而言，在选题上总能填补某些空白，即便是中外学者都在研究的同样课题，北欧学者也总能另辟蹊径，研究出的成果甚至

---

① 高本汉：《中国音韵学研究》，商务印书馆 1995 年版，"序"。
② Loden，Torbjöim，1998.

让中国同行也感到由衷的敬重。这一点在传统汉学方面表现得尤为突出，这与学者之间的沟通、导师的指导以及学者自身对所研究领域的追踪和整体把握不无关系。

当然，北欧中国学在发展过程中也存在一些问题。

从传统汉学来讲，一些汉学家在语言学、文学以及历史学方面确实显示出相当的造诣，但在哲学方面却显得相对薄弱。从整个北欧来看，受过哲学方面的专门训练的汉学家几乎没有，也就是说研究中国哲学思想的学者虽然有很好的古汉语和现代汉语功底，但是由于哲学方面的缺陷，不仅无法从整体上把握中国哲学思想，更看不到中国哲学思想的原创性和独特性。

具体而言，北欧学者对于中国哲学思想的研究多是出于探索中国思想和文化之源流的目的，在这个过程中往往把关注点放在中国古代的一些经典尤其是先秦的典籍上，而且往往停留在翻译和评注层次上。从整个西方汉学界来讲，始终存在着一种误解，即把孔、孟、老、庄等先贤的思想与中国以后的哲学发展等同起来，认为后来的哲学著述不过是对古代经典的评注。由于北欧研究中国哲学思想的学者可以说是屈指可数，所以在这一点上表现得并不明显，只是从其翻译的选题来看，多少显现出这种偏颇。

罗多弼虽然对儒学的 3000 年发展进行了全面系统的研究，但他对儒学的理解仍有欠深度，特别是他把儒学视为一种人生哲学和官方意识形态的观点也是曾在西方学界流行一时的看法。按照西方的概念框架来诠释中国文化是西方学界的一个通病，中国本土学者也受害不浅。其最大的问题是对中国的思想和文化缺乏一种深层的感悟，因而所从事的研究往往是一种体系化的建构，而不得中国人文传统之精神。

从当代中国研究来讲，具有人文功底的学者更不多见。虽然有些学者所学专业是历史或文学等传统人文学科，但是多以实证模式来展开研究，同时新一代学者在古汉语方面也有所欠缺。这样，在老一代汉学家与新一代中国学研究者之间便形成了鲜明的反差：老一代恪守人文传统，往往经过数年乃至十几年的积累和潜心研究才有成果问世，而新一代似乎更加务实，他们不再追求传统学者在学问上的那种博大精深，更注重研究项目的实用性和适宜性。

因此，在北欧中国学研究中，传统汉学的发展与当代中国研究的发展之间出现了一种失衡状态，而在当代中国研究中在一定程度上呈现出一种"美国化"的趋向，也就是说，所从事的研究对政府或商业机构的决策具有参照价值。对此，不应简单地归结为只是为了获得资助的功利性行为。按照从事当代中国研究的学者自己的理解，在关于当代中国的认识上达到"合格的"水平，不仅仅是一种学术趋向，而且是北欧诸国能否适应一个瞬息万变的世界的先决条件。① 不过，所谓"合格的"认识有时是不无问题的，尤其是"与中国人自己的理解保持一定距离"往往会出现一些偏颇，甚至会走向凡是在中国受到"压制"的就要"呵护"的极端，致使一些在中国根本不入流的所谓学者以及某些失落的"政客式"学者反倒在北欧找到了出路。这不能不影响对中国的正确理解，同时也有碍与更多的有真才实学的中国学者的沟通与交流。

总体来看，汉学在体制和教职数量上仍占主导地位，当代中国研究则在博士研究生项目上越来越占优势，无论今后哪一个领域更占上风，整个中国学研究肯定会有更大的发展。

---

① Brodsgaard, Kjeld Erik, 1996, p. 961.

韩国有关中国政治社会的研究

李周炯*

一 序论

从 20 世纪 80 年代末开始，韩国的中国学研究者们开始探讨关于"中国研究"的内容、存在的问题及解决问题的方案。进入 90 年代，随着韩国国内区域研究热潮的到来，关于中国的研究也越来越引人注目。

韩国的中国研究大概有以下几个特征。第一，通过介绍其他国家的中国研究，从比较学的角度探讨韩国的中国研究所处的学术位置及存在的问题。韩国的中国研究是从模仿西欧开始的，因此，韩国的中国研究通过比较和批判外国的研究内容，能够更加客观地发现本国研究中存在的问题。第二，主动梳理本国中国研究的发展脉络。从 90 年代开始，韩国的中国研究日益扩大。一些学者开始按照研究的时期和主题，通过统计分析来介绍中国学研究的发展过程、研究的学者和研究的组织。第三，积极探讨研究方法论问题，强调研究的独创性。在初期的方法论研究方面，韩国学者克服了以人文学科为中心的中国学（Sinology）的传统方法论，努力探索新的科学方法论。另外，逐渐认识到盲目吸收西欧的研究成果所产生的问题，强调韩国的中国研究应具备自身的独创性和

* 李周炯，男，1968 年生，博士，韩国昌原大学教授。

比较研究的能力。第四，不断对中国研究的现状进行质量分析和批评。例如，通过对发表在学术刊物上的中国研究论文的主题及具体研究内容的分析和批评，探讨研究成果在学术质量方面的提高。

二 中国研究的现状

1. 研究环境

韩国的中国研究深受国际形势、国家政策、中韩关系以及中国社会的变化等因素的影响，尤其是在朝鲜半岛南北分裂的特殊环境下，韩国与中国的交流也长期被隔绝，因此，相对于美国、日本等其他国家，韩国的中国研究的历史是比较短的，其正式启动是在1992年韩中两国正式建立外交关系之后。

朝鲜战争之后，受东西方冷战的国际环境影响，社会主义的中国很自然地成为韩国的敌对国家，中国研究也相应地被列入禁止的范围。

1972年美国总统尼克松访问中国以后，韩国国内随之形成了一种南北和谐的氛围。在韩国的中国研究历史上，最有影响力的汉阳大学中苏研究所也是在这一时期成立的。那时开始进行的中国研究，尚不能称为一种区域研究，而是充当了对共产主义国家也即社会主义国家研究的一个环节，这种情况一直持续到80年代末。

从研究内容上讲，这一时期韩国国内的中国研究只不过是对西欧中国研究的模仿，尤其受国内外反共情绪的影响，当时的中国研究并未取得令人满意的成果。由于一直到80年代韩国当局还在坚守反共理念，再加上当时尚未与中国建立外交关系，从事中国研究的学者们没有机会获得关于中国的第一手资料。所以可以说，70—80年代的中国学研究环境是十分恶劣的，"研究中国"的学者经常被指为亲共分子。

韩国最初的中国研究的专门机构是1974年成立的汉阳大学中苏研究所，随后檀国大学、启明大学、成均馆大学、国民大学等陆续设立了有关中国研究的专门研究机构（见表1）。

表1　　　　　　　　　　　韩国大学中主要的中国研究机构

大学	研究所名称	设立时间（年）	学术杂志名称	研究领域（范围）
汉阳大学	中苏研究所	1974	《中苏研究》	政治、外交、经济、社会
檀国大学	中国研究所	1977	《中国研究》	政治、经济、文化、军事
启明大学	中国学研究所	1979	《中国学志》	政治、经济、社会、历史
国民大学	中国问题研究所	1982	《中国学论丛》	政治、经济、教育
成均馆大学	现代中国研究所	1989	《现代中国研究》	政治、经济、社会
建国大学	中国问题研究所	1981	《中国研究》	政治、经济、社会、文化

上述的大学研究所，虽然均以研究中国的政治、经济、社会、文化等为目的而设立，但实际上，除汉阳大学的中苏研究所（现改名为亚太地区研究所）之外，其他机构的研究活动并不活跃。进入20世纪90年代以后，除上述研究机构以外，首尔（汉城）大学的社会科学研究所、西江大学的东亚研究所、延世大学的东西研究所、庆南大学的远东问题研究所等也开始积极进行有关中国的研究。

中国的改革开放、韩中外交关系的建立以及韩国国内学术自由度的扩大，使中国研究从20世纪90年代开始迎来了新的转折期。韩国国内培养出越来越多的中国研究人员，加上从英美等国和中国台湾地区学成归国的研究人员，使韩国的中国研究逐渐增添活力。可以说，90年代是中国研究能够作为区域研究的一部分，在韩国学术界获得有利环境和条件的时期。

随着中国的经济发展和韩中两国交流的扩大，中国社会越来越引起韩国社会的关注，中国研究也有了持续的发展。尤其是到90年代中期，在全球化的时代潮流中，在从事区域研究的研究机构和学术团体日益增多的同时，高等院校中中国研究专业和专门研究中国的研究生院的设立，也为韩国持续培养中国研究人员和不断推出研究成果打下了坚实的基础。

从1997年开始，韩国教育部属下的学术振兴财团开始大力开展海外区域研究。尤其是自2002年以来，财团为从事中国研究的研究人员提供更多的机会和研究经费，极大地鼓舞了中国研究事业。2002—2005年，许多中国研究项目被确定为学术资助项目。例如，2004 年，总共有 305 个区域研究项目入选，资助经费达到 680 亿韩元；2005 年也有 670 亿韩元用来资助区域研究项目，而在 134 个人文社会科学研究项目中，有 9 个是有关中国的研究项目。受到研究经费资助而进行的中国研究其成果一般以单行本的形式成书出版，为更多的中国研究学者提供了很好的信息和研究资料，中国研究的主题也更加丰富多彩。此外，韩国统一部、外交部、外交安保研究院等也分别为从事中国研究的研究人员提供研究经费。

随着中国研究的领域与课题逐渐增加，中国研究学者除频繁地去中国调查以获得第一手资料之外，网络也使他们更加容易地接触和查询更多更新的中国资料。目前韩国的中国研究越来越充满生机和活力。

总之，从 20 世纪 90 年代开始，由于冷战体系的瓦解和韩中外交关系的建立，韩国的中国研究不再是关于共产主义国家的研究，而是逐步发展为区域研究的一部分，从而真正被赋予了学术和实践两方面的价值。

2. 研究队伍

自 20 世纪 90 年代韩中建交以来，韩国的中国研究人员总数不断扩大。所谓中国研究人员，虽没有一定的标准，但一般认为是以中国问题为博士学位论文选题的博士毕业生，并在取得学位之后继续研究中国问题，且在学术刊物上不断发表有关中国问题论文的研究人员，才被称为中国问题研究人员。

至于研究者的总数，这里分人文科学与社会科学两个部分来统计，因为目前尚不存在能够包容所有中国问题研究人员的任何学术团体。在人文科学方面，以语文学、历史学、哲学为研究重点的韩国中国学会，其历史最悠久，会员人数也最多。到 2006 年 1 月为止，会员总数超过 1300 多名，分文学、历史、哲学三个领域进行研究和交流活动。在社会科学方面，1994 年创立的现代中国学会最具普遍性与代表性，截至 2005 年 7 月，会员总数为 236 名。

根据韩国国际政治学会发表的学会新闻，到 1999 年末，中国政治问题的专业研究人员为 89 名。从韩国国际政治学会和中国政治研究会的研究者通讯录以及现代中国学会的通讯录获悉，2005年中国政治问题研究人员总数为124名。中国政治研究会是韩国的中国政治问题研究者的学术团体，于2001年建立，现有51名研究人员。他们一般是在90年代初到2005年这一期间取得博士学位，绝大多数年龄在30岁到40多岁。这51名研究人员是分别在不同国家和地区获得其博士学位的，其中包括：英美国家5名，韩国国内2名，中国台湾地区2名，中国内地20名。由此可见，目前从事中国研究的本土博士明显减少，而通过在中国留学获得学位的博士占了很大比重。

研究人员的数量增多，可以看作中国问题研究越来越活跃的证据之一。过去，韩国学界对研究人员获得博士学位的国家特别重视，因为取得学位的国家不同，其研究主题、研究方法或对中国的认识都有所差异。这尽管有其一定的道理，但最近几年，在哪个国家获得博士学位不再是重要的因素，而研究领域（无论是国内政治还是对外关系）、研究视野（无论是宏观研究还是微观研究）等方面却越来越受到重视，因为这些才是其选择研究方式与研究素材的决定因素。

3. 研究成果

除研究环境、研究人员之外，能够说明研究现状的另一重要方面就是研究成果。韩国有关中国问题的研究成果可分为学术专著、学术期刊论文和博士学位论文三个部分。从1991—2005年，中国研究所产生的研究成果如表2所示。

表2　　　　　　　　　　韩国的中国研究的成果

	年度	1991—1995	1996—2000	2001—2005
学术专著（部）	历史	209	272	362
	语言学/文学	108	123	177
	哲学	95	105	109
	艺术	36	48	90
	社会	45	67	117
	政治（外交）/行政	226	320	356
	经济	369	444	611

续表

年度		1991—1995	1996—2000	2001—2005
博士学位 论文（篇）	历史	36	48	37
	语言学/文学	56	73	81
	哲学	32	37	32
	艺术	8	27	55
	社会	4	3	1
	政治（外交）/行政	52	54	57
	经济	35	60	78
学术期刊 论文（篇）	历史	330	617	748
	语言学/文学	607	1397	1755
	哲学	195	351	428
	艺术	145	222	345
	社会	307	461	707
	政治（外交）/行政	1145	1729	1788
	经济	1189	1636	3271

资料来源：韩国国会图书馆。

从表2可见，从1991—1995年共出版学术专著1088部，从1996—2000年为1379部，从2001—2005年为1822部，显示出数量方面的持续快速增长趋势。其中，人文科学和社会科学书籍各占50%。人文科学方面，历史领域的研究成果所占的比重最大；社会科学方面，经济、商业领域的研究成果最多，其次为政治领域。博士论文的总数从1991—1995年为223篇，1996—2000年为302篇，2001—2005年为341篇，同样显示出不断持续增加的趋势。其中，语文学方面的学位论文最多。在社会科学方面，从1996年开始，有关经济和商业内容的博士论文超过了研究政治问题的博士论文总数。与学术专著不同，博士学位论文中人文科学领域的论文多于社会科学领域的论文。

在学术期刊上发表的中国研究论文总数1991—1995年为3918篇，1996—2000年为6413篇，2001—2005年为9042篇，每年都在不断增加。

从研究领域来看，社会科学领域的成果最多。2001年开始有关经济问题的论文呈快速增多的趋势，这是由于近年来韩中两国间的经济政治交流日益活跃，有关中国经济和政治问题的研究也就日益充满活力，发挥着主导作用。

学术期刊一般分属各个研究领域，其中多有刊登中国研究的论文。目前期刊名称冠有"中国"二字的学术期刊就有50多种。

在20世纪70—80年代，韩国学者研究中国问题的论文多为依据英、美、日研究者的研究成果，利用第二手资料写成，论文大多停留在整理有关资料的水平上。自90年代开始，采用实地调查与方法论的分析相结合，以第一手资料为中心进行研究的成果越来越多。尤其是在韩中建交以后，随着韩中两国交流的激增，在韩国，对中国的再认识成为有着迫切现实需求的研究领域。

4. 相关的政治学研究主题

20世纪90年代以后的中国政治研究，在资料和选题方面都有了数量与质量的飞跃发展。除了文献调研，还有问卷调查、访谈以及利用中国国内的资料等，开始从"查获资料"阶段进入"分析资料"阶段，微观分析研究所占的比重也越来越大。

这一时期，韩国有关中国政治学研究的主题主要有以下几个方面。

第一，关于中央与地方关系的研究。中国经济改革的核心在于经济的市场化、分权化与私有化。因此，很多韩国学者以中国中央政府实行的分权化政策为中心，研究中央与地方的关系。如以广东与上海为对象研究中央与地方的财政关系、中央对沿海地区的优惠政策、地方保护主义等。一般认为，由于中央政府掌握着地方一级的党政领导人事权，因此，中国的地方保护主义现象仅限于经济方面，并未影响到政治方面。

第二，关于中国基层政权的研究。以前中国研究的主流多集中于中央政府政策或有关省级单位的地方政府的研究，相对地，关于改革开放后的地方基层单位的研究为数不多，因此，对中国经济改革中最重要的变数问题一直未能深入分析，多数研究也未能关注地方基层单位在经济发展中所起的作用及其灵活性。

最近10年间，越来越多的学者摆脱过去的研究框架（即关于中央政府政策或关于省级单位的地方政府的研究），开始关注地方基层单位和组织，尤为活跃的是关于乡镇企业与乡镇政府关系的研究、对地方政府在乡镇企业发展过程中作用的研究以及对村民委员会选举过程的研究等。

在有关乡镇企业的研究中，特别受到关注的研究对象是中国乡镇企业发展的典范——苏南和温州地区。

由于所有权改革，关于地方政府与乡镇企业关系的研究发生了很多变化，以前的研究中有很多问题是无法解释的。比如，集体企业发展较快的苏南和山东沿海地区的乡镇企业，2000 年以后，大多数企业或者改为股份制，或者改为私营企业。过去议论较多的所有权与经营权的问题，不再是受到重视的议题，这同时也是政府与企业关系变化的决定性因素。

第三，关于国家与社会关系的研究。1989 年以后，美国对中国的研究开始流行"国家—社会"模式，韩国的中国研究则开始关注中国市民社会形成的可能性。特别是在经济领域，"私营企业家集团"由于不受国家直接管理的约束，可以自由开展经济活动的缘故，成为此类研究的主要对象。此外，2000 年以后，有关工会或非政府组织的讨论也比较活跃。

第四，关于社会分化的研究。由于施行改革开放政策而导致的个人之间、地方之间出现收入差异，阶层分化现象、新的社会集团的出现等问题，开始引起人们关注。在韩国的中国研究中，对工人与企业家之间关系的研究、关于农民工与户口制度的研究以及关于地方收入差异的研究越来越多。

有些学者开始进行的对中国中间阶层的研究也颇为令人瞩目。他们认为，中国改革开放以后，随着经济体制从计划经济向市场经济转换，中国社会的阶级、阶层也发生了巨大的变化。

此外，有些研究揭示了改革后中国劳动市场环境变化的本质，阐释了通过这样的环境变化而新出现的社会和地域间的不平等结构。而一些最近的研究则开始关注中国政府为解决地域间差异，立足于"均富论"所推行的西部大开发，并尝试对此进行系统的分析。

第五，关于中国的外交政策与对外关系的研究。这方面的研究，一般是对中国外交政策的目标、中美关系、中日关系、中俄关系的研究。中韩建交以后有很多论文的内容是关于中韩关系的研究，也有一些是关于中国两岸关系的研究。

总之，20 世纪 90 年代以后韩国的中国研究，其研究分析的范围从中央转移到了地方，其研究主题日益呈现多元化。因此可以说，90 年代以后是韩国的中国研究在质和量两方面都发展和成长的时期。

三　中国研究存在的问题

30 多年来韩国的中国研究状况大致如上所述。总的来说，韩国的中国研究自 20 世纪 90 年代开始，在研究队伍与研究成果方面有了较大的发展，研究论文的总体数量和质量也都有了很大的提高，但是，需要解决的问题也不少。

第一，由于学界之间的交流未能有效进行，因此，韩国的中国研究是其区域研究的一部分。在学术方面，中国研究与政治学又有比较大的差别，因此不宜套用政治学的方法论分析和探讨其问题，将中国研究简单归类为政治学的一部分也不大恰当。因此，中国研究的学术倾向不易把握，很容易被视为单独孤立的研究领域。若进行区域研究，需要对所研究地区的语言、历史、文化、政治、经济、社会等都有所了解，才有可能做到全面和深入。区域研究作为一门学问能否被认可，到底是不是真正的学术研究领域，这些问题在中国研究中也同样存在。

从长远来看，关于中国政治的研究其重要性是不言而喻的。在政治学领域，中国政治占有非常重要的位置。因此，韩国的中国政治研究今后将在社会科学研究领域扮演越来越重要的角色。

第二，由于研究方法上缺乏多样化，且争论的课题不确定，中国研究的理论水平目前还相当低。相对于其他区域研究，当前韩国的中国研究是令人瞩目的，因为关于中国的研究是当今韩国社会和国家需求最多的领域。现在应该说是中国政治研究发展最重要的时期，因此，应该把握时代的机遇，为区域研究奠定坚实的基础。

目前韩国国内拥有很多曾留学于英美、中国内地和中国台湾地区的中国问题研究人才和专家，他们需要共同进行研究与讨论，以开发韩国独有的研究方法和理论。

第三，制度条件和研究氛围的问题。很多中国研究专家认为，现有的学术会议未能充分发挥其作用。在学术会议上，学者之间应进行真挚的对话和批判讨论，才能够增强学者个人的思考能力，但实际上，很多学术会议只停留在形式上的提问和讨论上。因此，学术会议应开发更多有争论意义的主题，发掘其学术价值。每位研究者的研究过程与研究成果在学术会议上都应得到讨论和鉴定，从而提高个人的研究水平。

四　中国研究的未来发展构想

第一，为提高中国研究的活力和开发新的研究领域，可组织小规模的研究小组。韩国的中国研究，尽管其研究人员数量不断增加，学术期刊发表的有关论文总数越来越多，但目前的中国研究都还限于个人的研究，因此，研究主题常常有重复现象，且研究也不够深入。如若成立研究小组，相关学者可以共同讨论所研究的主题，可以开发和交流新的方法，也可以与其他专业的研究学者进行跨学科的交流。这样既可以打破学科和专业的界限，促进相互交流经验，取长补短；同时也将是解决大规模学术会议固有缺陷的一个切实可行的方法。

第二，中国研究不能仅停留在积累知识的水准上，而应该积极摸索能够为社会做出贡献的方法，这与中国研究的社会实践意义有关。这并不是说中国研究只是实用主义的学问，但是应该考虑到中国社会的政治社会变化对韩国的影响。学问本身虽然有其价值，但更为重要的是，应能够将理论与实际相结合。

中国研究不能排除政策研究。因为不论是对哪个国家的研究，若不能满足时代和国家的社会需求，都将面临危机，这与学术界的评价是无关的。

第三，推进成立专门的中国研究资料室或有关中国研究的综合资料中心。这样做既是为了学问的大众化，也可为后来者提供相关资料和信息，而且，这样做也为诸多学者提供了更多的研究机会和研究环境，能够提高他们的积极性，是十分有意义的。

第四，需要与中国学者开展合作研究。根据中国研究的现状，韩国学者应努力提高研究质量。在研究方式上，应加强对具体地区的实地调查和访问；应努力提高研究的水平，而不是停留在形式上的研究工作上。与中国当地研究学者的交流和共同研究会取得连锁效应，也会取得令人满意的研究成果。这种合作研究在提高中国学研究的整体水准上将起到十分重要的作用，而且这种研究方式既可克服个人研究的缺陷，也会不断开拓新的研究思路。

韩国的中国研究学者们的相对优势之一就是，韩国也是一个属于汉字文化圈的国家，因此，若是通过消化庞大的中国文献资料进行研究，韩国的学者要比西欧学者更占优势。

此外，中国学者的局限性有时表现为不能客观地对待本国问题，西欧学者理解与之完全不同文化背景的中国也有很大困难，而韩国学者既熟悉西方的理论体系，又对中国文化不感到陌生，能够站在中国学者和西欧学者的中间，看到他们二者都看不到的问题和现象。

韩国的中国研究学者们应通过相互合作，取得成倍的研究成果，而非通过相互竞争带来负面效应；应重视和利用集体的文化基础，通过"分工"与"合作"，建立学者之间共同的研究构架。

综上所述，20 世纪 90 年代以后，韩国的中国学研究在质量和数量方面都有了整体水平的提高。但在研究方法和资料运用方面，仍存在很多不足之处。因此，今后的研究课题应是在批判性地接受美国、日本等外国的研究课题和方法的同时，开发韩国能发挥其优势的研究领域和研究方法。韩国的中国学研究尽管尚存在不少不足之处，但前景还是十分乐观的：韩国的中国研究人才丰富，研究的主题和领域庞大。只要研究者们把握机会，互相勉励，努力沟通和交流，将学问和实际相结合，韩国的中国学研究之发展前景是光明的。

东南亚的当代中国研究[*]

——以新加坡为例

[新加坡] 黄朝翰　赖洪毅　崔玉军^{**}摘译^{***}

中国与东南亚的交往有着近千年的历史，因此该地区对中国的历史、文化、政治和社会的兴趣其来有自。不过历史学家指出，他们从中国史料记载中了解到的东南亚诸国的历史，要远远多于从该地区史料记载中了解到的关于中国的历史。相比之下，该地区对当代中国的专门研究似乎是晚近的事情。大致来讲，东南亚的中国研究肇始于20世纪70年代，即中国开始相继恢复与该地区诸国的外交关系的时候。

东南亚的中国研究概述

海外中国研究习惯上分为传统的汉学研究（Sinology）和现代中国研究（modern Chinese studies）。前者的研究中心是中国（尤其是近代以前）的历史和中国文化，后者尽管也包括中国历史和文化，但是其范围则是"现代时期"的中国历史和中国文化，且其研究方法更具社会科学的维

---

　* 本文是作者在2007年1月在北京召开的"亚洲地区中国学研究述评"会议上提交的论文，已经作者授权发表。黄朝翰（John Wong）是新加坡东亚研究所业务所长（Research Director），赖洪毅（Hongyi Lai）是该所高级研究员。译文略有删节。

　** 崔玉军，男，1966年生，博士，中国社会科学院文献信息中心副研究员。

　*** 译文由中国社会科学院文献信息中心研究员刘霓校对。

度。因为"现代"（modern）一词语义不明，可以指民国时期，也可以指新中国成立之后，所以在本文中我们转而选择使用"当代"（contemporary）一词，目的是将范围缩小到当下的中国。

一般来说，新加坡的中国研究在东南亚诸国（越南除外）中最为突出，这是因为新加坡的经济和学术在该地区最发达，而且新加坡的华人人口最多。第二次世界大战之前，新加坡华人就开办了许多优秀的华人学校和中文报纸，因为那个时候这些华人将自己首先视为"海外华人"，与中国有着强烈的政治和文化认同。20世纪50年代，新加坡华人自发地建立了海外第一所华人大学——南洋理工大学（NTU）。

不过，那个时候新加坡的中国研究面临许多不利因素，最重要的有两个：第一，1949年中华人民共和国成立之后，该地区的冷战政治兴起，东南亚各国政府公开地阻止甚至完全禁止与中国直接进行文化交往；第二，该地区独立之后民族认同意识的提高，也引起了与中国政治、文化认同的淡化甚至断裂。这导致了新加坡年轻人中文能力的下降，从而使那些准备投身于中国研究的学者人数大受限制。那个时候，没有公开支持中国研究的学术组织，只有新加坡国立大学（NUS）和南洋理工大学两所高校开设了中国研究系。这些情况在东南亚其他国家更为严重。

1972年美国总统尼克松对中国的访问缓解了东南亚的这种敌对局势，该地区那些此前反对共产党的国家（东盟5国）随之开始寻求与中国的外交关系正常化，国际环境的变化又进而带动了文化交流的正常化。而当"文革"结束、中国开始实行经济改革和对外开放政策时，影响中国研究的意识形态障碍也逐渐消失了。

随着新加坡经济的发展，政府对该国不断加快的西方化浪潮越来越警惕，遂开始加强对传统亚洲价值观——或者儒家思想——的输入。除了开展"讲普通话运动"之外，新加坡政府还在当时的副首相吴庆瑞的直接领导下，于1983年成立东亚哲学研究所（IEAP），为新加坡的学校准备一套儒家思想课程，该所因此成为中国以外第一个专门研究中国哲学的学术机构。

1990年，东亚哲学研究所改名为东亚政治经济研究所（IEAPE）。其主要任务是研究1979年以来中国的政治、经济和社会发展，尤其集中于中国的经济、政治和法律改革方面的研究。该所的图书馆藏书极为丰富，收藏有全套的中国年鉴和来自大陆、港台地区的其他资料。实际上它是整个东南亚地区（越南除外）第一所致力于所谓的"中国观察"（China watching）的学术机构。

1997年，东亚政治经济研究所易名为东亚研究所（EAI），地址就设在新加坡国立大学内，但仍是一个自主的研究机构。为完成其公共服务的义务，东亚研究所会定期向新加坡政府提交一些内容丰富而可读性强、涉及中国和东亚其他地区发展动态的报告，如《东亚研究所背景报告》（EAI Background Briefs）等。同时，东亚研究所还鼓励其学者出版著作和在学术期刊上发表论文。

毫无疑问，中国的崛起加强了像东亚研究所这样的专业研究机构在学术和实践（商业）方面的地位和重要性。当然新加坡中国研究地位的提高，也来自下面几个原因。其一，多数学者在美国著名的甚至是最好的大学获得博士学位，且半数以上在中国成长并获得本科学位。因此，他们不但通晓中国文化、政治和社会，而且还受到了西方最好的学术研究的训练。其二，因为他们能够在国际学术刊物上发表文章或出版著作，所以其著述能够被世界范围内的中国专家阅读。而且，在美国和澳大利亚的学术训练有助于他们创作出高质量的学术著作。其三，新加坡是一个国际化的国家，可以经常地吸引来自美国、欧洲、澳大利亚、韩国和中国内地及港澳台地区的学者来此短暂访学或进修，从而使得新加坡的学者们能够经常与世界各地的学者交换意见，不断地提高他们的学术水平。

马来西亚最近成立了一个类似的组织，但其规模稍逊于东亚研究所。泰国和菲律宾对当代中国的兴趣也在不断增加。现在当代中国研究的主要问题似乎在于"供方"，因为目前东南亚地区缺少训练有素的中国学者，多数人不能使用中文文献。这一点不能不让人感到遗憾。

总之，随着中国经济的迅速发展，中国与东南亚地区在地理—政治与地理—经济关系上都发生了诸多巨大变化。因为中国现在强调"和平发展"并有意与东南亚诸国培养一种良好、和谐的关系，所以尽管有很多不利因素，但笔者很乐观地认为，该地区的当代中国研究会有一个繁荣的未来。

下面，笔者将以新加坡的中国政治研究为例，来说明一下新加坡的中国研究的历史与现状，重点是中国研究领域的发生发展、研究力量、研究范围和学术成果。

新加坡的中国政治研究：一个案例

1. 对中国政治研究的简单回顾

新加坡的中国政治研究深受新加坡本国的政治发展、该国与中国的关系，以及中国与新加坡的邻国（印度尼西亚和马来西亚）关系的影响。20 世纪 90 年代之前，这一领域的研究课题主要是东南亚与中国的关系，以及该地区尤其是新加坡的反共产主义。因为新加坡的人口以华人为主，所以它一直尽力避免被视为东南亚的"小中国"，或者亲共产主义国家。此外，在这一时期，在新加坡（以及马来西亚和印度尼西亚），对中国政治的研究是一件在政治上很敏感的事情，与中国政治有关的书籍普通读者难以接触到。那些希望研究中国政治的学者，只有前去澳大利亚或者美国，因此当时新加坡的中国政治研究实际上是不存在的。

从 70 年代中期到 80 年代末期，随着双边关系的改善，东南亚的中国研究渐有起色。但是这个时候的研究是散乱无章的，从事这一研究的学者主要是新加坡国立大学的黄朝翰和李励图（Lee Tai To）两位。

1990 年是新中关系和新加坡的中国研究的分水岭。这一年的 10 月，也即中国与印度尼西亚恢复外交关系两个月之后，中新关系也宣告恢复。从此以后，了解中国不仅仅是为了日常的交流，也是实现双边利益之需。在这种情况下，1992 年东亚哲学研究所改名为东亚政治经济研究所。在 1992—1996 年，东亚政治经济研究所开始延聘第一批中国政治专家，他们中有许多是来自新加坡政府和来自中国的学者。1993 年之后，相继有多位学者加入该所，新一代中国政治研究专家开始崭露头角，他们都有如下的特点：生于中国，长于中国，在中国获得本科甚至硕士学位，然后在西方（主要是美国）获得政治学博士学位。

1997 年，东亚政治经济研究所易名为东亚研究所，东亚研究所尽管附属于新加坡国立大学，但在财政和科研方面则是独立的。东亚研究所的宗旨是，推动对东亚地区学术和政策层面的研究，特别是对当代中国（包括港台地区）的政治、经济和社会发展，以及中国与世界迅速发展的经济一体化态势及其在该地区的政治和安全问题。① 东亚研究所有两个任务，一个是为政府官员提供政策分析报告，另一个任务是从事学术研究。学者们根据各自的专业和兴趣开展研究，并在新加坡国立大学承担指导研究生的任务。

目前东亚研究所有 14 位成员。从 1997 年至今，平均每年都有大约 12 位来自美国、中国内地、中国台湾地区、澳大利亚和欧洲的学者来此作访问学者。②

除了东亚研究所，另外两个智囊库也有从事中国研究的学者，但人数要少很多。一个是东南亚研究所（ISEAS），主要从事东南亚地区内部和对外问题的研究。该所成立于 1968 年，是根据国会通过的一项法案而成立的，是新加坡历史最长的一个智囊库。1995 年至今，盛立军是该所唯一的一个中国问题学者。从 2004 年开始，东南亚研究所开始了一项中国—东盟交流项目，邀请东南亚问题和国际问题中国学者来所做短期的研究。③

南洋理工大学的国防与战略研究所（IDSS）也是一个政府智囊库，主要从事亚太地区的安全和战略问题研究。除了从事学术研究之外，还开设一般教育课程和硕士、博士学位课程，以及就安全、战略和国际问题举办研讨班。④ 该所的中国问题学者只有钟建平和黎楠两位；他们还邀请来自美国和中国的知名学者到该所从事短期研究。

2. 学术机构、学者、研究成果和媒体报道

在介绍中国政治研究方面的研究力量之前，有一点值得一提。这里选择的仅仅是上述机构中正式在编的学者。这些资料截至 2006 年 4 月，包括东亚研究所、东南亚研究所和国防与战略研究所此前和当前的高级研究员和研究员。访问学者则不在此列，王庆新曾经在新加坡国立大学担任访问教授三年，所以将他包括进来。然而，在讨论新加坡的中国政

---

① 关于东亚哲学研究所、东亚政治经济研究所和东亚研究所的简史，参见黄朝翰等编《分析中国：纪念东亚研究所成立 5 周年》（*Analysing China: Commemorating EAI's 5th Anniversary, Singapore: East Asian Institute, National University of Singapore,* 2002）。该书是 2002 年之前第一本全面介绍新加坡中国研究状况的指南。

② 见 http://w. isas. nus. edu. sg。

③ 关于该所的资料，参见 http://www. iscas. edau. sg/aboutus_ researchstaff. htm。

④ 关于该所的资料，参见 http://www. ntu. edu. sg/idss/about_ idss/idss_ objective. html。

治研究成果方面，我会尽量将在这些访问学者在东亚研究所时期的著述包括在内。

表 1 是此前和目前新加坡的中国政治问题专家的背景资料。一共有 17 位学者，除了两位管理人员（相当于研究助理）之外，其他人都拥有政治学博士学位。其中 12 名（2/3）在美国取得博士学位；3 名毕业于澳大利亚；新加坡培养了 1 名硕士研究生。

表 1　　　　　　　　新加坡中国政治问题学者一览

姓名	所属机构	所属系（所）	职称	在新加坡的时间	博士毕业院校	出生地	研究领域
Lee Lai To（李励图）	NUS	政治学系	副教授	1973—	加州大学圣巴巴拉分校	中国香港	中国台湾与内地的关系；中国与东盟的关系
Chen An（陈安）	NUS	政治学系	副教授	1995—	耶鲁大学	中国	国家—社会；政治改革
Iin Kun-chin（林昆谨）*	NUS	政治学系	副教授	2006—	加州大学伯克利分校	中国台湾	政治经济；工业组织
J. A. Donaldson *	SMU	经济与社会科学学院	副教授	2005—	华盛顿大学	美国	中国对外政策；区域发展
Zheng Yongnian（郑永年）*	NUS	EAI	研究员	1997—2005	普林斯顿大学	中国	民族主义、政治民主；国家、政党
Guo Iiangping（郭良平）*	NUS	EAI	—	1998—2000	华盛顿大学	中国	政治经济
Lai Hongyi（赖洪毅）	NUS	EAI	研究员	2000—	加州大学洛杉矶分校	中国	政治经济、国家—社会、外交政策
He Baogang（何包钢）*	NUS	EAI	研究员	2001—2004	国立澳大利亚大学	中国	地方民主；民族主义
David Kelley（戴凯利）	NUS	EAI	研究员	2004—	悉尼大学	澳大利亚	中国的社会思潮、意识形态和市民社会

续表

姓名	所属机构	所属系（所）	职称	在新加坡的时间	博士毕业院校	出生地	研究领域
Chien Peng Chung（钟建平）	NTU	IDSS	研究员	2000—2004	南加州大学	新加坡	中国的外交政策
IiNan（黎楠）	NYU	IDSS	研究员	2002—	约翰·霍普金斯大学	中国	中国军队；军民关系
Sheng lijun（盛力军）	ISEAS	ISEAS	研究员	1995—	昆士兰大学	中国	中国台湾与内地的关系；中国与东盟的关系
Cai Yongshun（蔡永顺）*	NUS	政治学系	助理教授	2001—2004	斯坦福大学	中国	国家—社会；城乡问题
Q. Ken Wang（王庆新）*	NUS	政治学系	访问教授	1995—1998	纽约州立大学	中国	中美关系；国际关系理论
Yu Kien-hong（俞剑鸿）*	NUS	EAI	研究员	1997—1999	纽约大学	中国台湾	中国台湾与内地的关系；中国军队
Lye Iiang Fook（黎良福）*	NUS	EAI	助理研究员	2001—2006	新加坡国立大学	中国香港	中共宣传
Tok Sow Keat（卓少杰）*	NUS	EAI	助理研究员	2004—2005	国立澳大利亚大学	新加坡	中国对外关系

注：1. 此表包括以前曾在新加坡工作的学者，以及新加坡从事政治学博士后研究的学者。

2. 带＊者表示此人或者已经离开新加坡，或者新来的。

从这些中国专家的出生地来看，中国内地第一（9位），占了半壁江山，中国台湾第二（2位），新加坡、中国香港地区、美国和澳大利亚各有1位。值得注意的是，14位学者的中国背景（其中半数甚至是在中国内地出生的）使他们对中国的语言、社会和政治了然于胸，在中国研究方面具有明显的优势。不仅如此，因为他们是在海外受到的学术训练，因此就会创作出既按西方的学术规范又有深度的中国政治研究成果。这些条件对该领域的发展大有裨益。

在新加坡国立大学和新加坡管理大学从事中国研究的学者，他们的研究成果一般是地区性或国际性期刊论文，以及由本地或国际上的著名出版社出版的著作。下面作一简单介绍。

（1）东亚研究所出版的著作。自1998年以来，该所每年至少出版一本论文集，收录在新加坡召开的会议或者研讨班上发表的论文。此外，目前已出版的或将要出版的中国政治方面的研究著作已达11本，即《中国政治经济》《香港在中国》《中国：二十年的改革与变迁》《改革、合法性和困境》《后邓小平时期南巡的遗产与中国的发展》《分析中国》《后江泽民时代领导层的接续》《非典》《中国进入胡温时代》《海峡两岸冲突与合作的来源》。

（2）《东亚研究所背景报告》（*EAI Background Briefs*）（以下简称《背景报告》）。其读者为政府部长和其他高级官员，内容通常以与中国国内政策、经济、社会和对外关系有关的当代问题为主。第一期于1997年9月出版，到2006年3月已经出版了277期。《背景报告》有一个突出特点，就是它能对中国的重大政治动态和主要政策提供迅速的分析和解释。通常，在某一重要事件或政策之后半年到一年之内，《背景报告》所刊登论文的作者就会根据本人的专业特长，通过利用中国官方资料、媒体或学术著作、对外报告等，作出自己的分析。详情请见表2。

表2　　　　　　　　　　新加坡的中国政治研究课题

国内政策和制度	国家—社会关系	政治经济与 中央—地方关系	中国对外关系
1. 领导人的接续 2. 中国共产党：意识形态与组织 3. 管理机构改革和组织 4. 民主与政治改革，特别是地方和乡村选举 5. 政府治理、责任与危机管理	1. 职场治理与民主 2. 阶级与民主 3. 知识分子与思想 4. 宗教政策 5. 政治参与 6. 犯罪与秘密社团	1. 中国的改革方针 2. 中俄改革比较 3. 发展型国家 4. 不平等应对政策 5. 地区工程：西部大开发 6. 地方治理：加入WTO后的调整 7. 财政改革	1. 中国—东南亚关系 2. 中国大陆与台湾地区的关系 3. 中国与南中国海 4. 中日关系 5. 对中国香港的政策 6. 中国台湾地区与东南亚的关系 7. 国际化：中国、全球化与WTO

（3）《东亚研究所工作论文》（*EAI Working Papers*）。有中英文两种形式，体例与学术论文大致类似。到 2006 年 4 月，共有 124 篇英文论文和 53 篇中文论文出版。其作者大多数是本所的正式学者和访问学者，范围则涵盖了与大中华有关的当代问题，有时候还经常包括《背景报告》没有涉及的一些问题，如中国思想、比较研究，以及对涉及东亚的一些话题的深度分析。

（4）《东亚研究所不定期论文》（*EAI Occasional Papers*）。主要是选自《背景报告》上的一些重要论文，汇编成册。这些论文一般读者可以购买到，一共出版了 35 册。

（5）《东亚研究所通讯》（*EAI Bulletin*）每年出版 2 辑，面向学术组织和政府机构以及世界各地的大学。每辑通讯一般编入 7—8 篇论文。2001 年以后，一般以当代中国的某一重要主题或事件为中心。

（6）《中国国际季刊》（*China：An International Journal*）该刊创刊于 2003 年 3 月，每年出版 2 期。该刊论文的作者都是世界各地的中国研究学者，论文内容则为对中国大陆及港澳台地区当前的政治、经济、社会和对外关系的分析。

此外还有媒体报道。新加坡可能是中国之外少有的几个广泛报道中国的国家之一，而且其关于中国的中文新闻评论影响之大，罕有可与匹敌者。新加坡印数最多的报纸是《联合早报》和《海峡时报》，这两份报纸每天都辟有专门的版面报道中国。

新加坡主要的新闻电视节目有亚洲新闻频道（Chanel News Asia）、中文频道（Channel 8），另有一个英文频道。三个频道通常将大中华地区的新闻作为国际新闻播放。新加坡最大的电台——新加坡国际广播电台（RSI）用中文和马来语播放。另外还有 CNBC-Asia 和彭博（Bloomberg）等电视频道。这些电视台和电台经常邀请当地的中国专家，对大中华地区发生的事情作出评论。

3. 研究的问题、理论和方法

20 世纪 70 年代以来，随着海峡两岸、中新关系、中国与东盟关系的改善，新加坡对中国一直保持着强烈的兴趣，这是因为一方面，该国战略安排和国家利益所致。作为东南亚地区的一个小岛国，它对亚洲的地缘政治发展很敏感。另一方面，中国对东南亚的影响很大，无论是从政治上讲还是从战略上讲，中国都很可能在该地区成为仅次于美国的最重要、最有影响的国家。除此之外，新加坡在中国台湾一直有军事训练项目，这可以追溯到冷战时期，与中国台湾的经济关系也很广泛，这种勾连（cross-relations）可能使它与海峡两岸的关系变得非常复杂。

自90年代末以来，新加坡政府对中国国内的政治、经济、社会发展，以及中国大陆对香港地区、日本、美国的政策的兴趣越来越大。因为中国经济的迅速发展及其在亚太地区影响的增加，新加坡也加紧了与中国的经济和政治交流。新加坡必须随时关注中国的政治、经济和社会发展，只有这样才可以在投资和与中国的政治、社会交流方面作出明智决策。

上述利益的考虑在某种程度上决定了新加坡的中国政治研究的取向。但同时，新加坡的中国政治研究界，尤其是新加坡国立大学政治科学系和东亚研究所在选择研究课题和出版著作方面也有自己的基本方针和灵活性。这些著述涵盖了与大中华地区（特别是中国大陆和中国台湾）内外政策有关的多种问题。这些问题可以分为前后两个时期。

第一个时期是1996年之前，这一时期的著述主要集中于：中国与东南亚的关系以及中国与新加坡的关系、中国大陆与中国台湾的关系、南中国海的安全问题，以及中国的工会问题。

第二时期是1997年至今。随着东亚研究所等专业学术机构相继成立和越来越多的学者的引进，中国政治研究的成果迅速增加。

这些研究课题也显示出新加坡中国政治研究的以下一些趋势：1997年以前，这一领域的主要内容是中国的对外政策，数量不多，主要与新加坡的战略利益有关。最近9年以来，这一领域的研究扩展到与中国国内政策有关的三大国内的主要组织及其改组（restructuring）、国家—社会关系和政治经济三大方面。同时，在中国的对外关系方面，对所涉及的多个问题也有研究。除了中国与东南亚（新加坡）的关系之外，诸如安全关系、南中国海问题、中日关系、对中国香港的政策、中国台湾与东南亚的关系等都有研究。此外，全球化与中国这样的课题也被详尽研究，有一本著作和两篇期刊论文问世；最后，关于90年代末至今中国对外政策的制定，也有一篇会议论文和期刊论文。

因为这一领域的文献数量庞大，所涉及的题目众多，详细分析这些研究成果有一定的难度。总的来说，这些研究多以经验分析为主，辅以适当的理论，试图考察、质疑或修正已有的理论。有一些研究则发展出另外的理论，但仍与美国的中国政治研究发展保持一致。

在这些被用来从事中国政治研究的理论中，普遍被运用的有国际关系研究中的制度论、国家转型、民族主义、理性选择、民主化、国家权力、市民社会和现实主义与新制度论等。所运用的研究方法多数是定性分析，即对事件和制度的描述与文本分析。只有少许是定量分析，如选举分析和中央—地方关系的政治—经济分析。

结 论

新加坡的中国政治研究是相当晚近的事情，主要是在 20 世纪 90 年代才开始的。较之美国和日本，新加坡常规的研究力量要少一些，但这些学者对与中国有关的焦点问题的涉猎范围越来越广，尤其是那些宏观的和普遍的问题。

学者们的研究成果在发挥智囊库、影响决策层方面的作用也是显而易见的，对公众教育的影响也很大。在这一方面，尽管在新加坡中国政治研究方面的文献非常有限，但是却得到了充分的利用，这在其他地区也是少见的。

此外，尽管正式的学者不多，但这一局限因为大量的访问学者来新加坡的研究机构从事研究而得到补偿。这些访问学者的研究领域很广，他们的到访丰富了新加坡的中国政治研究。

新加坡的中国政治研究迅速而稳定的发展是几方面的因素促成的。第一个原因是政府的关注与投入。正是因为有了政府的支持，东亚研究所才得以创建。因为经费有保障，正式的学者不断增加，来此访学的人也源源不断。第二个原因是，研究课题的负责人管理有方，致力于扩大研究范围和资金来源，聘任有能力的研究人员，欢迎优秀学者来新加坡访学。第三个原因是新加坡对海外优秀学者的开放性，尤其是对那些生于中国、在美国取得博士学位的学者，他们成为该国中国政治研究的中坚力量。最后的原因是新加坡良好的学术和生活环境。许多从美国和澳大利亚获得博士学位的学者之所以被新加坡所吸引，是因为其西方化的学术环境、方便的生活条件、研究单位聘用高质量的学者的真诚意愿，以及与国际学界学术交流的便利性。

但是新加坡的中国研究也面临着一些挑战。最明显的是如何留住那些著名的学者，比如说，东亚研究所是新加坡最好的研究机构，但是其研究人员的流失是很严重的。主要的原因是东亚研究所缺少终身职位，工作的安全性下降，以及 50 岁之后研究人员和教师的薪水大幅度下降。这对新加坡要留住那些在中国研究领域中已经成名或将要成名的学者来讲将是一种挑战。

（选自《国外社会科学》2008 年第 4 期）

美国汉学的历史分期与研究现状

一　历史分期

美国的汉学研究虽然起步比欧洲晚，但大有后来者居上之势，特别是第二次世界大战以后，随着汉学研究的专业化和大量研究机构的建立，美国的汉学研究步入了发展的"快车道"。今天，无论是在资金投入、学术资源方面，还是在研究模式、人才培养方面，美国均处于整个西方汉学研究的领先地位，其研究成果对中国本土学术的影响也趋增巨大。[①]

任何学术都必然经历从无到有，从小到大的过程。1963 年，全美国仅有 33 人获得中国研究博士学位，而到了 1993 年，供职于美国大学、政府、新闻界、企业界的各类中国研究专家已逾万人，其中仅效力于跨国公司、基金会、法律事务所等机构的专家就有 5300 人之多。[②] 19 世纪时，美国没有一家专门研究中国的学术团体，汉学研究在美国东方学会（A-

---

[*] 顾钧，男，1972 年生，博士，北京外国语大学中国海外汉学研究中心副教授。

[①] 详见杨念群：《美国中国学研究的范式转变与中国史研究的现实处境》，《清史研究》2000 年第 4 期；黄育馥：《20 世纪 80 年代以来美国中国学的几点变化》，《国外社会科学》2004 年第 5 期。

[②] John, M. H. Lindbeck, *Understanding China：An Assessment of American Scholarly Resources*, New York：Praeger Publishers, 1971, p. 140；David Shambaugh, ed., *American Studies of Contemporary China*, Armonk, N. Y.：M. E. Sharpe, 1993, p. 197.

merican Oriental Society，1842 年建立）、美国历史学会（American Histori-cal Society，1884 年建立）中所占比例均十分有限，而目前仅哈佛大学就有 10 多个与中国研究有关的机构。

如果将汉学研究限定在大学或学院研究的层面上，那么美国的汉学研究开始于 1877 年，这一年 6 月耶鲁大学设立了第一个汉学教授职位。此后，哈佛、哥伦比亚等大学也设立了类似的职位。如果从宽泛的意义上看待汉学，将商人、旅行家、传教士、外交官以及其他对中国有兴趣的人士的研究也看作汉学的一部分，那么美国的汉学史则可以追溯至18 世纪。1784 年在第一艘到达中国的美国商船上，大副山茂召（Sam-uel Shaw）写下了他对中国的第一印象，美国汉学伴随着中美直接贸易的产生而产生。但美国汉学的产生并不意味着欧洲汉学从此结束了在美国的影响，实际上，19 世纪 30 年代以前美国人关于中国的信息主要来自欧洲（特别是英国）。当代美国学者孟德卫（David E. Mungello）将欧洲汉学的起源划定在 17 世纪，他把基歇尔（Athanasius Kircher）、威尔金斯（John Wilkins）、莱布尼茨（Gottfried W. Leibniz）等人利用来华耶稣会士提供的信息进行汉学研究的学者称为"早期汉学家"（proto-sinolo-gist），把他们的研究称为"早期汉学"（proto-sinology）。① 如果套用孟德卫的概念，我们可以把美国的建国元勋富兰克林（Benjamin Franklin）、潘恩（Thomas Paine）、杰斐逊（Thomas Jefferson）称为"早期汉学家"，他们都曾读过耶稣会士的著作并写下了自己对中国的看法。② 19 世纪利用欧洲文献研究儒家思想的超验主义者如爱默生（Ralph W. Emerson）、梭罗（Henry D. Thoreau）同样也可以归入这一行列，他们虽然人数很少，研究范围也很有限，但却是美国早期汉学一个不应忽视的组成部分。③

---

① David，E. Mungello，*Curious Land*：*Jesuit Accommodation and the Origins of Sinology*，Stutt-gart：Steiner Verlag Wiesbaden Gmbh，1985，p. 14.

② 详见 A. Owen Aldridge，*The Dragon and the Eagle*：*The Presence of China in the American En-lightenment*，Detroit：Wayne State University Press，1993，pp. 85 – 97。

③ 爱默生被认为是"第一个真正的美国思想家"（the first truly American thinker），也是最早对东方文化产生兴趣的美国思想家，但他的主要兴趣在印度、波斯，中国处于相对次要的位置。就中国文化而言，他的主要阅读对象是儒家经典，参见 Frederic I. Carpenter，*Emerson and A-sia*，Cambridge：Harvard University Press，1930，pp. 232 – 255。

对于这200多年的美国汉学史，学者们提出了不同的分期。一种比较常见的看法是以第二次世界大战作为界线，理由是战前美国的汉学研究比较零散，且受欧洲的影响比较大，战后，特别是1958年通过"国防教育法案"（National Defense Education Act）以后，美国政府和基金会（特别是福特基金会）开始大量投入资金，美国汉学以前所未有的速度向前发展，并形成了自己的特色。这一分期方法是和将费正清（John K. Fairbank）看作美国汉学之父的观点联系在一起的。费正清1907年出生于南达科他州，1929年于哈佛大学毕业后前往牛津大学攻读博士学位，从此开始了对中国的研究。在以《中华帝国对外关系史》（The International Relations of the Chinese Empire）、《东印度公司对华贸易编年史》（The Chronicles of the East India Company Trading to China，1635 – 1834）等著作闻名学界的马士（Hosea B. Morse）的指导下，费正清把中国海关问题定为其博士论文的题目，从而确立了从外交史和制度史入手、以近代中国为课题的研究方向。这一研究方向与传统的汉学——对中国古代历史文化进行文献考证——截然不同，是一种全新的尝试。1936年费正清获得牛津大学博士学位，并回哈佛大学执教。在此后的40多年中，费正清以哈佛大学为基地，将自己开创的"地区研究"（regional studies）模式推广到全美，乃至全世界。1991年费正清去世后，曾经听过他的课程并和他共事多年的余英时先生给予了这样的论断"半个世纪以来，他一直是美国的中国研究的一个重要的原动力；哈佛大学历史系正式把中国近代史列为一门课程是从他开始的。他的逝世象征着这一学术领域的一个时代的落幕"①。

具有鲜明美国特色的"地区研究"具有如下几个特点：一是关注近现代中国，服务于现实需要；二是在语言技能之外更强调学术训练，特别是各种社会科学方法（政治学、经济学、社会学、人类学等）的

---

① 余英时：《开辟美国研究中国史的新领域：费正清的中国研究》，傅伟勋、周阳山主编：《西方汉学家论中国》，台湾正中书局1993年版，第2页；关于费正清生平和学术思想的详细讨论，另可参见徐国琦《略论费正清》，《美国研究》1994年第2期；钱金保：《中国史大师费正清》，《世界汉学》1998年第1期；陶文钊：《费正清与美国的中国学》，《历史研究》1999年第1期；Paul，A. Cohen & Merle Goldman, eds.，*Fairbank Remembered*，Cambridge：Harvard University Press，1992。

训练；三是在学科分工的基础上强调跨学科研究。其中第二点是最为关键的，费正清曾将"地区研究"简单地归纳为"传统汉学与社会科学的结合"。① 结合之后的汉学研究就不仅仅局限在中文系（东亚系），而是进入了各个学科。根据周法高 1964 年的实地考察，哈佛大学当时开设中国课程的有东亚系、历史系、社会学系、政治学系、人类学系、法律系、美术系、音乐系，其他如耶鲁大学、芝加哥大学、哥伦比亚大学等情况也相似。② 所以也有人将费正清开创的这种研究模式称为"中国研究"或"中国学"（China Studies or Chinese Studies），以区别于传统的以语文学和文献考证为特色的"汉学"（Sinology）。1955 年哈佛大学东亚研究中心的建立可以作为这种新模式诞生的标志，但中国研究的确立并不代表传统汉学研究的退场。哈佛燕京学社的存在和它的广泛学术影响就是一个明证。哈佛燕京学社于 1928 年建立后，曾计划请法国汉学家伯希和（Paul Pelliot）来担任社长，后来伯希和推荐了自己的学生、俄裔法籍汉学家叶理绥（Serge Elisseeff），这非常好地说明了 20 世纪前半期欧洲汉学对于美国的影响。哈佛燕京学社毕业生的研究业绩同样可以说明这一点。以 20 世纪 30 年代初期哈佛派往中国进修的学生为例，顾立雅（Herrlee G. Creel）主要从事中国上古史和哲学史的研究，希克曼（L. Sickman）专攻中国艺术史，卜德（Derke Bodde）则潜心研究中国思想史，他们都将研究范围集中在中国古代，且主要从事微观考证工作。③ 值得一提的是，费正清 1933 年在中国做研究期间曾申请哈佛燕京学社的奖学金，但没有成功，不得不通过在清华大学授课来解决生计问题，这一经历对他日后决心另起炉灶大概产生了某种心理影响。但东亚研究中心的建立并没有取代哈佛燕京学社，而只是通过"促进

---

① John, K. Fairbank, *China Perceived*: *Images and Policies in Chinese-American Relations*, New York: Alfred A. Knopf, 1974, p. 214; John, K. Fairbank, Chinabound: A Fifty-Year Memoir, New York: Harper & Row, 1982, p. 324.

② 周法高：《谈美国数大学有关中国的课程》，（台湾）《新天地》1964 年第 2 卷第 11 期，第 14—17 页。

③ 关于哈佛燕京学社，详见张凤《哈佛燕京学社 75 年的汉学贡献》，《文史哲》2004 年第 3 期，第 59—69 页；Earl Swisher, The Harvard-Yenching Institute, *Notes on Far Eastern Studies in America*, No. 11, 1942, pp. 23 - 26。

对现代中国的研究和社会科学方法的运用来弥补后者的不足"①。所以，20 世纪美国的中国学和汉学是并存的，它们之间虽然存在着差异和对立，但同属于专业汉学（professional sinology）的范围，而与之相对应的则是 20 世纪以前的业余汉学（amateur sinology）。美国业余汉学的主体是传教士汉学。美国商人虽然早在 18 世纪末就来到中国，但他们来去匆匆，无心他顾，中美通商 50 年后还几乎没有一个商人能懂中文，也就更谈不上对中国的研究了。这种情况直到 19 世纪 30 年代以传教士的到来才宣告结束。第一次鸦片战争前美国来华传教士的人数很少，长期生活在广州、澳门的只有裨治文（Elijah，C. Bridgman）、卫三畏（Samuel Wells Williams）、伯驾（Peter Parker）、史第芬（Edwin Stevens）4 人。1842 年后美国来华传教士的人数迅速增加，到 1850 年已经达到 88 人，1877 年新教入华 70 周年（是年召开第一次新教大会）时则达到 210 人。② 几乎所有的传教士都致力于汉语的学习以及对中国的研究，他们的著作成为 19 世纪美国人了解中国信息的最主要来源。

在笔者看来，美国汉学从大的方面可以分为两个时期——业余汉学时期和专业汉学时期。虽然 1877 年耶鲁大学设立第一个汉学教授职位可以看作美国专业汉学建立的标志，但专业汉学在 19 世纪末 20 世纪初发展很慢，赖德烈（Kenneth，S. Latourette）在 1918 年的一篇文章中这样描述当时的情况："我们的大学给予中国研究的关注很少，在给予某种程度关注的大约 30 所大学中，中国仅仅是在一个学期中关于东亚的概论性课程中被涉及，只有在三所大学中有能够称得上对于中国语言、体制、历史进行研究的课程。美国的汉学家是如此缺乏，以至于这三所大学中的两所必须到欧洲去寻找教授。"③

---

① Paul, M. Evans, *John Fairbank and the American Understanding of Modern China*, New York: Basil Blackwell, 1988, pp. 30 – 31, 199.

② S. W. Williams, *The Middle Kingdom*, New York: Charles Scribner's Sons, 1883, Vol. 2, p. 367. 近代最早来华的新教传教士是伦敦会（London Missionary Society）的马礼逊（Robert Morrison），到达广州的时间是 1807 年 9 月 8 日。

③ Kenneth, S. Latourette, American Scholarship and Chinese History, *Journal of the American Oriental Society*, Vol. 38, 1918, p. 99.

美国学术界逐渐意识到了这个问题，1929 年 2 月美国学术团体理事会（American Council of Learned Societies，1919 年建立的全国性学术促进机构）专门成立了"促进中国研究委员会"（Committee on the Promotion of Chinese Studies），以此来改变美国汉学研究落后于其他学科的局面。所以我们不妨将 1877—1928 年（哈佛燕京学社建立）或 1929 年（促进中国研究委员会建立）的这 50 年看作过渡时期。专业汉学内部传统汉学与中国学的分野可以哈佛东亚研究中心建立的 1955 年为时间点，从美国东方学会中分离出来的亚洲学会（Association for Asian Studies）建立的 1956 年同样可以作为一个标志性的时间点，而分离的动力同样来自费正清。仍然以上述的时间点为界线，我们或者可以把美国汉学分成更为清晰的三个时期，即早期（1877 年前）、中期（1877—1928 年）、后期（1929 年后）。

二　研究现状

就近 20 多年来国内外对美国汉学的研究来看，战后的中国学是重点。1981 年出版的《美国中国学手册》可以说是国内研究的一个开端，该手册系统地编译和整理了战后 530 名美国中国学家和 515 名美籍华裔中国学家的生平著述资料，同时还全面介绍了美国研究中国的机构、收藏中文资料的图书馆、出版的中国学书目等一系列信息，是一本资料翔实的工具书，为此后美国中国学的研究打下了扎实的基础。

目前国内学者已经出版有专著多种、论文多篇。[①] 美国学者对自身学

[①] 中国社会科学院情报研究所：《美国中国学手册》，中国社会科学出版社 1981 年（1993 年出增订版）；王景伦：《走进东方的梦——美国的中国观》，时事出版社 1994 年版；侯且岸：《当代美国的"显学"：美国现代中国学研究》，人民出版社 1995 年版；陈君静：《大洋彼岸的回声：美国中国史研究历史考察》，中国社会科学出版社 2003 年版；王建平、曾华：《美国战后中国学》，东北大学出版社 2003 年版；朱政惠：《美国中国学史研究》，上海古籍出版社 2004 年版；胡大泽：《美国的中国近现代史研究》，中国社会科学出版社 2004 年版；苏炜：《有感于美国的中国学研究》，《读书》1987 年第 2 期；王晴佳：《美国的中国学研究评述》，《历史研究》1993 年第 6 期；张铠：《从"西方中心论"到"中国中心观"——当代美国中国史研究的发展趋势》，《中国史研究动态》1994 年第 11 期。

术的梳理也积累了不少成果，① 其中以柯文（Paul，A. Cohen）的《在中国发现历史》（*Discovering History in China*）一书最为详尽和深入。柯文在该书中解剖了 20 世纪 50—60 年代美国中国研究的三种方法（approach）："冲击—回应"（impact—response）、"传统—现代"（tradition—modernity）、"帝国主义"（imperialism），认为这三种方法虽然在课题的设定、材料的选择、问题意识等方面不尽相同，但都是"以西方为中心的"（Western-centric）。在批判旧的研究方式的同时，柯文在书中呼吁学者们转向一种新的"以中国为中心的"（China-centered）研究方法，其特点是"力图重建中国人所实际感受的历史，而不是一种外在的问题意识下的历史，将中国问题放在中国的语境中，将领土广大和情况复杂的中国分解为小的、更容易把握的单位，并将中国社会看作分成若干等级的，在运用历史学方法之外热烈欢迎各种社会科学和其他学科的理论和方法"②。这种在 20 世纪 70 年代逐渐建立起来的方法打开了学者们的思路，给此后美国的中国研究注入了极大的活力。1996 年柯文推出了新版《在中国发现历史》，在 1984 年老版的基础上对 20 世纪 70—90 年代的美国中国学给予了切中肯綮的评价。

　　与战后中国学备受关注的情况相比，学者们对 20 世纪前半期以及 20 世纪以前的美国汉学史研究较少。国内学者对这一课题的研究最早可以追溯到莫东寅的《汉学发达史》。该书给美国汉学的篇幅非常有限，在描述美国汉学起源时作者写道："美国完成独立在 1783 年（乾隆四十六年），及释奴战终，统一南北之集权政府成立，已在 19 世纪中叶（1865年，同治四年），收夏威夷菲律宾宾在 19 世纪末（1898 年，光绪二十四年），其注意禹城，视欧人晚甚。其国民尚科学重实用，于中国历史文献

　　① Derke Bodde, Sinological Literature in the United States 1940 – 1946, *Quarterly Bulletin of Chinese Bibliography*, New Series, Vol. 6, 1946; Meribeth, E. Cameron, Far Eastern Studies in the United States, *Far Eastern Quarterly*, Vol. 7, No. 2, 1948; Amy, A. Wilson, et al., eds., *Methodological Issues in Chinese Studies*, New York: Praeger, 1983; Richard, C. Howard, The Development of American China Studies: A Chronological Outline, *International Association of Orientalist Libraries Bulletin*, No. 32 – 33, 1988.

　　② Paul, A. Cohen, *Discovering History in China: American Historical Writing on the Recent Chinese Past*, New York: Columbia University Press, 1996, p. 。该书 1984 年版有中译本《在中国发现历史》，林同奇译，中华书局 1989 年版。

之研究，初极忽视。有卫三畏者，纽约人，本神学者，于1833年（清道光十三年）由公理会派来华布教，曾编刊《中国宝库》（*The China Repository*）。乃由教会援助，于1832年（清道光十二年）创办《广东》之月刊杂志，1851年（清咸丰元年）停刊。1857年（清咸丰七年）至1876年（清光绪二年），为美国驻华使馆秘书，晋至代理公使。归国后授中国语文于耶鲁大学，著《华语字典》及《读本》等。其《中国总览》（*The Middle Kingdom*）一书，凡两巨册26章，叙述中国历史地理人民政治文学社会艺术等概况，后由其子为复刊，流传甚广，为美人中国研究之见端。"① 这段论述不仅过于简单，而且有一些错误。但将卫三畏的《中国总览》（按：应为《中国总论》）看作美国汉学之开端却是很有道理的。莫东寅之后的国内学者对于美国早期汉学的状况一直处于语焉不详的状态，直到近年来才有所改变。② 美国学者对本国早期汉学的状况研究很少，其中最有价值的是谭维理（Laurence, G. Thompson）于1961年发表于中国台湾《清华学报》上的一篇文章，在这篇文章中作者简要评述了1830—1920年美国主要的汉学著作，在文献上提供了重要的参考。③

对美国汉学的研究从性质上来说属于学术史的研究，其价值和意义正如梁启超所说："学术思想之在一国，犹人之有精神也；而政事、法律、风俗及历史上种种之现象，则其形质也，故欲睹其国文野强弱之程度如何，必于学术思想焉求之。"④ 战前美国在汉学上一直落后于欧洲，

---

① 莫东寅：《汉学发达史》，北平文化出版社1949年版，第141页；2006年大象出版社重刊此书，上述引文见重刊本，第104页。

② 代表性著作有张铠：《美中贸易与美国中国史研究的奠基——殖民时期至第一次世界大战》，《中国史研究动态》1995年第5期；仇华飞：《论美国早期汉学研究》，《史学月刊》2000年第1期；吴义雄：《在宗教与世俗之间：基督教新教传教士在华南沿海的早期活动研究》，广东教育出版社2000年版；顾钧：《卫三畏与美国早期汉学》，外语教学与研究出版社2009年版。

③ Arthur, W. Hummel, Some American Pioneers in Chinese Studies, *Notes on Far Eastern Studies in America*, No. 9, 1941; Laurence, G. Thompson, American Sinology 1830 – 1920: A Bibliographical Survey, *Tsing Hua Journal of Chinese Studies*, Vol. 2, No. 2, 1961.

④ 梁启超：《论中国学术思想变迁之大势·总论》，《梁启超全集》第二册，北京出版社1999年版，第561页。

战后则逐渐成为西方汉学的中心，这是与其国力的发展紧密联系的。了解美国早期汉学的历史，对于我们看清今天美国汉学的内在理路和成败得失无疑是非常有帮助的。

美国早期的汉学家都是业余汉学家，他们的学术研究不可能不与他们业内的工作发生紧密的联系，所以对于他们的研究也就不能局限在纯学术史的范围内，而必须与19世纪的美国史、中国史和中美关系史联系起来进行考察。除了业余和专业的差别之外，美国传教士汉学家与后来的专业汉学家相比还有两个显著的不同之处，一是他们在中国的时间一般都比较长，二是他们几乎都是"无师自通"。以卫三畏和费正清为例，前者在中国的时间为43年（1833—1876年），而后者仅为4年（1932—1936年）。我们知道，费正清的"精神之父"是马士，他在哈佛大学的老师是韦伯斯特（Charles, K. Webster），在牛津大学的老师是苏慧廉（William, E. Soothill），在北京时得到过蒋廷黻、拉铁摩尔（Owen Lattimore）的学术指导，[1]而卫三畏走的则是一条自学成才、不断摸索的道路。所以研究传教士汉学在坚持寻找"内在理路"的同时，必须把外在因素纳入考察的范围。

相比于20世纪初的梁启超，今天我们对于学术和学术史应该说有了一种更新的理解。学术不再被看作一种纯粹的"知识"，而是一种"话语"，其背后同样有着复杂深刻的"权力"运作。这一点在西方近代以来关于东方的知识话语的建构中显得尤为明显。萨伊德（Edward Said）的《东方学》（*Orientalism*）虽然涉及的主要是西方关于近东的知识谱系，但它很好地提醒我们，今天当我们书写汉学史时，不仅要关注学者们说了些什么，更应该关注的是他们为什么这么说，或者用福柯（Michel Foucault）的话来说，我们更应该关注的不是事物的"真相"，而是事物的"秩序"。实际上，根据福柯的见解，对于生活在一种文化中的人来说，要"真正理解另一种文化的真相是完全不可能的"。[2] 这种看法或许有点

---

[1]　John K. Fairbank, *Chinabound：A Fifty-Year Memoir*, New York：Harper&Row, 1982, pp. 17 – 93.

[2]　Michel Foucault, *The Order of Things*, New York：Vintage Books, 1971, p. xv.

绝对和悲观，但是采用一种"考古学"而不仅仅是传统的"历史学"的方法，对于我们今天研究学术史无疑是非常必要的。

（选自《国外社会科学》2011 年第 2 期）

德国中国学研究的当代转型和未来发展趋向

江树革　　［德］安晓波[*]

中国是有着悠久历史和独特东方文化的发展中大国。改革开放以来，中国发生了巨大而深刻的社会变迁，极大地改变了中国的经济社会结构。中国的发展在改变和重塑自身的同时，对外部世界也产生了重大的影响，直接影响着包括德国中国学在内的国外中国学的研究。伴随着德中两国经济、贸易、文化等方面交往联系的加强，德国中国学研究的学术价值和应用价值日益凸显，不仅有力地推动了国外中国学的发展，而且对于中国国内社会科学学术研究也具有重要的启迪意义。从德国中国学研究所处的社会历史背景变迁出发，本文将着力分析目前德国中国学研究的现状和特征，探析其在学术转型过程中未来发展的一些趋向。

一　德国中国学发展历史背景的变迁

1. 传统汉学与汉学传统塑造的德国中国学早期阶段

作为国外中国学研究的主要国家之一，德国有着很悠久的汉学传统。长久以来，德国的一些学者和汉学家就对中国表现出了浓厚的研究兴趣。在长期的发展中，德国汉学与德中之间的经济、文化互动相联系，并且

＊　江树革，男，1969 年生，硕士，北京市社会科学院社会学所副研究员。［德］安晓波（Björn Alpermann），德国维尔茨堡大学汉学系当代中国学助理教授、德国科隆大学博士。

直接受到一些德国学者的文化学术研究活动而催生和推动。其中，汤若望（J. A. Schall von Bell）、基尔彻（A. Kircher）、拜尔（T. S. Bayer）、克拉普罗斯（J. Klaproth）、弗兰克（O. Franke）、福克（A. Forke）、卫礼贤（R. Wilhelm）、马克斯·韦伯（M. Weber）等学者对中国的研究，增进了德国学术界对在地缘上与德国相去甚远的古老国度——中国的认识，推动了汉学作为科学的发展以及汉学学科自身的形成。在这一时期，德国大学汉学课程的设置和汉学大学教育在德国的创办，为日后汉学研究奠定了未来发展的基础。同时，第二次世界大战前德国的汉学家和致力于中国问题研究的社会科学家通过自身不懈的学术努力，丰富了学术界和思想界对于东方文化以及人类社会历史进程的认识。对德国传统汉学和中国学的考察是研究当代德国中国学发展变化不可或缺的环节以及本研究的逻辑起点。

2. 政治大变革时代下的德国中国学发展背景

德国中国学的发展与德中两国的国内政治及国际政治生态密切相关。从第二次世界大战结束到德国统一的 45 年间，不仅中国国内政治发生了深刻变革，同时德国也历经了政治变革，对于德国中国学的发展产生了重要的影响。

1949—1978 年，中国由一个贫穷落后、人口众多的东方大国逐步建立社会主义基本政治经济制度，在高度集中的计划经济体制下推进国家经济建设。20 世纪 60—70 年代的中国国内政治运动影响了国际社会，也深刻影响了德国中国学的研究。

1978—1989 年，对于中国和德国同样都是变革的时代，社会政治和经济发生了深刻的变迁。1978 年，中共十一届三中全会召开，确立了改革开放的路线，中国经济步入了快速发展的轨道，经历了从计划经济体制向市场经济体制的社会转型。同期，德国经济在战后实现了历史性的发展。但是，在德国国内政治上，这一时期德意志联邦共和国和前德意志民主共和国还处在由于冷战对抗所造成的国家分裂局面之中，处于不同的政治制度和意识形态之下。因此，就整个德国的中国学研究而言，其学科发展和分布是不均衡的，而且学术研究无法实现融合发展。

3. 经济大变革时代下的德国中国学发展背景

1990—2010 年的 20 年间，是世界相对和平发展与经济全球化快速发展的时期。冷战结束后，德国实现了国家统一，经济、社会和政治发展进入了新的历史阶段，并作为一个经济大国在世界经济发展中发挥重要的影响力。2009 年，按照目前价格计算，德国国内生产总值（GDP）达到 33527.4 亿美元。[①] 期间，中国与欧盟的经济合作继续发展，两国之间的经济关联度进一步增强，中国成为德国重要的海外市场，两国之间的经济互动和依存进一步加深。据德国联邦统计局的统计，德中之间的进出口贸易在历经 20 世纪 80 年代和 90 年代较为平稳的增长后，进入 21 世纪以来获得了进一步的发展。从 1980—2007 年，德国向中国出口额和德国从中国进口额分别从 10.63 亿欧元和 7.5 亿欧元增长到 299.23 亿欧元和 546.49 亿欧元。[②] 中国与德国成为重要的贸易伙伴，经济、贸易和文化联系交流更加广泛深入。而对于中国而言，中国经济在 20 世纪 90 年代持续快速增长，城市化、市场化和现代化进程不断推进，从计划经济向市场经济的转型进一步加快，经济社会结构发生深刻变化，出现了新经济组织、新社会组织和新的社会阶层。进入 21 世纪以来，在经济全球化的背景下，中国经济日益融入世界经济之中。2001 年 11 月 10 日，中国加入世界贸易组织（WTO）。随着经济的不断发展，中国经济的全球影响进一步显现。在改革开放 30 年的基础上，2008 年中国成功举办了北京奥运会，使国际影响进一步扩大。

　　1990—2010 年的 20 年间，中国经济的发展以及在社会变迁中所发生的深刻变化，成为世界政治、经济发展的重要现象，德国中国学研究特别是当代中国研究的重要性日益凸显。因此，深入研究中国，客观认识中国，成为德国中国学研究的重要学术使命。对中国的研究已不再仅仅是个别学者的个人学术兴趣，而成为现实的社会需求。这种社会需求转化为德国中国学研究的重要推动力，客观上推动着德国中国学的转型发展。

---

① 资料来源：德国联邦统计局网站，http://www.destatis.de/jetspeed/portal/cms/。
② 同上。

二　德国中国学研究转型发展的主要特征

德国传统汉学研究①与当代中国研究②从不同的维度研究中国，对于客观认识中国具有彼此不可替代的价值。从德国统一到现在，随着中国经济社会生活的变化，德国中国学研究呈现出了一些新的发展特征，在学术研究规模扩大的同时，产生了渐进性、适应性和结构性的变化。

1. 德国中国学研究的渐进性变化

（1）德国当代中国研究的学术重要性在增长。改革开放以来，在实现经济快速发展的同时，中国国内的政治、文化和社会等方面都发生了深刻的变化。但是，由于历史和现实等诸多方面的原因，德国学术界对当代中国的研究相对薄弱，同时，部分德国民众对中国的认识存在一定的滞后性、局限性和片面性，表现出某种程度的刻板化和模式化特点，与快速发展和急剧变迁的当代中国现实存在一定的距离。面对快速发展和不断变化的当代中国，以研究中国古代历史与文化为重要学术传统的德国汉学出现了一定程度的学术研究缺位以及解释能力不足的问题。因此，秉持社会科学研究客观、准确和价值中立的宗旨，德国的当代中国研究应运而生，并且在客观认识中国政治、经济和社会生活，推动德中关系发展方面发挥着重要作用，对于全面认识当代中国起到了积极的作用。

（2）德国中国学研究的渐进式变化，还较为突出地表现为第二次世界大战后德国中国学研究的当代复兴和稳步发展。在这方面，德国中国学教学与研究规模的扩大成为这种渐进式变化的显著表现。在德国中国学稳步发展的过程中，专业教学和研究机构的设立成为德国中国学研究不断发展的基础。德国的一些主要大学，如科隆大学、波鸿大学、图宾

---

① 传统汉学研究主要基于人文科学方法，尤其注重文献研究，主要研究中国的历史和文化等。

② 当代中国学研究主要是运用社会科学理论和方法，也包括经验研究，注重对当代中国政治、经济和社会的研究。

根大学、维尔茨堡大学、汉堡大学等，都设有汉学系，部分大学还在汉学系设立了新的教授岗位，开展中国以及当代中国的教学研究工作。德国一些专门的研究机构，如德国全球与地区研究所，对中国问题进行了广泛深入的研究，在当代中国研究领域发挥着不可替代的重要作用。此外，一些大学的社会科学学院聘任中国专家。杜伊斯堡大学、特里尔大学在20世纪90年代进行了尝试，以期通过制度创新，推动中国学研究的更大发展，使中国学研究更加紧密地融入社会科学的研究领域之中。

2. 德国中国学研究的适应性变化

（1）德国中国学研究发生的适应性变化，源于研究客体变化所产生的顺应性。德国中国学的发展和当代转型不可能脱离德中关系的变化以及作为研究对象的中国现实状况而孤立展开。改革开放以来，中国的巨大变化以及中国在国际事务中作用的扩大，对于中国知识与理解的需求相应地增加。正如国外中国学学者所言，"在很大程度上，中国观察（研究）的变化源自中国自身的显著变化"[1]。因此，德国中国学研究的适应性变化，根本原因在于当代中国的发展正在重新塑造中国形象和中国文化。在世界政治生态与世界经济不断发展变化的背景下，中国在既定的社会历史条件下通过采取自己的发展方式而发生了深刻变化，这种变化的特殊性和当代中国发展所表现出来的新特征，使得传统的中国学研究无法固守其既有的学术研究理念与研究范式，而是必须适应研究对象和学术研究背景的变化进行适应性调整与创新。这种适应性的改变不仅是传统汉学与中国学研究自身存在和发展的客观需要，也是传统的汉学与中国学研究在实现自身学术转型的过程中提升学术地位的现实需要。同时，这种适应性变化还成为经济全球化时代下德中两国之间经济、社会和文化交流更加紧密的现实回应。

（2）德国中国学研究的适应性变化还表现在研究领域的扩展上。当代德国汉学研究视角和学术理念的变化，特别是对当代中国研究的吸纳，

---

① Robert Ash, David Shambaugh and Seiichiro Takagi, International China Watching in the Twenty-first Century: Coping with a Changing Profession, in Robert Ash, David Shambaugh and Seiichiro Takagi (eds.), *China Watching: Perspectives from Europe, Japan and the United States*, New York: Routledge, 2007. p. 243.

推动着德国中国学研究领域的扩展。从关注中国古代的历史与文化，到逐渐包容、吸纳当代中国研究，德国传统汉学和中国学在发展中逐步凸显了其学科本身的学术价值和社会价值。目前，德国的中国学研究从以往将研究视点较多集中在中国大陆，逐步扩展到包括中国香港、中国台湾等在内的大中华研究。在具体的研究内容上，从过去较多地研究以德中贸易和中国经济的外部关系为代表的中国大陆经济发展研究，逐步扩展到包括政治和文化等在内的综合研究，包括中国的外部经济关系、与欧盟的贸易和外国直接投资、中国的私营经济、政治制度、法律制度、台海关系、公民社会、地方选举、社会变迁、社会流动等广泛内容。特别是从国际视野看，德国中国学研究在诸多领域都进行了卓有成效的努力，例如，德国中国学研究在中国农村和城市的地方自治、法制建设、经济结构转型和人口问题研究等方面都做出了较大的学术贡献。这种变化的产生，从根本上说源自中国改革发展所引发的多领域和多层面的广泛而深刻的经济社会变迁。由于私营经济快速发展，极大地改变了中国的经济社会结构，私营企业主正在形成新的社会阶层。学者们在此方面进行了深入的研究。其中，德国著名中国问题研究专家、杜伊斯堡大学政治学研究所和东亚研究所所长、前德中友协主席托马斯·海贝勒（Thomas Heberer）教授撰写了《中国和越南的私营企业家：作为战略性群体的社会和政治功能研究》，提出了中国私营企业主是战略性群体的观点，成为这一研究领域的国际前沿性著作。此外，近些年来，一些研究课题，诸如中国经济发展的可持续性、中国政治文化的未来前景以及中国模式和发展道路等，为德国中国学学者所注重，并提出了相应的理论观点，引起中国学术界的重视和关注。

3. 德国中国学研究的结构性变化

德国中国学研究在当代转型发展中所表现出来的结构性变化，是德国中国学研究适应性变化的延伸，也是德国中国学新的学术研究力量代际生成的结果。同时，这种结构性变化与作为研究客体的中国自身在改革发展中所产生的结构性变化密切相关。

（1）作为德国中国学研究客体的中国与外部世界关系以及对外部世界影响的结构性变化。中华人民共和国成立后，中国对外部世界的影响经历了以政治和意识形态影响相对突出到以经济和国际贸易影响相对显著的转变。新中国成立后，中国逐步建立了以单一公有制为特征的高度集中的计划经济体制，在近 30 年的工业化和社会主义基本经济制度建立的过程中，国民经济获得了较大发展，但是，在一些历史时期也遭受了严重的挫折。在这一时期，中国社会主义实践的影响从国内走向世界，影响国际共产主义运动，引起了包括德国中国学在内的西方思想界和学术界的关注。20 世纪 80 年代后，中国实行改革开放的政策，在此后的 30 年间经济快速发展。自 21 世纪以来，中国成为世界上重要的经济体，与其他国家的经济联系更加广泛和深入。中国经济在受到世界经济影响的同时，也对世界经济产生了重要的影响。因此，这一时期中国对外部世界的影响更显著地表现为经济和贸易的影响，中国发展模式和由此带来的政治、经济和社会变化成为德国学者研究的重要内容。

（2）德国中国学在转型发展中学术研究主体和价值取向出现了结构性变化。自 20 世纪 90 年代以来，特别是 21 世纪以来，德国当代中国研究呈现较快的发展态势，研究成果不断出现，在整个德国中国学和汉学研究成果中的比例趋于上升。近年来，德国传统汉学接纳当代中国研究，推动了德国中国学的结构性变化。在此方面，传统的经院式德国汉学研究在继续保留其固有学术传统的同时，以关注现实为突出特征的现实主义学术研究取向凸显，成为德国中国学的重要发展取向。

在德国中国学学术群体结构上，目前从事当代中国研究的学者趋于增加，学术研究群体呈现扩大趋势，尤其突出地表现为"新生代"德国中国学学者群体的出现。伴随着德国中国学的发展，具有丰富的中国人文知识并且兼具中英文多语言能力以及熟悉现代社会科学研究方法的德国中青年学者不断进入中国学在研究领域，成为新生代的德国中国学学者，推动着德国中国学学者在专业背景、知识结构、研究领域、学术视角等方面的多元化发展。

但是，德国中国学在实现结构转型发展的同时，也存在着制约德国当代中国研究更大发展的结构性问题。例如，教授职位设置比例失调，政治学学科占有较大比例，而社会学和人类学的重要性没有得到应有的体现。关于中国经济和工商业教学与研究的教授岗位也十分有限。因此，无论是从学术发展的需要还是从社会需求看，教授职位设置失衡都是较为突出的问题。但是，由于不同学术部门之间难以达成协调一致等诸多方面原因，这种局面似乎在短期内难以得到改变。

三　德国中国学研究的未来发展趋向

从德国中国学的发展历程、特征及其学术研究外部社会环境的变化看，未来的德国中国学研究将在继承原有的汉学和中国学学术传统的基础上继续发展，并呈现出新的发展趋势。

1. 社会需求和学术重要性的增长将推动德国中国学继续稳定发展

德国中国学的当代发展是其历史发展的延续和对当代正在发生深刻变化的中国现实的回应。德国中国学研究的当代发展体现了其严谨、求实的学术传统；同时，伴随研究客体和社会需求的变化，德国的当代中国研究正在转型发展中发生着适应性的变化，出现了一些新的发展趋势。其中，德国中国学研究的稳步发展是未来德国中国学发展的总趋势。尽管德国中国学研究存在诸如语言、实施条件等现实障碍，但是，随着德中两国之间经济文化交流的加强以及中国的社会变迁，对中国知识的社会需求日益增长，促使人们深入认识发展中国家的发展路径和发展模式，这些都推动着德国中国学研究成为一个重要的学术研究领域，它的稳步发展是现实的需要和历史的必然。

2. 对当代中国的研究将在德国中国学中具有更加重要的地位和价值

中国在改革开放30多年的时间里，经历了从计划经济到市场经济的深刻转型，经济体制和社会结构等各个方面都发生了巨大的变化。中国的发展理念和发展模式对世界政治经济的影响将进一步显现。因此，深入研究中国的当代发展和社会变迁十分必要，具有重要的学术价值。在此方面，德国中国学通过历史与现实研究的双重视角推动着研究的发展，使这种研究更加深刻地反映中国的历史与现实。

3. 传统汉学和中国学吸纳当代中国研究并实现融合发展是必然的趋势

事实上，德国的汉学正在适应现实学术环境的变化并拓展原有的研究，包容和吸纳当代中国研究。这种接纳、包容与融合是对传统汉学发展的理念创新，推动着传统汉学与中国学研究的当代转型，成为现代中国学发展的显著标志，对德国中国学发展路径和学科自身的发展都将产生深刻影响。从近年来德国中国学与当代中国研究的互动关系看，对当代中国的研究正在成为德国汉学界关于中国研究的重要领域，同时关于当代中国研究的成果不断出现，影响不断扩大。因此，传统汉学包容、吸纳当代中国研究，并且与当代中国研究实现互补与兼容，提升了汉学研究的学术价值和应用价值，推动汉学由传统的经院科学向学术性和应用性双重维度发展，扩展了学科发展空间，使得学科的理论性、实践性和社会价值得到新的提高。

4. 德国中国学研究队伍的组织化和融合化程度将进一步提高

与德国汉学早期发展阶段的学术研究主要由汉学家个体的学术兴趣和行为所致不同，现代德国中国学的研究更多地体现为组织化的行为。在此，德国中国研究学会（DVCS）和德国中国社会科学研究学会（ASC）多年来始终保持活跃，并通过年会的方式将不同学科的中国学学者集聚在一起。其中，德国中国社会科学研究学会正在日益成为国际学术交流的平台。同时，德国中国学学者在学术研究上由个体化向较高的组织化程度的发展，顺应了现代学术研究团队化的发展趋势。目前，德国中国学学者在国外中国学的学术组织和学术团体中正发挥着积极而重要的作用。例如，在欧洲的中国学学术团体中，不少德国中国学学者加入欧洲汉学学会（EACS）、欧洲中国学术网络（ECAN）、欧洲台湾研究学会（EATS）、欧洲中国农业农村发展大会（ECARDC）等学术团体，通过跨国界的学术交流，加强了国际学术研究的合作，推动学术成果的产生和共享，提升了学术研究的水平。未来，随着中国国际影响的扩大以及德国中国学学术研究的发展，这种学术研究的组织化和国际化程度必将得到进一步的提高。

5. 社会科学研究方法的运用和创新成为德国中国学在研究方法论上的发展趋向

德国中国学研究方法的创新，伴随着当代中国研究的开展而出现，从根本上说源于学术研究的现实需要，更是德国中国学研究价值取向和学术转型在方法论上的体现。在当代德国中国学和方法论运用的关系上，是研究需要决定研究方法，而不是相反。特别是在德国中国学发展的过程中，呈现一定程度的国别学发展态势，客观上要求德国中国学研究必须在学术研究的价值理念和方法论上进行适应性的调整，将现代社会科学研究方法植入传统汉学和中国学研究的学术传统与研究方式之中，从经验研究的学术取向转为注重综合运用社会科学研究方法和突出以经验主义为特征的学术研究理念与导向。从目前德国中国学在研究方法的运用上，当代中国学的研究方法从传统汉学注重文献研究的倾向走向运用现代社会科学研究方法开展对有关问题的研究，包括采用定性研究与定量研究的方法，使得对于中国问题的研究更加深入和准确，也为当代中国学研究的发展奠定了重要的方法论基础。此外，在学术观点的表达上，越来越多的德国中国学学者使用英语作为工作语言来表达学术观点，发表研究成果，从而扩大了德国中国学研究的国际影响。

总之，德国中国学研究在学术成熟性、研究方向、群体结构等方面都发生了根本性的变化，以社会科学方法来研究当代中国成为一种普遍的发展趋势。为了更好地理解具有数千年历史的中国，需要实现传统汉学与当代中国研究的共同发展，同时还需要在当代中国研究方面解决政治学、经济学、社会学和人类学等学科发展不平衡的问题。此外，在顺应学术研究国际化发展大趋势的同时，面对不断增长的社会需求，德国中国学学者还需要在为公众提供有关当代中国及时、准确的信息方面给予更多的考虑。

专题六

各国的汉学家

日本中国学研究考察记

——访日本著名中国学家沟口雄三

何培忠[*]

　　我对沟口雄三先生的访问是在 2003 年年初，樱花绽开的时节进行的。

　　沟口雄三先生 1932 年出生于日本爱知县名古屋市，1956 年毕业于东京大学文学部中国文学专业，是日本著名的中国学家。他从 20 世纪 50 年代起一直从事中国文化、思想方面的研究，是一位不仅在日本学术界享有盛名，也对许多国家的中国学研究有重大影响的学者。他发表过大量研究成果，其中 50 余部（篇）被译为英文、法文、韩文和中文。被译为中文的著作有《中国的思想》（中国社会科学出版社 1995 年版）、《日本人视野中的中国学》（中国人民大学出版社 1996 年版）、《中国前近代思想之曲折与展开》（上海人民出版社 1997 年版）、《中国前近代思想的演变》（中华书局 1998 年版）、《新儒学史》（远方出版社 1998 年版）、《作为方法的中国》（台北"国立"编译馆 1999 年版）等，由此可以看出我国学术界对沟口先生学术观点的重视。沟口先生于 1993 年离开长期工作的东京大学，成为名誉教授之后，被大力开展中国学研究的大东文化大学聘为教授，同时在许多与中国学研究有关的机构中担任要职。他虽然已年逾古稀，但在学术领域中依然勤耕不辍，不断有新的研究成果问世。

　　日本学者的工作非常忙，2003 年年初到日本后，经北海道大学高井

　　*　何培忠，男，1952 年生，中国社会科学院文献信息中心研究员。

洁司教授的热情介绍，我给沟口雄三先生发出了电子邮件，希望能拜访他。沟口先生不仅立即回了信，考虑到我在日本的行程比较紧，还让我选定见面的时间，他来相应调整自己的工作计划，这实在令我感动不已。

沟口先生的家在东京都练马区。4月1日，我如约到达同沟口先生约定的石井公园站，沟口先生亲自驾车把我从车站接到一座独立的二层楼前，说这是他的书斋。上了二楼，我迅速打量了房间的布置。房间谈不上宽敞，房间内除了电脑、书桌、书架外，再也没有任何可以称为家具的东西了。书架上摆放着《鲁迅全集》《竹内好全集》，中华书局出版的《明史》《清史稿》等，显示出房间主人的读书爱好，书桌上摊放着一本本打开的书和一摞摞稿纸，表明沟口先生方才还在工作。

我首先介绍了中国社会科学院成立国外中国学研究中心的目的，然后请沟口先生介绍日本的中国学研究状况。

沟口先生对中国社会科学院成立国外中国学研究中心大力称赞，说这对于加强国外学者与中国学术界的沟通和交流非常重要，显示出了中国学术界的开放姿态。

据沟口先生介绍，战后日本的中国学研究从宏观上看可分为两个阶段。第一个阶段是第二次世界大战结束到中国的"文化大革命"之后，即从1946年到20世纪70年代末。

1946年中国研究所的成立是日本的中国学研究中一个标志性的事件，表明日本对中国的研究进入一个新阶段。在过去，尤其是战争时期，日本的中国学研究受到很大限制，甚至在有些方面不得不受军国主义的影响。战后重新开始的中国学研究，不仅反省和纠正了在中国学研究问题上的偏颇，还受到了社会主义观点的影响，普遍用中国的观点研究中国问题。在冷战时期，西方国家对包括中国在内的社会主义国家实行了封锁，地处中国近邻的韩国、日本等也拒不承认中国。为了打破西方国家以及日本政府对中国的封锁，这一时期日本的中国学研究主要是侧重正面介绍新中国的情况。在介绍中国情况时，不仅采用中国的观点，还按照中国媒体的口径，就连使用的资料也基本上是《人民日报》等中国报刊上刊载的内容。从积极的角度看，这样的研究方法对于让日本人了解中国革命的确发挥了重要作用，但这样做的负面影响是不能达到客观、全面了解中国的目的。尤其是"文化大革命"时期，许多研究人员紧跟中国瞬息万变的形势发表言论，对中国事务缺乏冷静、客观的态度。沟口先生认为，这种"风派"做法对于研究人员来说是不可取的。

20世纪80年代后，日本的中国学研究开始进入新的阶段。这是因为，中国"文化大革命"的结束和改革开放政策的实施，使中日两国有了频繁的人员往来和学术交流，日本学者获取中国资料的渠道大大拓宽。研究人员在总结经验教训的基础上，抛开意识形态，开始客观和全面地观察、研究中国问题。

沟口先生坦言，在战后日本的中国学研究中，虽说有一个时期深受意识形态的影响，但坚持客观立场、深入进行学术研究的大有人在。他本人对中国的研究，就是从世界人类文明的角度加以比较分析的。许多日本学者考察世界时首先把世界分为东方和西方两大部分，认为西方文明优于东方文明。在对中日两国现代化进程的比较研究中，有些学者从西方文明优越的立场出发，认为日本先进，中国落后，甚至认为中国的改革开放是走社会主义道路行不通而采取的政策，因而坚持把中国列入现代化后进的行列。沟口先生反对这种先进、后进的序列观点。他认为，中日两国的现代化都是在各自的"基体"上进行的。中国的社会主义建设是在传统的"共同性社会"的"基体"上展开，其结果是在大公无私的口号下完成了土地公有化和重工业化，这两点对于现在的中国来说是一笔莫大的财富。公有化的土地成为极大的社会资本，重工业成为市场经济的国内基础。由于中国经济的飞速发展，有研究报告指出，21世纪将是东方文明复兴的世纪，沟口先生说，这无疑是个喜讯，因为它证明了长期以来流行的先进、后进序列说法的虚构性，使人们从自我束缚的咒语中解放出来。

我告诉沟口先生，3月20日我收到东京大学东洋文化研究所滨下武志先生的邀请，参加了他在东京大学的退职演讲会。沟口先生说，滨下武志是他敬佩的学者之一，他提出的朝贡贸易研究是站在独特的视角上，对中国及亚洲研究作出了重要的补充。

沟口先生又简要介绍了日本的中国学研究机构的情况。他指出，考察日本的中国学研究，要注意"东方学会""日本中国学会""中国社会文化学会"和"史学会"等几个学会的活动和作用。

"东方学会"历史比较久远，其前身是成立于20世纪初的"日华学会"，由外务省管理，属于政府管理下的民间学术团体，宗旨是发展日本的东方学研究，积极开展国际学术研究与交流，推动东方各国的文化事业。

第二次世界大战结束后，在整顿、重组学术机构团体时，日本外务省先于 1947 年成立了"东方学术协会"，替代了日华学会，后来又于 1948 年将"东方学术协会"更名为"东方学会"。当时会员人数为 409 人，分两个支部，东京支部 260 人，京都支部 149 人。经过战后半个多世纪的发展，现在东方学会有会员 1560 人，由研究中国问题、朝鲜问题、蒙古国问题、印度以及东南亚问题、中亚问题、西亚问题、日本问题的学者组成，其中研究中国问题的学者占多数。研究领域包括历史、社会、经济、民族、民俗、思想、哲学、宗教、文学、语言、艺术、考古等，涵盖了人文科学和社会科学的各个学科。

1951 年，东方学会创办了学术刊物《东方学》（半年刊），1954 年在外务省资助下出版了《东方学论集》（1955 年度第 3 辑停刊），1957 年出版了《国际东方学者会议纪要》，1967 年在日本文部省赞助下出版发行《东方学论著目录》，1980 年山本理事长接待了以宦乡为团长的中国社会科学院访日代表团。

《东方学》至今已发行了 100 多期。在第 100 期中，研究东方各国历史、文学、思想、考古等学科的学者纷纷撰文，论述日本东方学的发展状况，其中包括岸本美绪、池田温、滨下武志、山田辰雄、小南一郎、丸山升、沟口雄三等著名中国问题学者的文章。

"日本中国学会"成立于 1949 年，是日本全国性综合研究学会。目前有会员 2000 多人，主要从事中国哲学、中国文学、汉语方面的研究。参加该学会的不仅有大学的研究人员，还有高中的老师，他们在汉语教学与研究方面非常活跃。日本中国学会的会刊是《日本中国学会报》，每年发行一次。学会还设有"日本中国学会奖"，每年评选出两名获奖者，一名是发表哲学方面优秀成果的研究人员，另一名是发表文学、语言学方面优秀成果的研究人员。

"日本中国社会文化学会"的历史较短，其前身是"东京大学中国哲学文学会"，简称"东大中哲会"。1985 年 6 月，"东大中哲会"改名为"东大中国学会"，1993 年 1 月 1 日改名为"中国社会文化学会"。该学会虽成立时间较晚，但很有时代特色。学会不仅吸收文学、哲学、历史等人文科学以及法律、经济等社会科学专业的人员，还吸收了天文学等自然科学和医学方面的专业人员。以中国为研究对象的各个领域的专家学者都可以加入该学会，这成为该学会的一大特色。而且，会员并不局限于日本学者，还包括中国、韩国、美国、欧洲、澳大利亚等地的相关学者，使该学会发展成为具有国际特色的学术组织。因此，在不长的时间内，该学会已有1200余名会员，其发行的机关刊物《中国——社会与文化》也颇具影响力。

"史学会"成立于1889年，是代表日本史学界的学会组织。参加该学会的主要是历史学方面的学者，研究对象包括朝鲜、中国、印度、日本等，机关刊物是《史学杂志》，在学术界影响很大。

沟口先生指出，除了上述学会组织，日本的亚洲政经学会、日本现代中国学会的活动也很活跃，此外还有许多研究中国问题的学会组织都在活跃地开展工作。但值得注意的是，政治学家同中国学家是不一样的。日本有过汉学时代，后来思想界、学术界对日本的汉学展开过批判，推动了研究的发展。无论是汉学研究时代还是中国学研究时代，都应注重学术方面的研究，不能与政治连在一起。例如日本有关"满铁"的研究，就同政治关系密切，与汉学研究关系不大。日本有关现代中国问题的研究深受美国影响，站在政府立场上发表议论，这不能算是真正的学术研究。

沟口先生认为，各国现在都在开展有关中国问题的研究，我们应当认识到中国学研究的深刻意义。综观世界局势，从正确处理国际关系的角度来看，开展中国学研究也有重要意义。人类历史上出现过许多文明，从世界文明的角度来看，中华文明是最稳定、最长久的文明。汉字几千年延续使用，儒教一直流传至今，这都是中华文明稳定长久的证明。

听到沟口先生的宏论，我立刻想到"中国威胁论"问题。随着中国的强大，国外不断有人散布这种观点，成为国外中国学研究中一个不协调的声音。日本也有一些人持这种观点，对中国的所谓民族主义动向极为敏感。

沟口先生指出，从历史发展上看，中国文化绝不是排外文化，中国近代史上出现的排外现象是对外来压迫的反抗。同中国的民族主义相比，日本的民族主义更值得警惕。因为中国的民族主义不会导致国家主义，日本的民族主义才会导致国家主义。"天下为公"在中国是人类的最高理想，而"公"在日本却是指天皇。

日本发动过中日战争、太平洋战争、大东亚战争，参与了第二次世界大战。这些战争的性质各有不同。中日战争是侵略战争，是百分之百的错误战争。对于日本发动的侵华战争，日本首先应有一个正确的历史观。

沟口先生的这番话给我留下了深刻的印象。我想，正是由于沟口先生对历史、对科学的严谨态度，使他成为受人尊敬的学者。而日本的中国学研究，也正是由于有这样一批学者，才得以不断发展，取得了令世界瞩目的丰硕成果。

后　记

为了更好地开展工作，中国社会科学院国外中国学研究中心聘请了一批国外著名中国学家担任名誉理事。鉴于沟口雄三先生在国内外学术界的崇高威望，在确定人选时，自然名列其中。我把消息告诉沟口先生，征求他的意见，他立即回信表示同意。2003 年 12 月 10 日，我利用再次访问日本的机会，将聘书亲手交给了沟口先生。沟口先生对中国社会科学院国外中国学研究中心的工作提出了许多宝贵建议。

（选自《国外社会科学》2004 年第 3 期）

美国汉学家史景迁的治史观[*]

——美国史学界对史景迁著史风格的不同认知

马金生[**]

　　自史景迁①（Jonathan，D. Spence）的史学著述相继被翻译成中文以来，史氏的著史风格无疑成了学界品评的焦点。肯定者有之，批评者亦不在少数。对此，笔者无意妄加点评，但有一点需要指出，那就是在我国学界对史氏进行圈点评价之时，似乎忽略了西方学者尤其是美国史学同人的相关态度。其实，在美国史学界，对史景迁著史风格的认知也是见仁见智，不尽相同。因此，通过探讨美国史学家对史氏著述的不同认知及其相关问题，不但为我们更加全面地认识史氏提供了镜鉴，而且对考察当下美国史学的发展态势亦有所裨益。

一

　　正如某些论者所说，尽管史氏并没有脱离美国史学发展的主流，但

　　* 本文主要依据美国《历史与理论》（*History and Theory*）、《中国季刊》（*The China Quarterly*）以及《近代中国》（*In Modern China*）等核心期刊上近 40 篇关于史景迁著述的评论性文章撰写而成。如有挂一漏万之处，尚祈见宥。

　　** 马金生，男，1979 年生，中国人民大学历史系博士研究生。

　　① 史景迁，美国耶鲁大学史学系教授，"驰骋国际汉学界的骁将"（朱政惠语），近年来以其独特的写史风格接连在海峡两岸掀起"史景迁热"，其著作大多已被译成中文，代表作有《王氏之死》、《康熙自画像》、《胡若望的疑问》和《天安门：知识分子与中国革命》等书。

他却是"史学界的异数"①。不过,对于这个"异数",美国史学界是基本肯定的。② 实际上,之所以称为"异数",在很大程度上是因为史氏的著史风格过于独特的缘故。对史氏的著史风格,目前虽尚未见专题论文加以讨论,但一般来看,以小见大的构思、移情式的心理追寻、文学化的历史叙事、辩证的历史思维以及自觉的社会史视野等无疑构成了史氏写史的基本特征。因此,史氏的著述无不充满着强烈的人文色彩与浓厚的艺术气息。③ 随便翻看一篇对史氏持肯定态度的文章,其评判核心一般不外乎此。

例如,作为一名善于"讲故事"的史学家,史氏高超的叙事史手法常常为史学同道所赞赏。美国叙事史大家魏斐德教授生前曾言,他最喜爱《上帝的中国之子——洪秀全的太平天国》一书中最后两段文字。这两段文字描述的是幼天王洪福被清政府处死后,史氏将思绪重新拉回到几个月前湖州法军军营前的一幕。在法军军营前所上演的诸多生活细节史景迁已在前文加以铺垫,因此,这些生活具象是历史的,然而这种电影式的回放的写史手法所营造的效果却是文学化的。魏斐德教授对此评论道,"我们接受这种'倒叙',就像能够接受小说中的类似技巧一样",因为它使"想象与事实之间的张力产生了共鸣"。④ 在史氏的其他著述中,类似此种写法的实例颇多。这与史氏为追求著述的可读性,从而对谋篇布局有着苦心孤诣的构思是分不开的。⑤

再如,史氏以小见大的构思及其对人物内心的细致刻画也往往为多数史学家所称道。这一点在《王氏之死》一书的撰写上表现得最为突出。《王氏之死》是史氏完成《康熙自画像》后,将视角投放到历史小人物上的著作。其主旨是通过一位名不见经传的妇人之死,来考察生活于中国古代社会底层无任何权力的小民的生活情态。⑥ 然而,由于关于王氏的一

---

① 陈国栋,1992 年,"史景迁",载《近代中国史研究》(台湾),第 14 期。

② 这从史氏曾荣任美国 2004—2005 年度史学会主席一职即可见其端倪。

③ 关于史氏著史风格的探讨可参见拙稿:"试论史景迁的著史风格",载《史学理论研究》(待刊稿)。

④ Wakeman Frederic, 1998, Telling Chinese History, *Modern China*, Vol. 24, No. 2.

⑤ Gail Porter Mandell, 1991, *Life into Art*: *Conversations with Seven Contemporary Biographers*, The University of Arkansas Press, p. 160.

⑥ Ibid., pp. 154 – 155.

手材料仅为"寥寥数语"，为了重构王氏生活的社会背景，特别是进而探求王氏临死前的内心活动，史氏大胆地援引了《聊斋志异》中的相关篇章来予以解读和臆测，此举无疑使全书的文学色彩大大增强。对此，美国学界的反应虽有所不同，但多数学者还是持欢迎态度的，有的学者甚至主张应从多个角度来衡量此书的价值。比如，明尼苏达大学的维多利亚·卡斯认为，《王氏之死》一书应从社会史、哲学与文学三个视角来加以衡量。具体而言，该书探求王氏内心世界的最后一章是文学，前面各章节则是史学。而该书的主旨是探讨人类的苦难，从而无疑具有哲学的内涵。统观全书，史景迁不仅对中国古代妇女史作了一次成功的探讨，而且对中国的古代文学也作了一次有效的研究。①

　　总之，美国学者之所以一般对史氏持肯定态度，就是因为相对于学院派史学家来说，史景迁的历史著述具有一种化腐朽为神奇的"魔力"。在他的笔下，枯燥乏味的史料没有了，取而代之的是有血有肉的人与事，洋溢着深深的人文关怀。在有的史学家看来，史氏的这一著述风格无疑已成为一种新的史学编纂模式。1981 年，史景迁的《天安门：知识分子与中国革命》一书出版，费正清先生评论道，这部书"显然是一个重要的创造性突破"，它标志着"由建筑于社会科学框架基础上的中国历史研究模式转向了文学和人文关怀基础上的中国史研究"。② 尽管这一论断随即有人提出异议，③ 但无论如何，史景迁凭借其杰出的才华在 20 世纪 80 年代初期即已成为叙事史的旗手。④

---

①　Victoria, B. Cass, 1980, in The Death of Woman Wang, *The Journal of Asian Studies*, Vol. 39, No. 3.

②　转引自朱政惠《驰骋国际汉学界的骁将——在耶鲁大学拜见史景迁教授》，载朱政惠著《美国中国学史研究》，上海古籍出版社 2004 年版，第 184 页。

③　Lucian, W. Pye, 1982, The Gate of Heavenly Peace: The Chinese and Their Revolution, 1895 – 1980, in*The China Quarterly*, No. 90.

④　Michael Kammen, 1980, The Historian's Vocation and the State of the Discipline in the United States, in Michael Kammen (ed.), *The Past before Us*: *Contemporary Historical Writing in the United States*, Ithaca: Cornell University Press, pp. 29 – 30.

二

史氏独特的著史风格在为其赢得了声誉的同时，也引来了许多疑问、批评乃至指责。就其最具争议性的一面来看，学界目前主要有两种倾向性认识。一种认为史氏的部分作品具有典型的后现代主义倾向，在某种程度上有将其视为后现代史学家的意味。[①] 另一种观点则认为史氏的相关作品是历史小说，甚至是小说。[②] 有意思的是，这两种倾向在围绕《胡若望的疑问》一书的评论上有着集中的体现。

在《胡若望的疑问》一书中，史景迁主要叙述了 18 世纪一位广东教友胡若望受法国传教士傅圣泽之聘前往欧洲，但因言语不通，行为怪异，最后被视为"疯子"而被关进精神病院的故事。全书以具体日期为经，以事情的起落为纬，将胡若望的这一法国之旅与不同场景组串起来，读来令人如临其境。然而，对于胡若望因何而"疯"，史氏在书中却根本没有提及。

将《胡若望的疑问》一书看作后现代史学著作，主要是由于该书文学色彩过于突出的缘故。伴随着胡若望的所遭所遇，作者的思绪纵横驰骋，历史与想象之间的界限变得越发模糊。部分史学家也便据此认定该书为后现代史学之作。[③] 即使有些学者相对谨慎些，但在著述中还是表现出了一定的倾向性。伊格尔斯在论述 20 世纪 90 年代的史学视角时曾特别指出，《胡若望的疑问》一书是"在有意识地要消灭学者的历史著作和历史小说两者之间的界限上"走得最远的一个。[④] 这里，伊格尔斯是在论述后现代主义对史学著作影响有限时引出史氏一书的。可以想见，伊格尔斯在某种意义上也有着认为该书具有一定后现代主义色彩的意味。

[①] 古伟瀛、王晴佳：《后现代与历史学：中西比较》，台湾巨流图书公司 2001 年版，第 323 页。

[②] Bruce Mazlish, 1992, The Question of the Question of Hu, *History and Theory*, Vol. 31, No. 2.

[③] 古伟瀛、王晴佳：《后现代与历史学：中西比较》，台湾巨流图书公司 2001 年版，第 328 页。

[④] ［美］伊格尔斯：《二十世纪的历史学》，何兆武译，辽宁教育出版社 2002 年版，第 155 页。

　　与上述观点相对，对史氏的著史风格展开激烈批评、在史学界产生较大影响的是1992年布鲁斯·玛兹利士发表在《历史与理论》上一篇题为"胡若望疑问的疑问"的文章。文中，玛兹利士认为史景迁只是讲了一个非常生动的关于"疯子"的故事，而主人公因何而疯，史氏却并没有回答。然而，福柯在《疯癫与文明》的研究中却向我们揭示了所谓的"疯狂"其实是一种文化的概念，而不仅仅只在医学上才具有意义。胡若望被从中国带往法国，在一个异质的文化氛围下，演绎出许多令西方人不解并最终将其看作疯子的行为，这种变态的行为只有结合中法两国特定的历史文化才能取得合理的解释。然而，史景迁对此却根本无意涉及。因此，史氏的这种写史模式便大有写作小说的嫌疑。当然，玛兹利士也承认，史氏对史料与细节的挖掘和利用是相当充分的。不过若结合卢卡奇与斯考特对历史小说的定义与阐释的话，那么史景迁在《胡若望的疑问》一书中只是将这个故事讲的更具历史性而已。玛兹利士最后强调，历史是在思考，同时也是在讲故事，历史学家与小说家都在讲故事，而历史学家在讲故事的同时，也是在提出问题并试图回答问题，这是从希罗多德与修昔底德而来的史学传统，也是历史迥异于小说的独特之处。而《胡若望的疑问》一书却恰恰缺少了回答问题这个环节，从而在撰述模式上更加偏向于小说。① 无独有偶，美籍华人学者汪荣祖先生不久前也专门撰文指出，史景迁的作品虽多引人入胜的故事，却少见扎实的历史知识；同时以《康熙自画像》和《胡若望的疑问》两书为例，指出史氏所运用的是小说的写作手法。其指责之意溢于言表。②

　　如果说玛兹利士与汪荣祖先生是因史氏在部分著述中只注重叙事而"忽视"分析，③ 从而质疑其史学家身份的话，那么，即使是史氏在某些论著中力图有所分析，在有的学者看来也是不能令人满意的。其中以杜

---

　　① Mazlish Bruce, 1992, The Question of the Question of Hu, in *History and Theory*, Vol. 31, No. 2.

　　② ［美］汪荣祖:《史景迁论》，载《南方周末》2006年12月14日，第D30版。该资料由导师徐兆仁教授提供，特此致谢。

　　③ 史景迁对自己的写史手法类似于小说还是有着一定的自觉性的。不过，用他自己的话来说，他之所以在部分著述中不过多流露自己的看法，是为了促使读者自己去思考。参见 Mandell Gail Porter, 1991, *Life into Art: Conversations with Seven Contemporary Biographers*, p. 166, p. 168.

克大学教授阿里夫·德里克为代表。德里克的批评主要针对《追寻现代中国》一书而发。《追寻现代中国》是史氏的一部力作，被美国许多大学列为指定教科书。全书从 1600 年写起，至 1998 年朱镕基总理矢志发展经济而结束，叙述了近 400 年来中国迈向现代化的艰难历程。在一篇书评中，德里克开门见山地指出，史氏此书长于叙事而短于分析。除了给我们精心编织了一幅优美的历史画卷从而颇具阅读性外，史氏并未提出一种新的理解现代中国的途径，也未提出任何建议性的诠释方法，从而也就失去了作为学术著作的突出特征。接着，德里克对史氏书中"现代性"的定义、史氏在面对不同文化时的文化心态以及该书的写作背景等逐一进行批驳，最后指出史氏不仅对"现代性"反思不够，而且在很大程度上也没有摆脱周围意识形态环境对他本人的影响。① 可见，尽管德里克的批评并非如玛兹利士那般激烈，但亦是颇为尖锐的。

此外，在选题与史料选材上，也有学者对史氏提出批评。罗伯特·恩特曼在评论《王氏之死》一书时，认为史氏如果不是挑选了山东一个贫穷而边缘化的乡镇在一个动荡不安的时段来研究，而是选择了一个富足的乡镇在一个安定时期的话，那么将是另外一番景象。在此，史氏无疑将传统中国的形象歪曲了。同时，史氏在书中所采用的史料大多出自《福惠全书》与《聊斋志异》，而这两本书又都颇具独特性，并不能代表当时民众的日常生活，史氏在资料引用上模糊了事实与小说的界限。②

<h2 style="text-align:center">三</h2>

通过以上论述，我们可知，史景迁的治史风格虽然基本上为美国史学界所认可，但仍有学者从不同角度对其提出批评。尽管所有对其的认知与品评多是借由史氏的某一著述而展开，但不可否认在一定程度上也带有论者本身某种倾向性的意味。其实，在这些迥然相异的品评背后，体现的是不同的史学家对史学性质的不同认知。除了关于选题及史料解

---

① Dirlik, Arif, 1992, Sisyphus in China, *Transition Issue*, No. 55.

② Entenmann, Robert, 1980, The Death of Woman Wang, *Harvard Journal of Asiatic Studies*, Vol. 40, No. 1.

读的相关评论外，我们可以将上述史学认知大体归为两类。一类强调史学的艺术性，突出表现为肯定史氏的叙事技巧与著史特色；另一类则侧重史学的科学性，对史氏著述的分析性不足表示不满。其中，玛兹利士与德里克的区别只是认知方式在程度上的不同，并无本质上的差异。总之，美国学界之所以对史氏的著述有着不同的认知，其实在很大程度上可以看作各史学家分别以史学的科学与艺术的某一维度为主，进而对史氏的著述阐发议论的。至于对史氏具有后现代色彩的疑问，也主要是因史氏著述的文学与艺术色彩过强，从而为部分学者从后现代史学的基本特征出发将其套入"后"学之中。当然，事实并非如此。笔者对此已有论述，在此不赘述。①

明白了上述不同史学认知的由来并不是问题的全部，在这些不同的史学认知的背后，我们认为也多少暴露了当今美国乃至西方史坛的一些问题。

张广智先生有言，近世以来的西方史学一直在或偏于论证或偏于叙述之间呈"钟摆式"左右摆动。② 应当说，这便是美国史学家对史景迁著述产生不同认知的客观环境。对于强调史学的艺术特质的学者来说，史景迁无疑是一位大师级人物；而对那些坚持以史学科学化为本位的史学家而言，史氏著述的缺乏"厚度"便会不同程度地遭到指责。这种史学认知的多样化其实反映的是美国史学现状的多元化，不过在这种多元化的情形下，应当如何评论史氏也变得比较困难。比如针对玛兹利士对史氏的批评，至今仍未见回应性文章面世。是不值得继续探讨，还是不知如何回应。此种情形的存在，彰显的恰是美国学界在史学发展变动期的某种困惑。

至于玛兹利士对《胡若望的疑问》一书的批评，依我们来看，体现的则是新叙事史的不成熟。众所周知，新叙事史与传统的叙事史是有区别的，美国史学家盖伊曾经说过："没有分析的历史叙事是陈腐的，没有

---

① 关于史氏的著史模式是否为小说及其与后现代主义的关系，可参见拙稿"试论史景迁的著史风格"，载《史学理论研究》（待刊稿）。

② 张广智：《西方史学史》，复旦大学出版社 2005 年版，第 380 页。

叙事的分析是不完善的。"① 也就是说，新的叙事史要求在叙事的同时，也要有所分析，做到叙事与分析的高度统一。因此，如果从这个角度来评判史氏的相关著述的话，我们便会发现史氏的著述确实存有明显的不足。但是，在叙事史论著中，应当如何实现叙事与分析的完美结合，现在来看成功的个案还不多。不过，如果新叙事史的成熟尚待时日的话，我们似乎有理由将史氏看作新叙事史发展过渡期的一个典型。若认识到这一点，我们便似乎应网开一面，对史氏不要过于苛求。

　　总之，史景迁这个美国史学界的"异数"，既不为美国主流史学界所同化，又不与之完全隔绝；其本身既有美国史学发展的诸多特征，又不失其个性特色。对于这样的一个人物，在评判的同时，显然不能忽视美国学界的相关态度。在我们看来，探讨美国主流史学界与史氏著述之间的微妙关系，无论如何都是一件有意思且有意义的事。故而笔者在此抛砖引玉，以求教于方家。

（选自《国外社会科学》2007 年第 5 期）

---

① Gay P. , 1974, *Style in History*, New York, p. 189.

华兹生的汉学研究与译介

李秀英[*]

美国著名汉学家华兹生半个多世纪以来一直从事中国传统哲学、佛学、古典文学、古代史学等方面的研究与译介，并取得了丰硕的成果。他的译文流畅自然、娴雅精练，具有明显的现代英语散文特征，为中国传统文化在西方普通英语读者中的传播和普及做出了重要贡献。

一　华兹生的生平

华兹生（Burton Watson）于 1925 年生于纽约，曾在美国海军服役三年。根据美国蒙哥马利 GI 法案（The Montgomery GI Bill）获得退伍军人教育津贴，获得了在哥伦比亚大学汉语和日语系学习的机会，1951 年 6 月获得中国研究方向的硕士学位。这时，华兹生所享受的退伍军人教育津贴已经用光，没有经费继续博士学位的学习，在美国也很难找到和他的研究方向相同的工作，而中国当时与美国尚未建交，中国香港与中国台湾地区则一片混乱。此时，曾于 1949 年获得诺贝尔奖的日本物理学家汤川秀树（Yukawa Hideki）正在哥伦比亚大学做访问学者。在汤川秀树和一些日本留学生的帮助下，华兹生在日本京都找到了两份工作。于是，1951 年 8 月，华兹生乘船前往日本。他开始在日本同志社大学（Doshisha University）教授英语，同时担任京都大学中国研究系主任吉川幸次郎

---

* 李秀英，女，1967 年生，博士，大连理工大学外国语学院典籍英译研究所副教授。

（Yoshikawa Kojiro）教授的研究助理。吉川幸次郎教授当时获得了一个美国基金会的资助，从事中国文学中的对偶（parallelism）研究。华兹生的任务是帮助吉川幸次郎教授把他的研究成果译成英文，其中大多数是关于杜甫诗歌的对偶研究成果。与此同时，他也被京都大学（Kyoto University）中国语言文学系录取，学习研究生课程。在此期间，华兹生师从吉川幸次郎教授，学习中国诗词方面的知识。1953 年，华兹生申请福特基金会海外研究员（Ford Foundation Overseas Fellow）资格并获准，于是他放弃教学工作，正式开始从事《史记》研究。到 1955 年夏天他返回纽约哥伦比亚大学时，已完成了关于《史记》研究的博士论文初稿。在1955—1956 学年期间，华兹生学习了博士学位学分课程，并于 1956 年 6月获得博士学位。1956 年秋，华兹生获得哥伦比亚大学卡廷研究基金（Cutting Fellowship）的资助，前往日本京都从事《史记》英译工作。之后他曾分别在京都大学、哥伦比亚大学和斯坦福大学教授过中文、日文的语言和文学课程。1979 年他获得哥伦比亚大学翻译中心的金奖（Gold Medal Award），1981 年获得"笔会翻译奖"（PEN Translation Prize）。华兹生是香港中文大学翻译研究中心《译丛》顾问委员会的创建成员之一，在 1989—1990 年，曾在该中心从事研究和翻译工作。华兹生出版了 20 多部中文、日文文学研究和翻译成果，他的译文自然流畅、娴雅精练，成为最受欢迎的英译亚洲语言的美国译者之一。他的汉学研究与译介涉及中国古典哲学、佛学、古典文学和古代史学，尤其是汉史等领域。

二　华兹生关于中国古典哲学著作的研究与译介

华兹生研究与译介的中国古典哲学著作主要包括《荀子》《墨子》《庄子》等。1963 年 12 月，华兹生把从《荀子》中选译的《劝学篇第 1》《修身篇第 2》《王制篇第 9》《议兵篇第 15》《礼论篇第 19》《乐论篇第20》《解蔽篇第 21》《正名篇第 22》《性恶篇第 23》等汇成《荀子入门》（*Hsun Tzu: Basic Writings*）一书，由哥伦比亚大学出版社出版，全书共177 页。该书被列入哥伦比亚大学东方经典翻译系列丛书（Translations from Oriental Classics Series），后于 1967 年在伦敦再版。

荀子认为"人之初，性本恶"，提倡通过自我完善、终身学习、恪守礼教、避免沉溺于某种嗜好、聆听音乐等陶冶情操来克制性恶，他还提出了关于仁政、军事、天、乐等方面的思想。华兹生认为，荀子的这些思想是荀子那个时代最完整、最系统的一套哲学思想，而他所节选的译文就是要反映荀子思想中的这些精华。华兹生在序言中还把荀子及其思想放到了中国历史与哲学思想发展的大背景下来考察，这就使得荀子的思想具有了一定的时代背景，并使得华兹生的研究具有了一定的客观性。

1963 年 12 月，华兹生选译的《墨子入门》(Mo Tzu: Basic Writings) 一书由哥伦比亚大学出版社出版，1964 年再版，共 140 页。该译本选译了《墨子》现存 53 篇中的 13 篇，包括《尚贤》（上）、《尚同》（下）、《兼爱》（下）、《非攻》（上）、《非攻》（下）、《节用》（上）、《节葬》（下）、《天志》（上）、《天志》（中）、《明鬼》（下）、《非乐》（上）、《非命》（上）、《非儒》（下），集中反映了墨家关于乐、命、博爱等墨家哲学思想的核心内容，2003 年再版。1964 年 2 月，又出版了华译《韩非子入门》(Han Fei Tzu: Basic Writings) 一书，2003 年再版。该译本集中反映了法家关于如何巩固和加强国家权力的思想，华兹生还为该书撰写了序和前言。1967 年 1 月，华译合集《墨子、荀子、韩非子著作选读》(Basic Writings of Mo Tzu, Hsün Tzu and Han Fei Tzu) 也由该社出版。

1964 年，哥伦比亚大学出版社又出版了华译《庄子入门》(Chuang Tzu: Basic Writings) 一书，内容包括"内七篇"和其他一些篇目。1968 年华译《庄子全书》(The Complete Works of Chuang Tzu) 也由该社出版，此后分别于 1969 年、1970 年、1996 年再版。这个全译本被学术界公认为是到目前为止较好的《庄子》译本。翟理斯和理雅各的《庄子》译本使用了维多利亚时代的英语，译文古旧、晦涩，而华译《庄子全书》使用的是流畅的当代英语，其中含有不少口语词和俚语，读起来琅琅上口、通俗易懂，很受欢迎，该书已被收入联合国教科文组织代表性著作选集"中国系列丛书"(UNESCO Collection of Representative Works, Chinese Series)。

三　华兹生关于中国佛教著作的研究与译介

华兹生还研究和译介了一些中国佛教经典著作。他从汉语底本英译的《维摩经》（*The Vimalakirti Sutra*）于 1993 年由哥伦比亚大学出版社出版。1997 年该社又出版了华译《莲花经》（*The Lotus Sutra*）。2001 年出版了华译《莲花经》节选本《莲花经精华选译》（*The Essential Lotus：Selections from the Lotus Sutra*）。1999 年 4 月，又出版了华译《临济录》（*The Zen Teachings of Master Lin-chi：a Translation of the Lin-chi Lu*）。该译本包括有关临济生平与言行的很多材料，译文准确、优美、流畅，面向普通英语读者，是目前为止《临济录》唯一的英文译本。

四　华兹生关于中国古典文学著作的研究与译介

华兹生毕生从事中国古典文学的译介工作，成果甚丰。他具备翻译大师所必需的所有素质。作为一名译者和诗人，他鼓舞并激励了两代美国人。华兹生撰写的《早期中国文学》（*Early Chinese Literature*）一书相当于一部中国早期文学史，收录有《管子》《左传》《国语》及诸子散文等古典文学名篇，附有纪年年表，概述了从公元前 1100 年到公元 220 年间的中国历史、哲学与诗歌的发展状况，并对每一部作品都进行了分析、评论，这些评析完全可以作为每一部作品译本的前言。该书内容丰富，充满想象力，文笔优美，非常适合中国文学的初学者。夏威夷大学的罗锦堂教授曾把它译成中文出版。

华兹生英译的两部重要的中国诗歌选集分别是 1971 年和 1984 年哥伦比亚大学出版社出版的《汉魏六朝赋选》（*Chinese Rhyme-Prose：Poems in the Fu form from the Han and Six Dynasty Periods*）和《哥伦比亚中国诗集》（*The Columbia Book of Chinese Poetry：From Early Times to the Thirteenth Century*）两部译著。《汉魏六朝赋选》被收入联合国教科文组织代表性著作选集"中国系列丛书"。该译著包括宋玉的《风赋》、贾谊的《鹏鸟赋》、司马相如的《子虚赋》《上林赋》、班固的《两都赋序》、王粲的《登楼赋》、曹植的《洛神赋》、向秀的《思旧赋》、潘岳的《闲居赋》、木华的《海赋》、孙绰的《游天台山赋》、谢惠连的《雪赋》、鲍照的《芜城赋》、江淹的《别赋》、庾信的《小园赋》等。华兹生所译的《哀秦二世赋》《大人赋》收入其《史记》译著 1961 年版第 2 卷《司马相如列传》的译文中。

《哥伦比亚中国诗集》收集了从《诗经》到宋代 2300 年间中国 96 位诗人的 420 首诗，陶渊明、李白、杜甫、苏东坡、陆游等重要诗人被单独介绍，并配有大量的作品分析材料，是一部收录范围最广的中国诗歌英译选集。华兹生在序言中评述了中国传统诗歌的特点和形式，并分别在各章节中概述了几千年来中国诗歌发展的历程。华兹生的译文含义清晰、通俗易懂、可读性很强。该书包括《诗经》《楚辞》《早期诗歌和赋》《汉魏诗歌》《陶渊明》《秦、六朝和隋诗人》《唐朝主要诗人（上）：王维、李白、杜甫》《唐朝主要诗人（下）：韩愈、白居易、寒山》《其他唐朝诗人》《两位重要的宋朝诗人：苏东坡、陆游》《其他宋朝诗人》《词中的抒情诗》等 12 章内容。

华兹生翻译的第一部诗集《唐代诗人寒山诗 100 首》（*Cold Mountain：100 Poems by the T'ang Poet Han-shan*）于 1962 年由纽约丛树出版社（Grove Press）出版，1970 年 12 月由哥伦比亚大学出版社再版。在该译著中，华兹生通过重新编排寒山的诗而反映了寒山子是如何从一个无忧无虑的年轻人变成一个历经艰难痛苦的岁月而隐居寒山的诗人的历程。

华兹生英译的其他选集还有 1967 年哈佛大学出版社出版的《宋词入门》（*An Introduction to Sung Poetry*）和 1971 年哥伦比亚大学出版社出版的《中国抒情诗风：二至十二世纪的诗》（*Chinese Lyricism，Shih Poetry from the Second to the Twelfth Century*）。此外，他英译的中国古典诗人选集有：1965 年哥伦比亚大学出版社出版的《苏东坡：一位宋代诗人选集》（*Su Tung-po：Selections from a Sung Dynasty Poet*）；1994 年华盛顿州科珀峡谷出版社（Copper Canyon Press）出版的《苏东坡诗选》（*Selected Poems of Su Tung-po*）；1973 年哥伦比亚大学出版社出版的《陆放翁诗文选》（*Lu You，1125 - 1210 CE，The Old Man Who Does as He Pleased：Selection from the Poetry and Prose of Lu You*），其中包括《入蜀记》等；2000 年该社出版的《白居易诗选》（*Po Chu-i：Selected Poems*），以及 2002 年该社出版的《杜甫诗选》（*The Selected Poems of Du Fu*）。

此外，华兹生还曾为倪豪士（William H. Nienhauser, Jr. , 1943—）主编、印第安纳大学出版社 1985 年出版的《印第安纳中国古典文学指南》（*The Indiana Companion to Traditional Chinese Literature*）第一卷撰写书评，发表在《中国文学》（*Chinese Literature：Essays，Articles，Reviews*）

1986 年第 8 期上，并为企鹅出版社 1986 年出版的由安·波瑞尔（Anne
Birrell）译注的《玉台新咏：中国早期爱情诗选集》（*New Songs from a
Jade Terrace：An Anthology of Early Chinese Love Poetry*）撰写了前言。

五 华兹生关于中国古代史学
著作的研究与译介

华兹生关于中国古代史学的研究与译介主要集中于汉史著作，尤其
是司马迁及《史记》，他从 20 世纪 50 年代起开始从事《史记》的研究与
翻译工作，他的《史记》英译本堪称多年来西方《史记》研究的里程碑，
很受普通读者的欢迎，也得到了绝大多数汉学家的肯定。

华兹生与《史记》结缘开始于他的硕士论文选题。1950 年秋，正在
哥伦比亚大学学习的华兹生在著名的美国中国史研究专家傅路特
（L. C. Goodrich）教授的指导下学习中国目录学。学完《古今图书集成》
后，他决定去查阅"游侠"这个令他感到好奇的术语。后来他在一部百
科全书中查到了《史记》和《汉书》中有关"游侠"的章节，因此他决
定以此为题撰写硕士论文。1951 年 6 月，他获得硕士学位。与此同时，
他也和室友赫谢尔·韦伯（Herschel Webb）一起研究了《史记》卷 61
《伯夷叔齐列传》和其他一些与中国传统史学有关的问题。

1952 年，哥伦比亚大学狄百瑞（William Theodore de Bary）教授写信
给在日本工作的华兹生，提到他正在编著《中国传统之本源》（*Sources of
Chinese Tradition*）一书，询问华兹生是否可以为该书撰写关于汉朝思想方
面的章节，同时还寄来了一份为撰写该章节要阅读的书目，其中包括
《史记》和《汉书》的部分章节。华兹生承担了这份工作。这个经历对于
他后来认真从事《史记》研究与英译起到了重要的作用。正是在这个过
程中他发现了一些新的史料，并决定重新修改他的硕士论文。该文投稿
《哈佛亚洲研究》虽未能如愿，却坚定了他继续研究和翻译《史记》的决
心。当申请的福特基金获准后，华兹生开始以日本泷川资言编著的《史
记会注考证》为底本从事《史记》研究与英译，并按主题分类，以论文
形式编排。在 1955 年再次回到哥伦比亚大学的时候，他已经拥有了博士
论文的初稿。

1956 年，华兹生受雇于哥伦比亚大学从事《中国传统之本源》（*Sources of Chinese Tradition*）的编辑和补充工作，这使他有机会继续博士学位的课程学习。1956 年夏天，华兹生获得博士学位。1958 年，哥伦比亚大学出版社出版了他的博士论文《司马迁：中国伟大的历史学家》（*Ssu-ma Ch'ien：Grand Historian of China*）。这部书共分为 5 部分：司马迁生活的世界；司马迁的生平；中国史学的起源；《史记》的体例；司马迁的思想。该书是西方第一部研究司马迁和《史记》的专著，和他后来出版的《史记》译本一道成为西方研究司马迁及《史记》最重要的资料之一。

1960 年，哥伦比亚大学出版社出版了由狄百瑞、陈荣捷（Wing-tsit Chan）、华兹生主编的《中国传统之本源》一书。华兹生在书中介绍了中国史学历来所发挥的资料记载和道德教育的功能，以及《史记》的主要内容和体例。该书同时还收录了华兹生以"司马迁：历史学家的神圣职责"（Ssu-ma Ch'ien：The Sacred Duty of the Historian）为题翻译的《史记》卷 130《太史公自序》和《报任安书》的部分内容，以"历史学家的撰史方式"（Methods of the Historian）为题翻译的《史记》十表之首《三代世表》中的序、《大宛列传》的结尾等。该书属于由狄百瑞主编的"亚洲文明导论"（Introduction to Asian Civilizations）丛书之一，被列入联合国教科文组织的代表性著作选集"中国系列丛书"。

1961 年，哥伦比亚大学出版社出版华兹生的《史记》译本，分为两卷，书名为 *Records of the Grand Historian of China：Translated from the Shih chi of Ssu-ma Ch'ien*，in Two Volumes，Vol. 1：Early Years of the Han Dynasty，209 to 141 B. C.；Vol. 2：The Age of Emperor Wu，140 to circa 100 B. C.，包括《史记》共 65 卷的译文，其中 56 卷是全文翻译，9 卷是节译，选材范围主要集中在汉朝。这一译本分别于 1962 年和 1968 年重印，可读性很强。该译本是为由狄百瑞主编的哥伦比亚大学东方经典翻译工程（Columbia College Program of Translations from the Oriental Classics）准备的，属于哥伦比亚大学历史系主持下编辑的"文明的记载：资料与研究"（Records of Civilization：Sources and Studies）系列丛书之一，曾得到纽约卡耐基基金会的资助，被收入联合国教科文组织的代表性著作选集《中国系列》。1993 年，该书的修订本《史记·汉朝》（*Records of the*

Grand Historian：Han Dynasty Ⅰ & Ⅱ）由纽约哥伦比亚大学出版社和香港中文大学出版社联合出版，属于香港中文大学翻译研究中心"译丛"（Research Centre for Translation，Renditions）之一。修订的主要内容包括把 1961 年版中韦式地名、人名注音换成了现代汉语拼音，并对部分误译给予了更正。同时出版的还有华兹生的新译《史记：秦朝》（*Records of the Grand Historian：Qin Dynasty*），包括《史记》、卷 5《秦本纪》、卷 6《秦始皇本纪》、卷 15《六国年表》、卷 68《商君列传》、卷 71《樗里子甘茂列传》、卷 73《白起王翦列传》、卷 79《范雎蔡泽列传》、卷 85《吕不韦列传》、卷 88《蒙恬列传》和卷 126《滑稽列传》。

　　1969 年哥伦比亚大学出版社出版了华兹生的另一个译本，书名为 *Records of the torian：Chapters from the Shih chi of Ssu-ma Ch'ien*，该书是从 1961 年版本中选出与汉朝相关的 13 卷译文和一个节选译文，然后又增加了 5 卷新的译文合成的，内容涉及周、先秦时期的人物列传，如《伯夷叔齐列传》《伍子胥列传》《田单列传》《吕不韦列传》《刺客列传》等，也是哥伦比亚大学东方经典翻译工程之一，旨在提供基于学术研究但又面向普通读者而不是专家的译本，被列入联合国教科文组织的代表性著作选集"中国系列丛书"。1985 年，华兹生在安阿伯（Ann Arbor）密歇根大学发表《司马迁：历史学家及其作品》（*Ssu-ma Ch'ien：the Historian & His Work*）一书，这是华兹生关于司马迁及《史记》研究的又一成果。

　　到目前为止，华兹生已经翻译了《史记》130 卷中的 80 卷，他的译本是《史记》已经出版的译本中最为完整的英文译本。华译《史记》的出版引起了西方汉学界的广泛关注，对此发表评论的主要有：1962 年，曾译介《史记·吴起列传》的汉学家、剑桥大学教授顾传习（C. S. Goodrich）在《美国东方学会会刊》（*Journal of the American Oriental Society*）总 82 期上发表了《史记新译》（A New Translationof the Shih-chi）一文；1963 年，曾撰写自 1905 年以来《〈史记〉译文目录》一文（后于 1969 年收入巴黎梅森内夫出版社出版的沙畹《〈史记〉译注》第 6 卷）、捷克中国汉史专家鲍格洛（Timoteus Pokora）在《通报》（*T'oung Pao*）第 50 期为此发表书评；20 世纪 90 年代以来从事《史记》新译的美国学者倪豪士于 1991 年在《亚洲文化》（*Asian Culture*）第 4 期上发表《近期

〈史记〉翻译述评》（A Review of Recent Shih Chi Translations）一文，并于1994年在他的《史记》（The Grand Scribe's Records）译本第1卷中概述了《史记》的现代译本情况，1996年在《亚洲文化》第1期上发表了《西方〈史记〉研究一百年》[（A Century（1895－1995）of Shih chi Studies in the West]一文，对华译《史记》发表了评论。1995年，华兹生也在《中国文学》上发表了《〈史记〉与我》（The Shih chi and I）一文，回顾了自己研究和翻译《史记》的经历。

此外，华兹生还选译了《汉书》和《左传》。华译《汉书》，即《古代中国的朝臣与庶民：班固（汉书）选译》（Courtier and Commoner in Ancient China：Selections from the History of the Former Han by Pan Ku）于1974年由哥伦比亚大学出版社在纽约和伦敦同时出版。该译本包括《汉书》卷54《李广苏建传》、卷63《武五子传》、卷65《东方朔传》、卷67《杨胡梅云传》、卷68《霍光金日传》、卷71《隽疏于薛平彭传》、卷74《魏相丙吉传》、卷78《萧望之传》、卷92《游侠传》、卷97《外戚传》（上、下）等。

华译《〈左传〉：中国最古老的叙事史选篇》（The Tso Chuan：Selections from China's Oldest Narrative History）于1989年由哥伦比亚大学出版社出版。该译本是华兹生在对《左传》的叙事方式进行研究的基础上节选了其中最具叙事特色的一些篇章编译而成的，译本面向那些想了解中国最古老的叙事文学形式的普通读者。为了保证可读性，华兹生对原文作了删改，并在部分译文中添加了背景知识，统一了人物称谓方式，简化了术语，使译文读起来流畅自然、平易优雅，具有很强的吸引力。实际上，华兹生是最早向普通读者全面介绍《左传》的美国汉学家，早在1962年出版的《早期中国文学》一书中，华兹生就详细考察了《左传》作者与成书年代、叙事方式及其与《春秋》和《国语》的关系等。1990年，艾朗诺（Ronald，C. Egan）在《亚洲研究》（Asiatische Studien）第2期上发表了关于华译《〈左传〉：中国最古老的叙事史选篇》的书评。同年，王靖宇（John Wang Ching-Yu）也在《中国文学》第12期上就此发表书评。1992年，杜润德（Stephen，W. Durrant）在《美国东方学会会刊》总第112期上（1992年第1期）发表《填平补空：左传及"普通读者"》（Smoothing Edges and Filling Gaps：Tso Chuan and the "General

Reader"）一文，对华译《左传》发表了评论。

六 结语

在半个多世纪的翻译生涯中，华兹生始终坚持流畅、自然、娴雅、精练的翻译风格，面向普通英语读者，很少使用注释，注重译文的可读性。他这种翻译风格的形成与 20 世纪 50 年代英美主流翻译传统讲究流畅自然的翻译风格具有直接关系。另外，他在学习中国典籍英译期间也认识到仅仅把汉语的意思翻译出来是不够的，还必须要保证译文读起来自然、符合英语的表达习惯。后来他在阅读德效骞（Homer H. Dubs）翻译的三卷本《汉书》译文时这种意识变得更加强烈。他觉得德效骞的译文语气极为生硬、晦涩，显然冒犯了班固作品中那种高贵的气质，也破坏了英语语言的精髓所在（华兹生，1995：199—206）。这种信念伴随了他的整个翻译生涯，他的译著包括《史记》在内，都体现了这种策略取向。实际上，他的译著，无论是关于中国古典哲学还是关于中国古代史学，都具有浓厚的现代英语散文特征，而关于中国古典诗歌的译文则更是洒脱自然、平易优美，颇能体现原著的精髓。这种译文风格使得华兹生的译著在西方普通英语读者中赢得了自己的地位，同时也得到了绝大多数汉学家的认可，从而使得他的每一部译著都成为颇受读者欢迎的作品，也使华兹生享有了优秀翻译家的殊荣，而更主要的是，他的译著使得中国古老的传统文化逐渐被西方普通英语读者所了解和欣赏，并促使越来越多的学者从事中国传统文化的研究与学习。华兹生的汉学研究与译介为中国传统文化的西传做出了重要贡献。

（选自《国外社会科学》2008 年第 4 期）

关于白鲁恂中国政治文化研究的
评价与研究综述

梅祖蓉　谭君久[*]

一　白鲁恂及其学术贡献

白鲁恂^①（Lucian，Wilmot Pye），1921 年 10 月 21 日出生于中国山西省吕梁市，父母是美国公理会布政所派遣到中国的传教士。1947 年，白鲁恂进入耶鲁大学，1956 年受聘于麻省理工学院国际研究中心。自此，在麻省理工学院任教 35 年，并推动了麻省理工学院政治学系的独立。^②2008 年 9 月 5 日因罹患肺炎去世于波士顿，享年 86 岁。

白鲁恂一生著述颇丰，由他独立撰写和与他人合著的著作约为 21 部，参与主编的著作约 6 部。此外，他撰写的多篇论文发表在一系列久负盛名的学术刊物上。他的著作被译为法文、日文、泰文、西班牙文、葡萄牙文等在非英语国家出版。中国对他的作品翻译引进的数量与白鲁

＊　梅祖蓉，女，1969 年生，南京大学政府管理学院博士后。谭君久，男，1947 年生，武汉大学政治与公共管理学院教授、博士生导师。

①　Lucian，W. Pye 在海峡两岸的中文译名有多种：路辛·派伊、卢西恩·派伊、裴鲁恂、鲁恂·W. 派伊等，不一而足。萧延中曾以电子邮件询问 Lucian，W. Pye，获知"白鲁恂"是 Pye 本人给自己起的中文名。因此，本文采用"白鲁恂"一名。

②　1955 年，麻省理工学院政治学系即已正式设立，但当时隶属于经济与社会科学系。1965年，政治学系独立。

恂对中国的关注程度相比，显然不成比例，目前仅见到的 6 个中文本分别由中国台湾和大陆学者翻译出版。①

白鲁恂的研究领域跨越国际关系、政治心理学、比较政治学等政治学分支学科。他在各领域取得的不凡成就使得麻省理工学院现任政治学系主任查尔斯·斯蒂沃特（Charles Stewart）称赞他是"一个跨越了政治科学领域的知识界巨人"②。总体来说，可以将他的学术贡献分为 4 个相互重叠的领域。

第一，无论从学术贡献还是组织贡献的角度，他都可以称得上是研究第三世界政治现代化的领导者之一。曾经担任麻省理工学院政治学系主任的唐纳德·布莱克默教授（Donald, L. M. Blackmer）评价说，"事实上，他的所有著作从理论上和实证上都对我们理解发展过程做出了贡献"。③ 通过参与多个学术性委员会和机构的组织与建设，他引导了众多政治学者在政治发展领域的研究。例如，美国社会科学研究理事会（Social Science Research Council）的比较政治学分委会于 1954 年成立时，他是其中的成员之一。1963 年，白鲁恂继阿尔蒙德之后担任委员会主席。他多次担任由比较政治学委员会组织推出的学术著作的主编或者联合主编之一，如《政治发展与沟通》（1963 年）、《政治文化与政治发展》（1965 年）、《政治发展的危机与后果》（1971 年）等。1988—1989 年，白鲁恂担任美国政治学会（the American Political Science Association）主席。

第二，在诸多研究亚洲国家的学者中，白鲁恂是以开阔的比较视野研究亚洲政治的一小批有见地的学者之一。他的研究范围涵括了亚洲大部分国家。其著作既有对马来西亚、缅甸和中国等国家的调查性研究成果，也包括重要亚洲国家的分析性比较研究，而且时时阐发着他对中西

① 这 6 本书分别是《中国政治的变与常》（1988）、《中国人的政治心理》（1988）、《中共的商业谈判作风：一个文化心理的剖析》（1991）、《中国人的政治文化》（1992）、《东南亚政治制度》（1992）、《政治发展面面观》（2009）。前 4 本的译者来自中国台湾，后两本出自大陆。其中，《中国人的政治文化》和《中国人的政治心理》都译自 "The Spirit of Chinese Politics"，只是书名采用了不同译法，署名人的姓名也不同。

② http://web.mit.edu/newsoffice/2008/obit-pye-0908.html.

③ Donald, L. M. Blackmer, *Political Science and Politics*, Vol. 21, No. 4, 1988, p. 882.

方政治、文化和历史等方面差异的理解。他的学术洞察力和敏锐度使他早在 1964 年就准确地预见到表面上平静的中国将爆发一场混乱。[①] 由于这种开阔的视野，唐纳德·布莱克默认为，他对"东亚政治的研究将继续作为一种知识的来源和将来的研究的导引"。[②]

第三，他是国际公认的研究当代中国问题的专家。白鲁恂的 20 多本著作中，一半以上以中国为主题。任何一个研究中国的学者的书单上如果不列上白鲁恂的著作都无疑是一种疏漏。他对当代中国政治的重要性不仅体现在理论研究上，而且体现在诸多实践活动中。1966 年，他和费正清、鲍大可、施乐伯等中国问题专家一起发起创立"美中关系全国委员会"（National Committee on U. S. China Relations）。白鲁恂是该委员会董事会的长期成员，并于 1981 年担任该委员会代理主席。1968 年 11 月尼克松当选美国总统，包括白鲁恂在内的一批学者紧接着就向尼克松提交了一份经过深思熟虑的关于美中关系的备忘录。[③] 该报告建议尼克松"应该认真研究以下可能性：安排中国领导人与一个你所信任的人之间作秘密的——甚至便于公开否认的——谈话"。[④] 毫无疑问，这份报告 1971 年美国国务卿基辛格秘密访华以及随后美中关系的破冰起了推动作用。基于他对中国政治的深入研究，白鲁恂长期受聘于美国国务院、国家安全委员会、外交关系委员会、兰德公司等多个参与制定和执行或影响美国外交政策的机构。由此可见，他对中国政治的影响是

---

① Lucian, W. Pye, *The Spirit of Chinese Politics*, Cambrige, Mass.：Harvard University Press, 1992, p. 7.

② Donald, L. M. Blackmer, The Contributions of President Lucian, W. Pye, *Political Science and Politics*, Vol. 21, No. 4, 1988, pp. 882 – 891.

③ 这批学者包括孔杰荣（Jerome Cohen）、费正清、帕金斯（Dwight Perkins）、赖肖尔（Edwin Reischauer）、史华慈（Benjamin Schwartz）、汤姆森（James Thomson）、傅高义（Ezra Vogel）、鲍大可（A. Doak Barnett）等人。他们在哈佛大学肯尼迪政治学院主持下就美国与东亚关系进行了一年的不公开讨论之后，提出了这份报告。可惜这份对美中关系产生过实质性影响的报告由于少有人提及，无论在美国还是在中国都鲜为人知。

④ 转引自资中筠、姬虹：《美国学术界对中美关系的研究，1969—1992》，《美国研究》1995 年第 1 期，第 50—78 页。

现实的。此外，他是现香港中文大学"中国研究大学服务中心"① 的构想者与组建人之一，长期担任该中心的指导老师、学术委员会主任和主席团成员等职务。这个研究中心自 1963 年建立以后，成为来自世界各地研究中国问题的学者的前哨站。他本人也多次来中国香港从事中国问题研究和调查。

第四，他是当代政治文化研究最重要的支持者和实践者。作为当代政治文化研究权威阿尔蒙德的重要继承者，白鲁恂不仅秉承了阿尔蒙德对政治文化的理解维度，认为政治文化研究是一种可以透过政治生活的表面来理解引发政治行为的深层次的态度、价值观和情感的方式，而且广泛应用于心理学、社会学、文化人类学等学科的最新研究成果，并从宏观与微观两个层面来研究亚洲国家政治文化，其理论与方法运用之灵活与不受拘泥正如霍沃德·瑞金斯（Howard Wriggins）在《亚洲的权力与政治》书评中所言，"除了白鲁恂，还有谁有这样的胆量从事这项宏伟而又充满争议的关于亚洲政治体系比较政治文化的研究"？②

白鲁恂的政治文化研究以发展中国家的现代化尤其是亚洲新兴民族国家和中国的政治发展为背景。他并不否认诸如经济、政治制度等显而易见的因素对政治发展的重要性，但他更加关注人们对权力、权威和秩序等无形因素的态度在政治发展过程中所起的作用。在他看来，各个国家政治发展过程中的差异需要借助于文化的差异来解释。中国是一个独特的国家，同时又在类别上属于朝向现代化进程的非西方社会。由于这个特点，中国政治文化成为白鲁恂学术关注的重点。

白鲁恂的政治文化研究方法表现出鲜明的心理学倾向。在他看来，焦虑、对失败的恐惧等心理现象与发展过程中的其他障碍同样真实，都起着阻碍发展的作用。在民族国家建设中出现的基本问题中，心理问题比客观经济问题更难以处理。因此，他广泛地借用了现代心理学尤其是

---

① "中国研究大学服务中心" 1963 年组建时并不隶属于香港中文大学，是一个由美国"教育与世界事务"和卡耐基等基金会资助的独立研究机构，位于中国香港"亚皆老街"（Argyle Street）155 号。1988 年，因财政困难由香港中文大学吸收，遂搬离"亚皆老街"，迁至香港中文大学。

② Howard Wriggins, Review: Asian Power and Politics: the Cultural Dimensions of Authority by Lucian, W. Pye, *Political Science Quarterly*, Vol. 102, No. 2, 1987, pp. 343 – 344.

人格心理学的激进理论和最新发展成果研究缅甸、中国乃至其他亚洲国家的政治文化。弗洛伊德的潜意识理论、埃里克森的人格发展理论中的自我认同概念等都是白鲁恂用以研究政治文化的观察技术和心理分析工具，是政治文化研究中心理文化学派最鲜明的代表。此外，他还运用由埃里克森创造的心理历史方法来研究文化对政治精英的人格塑造作用，专注于精英政治文化研究。他认为，精英政治文化的塑成既源于共同的历史因素，尤其是国家的历史，也源于由家庭的社会化模式形成的个体心理特征。

尽管学界对白鲁恂的政治文化研究尤其是他所采用的心理文化和心理历史研究方法争议颇多，但无论对他的政治文化解释和研究方法持何种态度与评价，都不能否认他是政治文化研究领域最重要的辩护人与践行者之一。

二　中西方学者对白鲁恂中国政治文化研究的研究

1. 海峡两岸的研究现状

对白鲁恂中国政治文化研究的推介，无论在大陆还是在中国台湾，大约都始于20世纪80年代。中国台湾略早一些，以1982年唐光华《政治文化的沉思者：白鲁恂》的出版为标志，大陆则以1987年王沪宁的《比较政治分析》为开端。随后，关于白鲁恂政治文化研究的理论与方法零零星星散见于政治学原理、比较政治学、政治心理学、毛泽东研究、政治精英研究和政治文化等方面的著作与文章中，[①] 不过，多数止于对白

---

① 例如台湾学者马起华《政治学原理》（1988）、石之瑜《政治心理学》（2003），大陆学者高洪涛《政治文化论》（1990）、孙正甲《政治文化》（1992）、王卓君《文化视野中的政治系统》（1997）、张小劲和景跃进《比较政治学导论》（2001）、潘一禾《观念与体制——政治文化的比较研究》（2003）、马庆钰《告别西西弗斯——中国政治文化的分析与展望》（2003）、萧延中《巨人的诞生——"毛泽东现象"的意识起源》（2005）、葛全《中国政治文化教程》（2006）、王泽壮和李祖红《革命领袖何以形成——西方学者的三种方法论视角》（2007）、尚庆飞《略论国外毛泽东研究领域的"心理历史学派"》（2008）、单伟《美国学界对中国政治精英的研究》（2008）等。

鲁恂政治文化定义的引用和研究方法的简单介绍，详略不一，亦不成系统。

唐光华于 1981 年完成《政治文化的沉思者：白鲁恂》，其意图在于，以白鲁恂的政治发展理论观察中国台湾的政治发展状况，"了解中国台湾政治发展面临的问题"，以白鲁恂对中国政治文化的研究结论为中国台湾促进民主"提供相当多的答案"。[①] 因此，此书的主题是政治发展，兼述政治文化，虽从政治文化的概念、内容、结构、形态、变迁模式以及现代化政治文化中传统的地位、政治社会化与政治文化的关系乃至于政治文化的研究效用等方面简要总结和分析了白鲁恂的政治文化理论，但论述并不充分。不过，唐光华的研究部分地展现了白鲁恂的学术养成及其在政治文化研究方法上的特色，即以"心理文化研究法和个案研究为主"，[②] 但没有强调白鲁恂的精英研究取向。更重要的是，唐光华的研究在当时只能依据白鲁恂在 20 世纪 80 年代以前发表的文章和著作，白鲁恂的最成熟、最能体现其中国政治文化研究特色的三部著作《中国政治的动力》《官僚与干部》和《亚洲权力政治》均出版于 80 年代以后，因此，白鲁恂长期以来对中国政治文化的归纳性思考、更加鲜明的文化心理学研究方法和比较方法的运用也就未纳入唐光华著作的视野。

1988 年，白鲁恂的著作《中国人的政治心理》（*The Spirit of Chinese Politics*）和《中国政治的动力》（*The Dynamics of Chinese Politics*）在中国台湾译成中文出版，他对中国政治文化研究的成果第一次被整体推向汉语界，译者分别为艾思明和胡祖庆。[③] 只是这两本书译笔稍显粗糙，常有漏译，跳跃之处多见。

大陆学人对白鲁恂的中国政治文化观略为系统地整理与研究始自王乐理。1991 年和 2000 年，王乐理分别在《20 世纪西方政治思潮》和《政治文化导论》两部著作中集中介绍了派伊（即白鲁恂）的政治文化研

---

① 唐光华：《政治文化的沉思者：白鲁恂》，允晨文化实业股份有限公司 1982 年版，第 18 页。

② 同上书，第 36 页。

③ 笔者推测，艾思明和胡祖庆可能是同一个人。1992 年，台湾风云出版社出版胡祖庆译著《中国人的政治文化》，同样是根据 *The Spirit of Chinese Politics*（1968 年）译出，与艾思明 1988 年所译的《中国人的政治心理》内容与篇幅完全相同。

究。其中,《政治文化导论》更见深入。首先是资料来源较前丰富;[①] 其次,以传统、近现代和改革时期为时间界限,分别展现了白鲁恂对中国传统文化心理、近现代制度变革与政治文化心理以及改革时期中国领导人的风格的研究（尽管在笔者看来,这种界限未见得恰当）;最后评价说白鲁恂著作中"历史和大文化视角所达到的深度,是一般的制度和行为研究难以企及的"。[②] 可惜,由于《导论》体例所限以及文献资料占有不足,论述略显表浅与不足,未对白鲁恂中国政治文化研究的时代与学科背景、理论模式以及方法上的内在路径等方面作深入开掘。

承接前人的研究成果,张英魁的硕士和博士论文均以白鲁恂的中国政治文化观为主题。在硕士论文《论白鲁恂的中国传统政治文化观》的基础上,张英魁的博士论文《白鲁恂中国传统政治文化观研究》[③] "阐释了白鲁恂以道德政治文化为核心的中国传统政治文化观,并应用它对中国现代高官腐败案进行深入诠释,意图把握中国高官腐败行为底层传统政治文化,明晰道德在中国政治中的作用和权力监督缺失的政治文化原因,进而把握政治文化与中国政治发展的内在联系"。[④] 张英魁认为,白鲁恂所揭示的中国政治文化,其实质是道德政治文化:其理论分析模式不脱离传统—现代的两分框架;方法论基础则为权力研究法和心理文化研究法;白鲁恂"是一个超前的后行为主义者,即在行为主义研究时期,已经具有后行为主义的深刻认识"。[⑤] 毫无疑问,张英魁的研究对后来者具有重要的启发之力。遗憾的是,白鲁恂政治文化研究的一个重要特

---

① 与《20 世纪西方政治思潮》中"派伊的政治文化论一节对白鲁恂的评介"主要依据唐光华的《政治文化的沉思者》以及白鲁恂的《政治、人格与国家建设》《政治文化与政治发展》等著作（参见徐大同主编《20 世纪西方政治思潮》,天津人民出版社 1991 年版,第 471 页）相比,《政治文化导论》扩展到了《政治文化与政治发展》《中国:导言》《中国政治的精神》《中国政治文化探微》《中国民族主义与现代化》《导言式侧面像:邓小平和中国的政治文化》等著作和文章。

② 王乐理:《政治文化导论》,中国人民大学出版社 2000 年版,第 71 页。

③ 就在本文撰写的过程中,张英魁的这篇博士论文于 2009 年 10 月更名为《中国传统文化及其现代价值:以白鲁恂的研究为考察中心》,由中央编译出版社出版,这是中国大陆第一部研究白鲁恂的专著。

④ 张英魁:《白鲁恂中国传统政治文化观研究》,南开大学周恩来政府管理学院,2005 年,摘要页。

⑤ 同上书,第 133 页。

征——跨学科性——未受到应有的重视，无论在白鲁恂的学术养成、政治文化的理论构建还是方法运用等方面，都没有充分展现出白鲁恂怎样受到其他学科诸如社会学、人类学、文化人类学、心理学尤其是心理学发展的影响，从而形成他独特的研究取向与视角，更谈不上在微观层面上充分挖掘和分析白鲁恂如何运用心理学理论的研究政治文化。

2. 国外研究现状

从已发表的书评数量和评论深度来看，关注白鲁恂中国政治文化研究的西方学者似乎已经形成了一个群体，包括彼得·穆迪、罗德明（Lowell Dittmer）、戴维·S. G. 古德曼（David，S. G. Goodman）、戈尔顿·本尼特（Gordon Bennett）、沈大伟（David Shambaugh）、陈志让（Jerome Ch'en）、邹傥（Tang Tsou）、何汉理（Harry Harding）、黎安友（Andrew J. Nathan）、泰勒·怀特（Tyrene White）、哈什·瑟思（Harsh Sethi）、理查德·布特威尔（Richard Butwell）、布鲁斯·J. 迪克森（Bruce J. Dickson）、J. 布鲁斯·雅各布（J. Bruce Jacob）、唐纳德·布莱克默和王景伦等。其中大部分人长期研究或关注中国政治，对白鲁恂中国政治文化研究总体上持支持态度，虽程度不一，但普遍认为白鲁恂的研究富含洞见、发人深省、富于多学科视角、敢于挑战风险性研究领域、为帮助人们理解中国文化如何影响中国政治做出了贡献。穆迪评论说，在"中国研究和一般性比较研究中，文化的重要性（甚至可能是关键性作用）得到肯定，不再需要辩护性论战，至少应部分归功于白鲁恂"。①

尤其值得一提的是布莱克默对白鲁恂的评述。1988 年，时任麻省理工学院政治学系主任的布莱克默教授在《政治科学与政治学》上发表文章《白鲁恂主席的贡献》，就白鲁恂的学术生涯、学术研究领域、学术风格、重要作品等诸多方面作了近乎全景式的简介。布莱克默指出："几乎可以说，白鲁恂一生最重要的工作就是对政治文化概念的实证与理论的详细探讨。在承认转型社会面临的所有显而易见的客观问题的重要性的同时，白鲁恂和大多数学者不同，他始终坚持认为：焦虑、对失败的恐惧以及其他心理现象与发展过程中的其他障碍同样真实；同样起着妨碍

---

① Peter Moody, Review: The Mandarin and the Cadre, China's Political Cultures by Lucian, W. Pye, *The Journal of Asian Studies*, Vol. 148, No. 4, 1989, p. 840.

发展的作用。他承认政治文化概念的风险性，至少在方法上，他愿意看到一种百花齐放的局面。但是，心理取向的文化分析显然是他本人最喜欢的研究路径。这是他理解政治的方式。"布莱克默认为，"调和""不以表面价值取物"以及"痛恨肤浅"是白鲁恂研究的特色。布莱克默高度肯定了白鲁恂的学术成就，认为"白鲁恂对东亚政治的大量研究会继续作为一种知识的来源和将来研究之导引"。①

批评性建议既有理论上的追问，也有方法论上的质疑。其中，方法论上的疑难居多。归纳起来，主要有四点。第一，也是白鲁恂受批评最多的，是他对于中国政治文化的心理学解释。陈志让批评白鲁恂对心理学理论与方法的运用偏于简单，其心理学预设使得白鲁恂冒着反历史的风险写历史；②穆迪认为，白鲁恂将心理学理论以一种非人格化的方式来描述群体，容易导致缺乏证据的猜测以及过度复杂化和逻辑上有错误的解释；③而在雅各布看来，是政治体制而非心理文化力量解释了中国人政治行为的无可选择，心理文化解释反而将因果关系复杂化了。④第二是情感及理论上的西方中心主义。要么指责白鲁恂持有种族中心主义，表现出美国文化优越感；⑤要么批评他将源自西方的理论普世化，将"主要得自对西方人的观察并以临床经验为依据的精神病学理论直接运用在以集体为中心的亚洲人身上"，⑥从而损害了理论的坚实性。第三是文化决定论以及与此相关的简化主义。迪克森称，白鲁恂属于"行为的文化决定论者"；⑦罗德明则认为，白鲁恂的研究"反映出两种形式的简化主义：

①　Donald, L. M. Blackmer, *Political Science and Politics*, Vol. 21, No. 4, 1988, pp. 882 – 891.

②　Jerome CH'en, Reviewed Work (s): Mao Tse-Tung: The Man in the Leader by Lucian, W. Pye, *Pacific Affairs*, Vol. 50, No. 1, 1977, pp. 119 – 120.

③　Peter Moody, *The Journal of Asian Studies*, Vol. 48, No. 4, 1989, pp. 839 – 840.

④　J. Bruce Jacobs, Review: The Mandarin and he Cadre: China's Political Cultures by Lucian, W. Pye, *Pacific Affairs*, Vol. 63, No. 1, 1990, pp. 93 – 94.

⑤　Harsh Sethi, Culture as Politics or Politics as Culture, *Economic and Political Weekly*, Vol. 22, No. 12, 1987, pp. 497 – 498.

⑥　Ardath, W. Burks, Review: Asian Power and Politics: The Cultural Dimensions of Authority by Lucian, W. Pye, *The Journal of Asian Studies*, Vol. 47, No. 4, 1988, pp. 842 – 843.

⑦　Bruce, J. Dickson, What Explains Chinese Political Behavior? *The Debate over Structure and Culture Comparative Politics*, Vol. 25, No. 1, 1992, pp. 103 – 118.

社会或政治事件被归因为心理原因：成年经历被归因为孩提时发生的事情"，① 即他在儿童早期社会化与成年人的权威取向之间作了一个跳跃，忽视了儿童社会化与成年后的行为之间可能存在的非连续性。第四是解释性而非实证性研究。这种指责主要针对白鲁恂没有像行为主义政治学家那样大量运用实证性资料来佐证其假设与观点。

总之，就研究现状来看，当前国内外对白鲁恂中国政治文化观与研究方法的研究均显不足。笔者以为，国内尤其是大陆的研究缺陷主要体现在以下几点。

第一，简要译介多，翔实而精当的分析较少。前文综述已体现出来，不再赘述。

第二，未体现白鲁恂政治文化研究的独特性。一是宏观研究多于微观研究。白鲁恂注重宏观研究与微观研究间的沟通，而在实际研究中，往往滑向微观研究。虽旨在解释历史、文化对政治行为的影响，然而其连接点在于政治人格的形成，乃至于政治人格与政治行为的关系。除了在毛泽东研究领域有学者注意到这个鲜明特色之外，大陆政治学界在这方面的研究几近空白，为数不多的政治心理学方面的教材和专著罕有提到白鲁恂者。二是其他学科对于白鲁恂的影响挖掘不够。白鲁恂的政治文化研究表现出鲜明的跨学科性，许多心理学、社会学和文化人类学术语已经成为白鲁恂政治文化研究中的关键词，比如危机、社会化、认同、自我、人格、情结、权威、文化差异性等。究竟是哪些因素形成了白鲁恂政治文化研究如此鲜明的跨学科特色，这显然是一个值得追问的问题，遗憾的是，目前尚未见到这方面的研究成果。

第三，与国外针对白鲁恂政治文化研究的学术批评缺乏沟通与回应。整体来看，国内目前对白鲁恂的研究尚处于译介阶段，还来不及与国外学者对白鲁恂政治文化研究的批评进行深度沟通与回应，从而解决白鲁恂中国政治文化研究乃至政治文化研究这一学科分支中的诸多理论与方法问题。虽然张英魁的博士论文对相关批评有所回应——主要是种族中心主义和缺乏实证依据两点，但西方学者提出的一些更为重要的理论问

① Lowell Dittmer, Mao Tse-Tung, The Man and the Symbol, *The China Quarterly*, Vol. 68, 1976, pp. 822 – 828.

题，例如个体与群体通过文化是否可以确实勾联起来；文化究竟应该视为政治行为的背景还是与政治行为相互回应的意义系统；当我们肯定文化的独特性及其对政治的影响力时，文化研究能提供哪些通过其他研究路径所不能解释的更深入的见解；在成年人的政治行为和家庭的儿童养育模式之间怎样建立联系才能更好地解决社会化的非连续性问题；等等，目前国内学者似乎并未就白鲁恂的政治文化研究在这些方面回应西方学者的疑问。

第四，主题偏离。白鲁恂的研究领域跨越转型社会的现代化与政治发展、国际关系、政治文化等领域，并且他被公认为中国问题专家。除非对他做全景式的研究，否则只可选择一面，以免主题混乱。遗憾的是，有的学者并未严格区分研究领域，例如唐光华的研究，虽名曰《政治文化的沉思者》，主题却是政治发展。张英魁讨论的主题更宽，从转型社会的政治发展到美国国家利益、汉学研究都纳入白鲁恂中国传统政治文化观的研究中。不可否认，政治文化与政治发展关系密切（事实上也是白鲁恂研究政治文化的动因与背景），对外交政策有影响力的学者对某一社会政治文化的深入了解也会影响到外交政策的制定，汉学研究的一部分内容当然包括中国政治与中国文化，但在以政治文化为主题的研究中，大量加入其他研究领域的理论，必然偏离主题，并让人产生研究者本人对政治文化概念边界模糊不清的印象。

那么，究竟是什么因素导致当前国内在白鲁恂中国政治文化研究方面的匮乏？笔者以为，从根本上看，与如下因素有关。第一，许多学者从心理上不能接受精神分析的解释，认为精神分析只适用于病态的人群，不适用于常态化的群体以及某一民族的政治文化。第二，跨学科性的理论难度。即便愿意接受心理学解释，并意图以此为路径呈现白鲁恂政治文化研究的特色，但要具备从事这项研究所需的心理学、社会学、文化人类学等学科知识，尤其是心理学方面的理论储备亦非易事。第三，资料获取不易。也许由于意识形态立场的不同，被译成中文的白鲁恂著作非常少，由国内各高校收藏者更加寥寥无几。第四，在当前国内政治学研究主流中，解释性的政治文化研究不受青睐。一方面，理性选择理论甚有市场，该学派对政治文化研究颇有微词，政治文化研究自身的合理性与正当性尚需一番论战；另一方面，自阿尔蒙德与维巴的《公民文化》

引进大陆以来，政治文化研究倾向于行为主义的方法论主张，强调资料的量化分析，而白鲁恂的政治文化研究并不以此见长，相反，以解释性成分居多。两方面一结合，常令研究者望而却步。第五，东方中心主义的排斥性情感。不同国家间语言、文化的障碍以及历史、制度的差异，给研究异国政治文化的研究者增加了相当大的难度。这个客观障碍的存在使不少中国学者主观上贬低西方学者对中国政治文化进行研究的学术价值，认为西方学者不可能透彻而深刻地理解中国文化与中国政治，不承认他们的研究具有值得借鉴与回应的价值。这种狭隘的学术排斥是白鲁恂中国政治文化研究在中国不为人关注的另一原因。

（选自《国外社会科学》2011 年第 2 期）

论狄百瑞的中西哲学比较研究

陈　浩　许苏民[*]

狄百瑞（Wm. Theodore de Bary，1919—）是当代美国中国学研究的泰斗。他长期任职于哥伦比亚大学，与陈荣捷一起研究中国哲学，尤其是传统儒学，成为"现代新儒家在美国影响最大的学侣"。[①] 他编辑和撰写了 20 多部著作，比较著名的有《儒家的困境》《中国的自由传统》《东亚文明——五个阶段的对话》《明代思想中的自我与社会》等。其中国哲学研究，大大地加深了整个美国学界对中国哲学的理解，为人们提供了理解中国哲学的新视角和新图景。

以西方哲学为参照来研究中国传统哲学、从事中西哲学比较研究，是狄百瑞的中国哲学研究最基本的视域和话语结构。儒家的困境与现代新生是他追寻了一生的、相互交织着的两个基本问题。在经典儒家与犹太—基督教传统的比较中对儒家的困境进行溯源性的探究，在自由和共同善等现代价值观的引导下深入研究宋明新儒学，在与西方现代自由传统的比较中阐发明代后期的新思潮的进展及其局限性，狄百瑞的中西哲学比较研究在许多方面都拓宽了我们的视野。他一生抱着对中国传统人文价值理念的深切同情和对其现代性的期许深入研究儒学。在《东亚文明——五个阶段的对话》一书的中文版序言中，他说："我希望强调的不

　　* 陈浩，1983 年生，南京大学历史系中国思想史专业博士研究生；许苏民，1952 年生，南京大学中国思想家研究中心教授、历史系博士生导师，中国思想家研究中心学术委员会主任。
　　① 施忠连：《现代新儒学在美国》，辽宁大学出版社 1994 年版，第 246 页。

仅是处于其全部变异性中的文化，而且尤其是在各种复杂的社会之中维系着文明生活的那些价值。"① 这一论述似可看作其中西哲学比较研究的方法论基础，亦可看作理解其基本观点的一把钥匙。

一 君子与先知：先秦儒学与
犹太—基督教传统之比较

狄百瑞自述说，"儒家的困境"是他追寻了一生的问题，从学生时代起他便一直在寻找像儒家这样一种"永恒的教导"到了现代却如此受人诟病的原因。② 他选择了"领袖品质"作为中西哲学比较分析的焦点，在经典儒家与犹太—基督教传统的比较话语中寻找儒家困境的解答。所谓领袖，在儒家即君子，在犹太—基督教传统中则为先知。他认为，从许多方面看，儒家君子与闪米特世界的先知都有几分相似，如君子作为个体可以直接感悟"道"，君子的言说见证了上天，君子具有使命感，君子向统治者发出来自上天的警告。③ 他认为，儒家困境的根源在于君子在发挥先知作用时所遇到的困难。这种困难具体说可以从君子与统治者、与民众的关系以及君子自身的角色和职能三方面来看。

在犹太—基督教传统中，"先知"被理解为一个具有超凡魅力的纯粹个体，他以个人启示和超凡魅力认定自己的权威，并出于使命感宣扬宗教教义或者神戒。④ 狄百瑞在这里采用的是韦伯对先知的解释。但在先知与社会的关系上更重要的是，先知用他对上帝的直接体验和信仰直接撼动了以往的世俗政权，让整个国家和民族归依到上帝面前。狄百瑞引述欧内斯特·尼克尔森（Ernest Nicholson）的观点说："以色列先知的关键作用在于宣扬全新的观点，以取代创世记神学。那套神学不仅神圣化现行秩序，而且合法化统治者的地位，使其以君权神授的名义担任现行体制的保护人。相比之下，新的先知观宣称以色列国的目标（即以色列国

---

① ［美］狄百瑞：《东亚文明——五个阶段的对话》，何兆武译，江苏人民出版社1996年版，第1—2页。

② ［美］狄百瑞：《儒家的困境》，2009年，第4—5页。

③ 同上书，第14页。

④ 同上书，第12页。

存在的合理性）就是实现上帝的公义……‘在全新感悟到的耶和华的公义面前，不仅王权或者其他任何制度，就连整个社会秩序都变得相对化了。’”①

儒家从表面上看并不像先知那样是传统和世俗社会的激进的否定者和变革者，从孔子的“述而不作”的自我评价中就可以看到，儒家非常尊重并传播传统，而且从《论语》中我们也可以看到，孔子默认了在他之前便已发展成熟的集权统治以及集政治宗教权威于一身的单一君主统治这样一种金字塔式的权力结构，如“天下有道，则礼乐征伐自天子出”（《论语·季氏》）。从儒家君子的圣王理想中也可以看到这种继承。《尚书·尧典》中所记载的尧之美德泽被六合的圣王神话，成为儒家奠基性的圣王理想。狄百瑞注意到，在这一神话中，圣王孤身一人，只需依靠自身的美德便可征服和治理天下，而儒家困境之根从这里便被埋下。不过，继承只是事情的一个方面，另一方面是创造与革新。到了孔子时代，圣王对于孔子及其追随者来说失去了直接的意义，因为随着贵族的没落，孔子这批人中很难再成就一个圣王，但这并不妨碍儒家君子通过培养自己的美德和智慧成为高尚的人（Noble Man）。狄百瑞认识到，高尚之人已远远不是“绅士”概念所能及，而是指君子心中之道德良知对天命的感应，有了这种对天命的承载感，才构成了对人间事务的终极评判标准，君子由此发出“先知呼声”。很明显，在狄百瑞看来，儒家君子不仅仅是韦伯所认识到的那种明智、世故、温文尔雅的形象，而且他们也像先知一样直接感悟真理，并且按照真理启示坚定地改造现实社会。君子虽然没有闪米特先知那种常见的躁动与迷狂，但这并不妨碍他们直接感悟到来自神的真理启示，并以此为终极标准来拯救社会秩序。

第一，从君子与世俗统治者的关系来看，在犹太—基督教传统中，先知撼动的是原来整个的世俗社会和原始神学，因此被原始神学“包装”过的世俗政权和统治者同样也被纳入上帝启示的真理和由此带来的全新社会秩序的安排之下，所以我们看到古犹太人的社会历史和西方中世纪王权对神权的服从。而在儒家这里，由于其入世的态度，又由于世俗政权在社会秩序中处于现实的支配地位，因而君子的先知角色只能表现在

---

① ［美］狄百瑞：《儒家的困境》，黄水婴译，北京大学出版社2009年版，第25—26页。

对世俗帝王进行道德劝说和在必要时提出告诫上。狄百瑞指出，孔子的一生就是这样在"天命"的感召下入世改造现实社会，他花了许多时间周游列国，劝说和教导世俗统治者，以便通过觉悟到"天命"的统治者施行仁政来使大道行于天下。孔子由此成为后世儒家君子的楷模。孔子对统治者的这种先知态度，在孟子那里有增无减。

　　第二，从君子与民众的关系来看，狄百瑞认为，无论在犹太—基督教传统还是在儒家传统中，民众都处在中心位置。在犹太—基督教传统中，他指出："不论民众被称为上帝的选民、以色列民抑或以色列城邦和部落，当牵涉到民众时，民众不仅直接卷入其中，而且还处在中心的位置上。先知话语的主题处处都是上帝爱他的子民、关爱子民、上帝充满嫉妒的要求、上帝的愤怒以及对子民的宽恕。"① 而先知话语之所以把民众放在中心的位置上，不是因为别的，而是因为在先知看来，民众中的每一个人都应当回应上帝，履行他所归属的民族与上帝立下的誓约。狄百瑞引用了亚伯拉罕·海舍尔（Abraham Heschel）的论述："先知的主题首先是一个民族的生活……虽然只有少数人有罪，但是所有的人都必须为此负责……先知挑战的却是整个国家，从国王到祭司，到假先知，甚至到整个民族。"② 也就是说，没有人可以免除回应上帝的责任，哪怕是一介匹夫。对儒家来说，人民的福祉和苦难也是君子最为关心的事。如孟子有"百姓革命权"学说，荀子则把人民比作能载舟亦能覆舟的水。但是狄百瑞却敏锐地观察到，在君子话语中，民众没有被赋予回应上天的责任，上天把治理天下万民的几乎全部责任都放在了统治者及其大臣身上。狄百瑞指出："孔子对百姓的态度基本上是同情……虽然孔子在其他地方也提到了百姓之间的责任，但是，他却没有提到百姓对上天的回应，没有提到百姓需要在平复苦难与纠正不公中承担哪些义务。"③ 而且《论语》中从未出现孔子告诫、挑战、斥责或者谴责百姓的内容，百姓似乎永远是被关爱、被同情和被体谅的对象，一切苦难的责任都应该让统治者及其辅助者来承担。所以民众在社会的运行结构中几乎没有自己主

---

① ［美］狄百瑞：《儒家的困境》，2009 年，第 21 页。

② 同上书，第 21—22 页。

③ 同上书，第 23 页。

动的、积极的话语空间，从而也无法为君子在朝廷发挥先知作用提供支持。

第三，从君子自身的角色来看，在犹太—基督教传统中，"先知的特殊标志不在于他们的言行、社会角色或者教育背景，而在于他们所教导的内容以及他们对上帝的体验"①。先知的角色在于由自己作为个体对上帝的直接体验和信仰而获得一种具有强大吸引力的超凡魅力。先知凭自己的超凡魅力带领整个民族和国家走向履行与上帝立下的誓约的全新旅程。在儒家传统中，君子要发挥先知作用，却有着三重角色，即官吏、学者和教师。狄百瑞认为，从君子自身这方面来说，儒家的困境就在于它难以完成这三项职能。在为官上，君子势单力孤，"他们无意于或者也没有能力建立自己的权利基础……在面对政权以及任何能在朝廷上控制政权的人时，儒家学者……背后缺乏有组织的政党的支持或者积极拥护儒家的人的支持"②。其次，在学问上，儒家的学问一直都在忠实于核心价值与不断进行学术探索、追求"博学"境界之间维持一种平衡，它并没有发展出一套全新的学问和思想挣脱传统的框架，为发挥先知作用提供新的思路。最后，在教育上，虽然儒家从孔子以及《中庸》开始都希望尽可能广泛地与百姓分享知识，但由于经济、社会结构等问题，普遍教育的理想同样无法得到实现。狄百瑞由此总结说：儒家君子"无法扮演一个具有超凡魅力的人物"，"虽然儒家文人可以有忠心耿耿的学生、得到学术同行的崇拜，甚至可以因为自己的政绩得到当地老百姓的赞赏"，但是，他"很少吸引到大批追随他并可以在日后转化为有政治资本的人"③。

狄百瑞总结说："由于儒家思想中缺少这样一种立约，缺少履行誓约过程中百姓的积极参与，所以变革世界的重任最后完全落在了统治者及其辅佐者身上"，因此，"儒家思想的问题就不在于它赋予作为个体的君子太小的空间或者太微弱的意义，而是在于它或许给得太多了。儒家思想把以色列先知放在整个民族身上的所有重担都抛给君子一人。如果君

---

①　［美］狄百瑞：《儒家的困境》，2009 年，第 17 页。

②　同上书，第 59 页。

③　同上书，第 113 页。

子和统治者之间麻烦不断，那么，在很大程度上是因为孔孟二人让君子
与统治者共同为百姓的苦难负责。"① 应该肯定，狄百瑞对于以孔孟为代
表的先秦儒学的评论是比较中肯的。儒家的困境的原因只有从君子与民
众之关系的视角去探讨，才能得到比较合理的说明。

二 自由与共同善：从宋明理学中发现人道关怀

要全面解答"儒家的困境"问题，仅仅与犹太—基督教传统比较还
远远不够，更需要"以现代对传统的批评为鉴"。② 由此，狄百瑞把视野
从先秦拓展到宋明新儒学，在现代价值观念的观照下进行儒学与西方现
代自由传统的比较与对话，以便进一步观察和理解儒家是如何从困境中
孕育其现代新生的。

1. 论"独特的'儒家个人主义'"

狄百瑞选择"自由"理念作为中西哲学比较的基础性平台。他认为，
任何一个传统之所以可以被认为是自由的，是因为它包含以下最基本的
要素："以对人道价值——诸如人生的价值与个人尊严的价值——的积极
承诺为先决条件。"③ 这一点乃是一种自由传统确立自身的根本，人道关
怀必然意味对人的价值的尊重，而只有保有某种意义上的自由，对人的
价值的尊重才能够落到实处，因此自由是人道关怀的必然之义。

狄百瑞认为，传统儒学中包含着与西方自由主义传统总体相同的自
由价值。他指出：传统儒学中的"'个人的重要性''个人有责任存其良
心''个人在对传统做创造性的解释上具有或多或少的自主性'……这些
价值都可以视为西方自由主义传统的价值"。④ 具体说来，他认为，道统
在从王安石的新学、二程的道学，到朱熹，一直到王阳明的心学中都具

---

① ［美］狄百瑞：《儒家的困境》，2009 年，第 27 页。

② 同上书，第 123 页。

③ ［美］狄百瑞：《亚洲价值与人权——从儒家社群主义立论》，陈立胜译，（台湾）正中
书局 2003 年版，第 178—180 页。第二个要素是"质疑与怀疑主义"，它与第一个要素具有同一
性，质疑的目的是重新肯定和承诺。它表征着某文化形态反思已有传统和创造新的意义空间的自
由。

④ ［美］狄百瑞：《中国的自由传统》，2009 年，第 14 页。

有中心地位，其所包含的"某种天赋异禀的个人可以作为社会改革与人之更新的泉源"的这种理想以及人心的自觉能力，反映了宋明新儒家高度的自由精神；宋明新儒家重新恢复了孔子的"古之学者为己，今之学者为人"和孟子的为学之"深造自得"中"为己之学"的传统；从新儒家所推崇的"自任于道"和"自得"这两点看，对个人的重视以及对个人的创造性天赋的推崇，在道德和文化上都反映出典型的自由主义理念。

狄百瑞认为，儒家的自由理念虽然像现在西方自由主义一样最终都须落实到个体身上，但儒家的个体是德性的人格（personal），而西方的个体则是独立的个人（individual）。西方自由主义的个体观可以从狄百瑞使用的《韦氏国际大辞典》（第三版）对"liberalism"的定义中看到："自由主义是一种建立在对于进步、对于人的基本善性及个人的自主性的信念之上的哲学。它捍卫容忍的态度与个人的自由，使个人在生活的各个领域中不受独裁权威的宰制。"① 由此可以看到，现代西方的自由价值总是以社会中单个的个人为基点去确立的，侧重在相对孤立的个人的自主性，也即个人主义。而关于儒家的个体观，狄百瑞指出："考虑到其特殊的儒家品格，人们可以称为独特的'儒家个人主义'，但是鉴于它与西方传统中的人格主义之种种形态又有某些共同的根基，而与近代解放论者的'个人主义'有别，因此我更愿意称为'人格主义'（personalism），而不是个人主义（individualism）。"② 在狄百瑞看来，宋明新儒家在面对释道的挑战时重新明确了道德人格意义上的自我，朱熹的"修己治人"便是此义的集中体现。因此，他总结说，儒家所理解的自我或个体"肯定是在社会、文化过程中得到塑造与成型的强烈的道德良知，其极致便是在天人合一之中达致自我实现"，这种人格主义的个体观"把人格的价值与尊严不是表述为野蛮的、'粗鲁的'个体，而是在现成的文化传统、本己的社会共同体及其自然环境中塑造与成型并达到充分人格的自我。"③

2. 论儒家礼仪社群与西方公民社会

狄百瑞不满意以往对中西人权价值的比较仅仅在观念的层面进行，

---

① ［美］狄百瑞：《亚洲价值与人权——从儒家社群主义立论》，2003 年，第 56 页。

② 同上书，第 25 页。

③ 同上。

而提出要在社会和历史发展的动态进程中去考察。因此，就必须对"建制性的框架、法律的保障以及对抗性的权力结构"在自由进路中的地位和作用进行研究。对抗性的权利结构在西方是公民社会，在中国则是儒家礼仪社群。

狄百瑞指出，在现代西方，人权价值在社会生活中的实现和维护是通过公民社会这种对抗性的权利结构而得到保障的。关于公民社会，他解释说："在西方，各个复杂文明之内与之间的这种更高一级的沟通，是在我们称为'公民讨论'的形式中发展起来的，而维持这种公民讨论的体制通常就称为'公民社会'，此词通常是指在国家与社会（人民）之间促进了这种沟通的内在结构。"① 也就是说，公民社会的产生是出于社会结构内部沟通的需要，由于沟通是群体生活本身的一种需要，一种稳固的体制就有必要建立起来以维持这种持续的沟通，而在一个国家统一体中公民社会这种结构所具有的最重要的沟通功能，是连接上层与下层也即国家与社会，因此这种结构旨在维系国家与社会之间的权力平衡，而人权由此得到保障。

在这种思路的参照下，狄百瑞满心期许宋明新儒家的社群运动也同样可以起到类似公民社会在西方所发挥的作用："在家庭和国家之间调停的组织可以发挥政治基础的作用，它们拥有与上面的中心决策层正式的沟通渠道。一旦形成这样的组织去推广教育、弘扬文明，并为民众更加积极地参与代议制政府提供公共渠道（开放的媒介），那么某种（毫无疑问是具有儒家的、中国特色的）公民社会之物可能就会出现。"② 在狄百瑞看来，这种具有中国特色的类公民社会之物就是儒家的"礼仪社群"（ritual communities）。进入狄百瑞视域的儒家社群主要有三种：社学、地方书院和乡约。因为这三种社群组织不仅是在自愿合作原则下达到的一种自治，而且像公民社会一样在公共问题上对政治结构和进程发挥作用。狄百瑞深入考察了宋明新儒家们在社群问题上的思想探索和社会实践。宋代儒学复兴的初期，在范仲淹、王安石等儒家人物的主持下，政府多次尝试在全国范围内普及教育体制的建设，朱熹更是明确主张在乡村层

---

① ［美］狄百瑞：《亚洲价值与人权——从儒家社群主义立论》，第2页。
② 同上书，第14页。

面为基本修养建立基础性的教育系统。狄百瑞指出：宋明新儒家从"朱熹开始，就有一个一直延续的注重地方社群层面上通识教育的传统，他认识到要针对整体民众教育的需要，而不只是限于家族、地方士绅或国家官僚机构支援的学校精英。另外，这些学校被看作地方社群基础结构的一部分，这些基础结构囊括了社仓与乡约组织，它们是服务于家庭与家族之外的公共需要的。"① 社学与地方书院构成了普遍教育的两个重要组成部分，尤其是后者在新儒学的改革运动中起着巨大的作用，到元、明时期尤为活跃，俨然成为知识分子讨论公共议题的中心。而关于乡约，狄百瑞指出："它与一整套其他的新儒家原型建制——社仓、自保单位、地方学校与书院、家礼、乡饮酒礼等——紧密地联系在一起……它的兴起几乎完全归功于朱熹对其鲜明个性的颂扬。"② 乡约之"约"字表明了自愿的原则，并且意味着一种互助合作。而且在狄百瑞看来，这样的社群具有民众自治、沟通上下的结构性功能。

但是，狄百瑞在基本肯定儒家礼仪社群能够作为对抗性的权利结构的前提下，又感到对其需要有很大程度的保留。儒家社群运动在王朝后期的历史命运支撑了他这一看法。经考察发现，儒家礼仪社群从明代后期到清代"日益成为例行公事的官僚机构的职责，它越来越多地由长官、权威或者其代表来执行，而越来越少地由任何独立的或准自治的地方士绅运作"。③ 虽然在这一过程中有许多大儒如罗钦顺、王阳明、胡直、吕坤、陆世仪及陈宏谋等试图恢复朱熹的乡约初衷，但社群实践日益为国家权力所侵蚀的总体趋势无法改变。狄百瑞因此看到了宋明新儒家的"自由主义社群"与王朝的权威主义这两种传统的对抗和交织，以及两者之间持续的紧张总是以后者的胜利和前者的屈服作为一个阶段的结束。而在这一点上，在狄百瑞看来，西方的公民社会结构对国家权力的约束及对人权价值的保护显示出了自己的优势。

狄百瑞还认为，儒家礼仪社群内部的自愿原则和礼仪规范，以一种独特的方式体现了更为丰富的人权价值。他说："'礼'关系着人

① ［美］狄百瑞：《亚洲价值与人权——从儒家社群主义立论》，2003 年，第 54 页。
② 同上书，第 64 页。
③ ［美］狄百瑞：《中国的自由传统》，2009 年，第 75 页。

类表示尊重的基本形式……'礼'作为对君子理想的最正式的表述甚至接近'人权'。"① 儒家礼仪所包含的对人的尊重，不仅在于外在的仪形，而且也在于内在的修养。这与西方的人权观念仍然有所不同，狄百瑞指出："近代西方几乎总是以法律术语谈及人权。"② 西方现代人权观念中，法律是一个极为重要的维度，西方近代以来的政治文明对现代世界的一大贡献，就是把人天赋的权利转化为现代法律体制规定了的公民权，这样即便是集中了公权的政府也受到法律的约束，以便保障基本的人权。但是狄百瑞反思性地指出："西方讲权力，儒家讲礼敬，法律借助权威。儒家基于礼敬而不是借助权威，所以具有更深刻的意涵。"③ 对于儒家礼敬的意涵，他认为这都起源于儒家融贯在礼义之中的心灵感觉。

3. 关于"共同善"（the common good）

共同善是狄百瑞着重讨论的又一个核心价值。广义地说，它指的是一个社会系统和政治结构作为共同体所共许并作为目标去追求的公共价值。它本质上就是"公义"。把公义作为社会和政治生活的共许价值，在中西双方的社会和政治哲学中都是极为重要的价值取向和思维方式，但也存在一些重要的区别。

一是共同善的价值内容与表现形式不同。在西方近代以来的自由传统中，共同善就其内容来说就是公共价值，它符合社会总体的、所有成员共享的根本的价值取向和原则。在 19 世纪的英国自由主义思想家格林和当代社群主义思想家那里，共同善指的都是一种道德善，由于道德是维系社会运行的基本价值，因而是公共的，所以它与共同善统一起来。而共同善在实际的社会和政治生活中必有一定的物化表现形式即公共利益（public interest）。但儒家共同善之价值内容与表现形式却与此不同。儒家的共同善不仅在价值内容上是与天地万物本性相合的至善德性，而且其表现形式在与公共性相通的层面上不是内在和外在的利益，而是以

① ［美］狄百瑞：《儒家的困境》，2009 年，第 123 页。

② ［美］狄百瑞：《亚洲价值与人权——从儒家社群主义立论》，2003 年，第 34 页。

③ 刘梦溪：《经典会读与文明对话——狄百瑞教授访谈录》，《中国现代文明秩序的苍凉与自信》，中华书局 2007 年版，第 161 页。

主体的德性修养为基础的全民教养（civility）。他说："'德与礼'概括了这种德性文化——一种支持文明规范的教养。"① 教养是德性与文明规范的结合体，尤为重要的是它是儒家所期望于全体民众的，并以此为公共价值统摄整个社会共同体的实际运作。

二是实现公共利益的途径不同。狄百瑞关心的一个重要问题是：国家、社会共同体的公共利益与民众参政有着什么关系。西方现代政治思想是在统一性中理解这两个方面的，即公共利益只有通过民众参政的方式才能实现。虽然民众参政具体说来可以有很多不同的形式，但民主政治却是现代西方自由传统的一个核心理念。狄百瑞所使用的公民社会理论，就是通过民众参政维护公共利益的一个典型。但狄百瑞发现儒家却持有另外一种思维路径："哲学家的君子理想对普通人也许可以作为一种启发，但并不设想民众会像公民那样参政。事实上，儒家着实加重了对领袖阶层的要求，因为他们承担着为民众谋福利的责任。"② 也就是说，儒家把谋取公共福利的责任都放在了领袖阶层身上，而对民众本身却没有什么要求，因而民众参政对儒家而言大多数时候并不是一个重要问题。这一点呼应了前面在与犹太—基督教传统的比较中对君子与民众关系的观察。

三是对于共同善与领袖之关系的看法不同。在西方自由传统中，作为共同善的公共利益并不具有人格的品性，它更多地受理性制度的规范，而人的主导性处于次要位置，人只有进入为公共利益谋利的法律、制度系统中才可以成为领袖。但在儒家看来，共同善与领袖地位具有原生的统一性，有教养的人同时也应当成为治理民众的政治领袖，或者反过来说政治领袖同时也应当是有教养的人，而且教养的程度与领袖地位的高低应该一致。朱熹的"修己治人"是对儒家这一理念最精练的表达。狄百瑞指出："新儒家思想乃是以普遍的人性及其陶铸的哲学为前提的，这种哲学构成了期望于领袖精英的贵爵和期望于所有人的教养这两者的基

---

① Wm. Theodore De Bary, Nobility & Civility: Asian Ideals of Leadership and the Common Good, Cambridge and London: Harvard University Press, 2004, p. 3.

② Ibid., p. 4.

础。"① 也就是说，教养（"修己"）与领袖地位（"治人"）的统一，是因为它们是从一个共同的基础即德性中生发出来的。一方面，作为人类文明之体现的儒家教养只有在与天地本性相合的德性基础上才能得以培育；另一方面，经过这种德性培育的教养，才构成了被赋予为民谋取福利的领导重任的根本原因。另外，狄百瑞还发现新儒家的教育思想也体现了这一特质。他说："既然正规高等学校提供的教育使为公共服务成为必要……那么我们就再一次在这种教育哲学和程序中看到了赋予给领袖精英的'贵爵'和普遍性的'教养'这两者之间的连续性和一致性。"②

狄百瑞对宋明理学的认识，与中国马克思主义者侯外庐、萧萐父先生的观点存在着相当大的理论分歧。究其原因，恐怕还在于他在中国历史知识方面存在某些盲点，这使得他对中国传统的皇权官僚专制社会及其意识形态缺乏如同侯外庐、萧萐父先生那么深刻的认识。③ 但狄百瑞的观点也不是毫无意义的，对于儒家传统与现代性之关系的研究来说，他的观点可以作为我们进一步探讨的借鉴。

三 传统与现代：论明清之际儒学之近代转型

狄百瑞认为，虽然自由、人权和共同善这些普世价值观念早已隐含在儒学的价值取向之中，但只有到了明代后期思想界实现了某种"类革命"（near-revolution）时，才意味着中国在现实上遭遇到普遍的现代问题。明代后期思想的新突破，为中国社会的发展提供了通往现代的新可能和机遇。与某些西方学者对中国传统思想和社会具有超稳定性而不可能从内部得到突破的认识不同，狄百瑞认为这种突破就发生在明代后期。他指出："16 世纪和 17 世纪上半叶完全可以算得上是中国思想史上的最富有创造力和最鼓舞人心的时期之一"，并用"新人道主义""新'自由

---

① Wm. Theodore De Bary, Nobility & Civility: Asian Ideals of Leadership and the Common Good, Cambridge and London: Harvard University Press, 2004, p. 127.

② Ibid., p. 129.

③ 许苏民：《唯物史观与中国古代社会形态研究》，《天津社会科学》2011 年第 6 期。

主义'"和新"实用主义"、"新经验主义和实证主义"等概念来论定明清之际中国思想主潮的属性。① 正是在明代后期的这种波澜壮阔的新思想大潮中，狄百瑞发现其中已经孕育并确实产生了某种具有现代特征的新自由主义思想。他认为这种新自由主义或者新人道主义首先是从王阳明学派运动中发展起来的，并由此确立了儒家在这个时期所关心的两个主要领域：自我和社会。他认为，这种新自由主义由于联合了社会的上下阶层而在整个社会激发了新的政治和文化能量，而在自我这一方面则更加强调人现实的本性和需求。但总体而言，自我和社会这两个新问题"本质上是在人道主义和道德主义的意义上得到理解的"。②

1. "新个人主义"

狄百瑞认为，晚明新自由主义或人道主义最集中的体现是新个人主义的兴起。他明确指出："尤其是在明代，个人主义的问题成为一个有活力而且关键性的议题。它比其他任何时代，无论过去或现在，都更加接近现代西方关于个人的本性和角色最近所提出的那些问题。"③ 明代后期兴起的这种新个人主义思想，成了狄百瑞在中西哲学比较的视域下讨论明代思想的主要论题。

首先，他认为16世纪王阳明学派内部的自由主义运动产生了具有明显现代特征的（如遍布全社会的个人责任意识、人对自身以及公共事务的自主意识）个人主义思想。这种个人主义恰恰是在儒家的传统权威系统中产生的，因为儒家传统恰恰加深了个人责任、良知和道德的意识。狄百瑞认为，在明代后期出现的种种个人主义思想中，与某些走向完全个人经验的个人主义不同，阳明学派中以泰州学派为代表的"激进左翼至少可以看作是一种社会改革主义，它们原本可以在中国式个人的一般情形中导向一种根本性的改变"。④ 而这被认为是在16世纪中国本土产生

---

① W. T. de Bary, Introduction, in W. T. de Bary (ed.), *Self and Society in Ming Thought*, New York：Columbia University Press, 1970, pp. 3, 23 - 24.

② Ibid., p. 24.

③ W. T. de Bary, Individualism and Humanitarianism in Late Ming Thought, in W. T. de Bary (ed.), *Self and Society in Ming Thought*, New York：Columbia University Press, 1970, p. 146.

④ W. T. de Bary, Individualism and Humanitarianism in Late Ming Thought, in W. T. de Bary (ed.), *Self and Society in Ming Thought*, New York：Columbia University Press, 1970, p. 177.

的力量通往现代的真正希望。

在狄百瑞看来，王阳明是在德性的自我提升这一基本点上考虑个人和社会的，基本上保持了儒家传统关于人伦的基本思想。其最基本的承诺是从事情本身去考虑事情，把人作为其家庭成员去考虑。正是这一承诺所包含的历史和社会意蕴，为其后学提供了巨大的思想和活动空间。狄百瑞指出，如果在王阳明和王艮之间有什么重要区别的话，那就是"王（阳明）的'良知'重在人的道德意识，而艮更多地强调了自我作为事情的作用中心"①。这意味着，王艮进一步强化了儒家个人自我修养在社会组织形式形成中的作用，而王艮这里的个人，是从儒家以往的君子进一步拓展到普通个人。因而，王艮的意图在于把社会秩序的基础建立在普通个人的一般福祉上。关于王艮对普通个人的理解，狄百瑞指出：在王艮看来，"人天性的本质就显现在人们日常的欲望和需求上；这里没有任何神秘和超越之处"②。因此，泰州学派从王艮开始就有着对一般民众的关怀，从而发展为反抗失职官僚的民众运动。在狄百瑞看来，引发这场民众运动的因素，除了王艮具有民众特征的思想之外，还有当时的经济发展所提供的社会背景。确切地说，正是当时经济力量与文化活动的联合才最终促成了这场运动。在16、17世纪的扬州地区（泰州所处地）经济尤其是盐业的繁荣，由于富裕商人阶层和官僚绅士对文化的追求和慷慨赞助，文化在俗雅各个方向往纵深发展。士子、商人和官僚的社会角色的相互变动，也成为这个时期最为重要的社会现象之一。

其次，何心隐代表了一种具有建设性的个人主义思想。他积极地寻求在宗族群体和学术社群中实现这种个人主义，但最终失败了。在人性表现于个体性中，狄百瑞指出何心隐发现并剥离了道家的"无欲"之静对宋明儒学的侵袭，从而返回到孔子为了人类福祉而持守的积极的行动主义立场。在何心隐那里，"正是通过人积极的自我主张道的创造性力量才确证了其自身"③。因此，在何心隐看来，无欲根本与儒家现世的行动

① W. T. de Bary, Individualism and Humanitarianism in Late Ming Thought, in W. T. de Bary (ed.), *Self and Society in Ming Thought*, New York: Columbia University Press, 1970, p. 163.

② Ibid., p. 168.

③ Ibid., p. 181.

精神相悖，对于儒家来说无欲同时也意味着人的心性的消失。狄百瑞进一步指出："人的情感欲望和感官嗜欲就像其道德或精神热忱一样都根源于其内在本性……通过减少欲望的自我否定，只有在作为某种通过与他人的关联获得自我满足的方式时才能确立自身的正当性。"① 这一点确立了何心隐的个人主义思想的强烈现实实践品格。正是在这个意义上，狄百瑞认为何心隐"代表了王阳明学派内部生发的行动主义和人道主义的顶峰，而且处在与同时代其他那些退回到平静或禅的个人主义思想家们相反的一极上"②。何心隐的个人主义思想的另外一个基础，是对公共福利的关注以及由此带来的突出传统儒家五伦中的朋友一伦，他"相信自我和家庭的狭隘的限制最应通过朋友关系来超越"③。他一方面认识到了超越传统家庭纽带的重要性，但同时又希望保留和扩展亲缘系统的基本价值。对此，狄百瑞评价说，何心隐"预示了中国人应对现代性挑战的一种最为典型的方式：扬弃亲缘系统自身，以便适应新的结构功能，而不是简单屈从于更加理性和非人化的组织系统"④。这一点虽然使得儒家的现代化进程表现出与西方不同的特点，但是由于这种新的自我观始终未能彻底突破传统儒学伦理道德的理解视域，而在某种程度上也是它现代化进程在明清之际未能完成的障碍所在。

最后，李贽则代表了另外一种激进但消极的个人主义形式。狄百瑞认为，李贽的所有思想，包括对个人的新思想，都可以从其童心说中找到依据，其思想的批判和超越力度也都是从童心说中迸发出来的。可以说，童心说是李贽思想独创性的集中体现。他指出，童心说是李贽在儒释道三教融通的文化立场以及继承王门后学颜钧和何心隐关于人性纯真自然的基础上提出来的。在李贽看来，童心绝非假纯真，乃每一个个体的真正主宰，理应摒绝来自日常嘈杂闻见甚至包括道学家们的道德说教的侵袭和蒙蔽，为人、处事乃至为文等人类生活的一切方面，在李贽看来都应发自童心方显真实。狄百瑞进一步指出，正是在童心思想的基础

---

① W. T. de Bary, Individualism and Humanitarianism in Late Ming Thought, in W. T. de Bary (ed.), *Self and Society in Ming Thought*, New York：Columbia University Press, 1970, p. 182.

② Ibid., p. 188.

③ Ibid., p. 185.

④ Ibid..

上，李贽重新思考了儒家的人伦、私欲、历史、人道主义的现实异化等一系列基本问题。关于人伦问题，狄百瑞说："李贽对五伦的反思，比以前任何人都更为深入；如果放在16世纪中国社会变迁大背景中，我们就能发现他揭示了儒家的现代困境：一种建立在纯粹人伦上的道德哲学如何在急剧变化和流动的社会中维持其有效性？"① 也就是说，李贽实际上已经更多地开始从社会层面去思考伦理问题，而不单单像先儒那样仅仅从伦理关系本身去考虑。狄百瑞指出，一方面李贽把两性关系作为其他一切社会关系的前提，强调阴阳的平等和互补性，否认理或太极的强制性，另一方面突出五伦中的友道，回到对人自身的思考。在人的个体性上，狄百瑞认为这体现在李贽提出了私欲与人性的新关系。

2. "新自由主义"

狄百瑞认为，明代后期在这种全新的自我观的基础上，一种社会秩序的拯救运动在思想界和社会实践中上演。对自我与社会这两者的关注，汇聚为一种与西方自由传统相类似的新自由主义或新人道主义。他说："从王阳明学派发展出了一种新人道主义。这种新人道主义的突出特点，在于它通过阳明学派关于人的自由的观点把社会的上层和下层连接起来，从而深化了上级阶层的社会意识，提升了下级阶层的道德意识。而这也在整个社会释放了新的政治和文化能量。"② 这种社会秩序的拯救运动在泰州学派那里得到了最为显著的表现。狄百瑞指出，泰州学派因其在普通个人福祉上的侧重而掀起了一次广泛的民众运动，它因此成为中国思想史上唯一一个赢得如此众多普通人的学术流派，这些普通人包括樵夫、陶工、石匠、农民、会计、商人等。儒学向社会各阶层和生活各个领域的广阔布展，是其中最为重要的特点。狄百瑞分析说："随着运动向社会底层的渗透……其向社会各阶层和生活各个领域的广阔布展是比其阶层特征有着更为根本的重要性的。"③ 其重要性不仅局限在社会层面上，更在于儒家角色的转型，在这场运动中儒家第一次如此积极深入地进入了

---

① W. T. de Bary, Individualism and Humanitarianism in Late Ming Thought, in W. T. de Bary (ed.), *Self and Society in Ming Thought*, New York: Columbia University Press, 1970, p. 197.

② Ibid., p. 22.

③ Ibid., 1970, p. 174.

民间信仰的场域。

何心隐的个人主义由于去除了道家"无欲"之静的影响，具有强烈的现实实践品格，而积极地寻求在宗族群体和学术社群中的自由主义的实现。何心隐在早期宗族自治社群运动失败后，转向了学者社群和学校的独立和自由运动。关于何心隐对教育系统的重视及其成就，狄百瑞认为："显然其留存后世最长久的事业是在学校系统中保护自由讲学和讨论的尝试。"①

狄百瑞研究了李贽的《藏书》，这是李贽在生命的最后几年研究历史、评判历史人物的著作。狄百瑞认为，李贽评判历史和历史人物的原则一是权力运作的现实主义态度，二是道德主义。这两个方面都受到了王学的深刻影响，但由于其彻底性而更加具有批判的力度。不过狄百瑞说："他对政治生活的失意和对传统之反抗并不令人惊奇。真正令我们震惊的是他对阳明学派道德主义和人道主义的失望。"② 从人的私欲与人性的关系到历史中的个人，李贽思想的批判锋芒甚至深入现实的道德主义和人道主义的异化也即"伪善"问题。他激烈地批判了社会现实中的"伪善"现象：伪君子们打着道德的旗号干着谋取一己之私利的勾当，社会秩序因此陷入非正义的状态。这种批判的确震撼人心。综观李贽的思想和一生，狄百瑞总结道："可以说他的'事业'是纯粹个人行为，其目的不是在社会之中为个人自由确立更宽广的基础。"③ 当然，这里所谓的"个人行为"，是在李贽一生持守自己的信念的意义上讲的。狄百瑞认为，李贽一生的奋斗大体上还只是限于他个人的信念和信仰，虽然间接对社会尤其是知识界产生了震动。

最让狄百瑞感佩的是黄宗羲。他认为，黄宗羲从儒家本有的深厚自由传统中走来，极具创造性地提出了对帝制合法性的深刻批判，提出了要基于人类全体利益和价值建立制度与法规，主张发展个人能力及学校教育，并将其作为大众参与政治管道，以及关心近世历史、当代学术和

---

① W. T. de Bary, *Individualism and Humanitarianism in Late Ming Thought*, in W. T. de Bary (ed.), *Self and Society in Ming Thought*, New York: Columbia University Press, 1970, p. 186.

② Ibid., p. 203.

③ Ibid., p. 219.

心学。① 个体自由及由此带来的创造力，在黄宗羲这里达到了儒家的极致。

但是，狄百瑞认为，由于这种新自由主义仍然没有彻底摆脱传统儒家道德主义的束缚，而未能像在西方那样得到充分的发展。首先，与这种新自由主义紧密相关的是中国传统哲学的"气"。气本论哲学在社会层面上的应用"主要在治理方法上，而不是在自然或社会科学中的彻底的经验主义的发展上。同时，这更多地是明代'行动主义'的一种表达，而不是西方对科学发展起重要作用的超然的理论探究"。② 其次，狄百瑞认为，从泰州学派民众运动的传道方式中可以看出，王艮仍然把真理视为一种生活之道和一种高度个人性的经验，他的学说虽然解放了普通个人的潜能并满足其当下的需求，但却没有去处理一个成熟社会的复杂问题，而仅仅从个人问题的角度去处理。③

结　语

在此前的美国中国学研究中，还从来没有人像狄百瑞这样深入中国传统哲学思想的内部来考察其本身所包含的人道主义价值理念及其"内发原生"性④地走向现代的曲折历程，从而更加不可能达到涵括了诸如文化哲学、社会哲学、道德哲学、政治哲学等几乎一切重要哲学分支的这种程度的全面和细致。而这为他进行中西哲学思想的真正意义上的比较和对话提供了不可或缺的前提。狄百瑞从20世纪30年代末和40年代初的学生时代起就选择了一条与美国当时主流的中国学研究思路截然不同的道路，从以往对中国文化的隔膜的揶揄，转而同情地理解中国本土的现实，并充分地尊重中国传统文化，这使他能够在其一生的学术探索中

---

① ［美］狄百瑞：《中国的自由传统》，2009年，第113—122页。

② W. T. de Bary, Individualism and Humanitarianism in Late Ming Thought, 1970, pp. 23 - 24.

③ Ibid., p. 169.

④ "内发原生"模式是本文作者之一许苏民教授对中国近现代历史自主进程的总体概括，对于摆脱西方话语模式回到本土真实的历史进程具有参考意义。参见《建立中国自己的近代史话语体系——许苏民教授访谈》等系列文章。狄百瑞的明清思想史研究无疑对这一模式做了一次有力的确证。

始终开放与包容地看待中国传统哲学尤其是儒学，能够在与西方哲学的比较中考察儒家作为人类文化的一种典型在其漫漫两千多年的历史进程中遭遇到怎样的挑战，并从儒家的处理方式中吸取经验教训，学习它与问题共生的耐心和解决问题的独有智慧。正是在这个基础之上，狄百瑞的中西哲学比较研究以一种前所未有的方式度越前人，为美国中国学界提供了理解中国传统哲学文化的全新图景，为他身后的美国中国学研究指明了一条新的道路，并在有生之年一直身体力行，带领美国中国学研究行走在这条道路上。

（选自《国外社会科学》2012 年第 6 期）

法国中国近现代史研究先驱

——雅克·纪亚玛

阮洁卿*

在中法关系和学术史上，雅克·纪亚玛（Jacques Guillermaz，1911—1998）这一名字鲜有所闻。纪亚玛先生曾作为法国军事外交官在中国工作、学习与生活长达 16 年，先后与那齐亚（Paul-Emile Naggiar）、高思默（Henri Cosme）、贝志高（Zinovi Pechkoff）、梅里蔼（Jacques Meyrie）、佩耶（Lucien Paye）等 5 任法国驻华大使共事，参与会见过众多中国近现代史上的重要人物，亲历 20 世纪三四十年代中国西北军阀混战、抗日战争及国共内战等重大历史时期，见证了 1949 年新中国的成立及 60 年代中法建交。1958—1959 年，纪亚玛倡议并创立了法国历史上第一个以近现代中国问题为资料搜集与研究对象的机构——"当代中国资料和研究中心"（Centre de documentation et de recherche sur la Chine contemporaine），②开创了法国对 20 世纪中国史研究的先河。

2010 年，笔者作为法国国家科研中心（CNRS）的访问学者，走访了熟悉纪亚玛先生的十余位法国近现代中国问题研究的前辈和著名学者，

* 阮洁卿，女，1982 年生，华东师范大学历史系博士研究生，上海师范大学讲师。

② "当代中国资料和研究中心"即如今"法国近现代中国研究中心"（Centre d'Etudes sur la Chine Moderne et Contemporaine，CECMC）的前身，隶属巴黎社会科学高等研究院（Ecole des Hautes Etudes en Sciences Sociales，EHESS）。中心自 1958 年 6 月起试运行，1959 年 1 月正式成立。

参观了里昂市立图书馆内纪亚玛先生遗赠的约 2500 册中文藏书及报刊资料，翻阅了他工作过的巴黎社会科学高等研究院（cole des Hautes tudes en Sciences Sociales，EHESS）档案部所藏有关纪亚玛的宝贵资料。深切感受到他是中法关系史及中国近现代史研究领域的一位重要人物，谨将有关情况介绍给国内同人和相关领域学者。

一 文武皆备，热心中国研究的一生

1911 年 1 月 16 日，纪亚玛出生于法国东南部伊泽尔省一个叫勒萨弗尼埃的宁静小镇。子承父业，他 1932 年毕业于法国著名的圣西尔军校（cole spéciale militaire de SaintCyr）。此后，纪亚玛在"黑非洲"（Afrique noir，指撒哈拉以南的非洲大陆）、印度支那（Indochine，殖民旧称，即如今的中南半岛）和马达加斯加服役近 3 年。1937 年 2 月，他所在部队在法国南部演习，当时还是中尉军衔的纪亚玛突然接到要其即赴中国北平的命令，被派遣的身份是法国驻华使馆武官助理，并要求他从零开始学习中文。

1937 年 5 月，26 岁的青年军官纪亚玛从法国马赛长途跋涉辗转抵达被军阀占据的中国北平，此时的他对中国几乎一无所知。当时的中国政治形势复杂、军事战争一触即发，作为大使馆武官副手的纪亚玛，倾注于搜集与分析中国社会和政治军事格局的各种信息和问题，同时开始研习中文和中国文化。不久，他负责接手法国驻华政治与军事观察员工作，从 1938—1941 年，他基本上是"孤军作战"。中国抗日战争爆发后，他深入前线接触中日两国军队，密切关注中国北方军事冲突的发展以及战局的曲折变化。

1941 年 8 月，纪亚玛途经上海、河内和南宁等地长途旅行后到达重庆。此时的欧洲正饱受"二战"的肆虐，法国战败后，亲德的维希政府当权，戴高乐将军出走英国，组织和发起"自由法国"抵抗运动。因种种客观原因，纪亚玛未能加入"自由法国"而滞留中国。当时蒋介石与其国民政府退守重庆，希特勒政府公开承认汪伪政权。在外交及情报工作十分艰难的情况下，纪亚玛仍在中国坚持了下来。1943 年，他多次前往中国南方视察，目睹了国民党势力的衰退和中国共产党及其领导力量的日益壮大。同年 9 月，他离开重庆告别中国，以军人身份投身"二战"，参与了盟军易北河岛会师及普罗旺斯登陆①的战斗，活跃在从杜省到阿尔萨斯地区的法国反法西斯的战场。

随着二战形势的风云变幻，法国担心未来中国会涉足和影响自己对印度支那的殖民统治。基于纪亚玛在中国期间出色的工作能力及所积累的人脉关系，有利于法国和殖民当局与中国的外交斡旋，法国政府又一次将他派往中国。1945 年日本投降，同年 10 月，纪亚玛被法国临时政府任命为驻华武官，并先于驻华大使贝志高到达国民政府首府南京。此后的国共内战期间，纪亚玛以法国驻中国内战观察员的身份与周恩来等中国共产党领导人多有接触，并向政府禀报了中国共产党真实的一面以及它的政治主张。凭借他的缜密分析与犀利眼光，纪亚玛很早就预测到"中国的未来将属于毛泽东领导的中国共产党"。②

1949 年新中国成立后，法国驻华使馆机构分散布设，政治部下属一个部门随蒋介石政府迁往台北，其余部门留在中国大陆。纪亚玛将助手分别派遣至台北、上海和香港，自己则留在南京等待巴黎方面新的安排，一待就是两年。期间，他阅读了鲁迅、老舍、巴金、茅盾等许多中国当代文学家的著作，汉语水平有了长足的进步。1951 年年初，他受命离开中国。

1952 年 6 月，纪亚玛临危受命任法国驻泰国使馆武官。当时越南抗法战争正如火如荼，法国军队节节败退。巴黎政府一直担心新诞生的中华人民共和国会军事介入东京（Tonkin，殖民旧称，指如今越南北部的大部分地区）。法国方面希望纪亚玛驻守在印度支那以外地区，必要时利用他的人脉资源与北京方面保持沟通。1954 年 4—7 月，纪亚玛作为法国代表团成员参加日内瓦会议，参与结束越法战争的日内瓦会议，并作为中国问题专家与周恩来总理率领的中国代表团频繁接触与对话。日内瓦会议后，他返回曼谷，着力于对新中国形势发展及中国文化的研究。在此

---

① 1944 年 8 月的盟军普罗旺斯登陆是第二次世界大战中继诺曼底登陆后盟军发动的规模最大的登陆战役。

② Jacques Guillermaz, *Une vie pour la Chine*, *Mémoires 1937 – 1989*, Paris：Editions Robert Laffont, 1989.

期间，他与中国妻子胡品清①合作出版了《法译中国古诗选》（La Poésie chinoise：Anthologie des origines à nos jours）。

出于对中国文化的热爱和着迷，纪亚玛利用假期回国，到巴黎东方语言学院听课。对于纪亚玛的这段学习经历，法国中国近现代史泰斗毕昂高（Lucien Bianco）回忆道："纪亚玛是桀溺（Jean-Pierre Diény）和班文干（Jacques Pimpaneau）②的同学，他是巴黎东方语言学院院史上唯一被允许将三年的学习时间集中在一年完成的学生：因为他的中文水平比毕业生还要高。"③纪亚玛仅用半年时间即获得了该校汉语语言与文明学位，这是当时法国汉语专业的最高学历。长假过后，他被派往硝烟弥漫的阿尔及利亚战场，由于对政府对阿外交政策的不满和失望，他很快离开了其效力的军队回国。

1958—1959 年，纪亚玛获法国巴黎高等研究实践学院第六系（巴黎社会科学高等研究院的前身）领导的支持，筹建法国第一个现代中国的图书资料和研究中心——"当代中国资料和研究中心"（后简称当代中国中心）。1959 年 1 月，中心正式成立，纪亚玛担任主任一职，并开设中共党史课程。繁忙的日常行政管理和教学研究工作，并未影响和削弱他持续关注中国政局和社会发展的热情。1961—1962 年，作为法国代表团成员兼国防部代表，他参加了讨论老挝问题的日内瓦扩大会议，会晤了由陈毅外长带队的中国代表团。1964 年 9 月，他第三次被派往中国大陆担任驻华大使馆武官一职，陪同和协助新中国成立后法国第一任驻华大使佩耶开展各项工作。此次距他第一次踏上中国时隔 28 年。任职期间，他参加了由中国政府组织的对河南、四川、湖南、江西、山东、陕西、东北三省等地区多个重要城市的参观活动。此段经历使纪亚玛对新中国成立后的政治制度乃至社会经济生活各个方面有了较全面了解。1966 年 10

---

①　胡品清（1921—2006），台湾文坛现代女诗人、作家、英法文学翻译家、文学研究评论家，译著颇丰。她与纪亚玛合著有《法译中国古诗选》和《法译中国新诗选》（La Poésie chinoise contemporaine，Paris：Seghers，1962）。纪亚玛均谦逊让妻子以独立作者名义出版，实际上是两人合作完成。

②　两人均是法国杰出的汉学家。

③　Lucien Bianco，Jacques Guillermaz，1911 – 1998，*Perspectives chinoises*，1998，No. 45，p. 34.

月，纪亚玛离华回国，续任当代中国中心主任并重返讲台，直至 1976 年退休。

退休后的纪亚玛回到家乡勒萨弗尼埃，着笔撰写题为 "一生为中国"（Une vie pour la Chine，Mémoires 1937—1989）的回忆录。书中详细记载了他作为政治军事观察员、职业军人、外交官、大学教授和中国学家对中国社会长达半个多世纪关注研究的历程和不解之缘。晚年的纪亚玛病魔缠身，但他仍坚持不懈地保持着对中国时政新闻的关注和中国近现代史的研究。他引用《列子》一书中孔子劝学子贡 "生无所息" 一词表达学问无止境的心境。

二　开拓创新，对中国学研究贡献卓著

纪亚玛在法国创建了第一个当代中国资料和研究中心，标志着法国 "现代中国学" 的诞生，这是有别于仅研究古代中国文史哲的传统汉学的一门新学科。

众所周知，法国学术界在世界上一向以精英主义和几近封闭的学科壁垒著称。前者意味着如果不具备博士学位和高校教师资格认证的异类学者几乎不可能在大学任教；后者则指时刻 "准备消灭异端和异端创始人"[1] 的大学的复杂行政和学术体系。作为一名职业军人，纪亚玛成功 "转型" 为大学教员，并在现有学科格局的大学领域开辟出新的专业，实属个例。

法国巴黎高等研究实践学院第六系筹建当代中国中心时，才华横溢的汉学家白乐日（Etienne Balazs）、谢和耐（Jacques Gernet）和年轻有为的叶利世（Vadim Elisseeff）、李嘉乐（Alexis Rygaloff）及谢诺（Jean Chesneaux）[2] 均在该系任职，但校方倾向由特具实干精神且拥有威望的中国问题专家纪亚玛来促成当代中国中心的创建计划。在 "连续两任院

---

① Brigitte Mazon, *Aux origines de l' Ecole des Hautes Etudes en Sciences Sociales：Ler le du mécénat américain*（1920 - 1960），Paris：CERF，1988，préface Ⅱ.

② 谢诺（Jean Chesneaux，1922—2007）是法国著名的历史学家和东亚问题（尤其是越南和中国）专家，是法国中国近现代史研究先驱。国内学者对他较为熟悉，法国学界对其争议颇多，这里不再赘言。

系领导兼著名年鉴学家费尔南德·布罗代尔（Fernand Braudel）及雅克·勒高夫（Jacques Le Goff）的支持下"①，纪亚玛担任中心主任并从讲座专员（chargé de conférences，相当于助教）晋升到研究主任（directeur de recherche，相当于教授）。对于中心运作及发展的艰辛历程，纪亚玛在他的回忆录中发出这样的感叹："我们既没有美国学术体系的自由度，又没有苏联体系的全盘国有化。政府提供的财政拨款杯水车薪，国家在组织与指导大学教研向新时期发展方面毫无作为。"②

纪亚玛作为法国军事外交官在中国长期工作的特殊个人经历，形成了其与同时代"书斋式"学者大相径庭的学术研究方法。他特别关注中国的时事新闻及社会问题，在学术圈外与内政官员、驻华的外交官、驻华企业人士等交往频繁，从中获取许多宝贵的第一手资讯。他认为，"把实践与研究结合起来，轮流或同时进行，是认知现代中国真实情况和进行相关研究的王者之路"③。

纪亚玛治学的另一特点，就是注重穷尽研究目标的所有资料，利用西文和中文史料来讨论中国问题。这与当时在"西方中心论"影响下一些学者认为中国原始史料不可靠或无参照价值的观点截然不同。他的研究始终恪守史家客观求真的理性态度。他在回忆录中这样写道："首先我要设法完全摆脱思想上的一切偏见和倾向，远离一切种族主义中心论，以一种冷静的眼光看待事物，不带任何偏见地汇集事件的各种资料并加以分析，以期预见事件的影响。"④

1959年，纪亚玛出版了他的第一部著作《人民中国》（La Chine populaire），该书虽然篇幅不长，仅128页，但对新中国的机构制度、中国共产党政策、经济、人口学、国际关系以及国防等诸多方面进行了客观评述。对于这段历史，他认为"要深入研究，西语资料是必不可少的，尤

---

① Jacques Guillermaz, *Une vie pour la Chine*, *Mémoires1937 - 1989*, Paris：Editions Robert Laffont，1989，p. 270.

② Ibid. ，p. 370.

③ Ibid. ，p. 271.

④ Ibid. ，p. 57.

应关注薛君度①、肖作梁②、胡继熙③三人，但中文文献也非常重要，如中共中央委员会决议等重要官方文件、毛泽东等主要领导人的著作、各类报纸及杂志社论等也要尽可能搜集，尤其是政治类期刊和有明确指导价值的文章。另外，历史类的期刊如北京的《历史研究》《近代史资料》以及台北的《中国近代史料丛刊》等也须关注"。④ 法国作家罗歇·莱维（Roger Lévy）对纪亚玛《人民中国》一书的评价是："这本书毫无疑问是西语写成的最杰出著作……研究思想性特点突出，其文笔雄浑、冷静、富有逻辑，完全没有花哨。从中读者读到的不是社会的动荡，而是真正的一场革命的历程。"⑤《人民中国》被法国大学出版社（Presses Unversi-taires de France）著名的"我知道什么"（Que sais-je?）丛书收录，再版十数次，并译成包括英语、德语、日文在内的多国文字出版。

纪亚玛另撰有《中国共产党党史（1921—1949）》（*Histoire du Parti communiste chinois*，1921—1949）和《执政的中国共产党（1949—1979）》（*Le Parti Communiste chinois au pouvoir*，1949—1979）两部专著，书中还收录了其学术讲座及授课的内容。上述两本著作是世界范围内研究中国共产党党史及中国政治学领域的工具书和重要参考文献。在《中国共产党党史》一书中，纪亚玛将新中国成立前的中共党史分为：起源（1921年）、中国共产党的成立及国共第一次合作与分裂（1921—1927）、江西时期及长征（1927—1935）、延安时期与中日战争（1935—1945）、夺取政权与新中国成立（1946—1949）五个阶段，分析了中国共产党在 28 年间，从纯知识分子团体到知识分子领导的工人党、农民武装力量的党，以及 1949 年成为城市工人阶级与无产阶级结合的执政党的重大转型与特征变化。在《执政的中国共产党（1949—1979）》一书中，纪亚玛以新中

---

① 薛君度（Hsüeh Chün-tu）：美籍华人学者、著名辛亥革命研究专家、历史学家、国际问题专家。

② 肖作梁（Hsiao Tso-liang）：美籍华人学者、中国史学家、美国西雅图华盛顿大学远东和俄国学院现代中国史教授。

③ 胡继熙（Hu Chi-hsi）：法籍华裔学者，巴黎高等社会科学院研究员，中共党史专家。

④ Jacques Guillermaz, *Histoire du Parti communiste chinois*：*Des origins à la conquête du pouvoir 1921 - 1949*, Paris：Payot, 1968, p. 690.

⑤ Roger Lévy, Jacques Guillermaz. La Chine populaire, *Politique étrangère*, Vol. 24, No. 5, 1959, p. 559.

国成立后的中国核心领导人物为叙述主线。纪亚玛此书研究的视角涉及新中国成立后国内外政治、军事、经济、社会、教育和文化等各个领域的内容。巴黎政治学院资深教授、中国问题专家杜明教授（Jean-Luc Domenach）评价此书"经得住时间的考验……叙述完整、非常严谨、观点不偏不倚，堪称楷模，是了解中国社会的必读书目"。① 该书一经出版即被译成多门外语，在美国、英国、意大利、西班牙等国发行。在法国，该书于 1975 年、1979 年、2004 年多次修订再版。美国中国学泰斗费正清（John King Fairbank）在其《美国与中国》（The United States and China）一书中连用"睿智审慎、质疑好问、资料翔实"来评价纪亚玛中共党史的研究成果。

在新中国成立后相当长的一段时期，研究中国问题的法国学者有数十年无法前往中国，即便 1964 年中法建交，情况也没有很大改观。由于消息来源的匮乏，法国国内的大部分民众和知识分子对当时中国的认识有许多非理性成分甚至谬误。可以说在当时的法国，像纪亚玛这样具备知识和能力，为国人与社会传递现实中国的严肃、准确信息来源的学者寥寥无几。纪亚玛在忆录中也曾自述，称自己 50 多年间确是"认真且负责地"目击并向国人告知中国"跌宕起伏的命运"。②

为了向法国民众和知识界介绍真实的中国，纪亚玛除出版上述《人民中国》等著作外，还通过授课讲学、录制广播电视节目以及为《世界报》（Le Monde）和《费加罗报》（Le Figaro）等报刊撰稿等多种途径付诸努力。他是《费加罗报》1970—1984 年有关中国问题的特约撰稿人。

纪亚玛认为，法国缺少必要且可靠的政府措施来修正国民对于新中国政策事件的错误认知以及弥补对现代中国研究的缺失。20 世纪 70 年代初，他上书建议在政府总理辖下建立一个当代中国问题工作小组，集中法国各界的研究力量组建一个真正意义上的现代中国研究学院。该建

---

① Jean-Luc Domenach, Le Parti Communiste Chinois au pouvoir Jacques Guillermaz, *Politique étrangère*, 1979, Vol. 44, No. 2, p. 379.

② Jacques Guillermaz, *Une vie pour la Chine*, *Mémoires 1937 – 1989*, Paris: Editions Robert Laffont, 1989, p. 11.

议报告先后直接送达乔治·蓬皮杜和瓦莱里·吉斯卡尔·德斯坦两任法国总统，虽得到两任总统的支持，但终因机构和人员的众多争议而搁浅。

纪亚玛本人一直努力设法补救法国在现代中国研究领域的落后境遇，全力通过当代中国中心向国内外各界机构、企业和个人搜集尽可能全面的关于现代中国的图书资料，并在政府及学界四处奔走。作为巴黎社会科学高等研究院、巴黎政治学院、格勒诺布尔政治学院的教授，他在国内以及比利时、墨西哥、加拿大、美国等多国授课和举办学术讲座，培养了一代杰出的关于中国问题研究的"历史、政治、经济、法学甚至农学专家"。[①] 著名的中印问题专家吉尔伯特·艾蒂安（Gilbert Etienne）回忆道："我本人不记得有多少次，面对复杂的中国现实问题不知所措，多亏这位如此热情且平易近人的大师点拨而恍然大悟。"[②] 法国著名历史学家、中国学家鲁林[③]（Alain Roux）撰文认为：纪亚玛和谢诺在 50 年代末首创了法国对 20 世纪中国史的研究，"此种研究的方向及其立足还应该在很大程度上归功于上述两人最早的开创性工作，其社会边缘性特征一直延续至今"[④]。埃约奥将军称赞纪亚玛"对法国中国问题的研究向经济、政治及现代社会方面的发展延伸起到了典范作用且影响巨大"。[⑤] 2008 年出版的法系东方学家辞典（*Dictionnaire des orientalistes de langue fran aise*）将纪亚玛称为法国"现代中国研究的发起人"。比利时法语作家、中国学

---

① Etienne Gilbert, Jacques Guillermaz. Une vie pour la Chine. Mémoires, 1937 – 1989, *Politique étrangère*, 1989, Vol. 54, No. 4, p. 802.

② Ibid. , p. 803.

③ 鲁林是法国近现代中国问题专家，著作斐然，包括 1949 年前的中国城市史与上海工人运动史、中共党史等诸多方面。他的最新著作有 2009 年出版的有千余页篇幅的毛泽东传记《猴子和老虎：毛泽东，中国的命运》（*Le Singe et le Tigre*：*Mao, un destin chinois*）与 2006 年出版的《20 世纪中国史》（*Histoire de la Chine au XX e siècle*）。老先生目前已退休，但仍是多所大学的名誉教授。

④ ［法］鲁林：《法国对 20 世纪中国史的研究》，戴仁主编：《法国中国学的历史与现状》，耿昇译，上海辞书出版社 2010 年版，第 336 页。

⑤ Général (CR) Henri Eyraud, Legénéral Jacques Guillermaz (1911 – 1998), prionnier de la Chine contemporaine, *Revue historique des armées*, 2003, No. 1, p. 64.

家李克曼（Pierre Ryckmans）①盛赞纪亚玛为"最谨慎和最值得尊敬的中国问题专家之一"。

纪亚玛对于法国乃至世界对中国近现代史研究所做出的贡献和影响，是持久且不可估量的。

---

① 李克曼曾化名西蒙·莱斯（Simon Leys），1971 年其在巴黎出版的《毛主席的新衣》（*Les habits neufs du président Mao*）在法国知识界引起轩然大波。纪亚玛与其相识，但两人观点有分歧。

一生为中国而战[*]

——俄罗斯著名汉学家米·季塔连科[**]访谈录

［俄］安·维诺格拉多夫[***]

张　冰　孙大满　摘译

　　米哈伊尔·列昂季耶维奇·季塔连科（Михаил Леонтьевич Титаренко）——苏联时代最后一位能够为中国学提供重要的、有价值东西的中国学家。他是一位才华横溢的学者，能够表达并捍卫自己得不到公认的观点。下面他将与诸位读者分享俄中20世纪60—70年代（即中俄关系"冲突时期"）深藏于内心的思想。季塔连科的讲述坦诚、勇敢、很有自尊。他是一位凭个人阅历懂得了一切的人，实在令人钦佩。

　　季塔连科1934年4月27日出生于布良斯克州的拉科马亚布达村。1939年搬到阿尔泰边疆区的舍拉博利哈村。他的父亲很早（1940年）便过世，是母亲将他和哥哥姐姐拉扯大。后来家里仅剩下最小的他和寡母

　　* 本文原载于俄刊《国际进程》（Международные процессы, Том 12, No. 4, 2014, C. 128－141），原题为《我们为中国而战，而非反华》（"Мы боролись за Китай, а не против Китая…"）。译文有删节。2015年2月25日，季塔连科先生在莫斯科仙逝，仅以此译文表达我们对季塔连科先生深深的悼念。——译者

　　** ［俄］米·季塔连科（1934—2015），俄罗斯科学院院士、远东研究所所长、俄罗斯著名汉学家、俄中友协主席、俄罗斯联邦功勋科学活动家。

　　*** ［俄］安·维诺格拉多夫（А. В. Виноградов），政治学博士，俄罗斯科学院远东研究所政治研究与预测中心主任、高级研究员。

两人。他先在舍拉博利哈村上学，后来去了巴尔瑙尔。1949 年考入巴尔瑙尔师范学校学习，并于 1953 年毕业。同年进入国立莫斯科大学哲学系，1957 年大学四年级时到中国学习。1957—1958 年就读于北京大学，1958 年 6 月随哲学系一起到农村锻炼。1959 年 9 月起就读于复旦大学哲学系（上海），1962 年毕业获得证书。

季塔连科 1962 年考入莫斯科大学研究生班，三年后以函授形式毕业。其哲学副博士学位论文为《中国古代墨家学派及其学说（公元前 5 至前 2 世纪早期及晚期）》（莫斯科大学，1965 年）。博士论文为《"毛主义"方法论基础及其政策评论》（莫斯科大学，1979 年）。

1961—1965 年，季塔连科在苏联外交部驻北京及上海的代表处从事外交工作。1965—1985 年担任苏联共产党中央委员会远东及中国问题的顾问。从 1985 年到现在的 30 年间，他一直担任俄罗斯科学院远东研究所所长、俄罗斯科学院通讯院士（1997 年）及院士（2003 年）。曾获得俄罗斯国家奖（2010 年）及俄罗斯科学院塔尔列奖（2000 年）。

季塔连科同时也是多部独著及合著的作者和主编。

2015 年 4 月 2 日，季塔连科同政治学博士 A. B. 维诺格拉多夫在俄罗斯科学院远东研究所进行了下述谈话。

维诺格拉多夫：米哈伊尔·列昂季耶维奇，您是当今俄罗斯最负盛名的东方学家之一，也是在中国赫赫有名的俄罗斯中国学家、远东研究所所长，您是怎么与中国学结缘的呢？

季塔连科：这要归功于苏联的学校及教育体系机构，它吸纳了自亚里士多德、卡缅斯基（Я. А. Каменский）、裴斯泰洛齐、乌申斯基（К. Д. Ушинский）、车尔尼雪夫斯基（Н. Г. Чернышевский）、托尔斯泰（Л. Н. Толстой）以前教育制度中的所有精华。

我很幸运，因为从童年起，从阿尔泰边疆区的舍拉博利哈村的学校开始，一直有优秀的老师教育我。老师让学生们参与当时国家发生的所有重要的事情——生产建设、卫国战争等。学生们置身于祖国生活的课堂，而不是仅仅限于自己所在的集体农庄或者乡村。

1940 年，我 6 岁的时候，父亲过世了。也是在这一年，卫国战争爆发，我开始去学校上一年级。我的哥哥谢尔盖于 1941 年 7 月志愿参军，成为一名坦克兵，后来参加了整场战争。他所在的坦克三次起火，我们也三次收到"阵亡通知书",但是经过医术高超的军医的救治,他三次起死回生。1946 年他回到家乡,后来再次入伍,在军队机关工作了一辈子。我的姐姐娜杰日达,十年级时辍学去了巴尔瑙尔一家军工厂上班。

家里只剩下我和寡母玛丽娅·列昂诺夫娜。她在集体农庄工作,每天早上 4 点起床,准备好一天的食物,5 点去工作。所有的家务活,如打理菜园、喂牛喂鸡等,都落在了我身上。家里的一半收成及大部分的牛奶和鸡蛋都作为赋税,送往前线。1942 年春天,我们村来了一批列宁格勒人,他们是从封锁区逃出来的。

我第一次对中国感兴趣是在六年级的历史课上。当时老师给了我们15 分钟时间,让我们收集相关信息,关于中国革命的进程、毛泽东同国民党的斗争等。我们向她讲述了报纸上看到的、收音机里听到的和从图书馆里收集到的信息。她觉得我在课堂上的汇报非常有趣。她很会宣传,带我去向集体农庄庄员们演讲。这是我第一次做关于中国的演讲。

1948—1949 年,我在巴尔瑙尔第十三中学读完七年级,进入了巴尔瑙尔师范学校。学习很吃力,我获得了一些助学金,后来开始获得冠名奖学金。师范学校培养出了我对于中国、中国哲学和文化的自觉兴趣。

对我影响最大的是俄罗斯功勋教师、教我们教育学的安·奥·瓦基莫夫(Антон Онуфриевич Вадимов)。他曾向我们讲述卡缅斯基、乌申斯基、裴斯泰洛齐的学说,讲列夫·托尔斯泰学派;当然,也曾讲述中国思想家——老子、孔子、孟子及墨子等的观点。从那一刻起,我开始成为一个研究中国文化、哲学、中国特点和中华文明的人。

1953 年,我从师范学校毕业获得了红色的(优秀生)毕业证。5 月的一天,校长波波夫(Иван Григорьевич Попов)通知我说,学校教育委员会推荐我到莫斯科大学哲学系学习。我寄去了材料,但是晚到了一天。我因为以"全优"成绩毕业,所以不需要考试,但是需要面试。

莫斯科大学校长彼特罗夫斯基(И. Г. Петровский)院士对我很感兴趣,问我是哪里人、为什么选择来到这里等。他说:情况有点复杂,但我保证会帮你的。随后他给哲学系教授莫洛佐夫(Василий Сергеевич Молодцов)打了电话:"所有表格都填好了吗?如果还有位置,给您推荐个年轻人,请看一下。"然后我去找了莫洛佐夫教授,他问了我一些问题:我叫什么名字?哪里人?为什么来到这里?对什么感兴趣?等等。

最后他说："名单还没有最终确定，考试委员会将做出最后的决定，你可以认为你的面试通过了。"第二天午饭前，名单挂出，在名单的最后面补充上了我的名字。

二年级时我选择的学年论文题目是《〈道德经〉一书中的辩证法思想》，同时首次接触到了郭沫若的著作。当时我并不知道他是中国科学院院长，但是知道他是中国哲学及历史方面的专家。我决定给他写信，收信地址为：中华人民共和国北京市中国科学院，郭沫若同志。当时是1955 年 12 月。

大概过了四个月，1956 年 4 月，收到了他字迹工整的亲笔回信。中国人将我的信转送给了他。内容是这样的（根据回忆）："亲爱的苏联朋友，非常高兴收到你的来信。你对中国感兴趣，这一点非常好。但必须告诉你——我的苏联朋友，如果你当真想研究中国哲学，那么就需要掌握汉语，但不仅仅是现代汉语，因为中国古典哲学的著作都是用文言文写成的。至于《阴符经》，这是一本有趣的科学著作，成书较晚，约在3—4 世纪。"

我开始自学汉语，后来给系主任写了份申请。一周后，系里委派尤·尼·伊萨延科（Ю. Н. Исаенко）教我汉语。她在语文系教授汉语。我跟着她学了半年多汉语。

1956 年秋，波兰和匈牙利"事件"发生的时候，周恩来率团访问苏联，就文化和科技交流问题进行了探讨。当时的教育部长叶留金（В. П. Елютин）同志负责组织第一批苏联赴中国学习的留学生和进修生。同志们知道我在学汉语，于是我被列入留学名单中，在第四学年赴中国学习。第一批共计 56 人，于 1957 年 2 月 5 日启程，2 月 14 日抵达。当时正逢中苏友好条约签订的纪念日，部里的代表们手捧鲜花热情地迎接我们。

前一年半，我一直在中文系学习汉语。直到 1958 年，也就是学习汉语一年以后，我开始学习古代汉语时，研究论题确定了下来。我接到通知说，可以到哲学系听课，任继愈教授将担任我的导师。

由于我的汉语水平还不足以理解这些课程，所以每次下课后，任继愈教授总是邀请我到他家里去，当时他住在中关村。

1958 年我修了中文系的专业课程，开始在北京大学哲学系学习中国哲学。但是，1958 年 6 月，根据毛主席指示，哲学系搬往农村，向农民学习。我是当时跟随迁往农村的唯一一名外国留学生。

冯友兰、任继愈和冯定等老师也去了农村。我很快成了干农活的"能手"（挖花生、收玉米、谷粒脱壳等）。人们都来参观苏联"米沙同志"如何劳动。我的体质强壮，干活时跟得上，不用歇息。他们由于伙食差，干 20 分钟就要休息 20 分钟。我是他们见过的第一个欧洲人。总是处于惊异和好奇的打量中，当然会让人有些心烦和不快。

可以这么说：跟随中国学生前往农村是我做出的正确的决定。我看到了贫困的农村生活和中国的实际情况。我触碰到了中国文化的最深层，而这些是一般外国人接触不到的，时至今日依旧如此。但是他们向我敞开了大门，对我充满了信任，我也在努力地不辜负他们，实事求是地讲述现实。我当时感到很温暖，这份温暖不仅仅来自老师和同学，还来自当地农民——人民公社的社员。

苏联大使馆每个月都会召集苏联留学生开会，每一次签到时，我都不在。后来他们给我发了一份电报，让我立即回北京，以免耽误以后的前程。回京以后，尽管我再三向他们介绍人民公社，甚至在《共产党员》上发表文章，都未能避免大使馆对我的斥责。最终我的执着和对于幸福生活的坚定信念占了上风。在农村待了七个多月后，我成了建立人民公社和阶级斗争的亲历者。

回北京后，我发现哲学系已不复存在，因为北大正在被"改造"，而复旦大学哲学系则已经经过了这个阶段。于是，1959 年秋我被派往上海继续完成学业。1959 年 9 月 30 日，我到达上海。复旦大学的条件很好，我被安排在一个有四个榻榻米的日式小房子里，学生宿舍里没有暖气，而对于我，他们还是给予了适当的照顾。

我的毕业论文指导教师是系主任——中国著名哲学家胡曲园。他的妻子陈桂如教授是列宁著作《唯物主义和经验批判主义》的首位译者。他们夫妇两个待我如同亲人。

严北溟教授也出席了论文答辩会。在论文中，我大胆地反驳了将我引入这个研究领域的人。我勇敢地表达了与郭沫若先生截然不同的观点，因为他认为，墨翟是一个反动分子、一个法西斯主义者。老师们对我独立自主的研究观点提出了表扬，但对于尖锐的政治因素却避而不谈。

在毕业典礼上，校长陈望道教授宣布："1 号毕业证书将颁发给一名外国留学生、一位苏联公民——米沙同志。"他们误把我的名字当成了姓。大会结束后我不得不做出解释，因为这样的证书于我是无效的。一周后，系主任胡曲园给我补发了姓为"季塔连科"的毕业证。

维诺格拉多夫：您作为科班出身的中国学家，后来是怎么走上职业道路的呢？

季塔连科：我于 1962 年 7 月回到莫斯科。莫斯科大学哲学系教授梅利维（Ю. К. Мельвиль）和索科洛夫（В. В. Соколов）建议我继续攻读研究生。可是，外交部却突然打来了电话：因为在上海我与领事馆有过联系。他们曾请求我运用中国哲学的观点来解释发生在中国的现象，我经常在领事馆做报告。总之，外交部里像我这种能够理解中国发展进程的人不多。当时的总领事是哲学家和中国美学方面的专家克里夫佐夫（В. А. Кривцов）。领事馆写信给外交部，请求批准我到领事馆工作。

实习了几个月后，我被任命为驻上海领事馆的翻译官。这是一个官方翻译和国情专员的职位，在沙俄时期，这个职位在使馆里仅次于大使。

我作为毛泽东思想及中国现代与传统思想关系方面的专家，成了"热门"人物。1962 年 3 月我主动撰写了关于毛泽东思想的起源，以及中国如何阐释其与马克思主义相互关系的札记。札记的思路是：马克思主义对中国的客观需求、文化及思维方式是有所反映的；中国也在努力寻找马克思主义未针对中国的实践、中国的客观现实给出答案的那些问题的解决之道。主要观点就是要恰如其分地理解中国特点及其发展水平。对于现实存在的偏差，要鲜活地而不是恶意地记录下来。

克里夫佐夫读了我的札记后将它寄给了北京的苏联大使。后来他们告诉我，斯·瓦·契尔沃年科（Степан Васильевич Червоненко）大使在札记上做满了标注，并令大使馆重新打印后连同自己的亲笔信递交给了安德罗波夫（Ю. В. Андропов）。再后来，这份做满了标注的札记被展览在档案馆中。

维诺格拉多夫：短短几年之内，您就能够从另外的角度看待形势，是什么原因促成了您个人观点的转变？

季塔连科：导致 20 世纪 60—70 年代苏中关系悲剧的原因之一是受苏中两国社会发展水平不同影响形成的相悖的世界观，以及两国领导人之间对在落后的经济文化基础上能不能建成社会主义的问题缺乏相互理解。

邓小平的功绩在于，他认识到：建设贫穷的社会主义是不行的。他提出，中国处于社会主义的初级阶段。这种认识在当时是没有的。当时两国盛行着另一种观点，即我们可以跨过资本主义建设社会主义。出现了通向社会主义的非资本主义道路发展理论。倡导这种理论的波诺马廖夫（Б. Н. Пономарев）及乌里扬诺夫斯基（Р. А. Ульяновский），基于对列宁思想的断章取义，提出了自己的论说：通过政治动员、思想政治教育手段可以加快和跨越资本主义发展阶段。

这些理论家根据马克思的俄国村社存在有类似于社会主义组织结构因素的思想，提出了非资本主义发展的概念。这一理论造成了巨大的损害，它为对蒙古国及苏联的中亚共和国推行特殊政策，为对中国、越南、印度及非洲和拉美国家建立特殊关系提供了意识形态基础。以意识形态概念替代了政治与经济概念，以公式形式替代了社会经济现实。因此，口头上是"马克思主义""列宁主义"及"辩证唯物主义"，实际上则是主观唯心主义和唯意志论。意识形态公式成了第一位的，经济则被置于这些公式之下。

维诺格拉多夫：离开上海领事馆之后发生了什么？您接下来的外交生涯是怎样的？

季塔连科：领事馆于 1962 年 9 月 30 日关闭，当时毛泽东和赫鲁晓夫之间出现了严重的分歧……当时，一批维吾尔族及哈萨克族人决定逃往苏联。六万多人驾着马车，骑着毛驴、马和骆驼通过阿拉山口边检站、友谊边检站、准格尔门等进入苏联。① 这一行为激怒了北京，中方要求关闭设立在乌鲁木齐的苏联领事馆。仅在新疆，当时就有 4 个领事馆。

作为回应，赫鲁晓夫想要惩罚中国，迈出了愚蠢的一步。他关闭了苏联设在哈尔滨、天津、沈阳、武汉、大连、上海及广州的领事馆。命令我们在最短的时间内，即 1962 年 9 月 30 日全部撤离上海。需要存档的资料寄往莫斯科，其他材料被全部烧掉。

---

① 1962 年 4—5 月苏联在新疆伊犁、塔城地区策动六万余中国公民越境逃往苏联。——译注

9月30日晚，副领事图尔恰克（М. М. Турчак）下令打开朝向上海主要街道、黄浦江和苏州河口的门窗，将领事馆录音机的声音开到最大，上海市中心飘荡起了中国人民熟悉的苏联歌曲：《我的祖国多么辽阔》《喀秋莎》《莫斯科—北京》等。当天晚上我们乘火车离开。我被派往北京的苏联大使馆。

位于上海的领事馆被移交给中方使用。领事馆占地面积很大，有俱乐部、网球场、排球场和儿童泳池。后来到了90年代费了很多周折才将这块地收回。现如今那里还是领事馆，可是面积已经大大缩小了，因为旁边建了两个宾馆。

1962年底，我被任命为"随员"，一年之后被提为"三等秘书"。我在北京一直工作到1965年。我和同事们的关系都非常融洽，因为我了解中国的意识形态和社会形势，能够从中深刻地感知即将发生的事件。同时这一段经历也有助于我找到中国官方人士或出版物的声明背后意味着什么的问题的答案。我喜欢逛北京的书店。哲学和意识形态在当时的中国起着非常重要的作用。我能够通过官方的报纸感受意识形态生活的脉搏。

维诺格拉多夫： 您是怎么进入中央委员会工作的？

季塔连科： 1962年我考入莫斯科大学哲学系函授研究生班。索科洛夫（С. С. Соколов）教授是我的导师。1965年夏天我需要去莫斯科准备论文答辩。原以为会另外有假期，可是没有。所有的休息日及晚上我都用来撰写毕业论文。1965年我一来到莫斯科，立刻就接到了外交部的电话，让我去老广场的3号入口。

拉赫马宁（О. Б. Рахманин，罗满宁）与我进行了交谈，说有人要我到中央委员会工作。他说："您受到充分的尊重和信任。"我当时才31岁。论文答辩顺利结束以后，我回到了中国，收拾东西，与大家告别，然后重新启程返回莫斯科。我的妻子加琳娜和儿子安德烈当时也在莫斯科。

自1965年11月到1985年7月5日，我一直在中央委员会工作。一开始我被任命为中国处顾问，当时中国处的负责人是拉赫马宁（后来他成了中央委员会联络部的第一副部长）。同我一起工作的还有很多"中国通"，比如拉扎列夫（В. И. Лазарев）、库利克、顾达寿（Р. Ш.

Кудашев)、拉希莫夫（Т. Р. Рахимов）、沙巴林（В. И. Шабалин）、安东诺夫（В. И. Антонов）、希季赫梅诺夫（В. Я. Сидихменов）、鲍罗廷（Б. А. Бородин）等。

一开始我的办公桌在412房间，安东诺夫和拉希莫夫也在这个房间办公。安东诺夫负责公文书写培训工作。这一时期在委员会工作的还有国内政治理论精英：亚历山德罗夫（В. Александров）、科利科夫（Н. Коликов）、穆什克捷罗夫（В. Мушкетеров）、布尔拉茨基（Ф. Бурлацкий）、鲍文（А. Бовин）、杰柳辛（Л. Делюсин）、阿尔巴托夫（Г. Арбатов）、希什林（Н. Шишлин）、沙赫纳扎罗夫（Г. Шахназаров）等。两年以后，鲍文提议将我调到他们组当顾问，这是最高的研究职位。他们开始要我这个"上海县城的哲学家"进行毛泽东思想研究、梳理中国研究著述及研究中共的对内对外政策。

对我而言，在中国工作是非常重要的经历，可以说是我的第四所大学。在中国两所大学的学习，以及在莫斯科大学哲学系的著名教授及教育家阿斯穆斯（В. Ф. Асмус）、奥伊泽尔曼（Т. И. Ойзерман）、索科洛夫、特拉赫坚别尔格（И. А. Трахтенберг）、波波夫（П. С. Попов）、布坚科（А. П. Бутенко）、斯塔尔琴科（А. А. Старченко）、沃伊什维洛（Е. К. Войшвилло）、约夫丘克（М. Т. Иовчук）、伊利延科夫（Э. В. Ильенков）、季诺维耶夫（А. А. Зиновьев）和格奥尔吉耶夫（Г. Ф. Георгиев）的课上打下的理论基础有助于我分析中国复杂的进程。这也使我在参与安德罗波夫及之后的鲁萨科夫（К. В. Русаков）、卡图舍夫（К. Ф. Катушев）、齐米亚宁（М. В. Зимянин）等领导人的"争论"中有了"发言权"。

当需要回应中国的论战文章时，顾问组的任务就来了。原则性的文章以笔名伊·亚历山德罗夫发表在《真理报》上。这些文章表明了苏联领导的官方立场（从斯大林时期延续下来的惯例）。通常由中央委员会书记或部长负责此项工作。自1966年起我有机会应邀前去准备材料。国际专题方面工作由苏共中央委员会书记安德罗波夫与波诺马廖夫领导，之后由齐米亚宁接任。安德罗波夫时任苏共中央委员会书记及苏共中央委员会社会主义国家共产党联络部部长。1967年他被勃列日涅夫派去领导克格勃。我们处由鲁萨科夫负责。针对中苏在意识形态上的争论，我们的目标是维持国家间关系并寻找使其正常化之路。我们拥护中国，而不是反对中国。我用各种笔名发表的文章中都没有批评，没有指责，更没有侮辱中国人民。

维诺格拉多夫： 您在新的工作岗位上又经历了些什么？

季塔连科： 部门领导制定了发表研究中国著述的审查制度，因此书籍出版总局把要出版的有关中苏关系问题的观点尖锐的书籍交给我审阅。除了正常工作之外，我不得不整晚整晚地读这些书。一方面工作量的确很大，另一方面我也学到了很多，成功地从出版总局及中央宣传部官员们警觉的审视下挽救了不少重要的、有关中国的著作。

有一天，宣传部的宣讲员沃兹涅先斯基（Л. Н. Вознесенский）和本部门的列夫·奥尼科夫（Лев Оников）给我打电话，让我审看一下被出版总局扣发的一些著作，这些著作出自著名的研究欧亚地区历史及地理学的古米廖夫（Л. Н. Гумилев）博士之手。苏联科学院民族学研究所所长勃罗姆列伊（Ю. В. Бромлей）院士组织了一批人激烈地反对古米廖夫，在民族学及地理学杂志上公开攻击他。古米廖夫和沃兹涅先斯基一起来找我，带来了他的著作清样。我对他有关匈奴的著作很感兴趣，其中包含了确认欧亚文化起源、俄罗斯起源的独到的内容，驳斥了欧洲中心论。我支持其发表。

不得不对斯拉德科夫斯基（М. И. Сладковский）、贝格尔（Я. М. Бергер）、格利布拉斯（В. Г. Гельбрас）、克里夫佐夫、尤里耶夫（М. Ф. Юрьев）、波兹涅耶夫（Л. Д. Позднеев）、杨兴顺（Ян Хиншун）、布尔拉茨基、西蒙诺夫斯基（Л. М. Симоновский）、布罗夫（В. Г. Буров）、贝科夫（Ф. М. Быков）、加鲁什扬茨（Ю. М. Гарушянц）、梅利克谢托夫（А. В. Меликсетов）及其他一些人的著作"亮绿灯"。按照安德罗波夫的指示，调审的不仅是论著，而且也包括那些客观展示中国历史、哲学、文化及现代国情图景的书籍。

中央委员会中，我们部、科学部（В. 伊万诺夫）及信息部（Г. 丘扎占）下达的首要任务是拟定向政治局提交的重建中国学所的申请书。倡议是我们部提出的。拉赫马宁、库利克和斯拉德科夫斯基都支持这一想法。1966 年初，苏联共产党中央政治局决定在苏联科学院世界社会主义体系经济研究所中国历史部的基础上成立现代中国问题研究所，由齐赫文斯基（С. Л. Тихвинский）领导该所，后由杰柳辛接管。

因为毛泽东批评汉学（китаеведение）是"殖民主义的表现"，而"汉学"这一术语（因其俄语词汇构成）被解释为想"掌控"、领导中国，所以现代中国问题研究所也被冠以了一个官方的名字——苏联科学院远东研究所。这一决定最初给予远东研究所的工作人员以许多厚待，但后来就没有了，尽管也承认不能将汉学和欧学同等看待，因为掌握汉语和把握中国的特点要难得多。成立的是一个庞大的、独一无二的研究所。

苏联政府决定向那些与中国有联系的大国的苏联大使馆派遣中国学家。在从事维持与中国关系的政府组织里也应该有中国学家。这一原则被采纳。在美国、法国、德国，以及所有的亚洲国家和所有的社会主义国家均设立了"一秘"这一职位。这一体系被保存下来：应该让专家来研究中国。

维诺格拉多夫：您是如何到科学院工作的？

季塔连科：1966 年秋，苏联科学院主席团决定成立远东研究所，任命中央副部长、经济学博士 М. И. 斯拉德科夫斯基为所长，斯拉德科夫斯基主要研究与社会主义国家特别是与中国的经济关系。1950—1960 年，他曾任苏联驻上海和北京的商务代表。他有许多关于中俄经济贸易关系史的著述，中华人民共和国成立之前他曾在中国工作多年，对中国十分了解。20 世纪 20 年代，斯拉德科夫斯基在中国曾执行过多项艰难的使命，在上海秘密会见过陈云及其他中共中央委员。他是一位经验丰富、学识渊博、成果卓著的中国学家。他担任所长，任职 18 年，一直到 1985 年 7 月。我们一直保持密切联系，远东所和我们部也有合作。部里与远东所的联系由我负责。

20 世纪 80 年代前后出现了一些变故，1984 年斯拉德科夫斯基病重。没人知道接班人是谁，这个职位之争发生在科学部和我们部之间。情况十分复杂。7 月 1 日决定让我接任，但 7 月 3 日戈尔巴乔夫在收到一封题为"某些权威人士"的信后，取消了这一决定。在工作方面对我十分了解的苏共中央书记和部领导卡图舍夫（К. Ф. Катушев）、鲁萨科夫，找到了苏共党中央政治局。他们又重新研究了这一决定。7 月 4 日我被正式任命为苏联科学院远东研究所所长。

维诺格拉多夫：中俄关系最近发展不错，两国相互靠近的原因是什么？又有哪些问题和局限呢？

季塔连科：首先两国都从 1960—1980 年的苏中冲突中吸取了教训。其次，两国都意识到维持正常的关系对双方有利。中国也看到，俄罗斯领导层没有强国霸权心理，中国可以与其代表的俄罗斯结为伙伴及睦邻关系。

"俄罗斯崩溃"这一命题已不复存在。俄罗斯有强大的军队、发达的科学及高素质的人民——这是中国学者在 1994 年得出的结论。中国要保持快速发展，需要获得本国所缺资源，从哪里获取资源？在许多方面都要感谢和邻国俄罗斯的合作了。

中国人也看到了，西方试图将苏联的悲剧视为意识形态上的"伟大胜利"。悲剧也可能发生在别的国家，其中包括中国，西方正试图将自己的模式及价值观强加给中国。

维诺格拉多夫：在您看来，现在我们与中国的合作中哪些制约是最为严重的？

季塔连科：在我看来，有三个最严重的制约。第一，欧洲中心论和不了解俄罗斯的地位及其地缘政治作用。俄罗斯能够作为欧亚国家发挥作用，展示潜力。

第二，中国恐惧症、偏见及关于"中国威胁论"的无稽之谈。历史驳斥了这些无稽之谈。与中国的合作被低估了，表现出来的是惰性和夜郎自大。

第三，权力机构中的亲西派倾向不允许俄中两国相互靠近。这一方针的主导来自双方。在中国"反俄派"正在形成，在俄罗斯也有"反中派"。要明白，中国在世界上恢复大国地位的利益要求与俄罗斯相似。必须要适应的是中国正在恢复作为区域性和全球大国的地位。

维诺格拉多夫：从中方来讲是否有障碍呢？

季塔连科：当然有。苏联曾在中国经济中所占有的领域如今被美国人、日本人和欧洲人占了。剩下的都是他们不感兴趣的领域，宇宙研究是第一个，军事技术是第二个，第三个就是原子能了。就给我们剩下了这些。在这些领域里可以发展。可谁是我们的伙伴呢？是大型的中国私人公司还是俄罗斯公司呢？都不是。能够开展合作的几乎只有双方完全由政府控制的公司。

社会主义不能仅是发展经济。一般民众的文化水平不高，想要解决现代化建设及全面构建小康社会的现实任务是不可能的。习近平借助"中国梦"的伟大构想，提出了解决国家面临问题的任务。我们唯有祝我们伟大的邻居实现和平发展的计划取得成功。

维诺格拉多夫：米哈伊尔·列昂季耶维奇，在您看来，什么样的人可以称为中国学专家？

季塔连科：中国学专家应该掌握汉语，最好不仅掌握现代汉语，还有文言文，也就是古汉语，了解中国文明的核心，了解中国文化、历史及其民族意识的特点，能够分析中国政治战略、策略及目标。我坚信，当然，不仅仅是我这样认为，中国哲学是了解中国文化及其认同感和政治的关键。可以了解很多事件、事实，但仅片面地了解其意义是远远不够的。正如格奥尔吉耶夫斯基（Георгиевский）所写：中国学家应了解中国存在的基本规则，了解其历史基础，以及该民族的价值体系。

但首先，当然是掌握语言。1956 年我曾收到郭沫若的一封信，他在信里写道："如果您想认真地研究中国文化，而不是出于好奇，不是作为爱好，也不是出于求知欲，而是想严肃地研究中国文化，研究中国哲学，那么首先您应该知道现代汉语及古代汉语。"

中国学家的任务是加深相互了解，深化合作和文化交流领域，即民众及国家间的相互交流。如何消除阻碍两国关系发展的偏见和障碍？如何确立相互尊重价值体系及每个民族选择的原则？

有时同行们会说：俄罗斯文化与中国文化完全不同。是这样也不是这样。中国文化有自己的特点。它的历史更加厚重，特别是某些部分严重分层，就像我们的文化。但该文化中多种因素的发展各不相同，有些部分较为发达，有些就弱一些。

我坚持中俄人民友好及相互协作的思想。坚信这样的相互协作可以保证俄罗斯成为真正的俄罗斯，中国成为真正的中国。它们作为世界历史、文化的主体永世长存。当然，两国关系在发展过程中可能会出现一些问题，但这大部分将取决于俄罗斯的所作所为。

中国从未主动挑起冲突，将来也不会。中国的立场更多的是一种反应。这个国家可以忽视某些行为，韬光养晦。中国有其主要的目标，那就是国家的昌盛和民众的安康。

维诺格拉多夫：祝您精神抖擞，永葆乐观心态！衷心感谢您对我们杂志读者的关注！

(选自《国外社会科学》2016 年第 3 期)

后　记

　　"《国外社会科学》精粹（1978—2018）"丛书为中国社会科学院信息情报研究院主办的大型学术期刊《国外社会科学》创刊40年来所发表论文的精选集。1978—2018年，《国外社会科学》共出版330期，发表文章1万多篇。编辑部力图从中精选能够反映各个学科发展的综述性文章，介绍新学科、新流派、新理论且有助于我国哲学社会科学领域学科构建和理论创新的文章，在发表当时具有创新性意义、当前仍具有重要意义的理论或方法论文章；涉及我国政治经济社会生活重点关注领域和重要问题的文章；以及能够反映刊物栏目设置特色等方面的文章，以期能够从中窥见我国哲学社会科学发展40年之路。丛书共分为八卷，分别为：社会科学总论卷（张静、赖海榕主编）、国外马克思主义卷（陈永森、张静主编）、政治与治理卷（祝伟伟、傅慧芳主编）、经济与社会卷（高媛主编）、国外中国学卷（赖海榕、高媛主编）、生态与环境卷（陈云、张静主编）、人文卷（高媛主编）、文化教育卷（祝伟伟主编）。此外，中国社会科学院冯颜利研究员、唐庆博士后，清华大学吴兴德博士，中国社会科学院大学赵斌博士、魏士国博士、李怀征博士、张丹博士、陈兴亮博士、杜利娜博士，以及福建师范大学的郑丽莹、任远、宁鑫、杨臻煌、林林、霍文娜、李震、郭斌慧、周晨露、肖巧玲、刘伟琼、钟亮才、任秋燚、马秀秀、陈倩倩、艾群、林佳慧、王莉、唐付月、凡欣、杨晶晶等人参与了丛书的编选和校对工作，特此致谢！

　　最后需要说明的是，因篇幅所限，还有许多优秀文章未能入选。且由于收录文章时间跨度大，编辑体例和格式差别较大，有些作者信息不全或者已发生变化，本丛书所注明的作者信息（包括职务、职称、工作单位等）皆以文章发表时所注为准。另外，本丛书在编辑排版过程中如有疏漏之处，敬请学界同仁批评指正。

《国外社会科学》编辑部

2020 年 2 月